TAEKWONDO 태권도
HAPKIDO 합기도

JOONG DO RYU

The Way to Righteousness Through Harmony

Grand Master
Young Seok Kim / 김용석

Contact Information / 연락처 정보 / Información de Contacto
Youngskim2@hotmail.com
www.taekwondohapkidojdr.com.

"Destiny is the will that human beings must defend against the fate of nature. If you want to know the future, look at the past. I have treasured my past martial arts memories in this book." / "운명이란 자연의 숙명에 맞선 인간이 지켜야 할 의지입니다. 미래를 알고자 한다면 지나간 일을 살피라고 했습니다. 지나온 무도 인생을 이 책에 소중히 담았습니다." / "El destino es la voluntad que los seres humanos deben defender contra el destino de la naturaleza. Si quieres saber el futuro, mira el pasado. Yo he atesorado en este libro mis memorias pasadas de artes marciales."

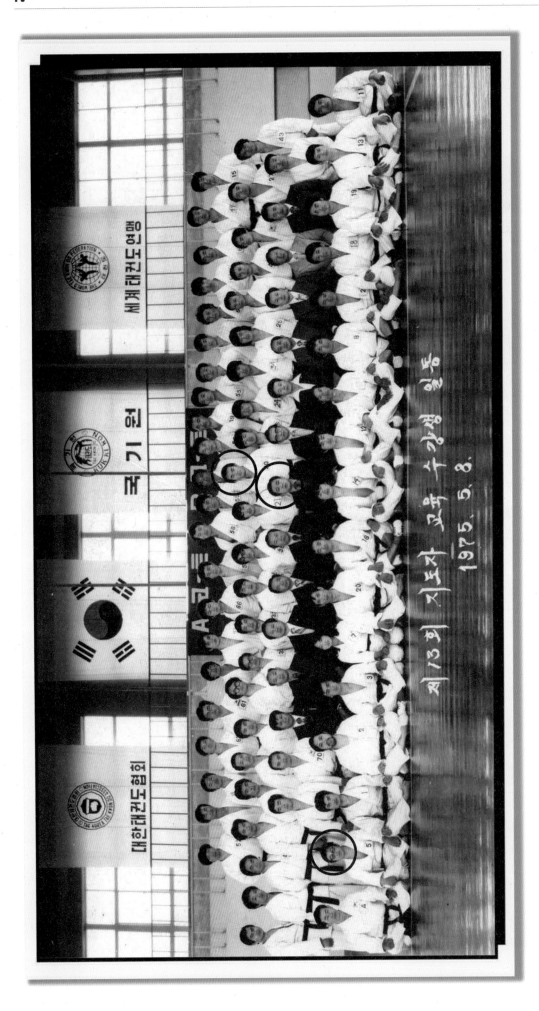

Taekwondo Master Seminar in the Kukkiwon with the WTF's President Un Young Kim(center sitting), Seoul, Korea, 1975. / 태권도 사범 지도자 교육, 김용석 관장(중앙), 강무영 관장(왼쪽) 그리고 김운용 회장, 1975, 국기원 / Seminario de Maestros de Taekwondo en el Kukkiwon con el presidente de la Federacion Mundial de TKD Un Young Kim (centro sentado), Seoul, Corea, 1975. Grand Masters Young S. Kim (center/centro) and Moo Y. Kang (left/izquierda).

Korean Hapkido Association's Union Commemoration the with Founder Yong Sool Choi and Grand Master Han Jai Ji (center sitting), and from left to right standing/de izquierda a derecha parados: Grand Masters Young S. Kim, Tae Man Kwon, Kwang Sik Myung, Young Gi Song, Nam Jai Kim, and Moo Young Kang (center sitting/centro sentado), Seoul, Korea, 1973. / 1973 년 한국 합기도 협회 발족 기념. 최용솔 도주, 지한제(오른쪽), 권태만:명광식·송영기(오른쪽 큰 원), 강무영(중앙) 관장님과 함께 / Conmemoración de la Unión de la Asociacion Coreana de Hapkido con el Fundador Yong Sool Choi y el Gran Maestro Han Jai Ji (centro sentados), Seoul, Corea, 1973.

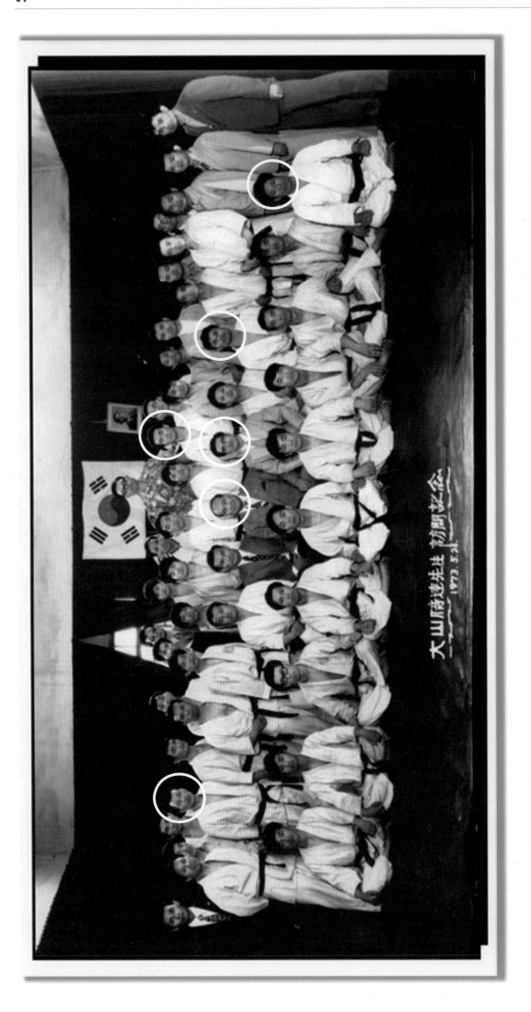

The Korea Hapkido Association Demo Team and Kyokushin Karate Founder Masutatsu Oyama and Grand Master Han Jai Ji (center sitting), and Grand Masters Young S. Kim (center/centro), Young Gi Song (left/izquierda), Tae Joon Lee (right sitting/derecha sentado), Chun Hee Ryu (right sitting floor/derecha sentado en el suelo), Seoul, Korea, 1973 / 1973 년 한국 합기도 협회 시범단과 극진 공수도 창시자 최영의 방문 기념 사진. 지한재(중앙), 김용석(중앙 위), 송영기(왼쪽), 이태준(오른쪽), 류전희(오른쪽 아래) 관장님과 함께 / Equipo de Demonstración de Hapkido de Corea con el Fundador del Kyokushin Karate Masutatsu Oyama y el Gran Maestro Han Jai Ji (centro sentados), Seoul, Korea, 1973.

Grand opening of Grand Master Young S. Kim's Taekwondo - Hapkido School in Medellin, Colombia, 1977 / 사범 김용석 태권도 - 합기도 도장 개관. 메데진 콜롬비아, 1977 / Inauguración de la Academia de Taekwondo - Hapkido del Gran Maestro en Medellin, Colombia, 1977.

Colombian TKD Team for the 3rd. World Taekwondo Championship in Chicago, U.S.A., with Gran Master Young S. Kim as a headcoach, Colombia, 1977 / 제 3 회 세계 태권도 대회 콜롬비아 대표팀 선수단과 콜롬비아 팀 코치 사범 김용석, 콜롬비아 1977 / Selección Colombia para el 3er. Campeonato Mundial de Taekwondo en Chicago, EE.UU., con el Gran Maestro Young S. Kim como entrenador oficial, Colombia, 1977.

Grand opening of Grand Master Young S. Kim's Taekwondo - Hapkido School in New Orleans, Louisiana, U.S.A., 1981 / 사범 김용석 태권도 - 합기도 도장 개관. 뉴올리언스 루이지애나, 미국, 1981 / Inauguración de la Academia de Taekwondo - Hapkido del Gran Maestro Young S. Kim en New Orleans, Louisiana, U.S.A., 1981.

1st. International Hapkido Seminar and Championship, Medellin, Colombia, 1983 / 제 1 회 국제 합기도 대회 메데진, 콜롬비아, 1983 / 1er. Seminario y Campeonato Internacional de Hapkido, Medellin, Colombia, 1983.

1st. International Taekwondo and Hapkido Seminar and Championship with Gran Masters Young S. Kim, Kwang Sik Myung, Jang Su Ma, Medellin, Colombia, U.S.A, 1983 / 제 1 회 국제 태권도 - 합기도 대회 및 세미나. 김용석, 명광식, 마장수 관장님과 함께. 메데진 콜롬비아, 1983 / 1er. Seminario y Campeonato de Taekowndo y Hapkido con los Gran Maestros Young S. Kim, Kwang Sik Myung, Jang Su Ma, Medellin, Colombia, 1983.

Grand opening of Grand Master Young S. Kim's Taekwondo - Hapkido School in San Diego, California, U.S.A., 1984 / 사범 김용석 태권도 – 합기도 도장 개관. 샌디에이고, 캘리포니아, 미국, 1984 / Inauguración de la Academia de Taekwondo - Hapkido del Gran Maestro Young S. Kim en San Diego, California, U.S.A., 1984.

2nd. International Taekwondo and Hapkido International Seminar and Demo with Grand Masters Young S. Kim, Bong Soo Han, Jong Sung Kim, Tae Man Kwon, Jin Pal Kim, and Jang Su Ma in Tijuana, Baja California, Mexico, 1985 / 제2회 국제 태권도 - 합기도 대회와 시범. 김용석, 한봉수, 김종성, 권태만, 김진팔, 마장수 관장님과 함께. 티후아나, 멕시코, 1985 / 2do. Seminario y Demo Internacional de Taekwondo y Hapkido con los Gran Maestros Young S. Kim, Bong Soo Han, Jong Sung Kim, Tae Man Kwon, Jin Pal Kim, and Jang Su Ma in Tijuana, Baja California, Mexico, 1985.

3rd. International Taekwondo and Hapkido Championship with Grand Masters Young S. Kim, Kwang Shik Myung, and Moo Young Kang, San Diego, California, U.S.A, 1986 / 제3회 태권도 - 합기도 대회. 김용석, 명광식, 강무영 관장님과 함께. 샌디에이고 캘리포니아, 미국, 1986 / 3er. Campeonato Internacional de Taekwondo y Hapkido con los Gran Maestros Young S. Kim, Kwang Sik Myung, y Moo Young Kang, San Diego, California, U.S.A., 1986.

Taekwondo - Hapkido Tour: Meeting with Grand Master Jong Woo Lee in the Kukkiwon, Seoul, Korea, 1987 / 서울 국기원 방문. 이종우 관장님과 함께. 서울, 한국, 1987 / Gira de Taekwondo - Hapkido. Reunión con el Gran Maestro Jong Woo Lee en el Kukkiwon, Seoul, Corea, 1987.

My two daughters Shin and Min and my long time disciple, Maurice, who have always been there by my side and helped me regardless of how hard and difficult I was with them, 1994 / 내가 힘들고 어려울 때 항상 옆에서 도움을 준 나의 두 딸 신영, 민영 그리고 오랜 세월 함께한 제자 마우리시오. 1994 / Mis dos hijas Shin and Min y mi discípulo de muchos años, Mauricio, quienes siempre han estado a mi lado y me han ayudado independientemente de lo duro y dificil que fui con ellos, 1994.

Grand Master Young S. Kim and his Black Belt test students and instructors, San Diego, California, 1996 / 사범 김용석과 유단자 심사자 수련생과 함께. 샌디에이고, 캘리포니아, 1996 / Gran Maestro Y.S. Kim con sus estudiantes de prueba de cinturon negros e instructores, San Diego, California, 1996.

6th. Annual Taekwondo and Hapkido International Championship, San Diego, California, 1997 / 제 6 회 태권도 - 합기도 국제 대회. 샌디에이고, 캘리포니아, 1997 / 6to. Campeonato Internacional de Taekwondo y Hapkido , San Diego, California, 1997.

Color and Black Belt Test, San Diego, California, 1997 / 유급자, 유단자 심사 수련생들과 함께. 샌디에이고, 캘리포니아, 1997 / Examen de Cinturón de Colores y Cinturón Negro, San Diego, California, 1997.

Grand Master Young S. Kim and his Black Belt students and instructors after belt test, San Diego, California, 1997 / 사범 김용석과 유단자 심사자 수련생들과 함께. 샌디에이고, 캘리포니아, 1997 / Gran Maestro Young S. Kim con sus estudiantes cinturones negros e instructores después de exámen de cinturón, San Diego, California, 1997.

7th Intenational Hapkido Seminar and Championship with Grand Masters Young S. Kim, Moo Young Kang, Dong Won Kang, Medellin, Colombia, 2009 / 제 7 회 국제 합기도 대회. 김용석, 강무영, 강동원 관장님과 함께. 메데진 콜롬비아, 2009 / 7mo. Seminario y Campeonato Internacional de Hapkido, con Gran Maestros Young S. Kim, Moo Young Kang, Dong Won Kang, Medellin, Colombia, 2009.

Colombia team to the 2017 Taekwondo Culture Expo in Mujoo, Korea / 콜롬비아, 미국 팀 무주 태권도 엑스포 대회 참가 기념 사진. 한국, 2017 / Delegación Colombiana a la Exposición Cultural de Taekwondo 2017 en Mujoo, Korea.

American and Colombian delegation to the 2017 Taekwondo Seminar at the Kukkiwon, Seoul, Korea / 미국, 콜롬비아 서울 국기원 방문 및 세미나. 2017 / Delegación Americana y Colombiana al Seminario de Taekwondo 2017 en el Kukkiwon, Seoul, Korea.

American and Colombian delegation to the 2017 International Hapkido Seminar sponsored by Grand Master Nam Jai Kim, Seoul, Korea / 김남제 관장 주최 미국, 콜롬비아 팀 국제 합기도 세미나 / Delegación Americana y Colombiana a el Seminario Internacional de Hapkido 2017 patrocinada por el Gran Maestro Nam Jai Kim, Seoul, Korea.

Black Belt Test in San Diego, California, U.S.A., 2018 / 유단자 심사. 샌디에이고, 캘리포니아, 미국, 2018 / Examen de Cinturón Negro en San Diego, California, EE.UU., 2018.

Grand Master Young S. Kim demonstrates breaking and jump kicking techniques / 사범 김용석의 발차기와 격파 시범 / El Gran Maestro Young S. Kim demuestra técnicas rompiendo y saltando.

Grand Master Young S. Kim demonstrates breaking techniques with knife hand including: cement bricks, an empty glass bottle without the base of the bottle moving and a long piece of wood supported on paper without ripping the paper / 사범 김용석의 격파 시범. 시멘트 벽돌, 병 윗부분만 깨고 아랫부분은 움직이지 않고 격파 그리고 각목을 종이에 끼워 종이를 찢지 않고 각목만 격파 / El Gran Maestro Young S. Kim demuestra rompimientos con mano de sable incluyendo ladrillos de cemento, una botella de vidrio vacía sin que la base de la botella se mueva y un pedazo de madera larga sostenida por papel sin romper el papel.

Demonstrations by Grand Master Young S. Kim: performing a two swords form and breaking an apple in a person's mouth with turn hook kick, 1978 / 1978년 부에나벤투라 대학에서 사범 김용석의 쌍칼형 시범과 사과를 입에 물리고 회전차기로 격파 시범 / Demostraciones del Gran Maestro Young S. Kim: ejecutando una formula con dos espadas y rompiendo una manzana sostenida en la boca de una persona con patada girando en gancho, 1978.

Grand Masters Young S. Kim and Maurice Correa demonstrating Kumdo / 김용석, 마우리시오 꼬르레아 사범의 검도 시범 / Los Gran Maestros Young S. Kim and Mauricio Correa demostrando Kumdo.

TABLE OF CONTENT / 차례 / TABLA DE CONTENIDO

CHAPTER 3. JOONG DO RYU / 3 장. 중도류/ CAPITULO 3. JOONG DO RYU 273

"Everything that we ever need is inside of us. We are, in essence, Celestial, Eternal, Infinite, ...Pure Love. As such, our most important task as martial arts Masters must be to help students reconnect with their true Selves." / "우리가 필요로 하는 모든 것은 우리 안에 있다. 우리는 본질적으로 천국, 영원한, 무한한, … 순수한 사랑이다. 따라서 무도 사범으로서의 가장 중요한 역활은 수련생들이 진정한 자아와 다시 만날 수 있도록 돕는것이다." / *"Todo lo que necesitamos está dentro de nosotros. Somos, en esencia, Celestiales, Eternos, Infinitos,... Puro Amor. Nuestra tarea más importante como Maestros de las artes marciales tiene que ser ayudar a los estudiantes a reconectarse con sus verdaderos Ellos Mismos."*

AUTHOR'S NOTES / 저자의 메모 / NOTAS DEL AUTOR

"The ultimate goal of martial arts training is self-control and to understand others. When one is harmonious with the opponent and avoids conflict, one achieves the road (Do)." / "무도 수련의 궁극적인 목적은 먼저 자신을 다스리는 것이며 상대를 이해하는 것이다. 상대와 화합함으로써 싸움의 굴레에서 벗어날 뿐 아니라 비로소 도에 이를 수 있다." / "El objetivo final del entrenamiento en artes marciales es el autocontrol y la comprensión de los demás. Cuando uno es armonioso con el oponente y evita el conflicto, uno logra el camino (Do)."

Each particle of sand that lies on the beach does not have an existence that is merely coincidental, but each one has its role of holding back the strong waves. Like those sand particles with a fateful purpose, out of the seven billion people that exists in this world, we have also met by destiny through this book. This is not a chance encounter, but we have made this connection through our passion for martial arts. I miss the companions who have shared the path (Do) of enlightenment. It was not an easy journey, but it was never travelled in vain. Rather it was a rewarding, meaningful, and a worthwhile martial arts life.

When a tiger dies, it leaves behind its skin. When a person dies, that person's legacy is left behind. If my name has become an honorable name remembered by all in the martial arts realm, then I have accomplished my goal of being a guiding light on a dark road. Even though the road was rough and hard, I would not hesitate to choose the same path in my martial arts journey.

I have realized that the path of martial arts is like bamboo. Bamboo always grows straight up enduring the strongest winds and rainstorms because it is empty inside. Though it can be bent, it can never be broken. I tried earnestly to give up greed, to humble myself, and to remain patient while carrying out my duty as a Master. Turbid water becomes more turbid when shaken and will remain murky. In order to see the water clearly, one must be patient and leave the water alone to allow the dirt to settle to the bottom. This is the path of a Master devoted to the right road without being shifted to one way or another. I have accepted this as my fate and have pride knowing that I fairly represented the title of Master.

Enlightenment is not just an accomplishment of grasping the meaning behind the words, but also of embracing the heart. If enlightenment in martial arts is received with a sincere heart, the way of the Master will be clear. I want to make a sincere effort to continue planting the seeds (students), rather than simply enjoying the sweet fruits of my labor. The martial arts life of a Master takes on the noble challenge of expanding the planting of trees for more forests (Master). Through reading this book, I pray that you will join us on the great road (DO) of enlightenment.

The martial arts life that I choose came with sacrifices for my family. I am grateful to my wife and two daughters for their support in my journey and for their invaluable contribution to our family's success and happiness. I would also like to express my sincere gratitude to Master Mauricio Correa and Master Roberto Hernandez for their countless hours in helping with the publication of this book and for their forty years of dedication to the journey of martial arts along with me. Also I would like to express my deepest gratitude to Grand Master Kim Nam-Jai and Grand Master Kang Moo-Young for their contribution with the introductory Hapkido theory and techniques. I can freely look back upon the years of hardship with a smile and confidently assert that this has been a life worth living.

바닷가의 수많은 모래 속, 거센 파도를 이겨내며 마주한 모래알은 우연이 아니라 인연으로 이어진 것입니다. 이 책을 통해 우리 또한 무도인이라는 만남으로 70억 사람 속에서 운명적인 목적을 가진 모래알처럼 만난 소중한 인연입니다. 이제는 깨달음의 길(도)을 함께할 수 있는 동반자가 그립습니다. 비록 힘든 여정이지만 결코 헛된 일은 아닐 것입니다. 오히려 그것은 보람되고 뜻 있는 그리고 가치 있는 무도 인생이 될 것이라 생각합니다.

호랑이는 죽어서 가죽을 남기고 사람은 죽어서 이름을 남긴다고 했습니다. 내 이름이 모두에게 기억될 명예의 이름이라면, 어두운 밤길을 밝혀주는 등불이 되어 바른길로 인도하는 안내자가 되겠습니다. 비록 그 길이 험하고 힘들지라도 망설이지 않고 무도인의 길을 선택하겠습니다.

나의 무도 인생 외길이 대나무와 같다고 새삼 깨달았습니다. 대나무는 언제나 곧게 위를 향해 자라면서, 비바람에도 꺾이지 않고 버티고 있는 것은 스스로 속을 비울 수 있었기 때문입니다. 그래서 어떠한 강풍에도 흔들릴지언정 부러지지 않는 것입니다. 욕심을 버리고, 스스로를 낮추며 인내를 갖고 사범의 의무를 포기하지 않고 지금의 나를 지켜냈습니다. 혼탁한 물은 흔들수록 더러워질 수밖에 없습니다. 맑은 물을 바라보기 위해서는 인내를 갖고 그대로 두면 스스로 더러움은 가라앉아 맑아집니다. 어느 곳에도 치우치지 않고 바른길을 향해 정진하는 것이 사범이 나아갈 길이라는 것을 되새기겠습니다. 나는 이것을 운명으로 받아들였고 떳떳하게 내세울 수 있는 사범이라는 지위를 대변하며 명예를 지키는 자존심으로 살아가겠습니다.

깨달음은 말로써가 아니라 마음으로 전하는 것이라고 했습니다. 무도의 깨달음도 진실한 마음으로 함께한다면 사범의 길도 다르지 않을 것입니다. 달콤한 열매에 안주하지 않고 그 안에 있는 씨앗(수련생)들을 심어 정성스럽게 가꿔보겠습니다. 그래서 또 다른 풍성한 나무(사범)를 키워낼 수 있다면, 도전할 가치 있는 사범의 무도 인생이 아니겠습니까. 큰길에는 문이 없다고 했습니다. 이 책을 통해 깨달음이라는 무도의 큰 길(도)을 함께 갈 수 있기를 기도하겠습니다.

내가 좋아서 선택한 무도 인생이 가족에게는 너무도 힘든 삶이었습니다. 이러한 것을 긍정적으로 받아들여 좋은 경험으로, 가치 있는 밑거름으로 하여 성공적인 삶, 행복한 가정을 꾸려준 아내와 딸들에게 감사할 뿐입니다. 그리고 나와 40년이라는 무도 인생의 여정을 함께하면서 이 책의 발간을 위해 많은 도움을 준 사범 마우리시오 꼬르레오와 사범 로베르토 에르난데즈에게 진심으로 감사를 드립니다. 또한 합기도 이론과 술기를 소개해주신 김남제 관장님과 강무영 관장님께 깊은 감사를 표합니다. 우여곡절이 많고 힘들었던 지난 세월이 이제는 소중한 인연으로 남아 여유 있게 웃음으로 넘길 수 있으니 살아볼 만한 인생인 것 같습니다.

Cada partícula de arena que se encuentra en la playa no tiene una existencia meramente coincidente; cada una tiene la función de retener las olas fuertes. Al igual que las partículas de arena con un propósito señalado, de los siete mil millones de personas que existen en este mundo, así también nosotros nos hemos encontrado gracias al destino a través de este libro. Este no es un encuentro casual; hemos hecho esta conexión a través de nuestra pasión por las artes marciales.

Extraño a los compañeros que han compartido el camino (Do) de la iluminación. No ha sido un viaje fácil, pero no fue en vano. Fue más bien una vida de artes marciales gratificante, significativa y valiosa.

Cuando un tigre muere, deja atrás su piel. Cuando una persona muere, el legado de esa persona permanece. Si mi nombre se convierte en un nombre honorable, recordado por todos en el ámbito de las artes marciales, entonces habré logrado mi objetivo de ser una luz guía en un camino oscuro. Aunque el camino fue difícil y duro, no dudaría en elegir la misma ruta en mi travesía de artes marciales.

Me di cuenta de que el camino de las artes marciales es como el bambú; que siempre crece recto, resistiendo los vientos y las tormentas más fuertes, porque está vacío por dentro. Aunque se puede doblar, nunca se rompe. Traté con seriedad de abandonar la codicia, de ser humilde y paciente mientras cumplía con mi deber de Maestro. El agua oscura se ensucia más cuando se la agita y permanecerá turbia. Para poderla ver con claridad, debemos ser pacientes y dejarla quieta, para permitir que la suciedad se deposite en el fondo. Este es el camino de un Maestro, dedicado a cultivar el camino medio, evitando ser desplazado de una manera u otra. He aceptado esto como mi destino y me enorgullezco de saber que represento el título de Maestro con justicia.

La iluminación no es sólo lograr captar el significado detrás de las palabras, sino también abrazar al corazón. Si la iluminación en las artes marciales se recibe con un corazón sincero, el camino del Maestro será claro. Quiero empeñarme en seguir plantando las semillas (estudiantes), en lugar de simplemente disfrutar de los dulces frutos de mi trabajo. La vida de artes marciales de un maestro se enfrenta al noble desafío de expandir la siembra de árboles para más bosques (Maestro). Al leer este libro, oro para que te unas a nosotros en el gran camino (DO) de la iluminación.

La vida de artes marciales que elegí trajo muchos sacrificios para mi familia. Estoy muy agradecido con mi esposa y mis dos hijas por su apoyo en mi viaje y por su inestimable contribución al éxito y la felicidad de nuestra familia. También me gustaría expresar mi sincera gratitud al Maestro Mauricio Correa y al Maestro Roberto Hernández por las incontables horas, ayudando con la publicación de este libro y por sus cuarenta años de dedicación al camino de las artes marciales junto a mí. Tambien me gustaria expresar mi mas profundo agradecimiento a Gran Maestro Kim Nam-Jai y Gran Maestro Kang Moo-Young por su contribución de teoría y técnicas introductorias de Hapkido. ¡Puedo mirar tranquilamente los años de dificultades pasados con una sonrisa y afirmar con confianza que ha sido una vida digna de ser vivida!

A VIEW ON THE HISTORY OF MARTIAL ARTS / 무도의 역사관 / UNA VISIÓN A LA HISTORIA DE LAS ARTES MARCIALES

"The origins of martial arts and its history are not so important as how to train in martial arts and how to develop other techniques through the times and ways of life." / *"무도의 기원과 역사의 흐름에 대한 중요함보다 무도의 수련과 기술의 변형이 시대의 흐름과 생활 습관에 의해 개발되어야 한다고 본다."* / *"Los orígenes de las artes marciales y su historia no son tan impor-tantes como lo son su entrenamiento y la manera de desarrollar otras técnicas a través de los tiempos y las formas de vida."*

Disciple: What do you think about the history of martial arts?

Master Young Seok Kim: The origins of martial arts and its history are not so important as how to train in martial arts and how to develop other techniques through the times and ways of life.

I mean that there are a lot of distorted arguments about the history (seed) of martial arts; where they are from, and how they began. The taste of the fruit can vary depending on where the seed grows, how its species developed, and who tended it. The place, country, and way of life were influential for the development of martial art techniques. So you should develop the technique suitable for you by training in a martial art that is best suited to your body type. Therefore, you should still keep the original purpose and the meaning of the martial art at the core of the techniques you practice.

Taekwondo should be based on strength and Hapkido should be based on softness. Using fruit as a metaphor, apples should always remain as apples and watermelons should always remain as watermelons to remain true to the taste and name of the essence. An apple and watermelon ripen in sweetness with different tastes, but both rich in its own variety. Parents share a universal wish of their child being better than themselves. Similarly, a Master shares his teachings with the mind of a parent. A Master wishes their students to not only remain true to the martial art that they are learning, but develop it to their best abilities.

With development comes hope that today is better than yesterday and tomorrow is better than today. Masters should constantly train and improve themselves so a proud and truthful history can be passed on for posterity. By not only teaching the correct techniques, but also by showing an exemplary attitude in life and becoming a role model, can you be a true master.

So the master's words and deeds shouldn't be contradictory. Masters should be able to teach their students by example: through their natural behavior and showing a personality which is completely shaped by their training in martial arts. This is the path that a true master and trainer in martial arts should follow.

Disciple: I will brace myself and try to have the dignity and pride of a martial art trainer. Thank you.

제자: 무도의 역사관에 대해 어떻게 생각하시는지요.

사범 김용석: 무도의 기원과 역사의 흐름에 대한 중요함보다 무도의 수련과 기술의 변형이 시대의 흐름과 생활 습관에 의해 개발되어야 한다고 본다. 무도의 역사(씨앗)가 어디서 와서 어떻게 시작되었느냐 하는 논란은 왜곡된 것이 많다. 씨앗은 토양과 품종 개발 그리고 누가 얼마나 정성 들여 가꾸느냐에 따라 열매의 맛은 달라진다. 무도 또한 지역이나 나라에 따라 그리고 생활 습관에 따라 기술 변형이 개발되었다. 따라서 각자의 체형에 맞게 수련을 함으로써 자신에게 맞는 기술을 개발해야 한다. 물론 술기의 기본은 무도의 목적과 뜻에 따라야 옳은 것이다.

태권도는 강함을, 합기도는 부드러움을 기본으로 해야 하는 것을 열매에 비유할 때 사과는 사과요, 수박은 수박이 되어야 그 본질의 맛과 이름을 지킬 수 있다. 그래서 사과와 수박으로서의 맛과 질을 개발해 각자의 과일로 만들어내려는 것은 부모보다 자식이 잘되어야 한다는 부모의 바람이다.

즉 어제보다는 오늘이, 오늘보다는 내일이 나아져야 발전이 있고 보람과 희망이 있듯이 무도인도 끊임없이 정진해 후세를 위해 자랑스럽고 진실된 역사를 남겨줄 수 있어야 한다.

이러한 것을 거울 삼아 무도인들에게 바르게 훈련하고 터득할 수 있는 올바른 술기와 모범적인 삶의 자세를 보여주는 것이 진정한 무도인의 길이다. 그러므로 사범(지도자)의 말과 행동은 같아야 한다. 가르침에 있어서는 스스로 보여줌으로써 행동에서 풍기는 인격의 완성을 통해 배우고 가르칠 수 있어야 한다. 그러한 것들이 진정한 무도인으로서 그리고 사범으로서 나아가야 할 길이다.

제자: 다시금 마음을 가다듬어 무도인으로서 긍지와 자부심을 갖도록 노력하겠습니다. 감사합니다.

Discípulo: ¿Qué piensa acerca de la historia de las artes marciales?

Maestro Young Seok Kim: Los orígenes de las artes marciales y su historia no son tan importantes como lo son su entrenamiento y la manera de desarrollar otras técnicas a través de los tiempos y las formas de vida.

Lo que quiero decir es que hay demasiadas versiones distorsionados acerca de la historia (semilla) de las artes marciales; de donde provienen y cómo empezaron. El sabor de la fruta puede variar dependiendo del lugar en donde crezca la semilla, del desarrollo de las especies y de quien las cuidaba. El lugar (país) y la forma de vida influenciaron el desarrollo de las técnicas de arte marcial. De esta manera desarrollarás la técnica que te sea apropiada, entrenando en el arte marcial que mejor se ajuste a tu forma corporal. Por lo tanto, en la esencia de las técnicas que practicas, deberías preservar el propósito original y el significado de tu arte marcial.

El Taekwondo debe basarse en la fuerza y el Hapkido en la suavidad. Al usar la fruta como una metáfora, las manzanas deberán permanecer siempre como manzanas y las sandías como sandías, para ser fieles al sabor y al tipo de su esencia. Una manzana y una sandía al madurar se vuelven dulces, con diferentes sabores, pero ambas son ricas en su propia variedad. Los padres comparten el deseo universal de que sus hijos sean mejores que ellos. De manera similar, un Maestro comparte sus enseñanzas con la mentalidad de un padre. Un Maestro desea que sus discípulos no solo sean fieles al arte marcial que están aprendiendo, sino que lo desarrollen a su mayor capacidad.

Con el desarrollo, surge la esperanza de que el hoy es mejor que el ayer y el mañana es mejor que el hoy. Los Maestros se entrenarán y mejorarán constantemente, de tal manera una historia veraz y orgullosa quedará para la posteridad.

Al no solo enseñar las técnicas correctas, sino mostrar una actitud ejemplar en la vida y convertirse en un ejemplo, podrás ser un verdadero Maestro. Es por esto que las palabras y las acciones del Maestro no deberán ser contradictorias. Los Maestros deberán enseñar a sus discípulos mediante el ejemplo: a través de su comportamiento, mostrando una personalidad completamente formada por su entrenamiento en el arte marcial. Este es el camino (Do) que deberá seguir un verdadero Maestro y formador en artes marciales.

Discípulo: Me prepararé y trataré de tener la dignidad y el orgullo de un entrenador de arte marcial. Gracias.

ABOUT TRAINING OF MARTIAL ARTIST / 무도인의 수련 / SOBRE EL ENTRENAMIENTO DEL ARTISTA MARCIAL

"Martial arts is an extreme expression of life and death, whereas sports is limited to winning or losing." / "무도는 생과 사를 결정하는 극한적인 표현이고, 스포츠는 승과 패를 결정하는 제한적인 표현이다." / "Las artes marciales son una expresión extrema de vida y muerte, mientras que el deporte es una expresión limitada de triunfo y derrota."

Disciple: I would like to know about the training in martial arts.

Master Young Seok Kim: The aim of training in martial arts is changing from self-defense to health care. The aim of spiritual exercise in martial arts is also changing from national defense to self-development. Historically, an arrow, a sword and a spear were weapons, but in modern times a small knife and a gun are weapons. The aims of martial arts training should be changed according to the course of history.

First: The aim of martial arts training for the specialist (such as army, police, bodyguard, secret agent etc.) should gratify the needs based on practical techniques, systematizing a required specialist skill.

Second: It is the aim of training in martial arts for the ordinary person in ordinary situations. It is not common that you find yourself in a dangerous situation threatened by armed force. Therefore, you are more likely to have a battle with yourself (sucha as in stress, worries, wandering, competition, and fighting against illness), rather than a battle with someone else. The purpose of self-defense by martial arts in the modern era is to defend your health and safety by enhancing psychological and physical health. By building self-confidence and strength through training in martial arts and testing your ability, you should become a good citizen who shows a hopeful future. There is no external enemy. The only enemy is yourself. The true victory is when you defend yourself and protect others. It is the martial art master's leadership that plants a positive mindset to others, helping them to restrain their aggression and anger and gain self-control.

Third: Technical development occurs through sporting competition. Though developing physical skills for Olympic sports requires the development of a scientific system, the philosophical element of training in martial arts for mental health should not be neglected. Martial arts is an extreme expression of life and death, whereas sports is limited in expressing winning or losing. Also training in martial arts should not be just one sided, but two sided. Martial arts is made whole by the principle of Taegeuk (Yin and Yang); the soft side through the strong side and the strong side through the soft side, each interconnected. This means that when physical skills and psychological training, in other words, the body and mind, become united, it will be the perfect martial arts training. Taekwondo shows power but requires tenderness; Hapkido shows softness but requires strength. Both are interconnected; one with another opposite character; double sided. Taekwondo begins with a dot and line philosophy but it is softened by the long period of training to become Grandmaster. Hapkido begins with the principle of a circle; it finishes with strength overpowering the opponent.

Disciple: I will train myself and not be ashamed to be a martial arts trainer. Thank you.

제자: 무도인의 수련에 대해 알고 싶습니다.

사범 김용석: 무도인의 수련 목적은 호신뿐만 아니라 건강과 정신 수양, 자아 수양 목적으로 변형되어 가고 있다. 예전에는 활과 칼, 창 등이 무기였으나 지금은 소형 칼, 총 등이 무기가 되었듯이 역사의 흐름에 따라 무도의 수련 목적도 달라져야 한다.

첫째: 전문인을 위한 무술의 훈련 목적은 특정 단체나 직업에 따라 필요한 전문 기술로 체계화하여 실질적으로 쓰일 수 있는 다양한 술기로 개발해야 한다. (군인, 경찰, 경호원, 첩보원 등)

둘째: 일반인을 위한 무술의 훈련 목적은 일반적인 상황이다. 우리가 살면서 타인에 의한 무력 행동의 위험한 상황이 얼마만큼 이루어지냐는 것이다. 타인과의 싸움보다는 자신과의 싸움 즉 스트레스, 고민, 방황, 경쟁 등과 질병에 대한 싸움의 기회가 훨씬 많다는 것이다. 따라서 무도의 수련을 통해 정신적인 건강 수련과 육체적인 강화 훈련을 통해 자신을 개발하여 스스로 건강과 안전을 지킬 수 있는 것이 현대의 호신술이다. 무도의 수련을 통해 자신감과 강한 체력을 키워 자신의 능력을 시험하고 미래의 희망을 지향하는 좋은 버팀목과 밑거름이 되어야 한다. 적이란 있을 수 없다. 유일한 적은 바로 자신이다. 진정한 승리는 자신을 보호하고 상대를 보호하는 길이다. 상대의 마음속에 긍정적인 변화를 심어줘 공격적인 마음을 자제할 수 있게 해주는 것이 무도인의 지도력이다.

셋째: 스포츠로서 시합을 통한 기술 개발이다. 태권도의 올림픽 스포츠로서의 육체적 기술 개발은 과학적으로도 체계화해야겠지만 좀 더 무도에 접근할 수 있는 정신 건강을 위한 철학적인 요소도 등한시해서도 안 된다.

무도는 생과 사를 결정하는 극한적인 표현이고 스포츠는 승과 패를 결정하는 제한적인 표현이기 때문이다. 또한 무도의 수련은 일방적이기보다 항상 양면성을 수반한다. 강함을 통한 부드러움이 있으면 부드러움을 통한 강함도 따라야 하는 태극의 원리에 부합해야 비로소 무도의 완성에 이른다. 육체적인 술기와 정신적인 수양 즉 몸과 마음이 혼연일체가 되어야 완전한 무도 수련이다. 태권도는 강함을 나타내면서 부드러워야 하고 합기도는 부드러움을 나타내면서도 강해야 하는 양면성이 내포되어 있다. 태권도는 강한 동작의 점과 선의 원리로 시작하지만 오랜 수련을 통해 부드러움으로 바뀌게 된다(고단자형). 합기도는 부드러움의 원의 원리로 시작하지만 제압(잔심)이라는 강함을 마무리로 이어진다.

제자: 무도인으로서 부끄럽지 않도록 열심히 노력하겠습니다. 감사합니다 사범님.

Discípulo: Quisiera saber acerca del entrenamiento en las artes marciales

Maestro Young Seok Kim: El propósito del entrenamiento en artes marciales es cambiar de la autodefensa al cuidado de la salud. El propósito del ejercicio espiritual en las artes marciales también está cambiando de la defensa nacional al desarrollo personal. Históricamente, una flecha, una espada y una lanza eran armas, pero en los tiempos modernos un pequeño cuchillo y una pistola son armas. Los propósitos del entrenamiento en las artes marciales deberán cambiar con el curso de la historia.

Primero: El propósito del entrenamiento en artes marciales para el especialista (fuerzas armadas, policía, guardaespaldas, agentes secretos, etc.), satisfará sus necesidades basado en técnicas prácticas, sistematizando sus habilidades específicas.

Segundo: El propósito de las artes marciales es entrenar personas ordinarias en situaciones ordinarias. No es usual que te encuentres en una situación de peligro amenazado por alguien armado. Por lo tanto, es más probable que su batalla sea contra ti mismo (por estrés, preocupaciones, distracción, competeticiones y luchando contra enfermedades), en lugar de una batalla con alguien más. El propósito de la defensa personal de las artes marciales en la era moderna, es mantener tu integridad y seguridad; a través de una mejor salud física y mental. Al adquirir autoconfianza y fuerza física a través del entrenamiento de las artes marciales, y al probar tu capacidad, te convertirás en un buen ciudadano, con un futuro esperanzador. No existen enemigos externos. El único enemigo eres tú mismo. La verdadera victoria es defenderse a sí mismo y proteger a los demás. Es el liderazgo del Maestro de artes marciales el que siembra una mentalidad positiva en los demás, ayudándolos a contener su agresión y enojo, y desarrollar autocontrol.

Tercero: El desarrollo técnico ocurre a través de la competición deportiva. El desarrollo de las habilidades físicas para deportes olímpicos requiere del desarrollo de un sistema científico, pero el elemento filosófico del entrenamiento en las artes marciales para la salud física y mental, no debe olvidarse. Esto se debe a que las artes marciales son una expresión extrema de la vida y la muerte, mientras que el deporte es una expresión limitada del triunfo y la derrota. También el entrenamiento en artes marciales no debería ser únicamente parcial sino total. Las artes marciales siguen, en su totalidad, el principio del Taegeuk (Yin - Yang); el lado suave interrelacionado con el lado fuerte y el lado fuerte interrelacionado con el lado suave; interconectados entre sí (opuestos y complementarios). Esto significa que se requiere un entrenamiento físico y psicológico, en otras palabras; que cuando el cuerpo y la mente se unen, el entrenamiento de las artes marciales será perfecto.

El Taekwondo muestra poder (Yang) pero requiere sensibilidad (Yin). El Hapkido muestra suavidad (Yin) pero requiere potencia (Yang). Cualidades opuestas, pero interconectadas entre sí; las dos caras de una misma moneda. Las técnicas del Taekwondo se fundamentan en el principio filosófico del punto y la línea (Yang), pero con el perfeccionamiento de su entrenamiento se expresan a través de la suavidad (Yin), para convertirse en un Gran Maestro. Las técnicas del Hapkido se fundamentan en el principio filosófico del círculo (Yang) y su aplicación a través de la fluidez y potencia (Yang), terminan dominando al oponente.

Discípulo: Me entrenaré y no me avergonzaré de ser un formador de artes marciales. Gracias

"There is no meaningless suffering in the world. There is no glory without suffering. It is through suffering that we learn, grow, and evolve." / *"세상에 의미 없는 고난은 없다. 고난이 없는 영광이란 없다. 우리가 배우고, 성장하고, 발전하는 것은 고난을 통해서다."* / *"No hay sufrimiento sin sentido en el mundo. No hay gloria sin sufrimiento. Es a través del sufrimiento que nosotros aprendemos, crecemos, y evolucionamos."*

"In the Emperor's bore, Yin - Yang is the road of heaven and earth and the rule that controls all the things in nature. This is where life and death emerge as an expression of change. In the martial arts, defense (Yin) and attack (Yang) are the roads of martial arts and the rule that controls all the techniques. This is where life and death emerge as an expression of change." /

"<황제내경>에서 음양이란 천지의 길이고 삼라만상을 통제하는 규칙이다. 변화를 일으키는 주체로서 살리고 죽이는 것이 여기서 나온다고 했다. 무도에서도 방어(음)와 공격(양)이란 무도의 길이고 모든 술기를 통제하는 규칙이다. 변화를 일으키는 주체로서 살리고 죽이는 것이 여기서 나왔다." /

"En la dimensión del Emperador; el Yin - Yang es el camino del Cielo y la Tierra y la regla que controla todas las cosas en la naturaleza. Es aquí donde la vida y la muerte surgen como expresión del cambio. En las artes marciales; la defensa (Yin) y el ataque (Yang) son expresiones del camino de las artes marciales y la regla que controla todas las técnicas. Es aquí donde la vida y la muerte surgen como expresión del cambio."

CHAPTER 1. TAEKWONDO / 1 장. 태권도/ CAPITULO 1. TAEKWONDO

"A great Master is not measured by the quantity of his/her skills and ability, but by the quality of his/her character." /
"훌륭한 사범은 기술과 능력의 정도가 아니라 인격으로 평가해야 한다."
/ "La grandeza de un Maestro no se mide en la cantidad de técnicas y habilidades, sino por la calidad de su carácter."

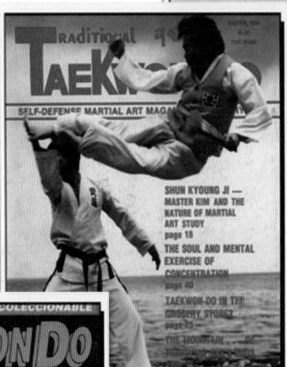

Grand Master Young S. Kim's interviews for martial arts Magazines, Colombia (1979), U.S.A. (1982), and Argentina (1992) / 사범 김용석 무도 잡지 인터뷰, 콜롬비아(1979), 미국(1982), 아르헨티나(1992) / Entrevistas para Revistas de artes marciales con el Gran Maestro Young S. Kim, Colombia (1979), EE.UU. (1982), y Argentina (1992).

Demonstrations by Grand Master Young S. Kim: breaking a long piece of wood supported on paper without ripping the paper with a bamboo sword and cutting a watermelon with a sword without cutting the person holding it / 사범 김용석 칼에 종이를 끼우고 죽도로 나무 격파 시범과 칼로 수박 베기 시범 / Demonstraciones del Gran Maestro Young S. Kim: rompiendo un pedazo de madera larga sostenida por papel sin romper el papel con un sable de bambú y cortando una sandía con un sable sin cortar la persona que la sostiene.

GRAND MASTER YOUNG SEOK KIM'S MARTIAL ARTS BRIEF HISTORY / 사범 김용석의 무도 약력 / BREVE HISTORIA DE LAS ARTES MARCIALES DEL GRAN MAESTRO YOUNG SEOK KIM

Grand Master Young Seok Kim / 사범 김용석 /
Gran Maestro Young Seok Kim

Top right: Jump double side kick / 오른쪽 위: 뛰어 두발 모아 옆차기 / Arriba derecha: Doble patada de lado saltando. Bottom left: Oklahoma Demo, U.S.A. 1984 / 왼쪽 아래: 미국 오클라호마에서 시범, 1984 / Abajo izquierda: Demo en Oklahoma, EE.UU., 1984. Bottom right: Pulling a car with his mouth, Medellin Demo, Colombia, 1979 / 오른쪽 아래: 입으로 차 끄는 시범, 메데진 콜롬비아, 1979 / Abajo derecha: Halando un carro con la boca, Demo en Medellin, Colombia, 1979.

TAEKWONDO BRIEF HISTORY

1975   Certified "Master Instructor" by The World Taekwondo Federation

1976   Certified "International Master Instructor" by The World Taekwondo Federation

Certified "International Taekwondo Referee Qualification" by The World Taekwondo Federation

1977   Taekwondo instructor at the Antioquia University, Medellin, Colombia

Organized the "1977 Colombian National Championships" and won five gold medals out of eight possible to select the Colombian Team for the 3rd. World Taekwondo Championships. Served as the "Colombian National Team Coach" for the 3rd. World Taekwondo Championships in Chicago, Illinois, U.S.A.

1978   Taekwondo and Hapkido Instructor at San Buenaventura and Medellin Universities, Medellin, Colombia

1982   Featured in the "Taekwondo" magazine cover in the U.S.A.

1987   Certified 8th Degree Black Belt by the World Taekwondo Federation

Certified 8th Degree Black Belt and Qualified Director in San Diego, California, U.S.A., by the Ji Do Kwan Taekwondo Association

1992   Featured in "Taekwondo" magazine cover in Argentina

1994   Certified "Grand Master Qualification" by the Taekwondo academy Kuk Ki Won

2002   Certified 9th Degree Black Belt by the Kuk Ki Won

2011   Certified "1st Class Taekwondo Grand Master" by the Kuk Ki Won

HAPKIDO BRIEF HISTORY

1971   Qualified Director of Won Moo Kwan by the Korea Hapkido Association

1973   Demonstration National Team Member by the Korean Hapkido Association

1979   Published "Mundo de Las artes marciales" magazine in Medellin, Colombia

Organized the "Antioquia Hapkido Association" in Medellin, Colombia

1986   Certified 8th Degree Black Belt by the Korea Hapkido Association

2002   Certified 9th Degree Black Belt by the World Hapkido Federation

SCHOOL ESTABLISHMENTS

1969   Opened Taekwondo and Hapkido Won Moo Kwan in Seoul, Korea

1977   Opened Taekwondo and Hapkido School in Medellin, Colombia, South America

1980   Opened Taekwondo and Hapkido School in New Orleans, Louisiana, U.S.A.

Trained the New Orleans Police Department in self-defense techniques

1984   Opened Taekwondo and Hapkido School in San Diego, California, U.S.A.

Trained San Diego Border Patrol Agents in self-defense techniques

1985   Opened Taekwondo and Hapkido School in Tijuana, Mexico

1992   Founded the "Joong Do Ryu System" for the "Joong Do Ryu World Hapkido Federation" and "Joong Do Ryu Taekwondo - Hapkido Schools" at headquarter school and branch locations in Medellin, Colombia; Tijuana, México; and New Orleans and San Diego, U.S.A.

Present   Teaches Taekwondo and Hapkido at South Bay YMCA San Diego (2 locations) and in 5 Elementary Schools

태권도 약력

1975   세계 태권도 연맹 사범 자격증 인증

세계 태권도 연맹 국제 심판 자격증 인증

1977   세계 태권도 연맹 국제 사범 자격증 인증

콜롬비아 안티오키아 대학 태권도 사범

제3회 세계 태권도 대회 콜롬비아 8체급 선발전 주최 및 5체급 금메달 획득

제3회 세계 태권도 대회 (미국 시카고) 콜롬비아 팀 코치 임명

1978   콜롬비아 산 부에나벤투라 대학, 메데진 대학 태권도, 합기도 사범

1982   미국 태권도 잡지 표지 인물

1987   세계 태권도 연맹 8단 인증

세계 태권도 연맹 지도관 8단 인증, 미국 샌디에이고 지도관 관장 임명

1992   아르헨티나 태권도 잡지 표지 인물

1994   국기원 태권도 아카데미 그랜드마스터 자격증 인증

2002   국기원 9단 인증

2011   국기원 1급 태권도 그랜드마스터 자격증 인증

합기도 약력

1971   대한 합기도 협회 원무관 관장 자격증 인증

1973   대한 합기도 협회 시범단원 활동

1978   안티오키아 콜롬비아 합기도 협회 창설

1979   메데진 콜롬비아 <무도의 세계> 잡지 발간

1986   대한 합기도 협회 8단 인증

2002   세계 합기도 연맹 9단 인증

도장 설립

1969   원무관 태권도 합기도 도장 개관, 서울

1977   메데진 콜롬비아 태권도 합기도 도장 개관

1980   뉴올리언스 미국 태권도 합기도 도장 개관

뉴올리언스 경찰서 호신술 지도

1984   샌디에이고 미국 태권도 합기도 도장 개관

샌디에이고 국경수비대 호신술 지도

1985   티후아나 멕시코 태권도 합기도 도장 개관

1992   중도류 체계 창설, 중도류 세계 합기도 연맹, 중도류 태권도 합기도 도장 설립 메데진 콜롬비아, 티후아나 멕시코, 뉴올리언스 미국, 샌디에이고 미국 등 지부 설립

현재   샌디에이고 미국 YMCA 사우스 베이 지역 (2), 초등학교 (5) 태권도 합기도 지도

BREVE HISTORIA EN TAEKWONDO

1975	Certificación de "Maestro Instructor" de La Federación Mundial de Taekwondo
1976	Certificación de "Maestro Instructor Internacional" de la Federación Mundial de Taekwondo
	Certificación de "Árbitro Internacional de Taekwondo" de la Federación Mundial de Taekwondo
1977	Instructor de Taekwondo de la Universidad de Antioquia en Medellín, Colombia

1977   Organizador del Campeonato Nacional de Taekwondo de Colombia 1977, en la ciudad de Bogotá, Entrenador de la Selección Antioquia que ganó cinco medallas de oro en combate, de las ocho posibles. Siendo escogido para entrenar a la selección Colombia que participaría en el Campeonato Mundial

        Entrenador de la Selección Colombia que participó en el 3er. Campeonato Mundial de Taekwondo en la ciudad de Chicago, Illinois, Estados Unidos

1978   Instructor de Taekwondo y Hapkido de las Universidades de Medellín y San Buenaventura, Medellín, Colombia

1982   Aparece en la portada de la revista "Taekwondo" en los Estados Unidos

1987   Certificado de cinturón negro 8vo. Dan de la Federación Mundial de Taekwondo

        Certificado de cinturón negro 8vo. Dan y Director en San Diego, Estados Unidos, de la Asociación Ji Do Kwan de Taekwondo

1992   Aparece en la portada de la revista "Taekwondo" en Argentina, Suramérica

1994   Certificado de "Gran Maestro" de la Kuk Ki Won (Sede Central del Taekwondo Mundial)

2002   Certificado de cinturón negro 9no. Dan de Taekwondo de la Kuk Ki Won

2011   Certificado de "Gran Maestro de 1ra. Clase de Taekwondo", de la Kuk Ki Won

BREVE HISTORIA EN HAPKIDO

1971   Certificado de cinturón negro 6to. Dan de la Asociación Coreana de Hapkido

        Director de la Won Moo Kwan de la Asociación Coreana de Hapkido

1973   Miembro del Equipo Nacional de Demostraciones de la Asociación Coreana de Hapkido

1978   Certificado de cinturón negro 7mo. Dan de la Asociación Coreana de Hapkido

1979   Publicó la revista "El Mundo de Las artes marciales" en Medellín, Colombia

        Fundó la "Liga Antioqueña de Hapkido" en Medellín, Colombia

1986   Certificado de cinturón negro 8vo. Dan de la Asociación Coreana de Hapkido

2002   Certificado de cinturón negro 9no. Dan de Hapkido de la Federación Mundial de Hapkido

ESCUELAS FUNDADAS

1969   Funda escuela de Taekwondo y Hapkido Won Moo Kwan, en Seúl, Corea del Sur

1977   Funda escuela de Taekwondo y Hapkido en Medellín, Colombia, Suramérica

1980   Funda escuela de Taekwondo y Hapkido en Nueva Orleans, Luisiana, EE.UU.

        Enseña defensa personal en el Departamento de Policía de Nueva Orleans, Luisiana, EE.UU.

1984   Funda Escuela de Taekwondo y Hapkido en San Diego, California, EE. UU.

        Enseña defensa personal a Agentes de la Patrulla Fronteriza en San Diego, California, EE.UU.

1985   Funda Escuela de Taekwondo y Hapkido en Tijuana, Baja California, México

1992   Funda el "Sistema Joong Do Ryu" para la "Federación Mundial de Hapkido Joong Do Ryu" y las "Escuelas de Taekwondo y Hapkido Joong Do Ryu" en la sede central y filiales en Medellín, Colombia; Tijuana, Méjico; y Nueva Orleans y San Diego, EE.UU.

Presente   Enseña Taekwondo y Hapkido en la YMCA de la Bahía Sur (2 locales), y en 5 Escuelas Elementales en San Diego, California, EE.UU.

GRAND MASTER MAURICIO CORREA'S MARTIAL ARTS BRIEF HISTORY / 사범 마우리시오 꼬르레아 무도 약력 / BREVE HISTORIA DE LAS ARTES MARCIALES DEL GRAN MAESTRO MAURICIO CORREA

Grand Master Maurice Correa / 사범 마우리시오 꼬르레아 / Gran Maestro Mauricio Correa

Top and bottom right: Grand Champion Competition, Louisiana, U.S.A., 1983 / 오른쪽 위, 아래: 그랜드 챔피언 루이지애나 미국, 1983 / Arriba y abajo derecha: Competencia de Gran Campeón, Louisiana, EE.UU., 1983

Bottom left: South Korea Tour, 1987 / 왼쪽 아래: 한국 방문, 1987 / Abajo izquierda: Gira en Corea del Sur., 1987.

1979   Taekwondo - Hapkido Instructor at the Medellín University, Medellin, Colombia / 메데진 대학 태권도 사범, 메데진, 콜롬비아 / Instructor de Taekwondo – Hapkido en la Universidad de Medellín, Colombia.

1980   Taekwondo - Hapkido Instructor at the San Buenaventura University and the Oriental Martial Arts School headquarters, Medellin, Colombia / 산 부에나벤투라 대학, 동양 무도 센터 태권도 - 합기도 사범, 메데진, 콜롬비아 / Instructor de Taekwondo - Hapkido en la Universidad de San Buenaventura y en la sucursal principal de la Escuela Oriental de Artes Marciales, Medellín, Colombia.

1981   Six Times Grand Champion in Forms, Weapons, and Sparring at the "All Central and Southern Championship", Louisiana, U.S.A. (1981-1985) / 전국, 주 시합에서 6회 그랜드 챔피언 품새, 무기, 대련, 루이지애나, 미국 / Seis veces Gran Campeón en Fórmulas, Armas y Combate en los campeonatos del centro y sur de los EE.UU., "All Central and Southern Chanpionship", Louisiana, EE.UU. (1981-1985).

Instructor and Director at the Joong Do Ryu Taekwondo - Hapkido School headquarters in U.S.A. / 미주 중도류 태권도 - 합기도 본관 사범 / Instructor y Director en la sucursal principal de la Academia de Joong Do Ryu Taekwondo – Hapkido en los EE.UU.

1991   Taekwondo - Hapkido Instructor at the Border View YMCA, San Diego, USA / YMCA 태권도 - 합기도 사범, 샌디에이고, 미국 / Instructor de Taekwondo - Hapkido en la YMCA de Border View, San Diego, EE.UU.

2016   Earned 8th Degree Black Belt in Taekwondo and Hapkido by the Joong Do Ryu Martial Arts Federation / 중도류 무도 연맹 태권도 - 합기도 8 단 인증 / Recibió 8vo. Grado Cinturón Negro en Taekwondo y Hapkido de la Federación Mundial de Artes Marciales Joong Do Ryu.

Present   Worked as a Computer Engineer and Business Executive for many years. Now works as an Energy Healer, Spiritual Guide, and Life Coach / 컴퓨터 엔지니어 및 비지니스 관리. 에너지 치료사, 영적 수행자 및 인생 상담자 / Trabajó como Ingeniero de Computación y Ejecutivo de Negocios por muchos años. Ahora trabaja como Sanador Energético, Guía Espiritual, y Entrenador de Vida.

Joong Do Ryu System: Vice President of the Joong Do Ryu Martial Arts Federation and Joong Do Ryu Taekwondo - Hapkido School / 중도류 체계: 중도류 무도 연맹, 중도류 태권도 - 합기도 도장 부회장 / Sistema Joong Do Ryu: Vice Presidente de la Federación Mundial de Artes Marciales Joong Do Ryu y de la Academia de Joong Do Ryu Taekwondo – Hapkido.

GRAND MASTER ROBERTO HERNANDEZ'S MARTIAL ARTS BRIEF HISTORY / 사범 로베르토 에르난데즈 무도 약력 / BREVE HISTORIA DE LAS ARTES MARCIALES DEL GRAN MAESTRO ROBERTO HERNANDEZ

Grand Master Roberto Hernandez /사범 로베르토 에르난데즈/ Gran Maestro Roberto Hernandez

Top and bottom: Grand Master Roberto Hernandez demonstrates skills in Kumdo and Hapkido / 위, 아래: 사범 로베르토 에르난데즈 검도와 합기도 시범 / Arriba y abajo: El gran Maestro Roberto Hernandez demuestra técnicas de Kumdo y Hapkido

| 1983 | Co-founder of the Oriental Martial Arts School at Suramericana, Medellin, Colombia / 동양 무도 학교 Suramericana 도장 설립 / Cofundador de la Escuela Oriental de Artes Marciales Suramericana, Medellin, Colombia. |

1984, 1986, 1994, 2004, 2009, 2014 Organizer and competitor at the International Hapkido Championship, organized by the Antioquian Hapkido League / 국제 합기도 대회 주최, 안티오키아 합기도 협회 주관 / Organizador y competidor del Campeonato Internacional de Hapkido, organizado por la Liga Antioqueña de Hapkido.

1992   Silver medal, Taekwondo sparring, heavy weight category, at the National Sports Games, Santa Marta, Colombia / 산타 마리아 내셔널 태권도 대회 은메달 획득 / Medalla de plata, combate de Taekwondo, categoría; pesado. Juegos Deportivos Nacionales, Santa Marta, Colombia.

1993   Bronce medal, Taekwondo sparring, heavy weight category, Iberoamerican Taekwondo Championship, Bogota, Colombia/ 보고타, 콜롬비아 리베로아메리카노 태권도 대회 동메달 획득 / Medalla de bronce, combate de Taekwondo, categoría pesado en el Campeonato Iberoamericano de Taekwondo, Bogotá, Colombia.

1993-2015   Instructor at the Antioquian Hapkido League / 1993-2015 안티오키아 합기도 협회 사범 지도 / 1993-2015 Instructor de la Liga Antioqueña de Hapkido.

1997-2000   Vice President of the Antioquian Hapkido League / 안티오키아 합기도 협회 부회장 역임 / Vicepresidente de la Liga Antioqueña de Hapkido.

2000-2012   President of the Antioquian Hapkido League / 안티오키아 합기도 협회 회장 역임 / Presidente de la Liga Antioqueña de Hapkido.

2000-2015   Founder and director of the Instructors' School of the Antioquian Hapkido League / 안티오키아 합기도 협회 도장 설립, 사범 양성 / Fundador y director de la Escuela de Instructores de la Liga Antioqueña de Hapkido.

2014   Earned 8th Degree Black Belt in Taekwondo and Hapkido by the Joong Do Ryu Martial Arts Federation / 중도류 무도 연맹, 태권도 합기도 8단 인증 / Recibió Cinturón Negro 8vo Dan de Taekwondo y Hapkido de la Federación Mundial de Artes Marciales Joong Do Ryu

2015   Organizer and participant at the 7th International Hapkido Encounter, organized by Joong Do Ryu Colombian Association / 제7회 국제 합기도 대회 주최, 중도류 콜롬비아 협회 주관 / Organizador y participante del VII Encuentro Internacional de Hapkido, organizado por la Corporación Joong Do Ryu Colombia.

Present   General Medical Doctor, Occupational Health Medical Specialist, Doctor of Acupuncture, and International Lecturer / 가정 의학 의사, 보건 건강 전문의, 한의사 침술 전문의 및 국제 강사 / Médico General, Médico Especialista en Salud Ocupacional, Médico Acupunturista, y Conferecista Internacional.

President of the Ling Dao School (Founded on 2001) and Executive Director of the Joong Do Ryu Colombian Association (Founded on 2001) / 링다오 도장 지도(2001 설립), 중도류 콜롬비아 협회 설립(2016) / Presidente del Club Ling Dao (Fundado en 2001) y Director Ejecutivo de la Corporación Joong Do Ryu Colombia (Fundada en 2016).

Joong Do Ryu System: Vice President of the Joong Do Ryu Martial Arts Federation and the Joong Do Ryu Taekwondo - Hapkido School / 중도류 체계: 중도류 무도 연맹, 중도류 태권도 - 합기도 도장 부회장 / Sistema Joong Do Ryu: Vice Presidente de la Federación Mundial de Artes Marciales Joong Do Ryu y de la Academia de Joong Do Ryu Taekwondo – Hapkido.

Grand Master Maurice Correa, master Rosa Elsy, instructors Min Kim and Alejandro Penagos, and black belt student Luis Rojo demonstrate TKD kicks / 마우리시오 꼬르레아, 로사 엘시 그리고 김민영 사범과 유단자 루이스 로호, 알레한드로 페나고스 / El Gran Maestro Mauricio Correa, la maestra Rosa Elsy, los instructores Min Kim y Alejandro Penagos, y el estudiante cinturón negro Luis Rojo demuestran patadas de TKD.

TAEKWONDO PROMISED SPARRING / 태권도 맞추어 겨루기 / COMBATE PROMETIDO DE TAEKWONDO

Defense against punch / 주먹막기 / Defensa contra puño

Skill 1 / 기술 1 / Técnica 1:

Block with the same side arm and strike the jaw with the heel of your opposite hand / 위로 올려 막고 반대 손으로 턱치기 / Bloqueo por dentro con mano delantera y golpe a la mandíbula con la base de la mano trasera.

Skill 2 / 기술 2 / Técnica 2:

Block with the same side arm and strike the face with the fist vertically of the opposite hand / 위로 올려 막고 반대 손으로 주먹 세워 지르기 / Blo-queo por dentro con mano delantera y golpe a la cara con mano trasera (puño vertical).

Skill 3 / 기술 3 / Técnica 3:

Block with the same side arm and strike the neck with horse shoe of the opposite hand / 위로 올려 막고 반대 아금손으로 목치기 / Bloqueo interno con mano delantera y golpe a la cara anterior del cuello con mano de media luna trasera.

Skill 4 / 기술 4 / Técnica 4:

Block inside with the opposite hand and strike the head with back fist with the same arm / 안으로 막고 등주먹 얼굴치기 / Bloquea por dentro con mano delantera y golpe a la cara con la misma mano (dorso del puño).

Skill 5 / 기술 5 / Técnica 5:

Block inside with the opposite hand and strike the neck with knife hand with the same arm / 안으로 막고 같은 손으로 손날 목치기 / Bloquea por dentro con la mano delantera y golpe a la cara lateral del cuello con la misma mano (mano de sable).

Skill 6 / 기술 6 / Técnica 6:

Block with the opposite hand, strike the the eyes with the fingers of the same side hand, and kick the knee / 안으로 막고 반대 손 손가락으로 눈 때리고 무릎 위 차넣기 / Bloqueo interno con mano postero-superior, golpe a los ojos con dedos de mano opuesta, y patada a la cara interna de la rodilla con pie trasero.

Skill 7 / 기술 7 / Técnica 7:

Block with the opposite hand from outside, strike the the eyes with the fingers of the same side hand, and front kick the groin/face / 안으로 막고 반대 손 손가락으로 눈 때리고 가슴 밀어차기 / Bloquea por fuera con mano postero-superior, golpe a los ojos con dedos de mano delantera, y patada de frente a los genitales o cara, con pie trasero.

Skill 8 / 기술 8 / Técnica 8:

Block with the opposite hand, strike the the eyes with the fingers of the opposite hand, grab the neck from behind, and knee kick the face / 안으로 막고 반대 손 손가락으로 눈 때리고 목 뒤 잡아당겨 내리면서 무릎으로 얼굴 차기 / Bloqueo interno con mano postero-superior, golpe a los ojos con los dedos de mano delantera; con misma mano, agarra la parte posterior del cuello y rodillazo a la cara con pierna trasera.

Skill 9 / 기술 9 / Técnica 9:

Block with the same side arm from outside, grab the opponent arm with the other hand, strike the face with back fist with the arm that you blocked, and kick to the knee.

왼손 위로 올려 막고 오른손으로 밖에서 안으로 감아당기며 왼 등 주먹으로 얼굴 치고 오른발로 무릎 차넣기.

Bloqueo interno con mano delantera, agarro este antebrazo del oponente con mi otra mano, puño vertical a la cara con la mano con que bloqueé, y patada a la cara interna de la rodilla, con pie trasero.

AN INTRODUCTION TO TAEKWONDO / 태권도 소개 / UNA INTRODUCCIÓN AL TAEKWONDO

"In real fighting, you should not miss the slightest movements. You must control your opponent's movements with calmness, and manage your opponent's strength with softness. Simple and common techniques are more advantageous than complicated and difficult ones. An important variable that determines the difference in performance quality in real fighting is the level and duration of training." / "실전에서는 사소한 움직임도 놓치지 말아야 하며, 고요함으로 움직임을 제압하고, 부드러움으로 강함을 다스려야 한다. 복잡하고 어려운 술기보다 단순하고 평범한 술기가 유리하다. 실전에서 우열을 가리는 중요한 변수는 수련에 달려 있다." *"En una situación real de combate, no debes perder el más mínimo de los movimientos. Debes controlar los movimientos de tu oponente con calma, y manejar la fuerza de tu oponente con suavidad. Las técnicas simples y comunes tienen más ventajas que las técnicas complicadas y difíciles. Una variable impor-tante que determina la diferencia en la calidad del rendimiento en combate real es el nivel y la duración del entrenamiento."*

Disciple: Can you please explain the meaning of Taekwondo?

Master Young Seok Kim: Taekwondo, a traditional form of martial arts originating in Korea, has now become internationally well-known. There are more than fifty million Taekwondo practicing members in over two hundred countries around the world and the movement continues. This makes me proud and thankful, not only as a Taekwondo Master, but also as a Korean. I have taught Taekwondo and Hapkido for more than forty years of my life, and it is rewarding and deeply moving to witness thousands of my past students now training tens of thousands of their students. However, though I am pleased with the popular movement of Taekwondo, I have concerns about its future integrity. I worry about the methods currently practiced by Masters to teach Taekwondo and their capability to manage a school. It would be ideal for Taekwondo to continue to remain as an international sport in the Olympics. The hierarchical relationship between teacher and student is being compromised due to the current obsession of only victory and defeat. This worries me as it seems the cultivation of the mind and of morality is taking less importance in the practice of Taekwondo.

In English, there is no other synonym for martial arts. However, in the Korean language, there are three different terms. These are "muyae" (*martial art*), "musool" (*martial technique*) and "mudo" (*cultivating one's moral sense by training in the martial art*). These three terms can be used interchangeably, but I prefer to use 'mudo'. Philosophically, 'do' in 'mudo' means the duty to seek the truth. It also means deep logical understanding. In *The Book of Changes*, Confucius said that yin (defend) and yang (attack) combined become 'do' (pillar of Taegeuk (Taiji)). 'The Doctrine of the Mean' states that playing out the role in your destiny is "do". It seems very appropriate to call martial arts "mudo" rather than "muyae" (focus on the arts aspect of martial arts) or "musool" (focus on the technique aspect of martial arts) as it really is a combination of technique and philosophy. This is why Taekwon"*do*" is the correct name, rather than Taekwon"*yae*" (focusing on art) or Taekwon"sool'' (focusing on technique) considering its philosophical nature.

Taekwondo is a martial arts training involving the feet and hands. In addition to the physical improvement of your health and self-defense ability, Taekwondo training also strengthens your character. Taekwondo follows the laws of nature, maintains loyalty and good relations with friends, and emphasizes respect for parents and teachers. You should not focus only on the rewarding sweetness of fruit, but how this seed of the fruit can be cultivated for future generations to produce fruit. This is the duty of a true martial artist and Master.

Disciple: I will earnestly try to be a worthy and proud martial arts trainer. Thank you.

제자: 태권도에 대해 말씀해주십시요.

사범 김용석: 태권도는 이제 전통 무도의 범주를 떠나 한국의 태권도뿐만 아니라 세계의 태권도로 성장했다. 지구촌 200여 나라에서 5000만 명이 넘는 태권도인들이 지금 이 순간에도 기합 소리를 멈추지 않고 있으니 말이다. 사범의 위치를 떠나 한국인으로서 자부심을 느끼고 감사한다. 내 평생을 외국에서 40년 이상 태권도와 합기도를 가르쳐오면서 수천 명의 제자가 다시 수만 명의 제자를 가르치고 있다는 것에 보람을 느끼는 것은 물론 감개가 무량할 뿐이다. 그러나 마냥 기뻐할 수만은 없는 현실이 안타깝고 우려된다. 태권도 수련의 지도 방법과 미래에 닥칠 어두운 태권도 사범의 입지와 운영 능력에 걱정이 앞선다. 올림픽 스포츠 태권도로서 세계화는 바람직하다. 그러나 외적인 기술에만 치우치고 승패에 대한 집착으로 인간관계와 사제지간의 관계가 무너지면서 인격 완성과 도덕성까지 무너지는 것 같아 우려가 깊어질 뿐이다.

나는 무술, 무예라고 부르는 것보다 무도라고 불리기를 선호한다. 도(道)라 함은 철학적으로 마땅히 지켜야 할 도리 그리고 깊이 깨우친 이치를 뜻한다. 주역에서 공자는 한번 음(방어)하고 한번 양(공격)함을 도(태극의 기둥)라고 했다. 중용에서는 성품(태극의 기둥에서 생겨난 본능)을 그대로 행하는 것을 도라 했다. 기예 면에서도 기술적인 것뿐만 아니라 정신적인 면까지 포함하여 무예, 무술이라기보다 무도라고 표현하는 것이 옳다고 보는 것이다. 그래서 태권예, 태권술이라고 불리는 것보다 태권도라고 부르는 것이 형이상적(존재의 근본인 기본적 원리)으로 더 어울린다.

태권도란 발과 손을 통해 수련을 하는 무도다. 더불어 인격을 완성해나가며 기술 훈련을 통해 호신술뿐만 아니라 건강 증진에도 힘써야 한다. 또한 자연의 진리에 순응하며 동료 간에는 우애와 의리를 지켜나가며 부모와 스승에 대한 감사함과 존경심을 잃지 말아야 한다. 그러면서 열매의 달콤함에 안주하지 말고 그 안에 있는 씨앗을 품어 정성을 다해 열심히 가꾸어 더 풍성한 열매를 맺는 자랑스러운 사범으로 거듭나야 한다. 그것이 내가 무도인으로서, 사범으로서 지켜야 할 도리이고 의무다.

제자: 보람 있는 그리고 자랑스러운 무도인이 되도록 노력하겠습니다. 감사합니다.

Discípulo: Por favor, me puede explicar el significado del Taekwondo.

Maestro Young Seok Kim: El Taekwondo es un arte marcial tradicional, originario de Corea, que actualmente es reconocido a nivel internacional. Hay más de 50 millones de practicantes de Taekwondo en más de 200 países de todo el mundo y la tendencia continúa. Esto me hace sentir orgulloso y agrade-cido, no solo como Maestro de Taekwondo, sino también como coreano. He enseñado Taekwondo y Hapkido durante más de 40 años de mi vida, y es gratificante y conmovedor ver a miles de mis antiguos discípulos que ahora entrenan a decenas de miles de sus estudiantes. Sin embargo, aunque estoy satisfecho con la popularización del Taekwondo, me preocupa su integridad futura. Me preocupan los métodos practicados actualmente por Maestros para enseñar Taekwondo y su capacidad para adminis-trar una escuela. Sería ideal para el Taekwondo continuar siendo un Deporte Olímpico. La relación jerárquica entre Maestro y Discípulo se ve comprometida, debido a la actual obsesión por la victoria y la derrota. Esto me preocupa, porque parece que el cultivo de la mente y de la moralidad es cada vez menos importante en la práctica del Taekwondo.

En inglés, no hay otro sinónimo para artes marciales. Sin embargo, en coreano hay 3 términos diferentes. Estos son "Muyae" (arte marcial), "Musul" (Técnica Marcial) y "Mudo" (cultivar la moral a través del entrenamiento del arte marcial). Estos 3 términos se pueden usar indistintamente, pero prefiero usar 'Mudo'. Filosóficamente, el 'Do' del 'Mudo' significa el deber de buscar la verdad. También significa la comprensión lógica profunda. En El Libro de los Cambios (I Ching), Confucio dice que Yin (defensa) y Yang (ataque) combinados, se convierten en 'Do' (pilar del Taegeuk / Taiji). "La Doctrina del Significado" afirma que desempeñar el papel en tu destino es "Do". Parece muy apropiado llamar a las artes marciales "Mudo" en vez de "Muyae" (enfocarse en el aspecto artístico de las artes marciales) o "Musul" (enfocarse en el aspecto técnico de las artes marciales), ya que es una combinación de técnica y filosofía. Esta es la razón por la cual Taekwon "Do" es el nombre correcto, en lugar de Taekwon "Yae" (centrarse en el arte) o Taekwon "Sul" (centrarse en la técnica), considerando su naturaleza filosófica.

Taekwondo es un arte marcial que comprende el entrenamiento de los pies y las manos. Además del mejoramiento de tu salud y tu capacidad de autodefensa, el Taekwondo fortalece tu carácter. El Taekwondo sigue las leyes de la naturaleza, mantiene la lealtad y las buenas relaciones con amigos, y enfatiza el respeto por los padres y los profesores. No debemos centrarnos solo en la dulzura gratificante de la fruta, sino en cómo esta semilla pueda cultivarse, para que las generaciones futuras produzcan el fruto. Este es el deber de un verdadero artista marcial y un Maestro de arte marcial.

Discípulo: Trataré sinceramente de ser un Maestro de arte marcial digno y orgulloso. Gracias, Señor.

HOW TO GREET / 인사하는 법 / COMO SALUDAR

"A greeting is the expression of good manners to each other, sincerely showing respect and modesty." / *"인사는 서로에게 존중과 겸손을 나타내며, 진심을 담아 예의를 표현하는 것이다."* / *"Un saludo es la expresión de buenos modales entre sí, mostrando respeto y modestia."*

Disciple: It is said that martial arts start and end with manners. The etiquette we should follow at the beginning and end of each martial art training session is a greeting. I heard there are different forms of greetings. I would like to know the proper etiquette for greeting.

Master Young Seok Kim: A greeting is the expression of good manners to each other, sincerely showing respect and modesty. A greeting has three purposes:

First: it is a sign of respect and appreciation to your Master. To bow politely, you need to lower your head and body from the waist up, down 45 degrees, and look straight down to a spot about a step ahead of the tip of your toes.

Second: a greeting is a sign of respect to your fellow colleagues. You face each other and bow simultaneously. To bow, you need to bend your head and body down 30 degrees and look straight down to a spot about two steps ahead of the tip of your toes.

Third: a greeting is a sign of co-operation and good will. This form of greeting is used when you are in a match. You bend your head and body down 15 degrees and stare at the opponent. As you do not know when your opponent will attack, you must take precautions against this possibility.

In general, when you bow, you need to be polite and be natural in your state of being. Your facial expression should be bright and you should carry yourself with grace and dignity. Simply bending down is not a way to bow. You should greet someone confidently, wholeheartedly, and with a truthful and appreciative attitude. The correct way to bow is to turn the palms of both hands into your body to cover your hip bones. Comfortably place your arms by your sides, elbows about a fist's width from your body. Lightly put your legs, heels and knees together, and move your feet apart at the toes by 30 degrees. When you bow, center your head and waist along an imaginary vertical line and pull the chin in. Clench your bottom so it does not go out. Before and after your greeting, make sure you replace with make eye contact.

Another way of bowing is by placing the palms of the hands over the chest (Jan Joong Hyul). This is a greeting which represents harmony between you, symbolized by the left hand, and your opponent, symbolized by the right hand.

Place the palms of both hands on the lower abdomen. Place the palm of the right hand on the abdomen with the palm of the left hand covering the right hand (opposite for women), and bow with the feeling of embracing your abdomen (Danjeon). There is a difference in how to place your hands depending on gender. The rule for men is left and for women is right.

Taekwondo founder, Choi Hong Hi, once said: "The most comfortable and safest residence for man is in his own virtuous mind. The martial artist must always stand on the side of justice and live honestly and justly. Helping others to develop and succeed in life is a reward in itself and has value only if nothing is expected in return. By developing an honest mind and strong body, we will stand confidently on the side of justice. Let us contribute to the growth of a society where peace, justice, morality, trust, and humanity prevail."

제자: 무도는 예의로 시작해서 예의로 끝난다고 했습니다. 무도 수련 전후에 반드시 행하고 지켜야 할 예의가 인사입니다. 인사하는 방법이 여러 가지라고 알고 있습니다. 인사법에 대해 제대로 알고 싶습니다.

사범 김용석: 인사는 서로에게 존중과 겸손을 나타내며 진심을 담아 예의를 표현하는 것이다. 인사를 하는 목적은 3가지로 구분할 수 있다.

첫째: 사범에게 배움에 대한 감사함과 존경심의 표시다. 정중한 인사를 하기 위해서는 머리와 상체를 45도 굽히고 시선은 발끝에서 한 걸음 정도 앞을 응시한다.

둘째: 동료 간의 대인 관계 유지와 우애의 표시다. 상호 간의 인사는 머리와 상체를 30도 굽히고 시선은 발끝에서 두 걸음 정도 앞을 응시한다.

셋째: 정성의 마음으로 하는 친절과 협조의 표시다. 상호 간에 겨루기를 할 때 하는 인사다. 머리와 상체를 15도 굽히고 시선은 상대를 응시한다. 상대가 언제 공격할지 모르기 때문에 계속 상대를 경계하는 의미다.

인사를 할 때의 마음가짐은 정중하고 자연스러워야 한다. 얼굴 표정은 밝게 하고 몸가짐은 단정히 하며 즐거운 마음으로 해야 한다. 고개만 숙이지 말고 마음속에서부터 진실한 자세로 그리고 감사하는 마음으로 해야 한다. 또한 인사는 당당하고 자신 있게 해야 한다. 인사를 하는 방법은 양 손바닥이 양옆 엉덩이뼈를 감싸듯 하고 팔꿈치는 주먹이 하나 들어갈 정도로 약간 벌어지게 하여 힘을 빼고 편안히 해준다. 다리와 발뒤꿈치, 무릎은 가볍게 붙여주고 양발 앞축은 30도 정도 벌려준다. 인사를 할 때 머리와 허리는 일직선이 되게 하고 턱은 안으로 당겨준다. 엉덩이는 힘을 주어 뒤로 빠지지 않게 한다. 인사하기 전후의 시선은 상대 눈을 응시한다.

그 외에 양 손바닥을 서로 포개서 가슴 앞(잔중혈)에 모아 인사하는 경우인데 왼손은 나, 오른손은 상대를 뜻하여 서로 화합한다는 의미로 하는 인사다.

양 손바닥을 배꼽 아래 단전에 모아주는데, 남자는 오른 손바닥으로 단전을 감싸주고 왼 손바닥은 오른 손등 위를 감싸주고서(여자는 반대임) 단전의 기운을 감싸 안는 기분으로 인사를 하는 법이었다. 남좌 여우라 하여 손바닥을 포개는 법이 다르다.

태권도 창시자 최홍희가 말했다. "인간을 위한 가장 편안하고 안전한 거주지는 자신의 도덕심이다. 언제나 정의의 편에 서서 정직하고 공정하게 살아가야 한다. 다른 사람들이 삶에서 개발하고 성공할 수 있도록 돕는 것은 그 자체에 대한 보상이며 그 대가로 아무것도 기대하지 않는 경우에만 가치가 있는 것이다. 정직한 마음과 강한 몸을 개발함으로써 우리는 언제나 정의의 측면에 있다는 자신감을 갖게 된다. 우리는 정의가 이루어지는 완전한 평화의 인간 사회 건설을 위해 헌신해야 한다. 따라서 도덕, 신뢰 및 인본주의가 만연해야 한다고 했다."

Discípulo: Se dice que las artes marciales empiezan y terminan con buenas maneras. La etiqueta que debemos seguir al principio y al final de cada sesión de entrenamiento de artes marciales es el saludo. Escuché que hay muchas formas de saludar. Quisiera saber la forma correcta de saludar.

Maestro Young Seok Kim: Un saludo es la expresión de buenos modales hacia el otro; una expresión sincera de respeto y modestia. Un saludo tiene tres propósitos:

Primero: expresar respeto y aprecio a tu Maestro. Para hacer la reverencia cortésmente a tu Maestro, es necesario que flexiones tu torso y cabeza, unos 45º hacia abajo, mirando un punto hacia delante (aproximadamente un paso al frente de la punta de los dedos de tus pies). Estando en frente de tu Maestro y haciendo primero tú la reverencia.

Segundo: expresar respeto y confianza a tus compañeros. Para hacer la reverencia cortésmente a tus compañeros, es necesario que flexiones tu torso y cabeza, unos 30º hacia abajo, mirando un punto hacia delante (aproximadamente dos pasos al frente de la punta de los dedos de tus pies). Estando en frente, unos de otros, y haciendo la reverencia al tiempo.

Tercero: expresar respeto y buena voluntad a tu oponente. Este tipo de reverencia se usa cuando estás en una competencia. Para hacer la reverencia cortésmente a tu oponente, es necesario que flexiones tu tronco y cabeza, unos 15º hacia abajo, mirando a tu oponente (debido a que no sabes cuándo y cómo te atacará, y debes tomar precauciones ante esas posibilidades).

En general, cuando haces la reverencia, debes ser cortés y natural en tu estado emocional. Tu expresión facial será radiante y debes portarte con gracia y dignidad. Solo inclinarse no es una reverencia. Deberás saludar con confianza, sin reservas, y con una actitud sincera y apreciativa. La manera correcta de hacer la reverencia es: De pie, con talones juntos y puntas de pies a unos 30º hacia fuera. Juntando ligeramente las piernas y rodillas. Las extremidades superiores colgando al lado del cuerpo. Con los codos a un puño de distancia de su cuerpo y las manos mirando hacia la cara lateral de sus muslos, para cuando haga la reverencia, centre su cabeza, pelvis y pies a lo largo de la línea vertical media y anterior del cuerpo (Eje Vertical Taegeuk: Eje energético que va de la coronilla al centro del periné), lleve arriba y atrás su barbilla, y apriete su abdomen y glúteos, para mover en bloque su cabeza y tronco. Asegúrese de tener contacto visual al inicio y al final del saludo.

Otra forma de hacer la reverencia, es juntando las palmas de las manos en frente del pecho (Jan Joong Hyul). Este es un saludo que representa unión y armonía; entre usted (mano izquierda) y la otra persona (mano derecha).

Dependiendo del sexo, se colocan de forma diferente las manos. La norma es que en el hombre debe posar la mano izquierda sobre la derecha cubriéndola (mano derecha sobre el abdomen e izquierda sobre la derecha) y en la mujer la derecha (mano izquierda sobre el abdomen y derecha sobre la izquierda). Asegúrese de tener contacto visual al inicio y al final del saludo, y de apretar sus manos, como si estuviera abrazando su abdomen (Danjeon).

El fundador de Taekwondo, Choi Hong Hi, dijo una vez: "La residencia más confortable y segura para el hombre es su propia mente virtuosa. Siempre debe ponerse del lado de la justicia y vivir honrada y justamente. Ayudar a otros a desarrollarse y triunfar en la vida constituye una recompensa por sí misma y tiene valor solo si no se espera nada a cambio. Al desarrollar una mente honesta y un cuerpo fuerte, adquiriremos la confianza en nosotros mismos para estar siempre del

lado de la justicia. Permitamos contribuir al crecimiento de una sociedad donde la paz, moralidad, confianza, y el humanismo prevalezcan."

THE MEANING OF THE STANCE / 자세의 의미 / EL SIGNIFICADO DE LA POSTURA

"A stance is directly related to technique and technique is the result of a stance. A complete technique comes from a correct stance." / *"자세는 기술과 직결되고 기술은 자세로 귀결된다. 올바른 자세에서 완전한 기술이 나온다."* / *"La postura está directamente relacionada con la técnica, y la técnica es el resultado de la postura. La técnica correcta sale de una postura correcta."*

Disciple: It is said that your stance is directly related to your technique and your technique is the result of your attitude. There are many stances in Poomsae and Sparring (Kyorooki) and I would like to know about them.

Master Young Seok Kim: It is said that martial arts techniques depend on the foundation of the proper stance. The dignified stance of martial art Masters naturally comes from their character, which is influenced by the quality of their training. When you see someone with martial arts training, it shines through immediately from the way they carry themselves, making them seem unassailable. The stances should be achievable by the harmony of Taegeuk, through spiritual preparation and physical action. This spiritual attitude of mind should become the root (yin), and the physical action should become the stem (yang). You need to train yourself to freely use the techniques at any moment and in any situation. You need to reach the level where, by repeated training, your body can instinctively form the stances.

The stances of Taekwondo and Hapkido are different because their expression and techniques are different. Both martial arts have various stances depending on the Poomsae and Sparring situation. The stances from Poomsae enhances the physical training, while the purpose of sparring stances is to cultivate the techniques. You should be able to instinctively form stances so you can perform your technique on demand. In real life, your stance has to form naturally as the outcome of a competition or life and death situation may depend on this. Walking, something that we do daily, is a natural stance. The space and movement of the walk should come naturally with no awareness. This is an instinctive action.

Sparring in Taekwondo should be focused on attack with accurate hitting to score points, which determines the winner. The center of the body should be situated towards the front rather than the back, and the heel should be lifted, and the waist should be straightened. In any situation, you should have the most beneficial stance that allows you to maintain your center and react with speed when the opportunity to win presents itself. The most beneficial stance is the most natural stance since it allows for fast movement. Point your feet inwards (heels angled out), lightly bend the knees, and lift both heels slightly. In Taekwondo sparring, the kicking technique is frequently used. To be able to attack with speed, you should keep your body relaxed.

The practical purpose of Hapkido is defense. When an opponent attacks you, you should be able to overpower your opponent without harming him, using the techniques of Hapkido. You need to take a stance which allows you to naturally use Yu, Won or Hwa techniques (the basic principles of Hapkido) in order to respond quickly to any unexpected situation. Walking is the stance which we use naturally throughout our lives. The proper stance comprises of the left foot moving in front and then the right, making sure to position your legs in line with your inner shoulders. Step out a little towards the left and bring your back foot forward and out to the outer right. The crown of your head, your spine, and the center point between your two feet should all line up with the same spot on the ground. Keep your chin down and gaze at your opponent with a relaxed attitude as if gazing at a distant mountain. Move the center of your whole body slightly forward towards the tips of your toes. The heel of the back foot will naturally lift. The difference between the stances of Kendo/Kumdo and Hapkido is that in Kendo/Kumdo both feet point forward because Kendo/Kumdo has many quick forward movements. On the other hand, Hapkido has many side-stepping movements.

In sports which require hand techniques, such as Judo, wrestling, baseball and golf, the standing stance needs to be wide. This is because the lower half of the body is fixed and the main source of power comes from the strength of your waist. A heavyweight martial arts trainer who concentrates more on hand techniques than feet must have a wide stance. On the other hand, in sports which require speed and agility such as Taekwondo, Hapkido, Kendo, tennis and table tennis, the stance should not be wide. To be able to move fast in any direction, you need to maintain stability with movement based on the principle of the spinning top.

I will introduce the five stances which are based on the principle of Yin-yang and the five elements of the universe. They are all based on the fundamental forward stance.
1. The natural stance (Wood) – It is the forward stance with a natural standing position. Both arms are placed naturally next to the legs. It is a comfortable stance that allows you to recover from any circumstance immediately. It is a stance Masters take, which deceivingly makes it seem like he has no ability to attack, but you cannot easily defeat him.
2. The high stance (Fire) – The left foot is forward in this walking stance. The left arm is placed on the lower abdomen and the right arm is placed in front of the face to protect it. It is a threatening defensive stance that makes your opponent afraid that you will attack, as it looks like you are going to hit or jab.
3. The fundamental basic stance (Soil) – Loosely place both arms in front of your chest. Stretch both hands to the front as if holding a sword. It is the most frequently used stance. This is a stable stance from which you can immediately attack your opponent when he attempts to attack you, or when you find an opportune moment to attack him. It is also a strong stance so your opponent can't attempt to attack you.
4. The lower stance (Iron) - In the left foot forwards walking stance, the left hand is placed in front of the lower abdomen and the palm of right hand is placed next to the left side of your face. It is a defensive stance opposite to the fundamental basic stance. If you are strong but slower than your opponent, then this is the stance that you should use to attack swiftly.
5. Herculean stance (Water)- With the left foot forward in a walking stance, the arms are in a crossed position, where the left arm is outward and the right arm is inward. It is a stance that

gives great advantage. If the opponent is small and close to you, you can easily attack him with your hands as they are both closely situated to your chest.

Disciple: These seem to be essential stances with very practical purposes.

Kyokushin Karate founder, Masutatsu Oyama, once said, "The world is wide and there are many martial arts experts. It is not possible to be recognized unless there is an actual fight. One should always go to train with the mindset of "One Strike, Certain Death". Martial arts is mainly based on posture. Strive to maintain the correct posture at all times. The true essence of the path of martial arts can only be experienced by accepting you are never completely done with learning. Always remember, the rewards of the martial arts journey are truly abundant leading to a noble heart, confidence and gratitude."

제자: 자세는 기술과 직결되며 기술은 자세로 귀결된다고 했습니다. 품새와 겨루기 등에서 많은 자세가 나오는데 자세에 대해 알고 싶습니다.

사범 김용석: 올바른 자세에서 완전한 기술이 나온다 하였다. 당당하게 우뚝 선 무도인의 위엄 있는 자세는 자연스럽게 스며 나오는 인품이 수행의 자취임을 느낄 수 있어야 한다. 그런 모습을 통해 범접할 수 없는 무도인의 자세를 볼 수 있는 것이다. 자세는 정신적인 마음의 준비와 육체적 행위를 통한 태극의 조화를 이룰 수 있어야 한다. 정신적인 마음의 자세가 뿌리가 되고(음), 육체적인 행위가 줄기가 되어야 한다(양). 순간적인 상황에 따라 모든 변화에 대응할 수 있어야 하고 기술을 자유자재로 구사할 수 있어야 한다. 자세를 갖춰 거듭된 수련을 통해 몸에서 자연스럽게 품어낼 수 있는 경지까지 도달해야 한다.

태권도와 합기도의 자세는 기술의 표현과 방법이 다르기에 서로 다를 수밖에 없다. 태권도와 합기도는 품새와 겨루기에 따라 많은 자세로 나뉜다. 품새의 자세는 겨루기의 기술적인 것보다 체력 단련이라는 표현을 쓸 수밖에 없는 동작들이 많다. 그러나 실전을 통한 자세는 자연스러워야 하며 승패나 생사에 직결되는 것이니 만큼 자유자재로 기술을 구사할 수 있는 자연세가 될 수 있어야 한다. 자연세라 하는 것은 우리가 태어나서부터 죽을 때까지 가장 많이 움직이는 걷기다. 따라서 걷기의 간격과 움직임은 의식하지 않은 자연스러움 자체여야 한다. 본능적인 행위인 것이다.

태권도 겨루기는 득점의 결과로 승패가 갈리기에 정확한 타격을 목적으로 한 공격 위주가 되어야 한다. 그러기 위해서는 상체의 중심을 뒤쪽에 두는 것이 아니라 앞쪽에 두어야 하고, 발뒤꿈치는 들어야 하고 허리는 펴야 한다. 어떠한 상황의 변화에도 중심선을 유지하며 기회를 통해 빠르게 대처하여 승리로 이끌 수 있는 합리적인 자세가 되어야 한다. 그러한 대표적인 자세가 자연세라 할 수 있다. 태권도의 겨루기 자연세는 빠른 걸음의 자세다. 바깥 어깨너비 자세에서 앞발을 안쪽으로 향하게 하고 뒷발은 밖을 향하게 한다. 양 발뒤꿈치는 조금 들어 올리고 무릎은 조금 구부려줌으로써 자연스럽게 힘을 뺀 상태를 유지한다. 태권도의 겨루기는 발차기 이용이 많기 때문에 빠르게 타격을 하기 위해서는 몸이 경직되지 않게 하고, 항시 부드러움을 유지해야 한다.

합기도의 실전 목적은 방어다. 상대가 공격을 가했을 때, 상대의 공격을 가능한 한 상처를 주지 않고 제압할 수 있는 술기가 되어야 한다. 그래서 어떠한 상황에도 빠르게 대처하기 위해서는 합기도의 근본 원리인 유, 원, 화의 술기를 자연스럽게 행할 수 있는 자세가 필요하다. 그 자세는 우리가 평생 동안 자연스럽게 사용해온 걸음의 앞서기 자세다. 왼앞서기를 기준으로 하여 안쪽 어깨너비 간격으로 벌려준다. 앞발은 약간 왼쪽 바깥쪽으로 벌려주고 뒤에 있는 발은 오른쪽 밖으로 벌려준다. 정수리와 척추와 양발 사이의 중심선이 일직선이 되게 하여, 턱은 당기고 시선은 상대의 눈에 두면서 먼 산을 바라보듯 지그시 여유롭게 응시한다. 신체의 중심은 약간 앞발 쪽에 둔다. 뒷발의 뒤꿈치는 자연스럽게 들려 있게 된다. 검도 자세와 다른 점은 양발이 정면을 향한다는 것이다. 검도는 주로 앞으로 빠르게 내딛는 동작이 많기 때문이고, 합기도는 옆으로 자연스럽게 회전하는 동작이 많기 때문이다.

손의 힘을 많이 쓰는 유도, 레슬링, 씨름, 야구, 골프 등의 자세는 체중을 하체에 고정시켜 허리 힘으로 큰 힘을 써야 하는 것이 많기 때문에 자연히 자세가 넓어져야 한다. 또한 체중이 많이 나가는 발보다 손을 많이 쓸 때는 발의 간격이 넓어진다. 반대로 빠른 움직임을 해야 하는 태권도, 합기도, 검도, 테니스, 탁구 등의 자세는 넓게 서지 말아야 한다. 전후좌우 빠르게 움직이기 위해서는 팽이의 회전 원리와 같아야 한다.

음양오행에 따른 5 가지 자세를 소개한다. 앞서기를 기본자세로 한다.
1. 자연세 (목) – 자연스럽게 서 있는 앞서기 자세다. 양손은 양다리 옆에 자연스럽게 대고 어떤 상황에서도 바로 대처할 수 있는 여유를 보이는 의연한 자세다. 공격 의지가 없음을 느끼게 하면서 공격할 수도 없게 하는 고수의 자세다.
2. 상단세 (화) - 왼앞서기의 자세에서 왼손은 아랫배 앞에 두고 오른손은 얼굴막기로 머리 위로 향한다. 들어오면 지르거나 내려친다는 두려움을 느끼게 하는 위협적인 방어 자세다.
3. 중단세 (토) - 양손을 자연스럽게 가슴 앞으로 향한다. 검을 잡듯 양손을 앞으로 자연스럽게 뻗는 가장 많이 쓰는 자세다. 상대가 공격하려 할 때나 상대에게 틈이 생길 때 바로 공격할 수 있는 안정된 자세다. 상대에게 빈틈을 주지 않는 자세다.
4. 하단세 (금) - 왼앞서기의 자세에서 왼손은 아랫배 앞에 두고 오른 손바닥은 왼 얼굴 옆에 두는 자세다. 중단세와 반대로 방어를 위주로 하는 자세다. 힘이 센 사람과 상대보다 속도가 느린 사람이 상대의 공격을 유도하고 바로 공격에 대응할 수 있는 자세다.
5. 금강세 (수) - 왼앞서기에서 왼팔은 밖으로 오른팔은 안으로 하여 팔짱을 낀 자세다. 위압감을 느끼게 하는 위엄 있는 자세다. 상대가 왜소할 때와 가까이 있을 때 양손이 가슴 앞 상체에 있기에 바로 손으로 쉽게 공격할 수 있는 자세다.

제자: 실전 호신술에서 사용할 수 있는 반드시 필요한 자세들인 것 같군요.

극진류 가라데 창시자 최영의가 말했다. "세상은 넓고 무술 고수는 많다, 실전이 아니면 인정받을 수 없다. '일격필살'이라는 마음으로 수련에 임하라. 무도는 자세를 기반으로 한다. 항상 올바른 자세를 유지하도록 노력해야 한다. 무도의 진정한 본질은 경험을 통해서만 얻을 수 있다. 그러한 것을 알고 당신이 원하는 것을 결코 멈추지 마라. 무도에서 자신감과 감사의 마음을 가진 보상은 정말로 풍부하다는 것을 항상 기억하라."

Discípulo: Se dice que la postura está directamente relacionada con la técnica y que la técnica es el resultado de la actitud. Existen muchas posturas en las Pumsae y en el Combate (Kyoruki), y me gustaría saber sobre ellas.

Maestro Young Seok Kim: Se dice que las técnicas de las artes marciales dependen de la realización de una adecuada postura. La postura digna de los Maestros de arte marcial proviene de su carácter, que está influenciado por la calidad de su entrenamiento. Cuando ves a alguien que entrena artes marciales, refulge inmediatamente a través de la forma en que se comporta; pareciendo inexpugnable. Las posturas se deben lograr con la armonía de Taegeuk; a través de una adecuada preparación espiritual y acción física. Esta actitud espiritual de la mente debe convertirse en la raíz (Yin), y la acción física debe convertirse en la rama (Yang). Necesitas entrenar para usar libremente las técnicas en cualquier momento y situación. Debes alcanzar el nivel en el que, mediante el entrenamiento repetido, tu cuerpo pueda realizar instintivamente las posturas adecuadas.

Las posturas de Taekwondo y Hapkido son diferentes porque su expresión y sus técnicas son diferentes. Ambas artes marciales tienen varias posturas, dependiendo de la situación de la Pumsae y el Combate. Las posturas en las Pumsae mejoran el entrenamiento físico, mientras que el propósito de las posturas de combate es cultivar las técnicas. Deberías ser capaz, instintivamente, de asumir posturas para que puedas ejecutar la técnica que requieras. En la vida real, tu postura debe venir naturalmente, ya que el resultado de una competencia o una situación de vida o muerte pueden depender de esto. Caminar, algo que hacemos a diario, es natural. El movimiento y el desplazamiento de la caminata deben ser naturales, sin consciencia. Ésta es una acción instintiva.

El combate de Taekwondo debe centrarse en el ataque con golpes precisos para anotar puntos, lo que determina quien gana. El centro del cuerpo debe proyectarse hacia adelante, en lugar de hacia atrás, y se deben levantar los talones y enderezar la cintura. En cualquier situación, debes tener la mejor postura, que te permita mantener tu centro y reaccionar con rapidez cuando se presente la oportunidad de ganar. La mejor postura es la más natural, ya que permite un movimiento rápido. Lleva tus pies hacia dentro (con los talones hacia fuera), dobla ligeramente las rodillas y levanta ligeramente los talones. En el combate de Taekwondo, la técnica de patear se usa con frecuencia. Para poder atacar con velocidad, debes mantener tu cuerpo relajado.

El propósito práctico del Hapkido es la defensa. Cuando un oponente te ataque, deberías dominarlo sin dañarlo, usando las técnicas de Hapkido. Debes adoptar una postura que te permita utilizar de forma natural las técnicas Yu, Won o Hwa (los principios básicos del Hapkido), para responder rápidamente a cualquier situación inesperada. Caminar es la postura que usamos naturalmente a lo largo de nuestras vidas. La postura correcta consiste en mover el pie izquierdo al frente y luego el derecho, asegurándonos de colocar las piernas en línea con los hombros. Pisa un poco hacia la izquierda y lleva tu pie hacia delante y hacia fuera, a la derecha. La punta de tu cabeza (la coronilla), tu columna vertebral y el punto central entre tus dos pies, deben alinearse sobre el piso. Mantén la barbilla abajo y mira a tu oponente con una actitud relajada, como si miraras una montaña distante. Mueve el centro de tu cuerpo ligeramente hacia delante, hacia la punta de los dedos de sus pies. El talón del pie trasero se levantará naturalmente. La diferencia entre las posturas de Kendo/Kumdo y Hapkido es que en Kendo/Kumdo ambos pies apuntan hacia delante, porque éste tiene muchos movimientos rápidos hacia delante. Por otro lado, el Hapkido tiene muchos movimientos laterales.

En deportes que requieren técnicas de mano, como Judo, lucha, béisbol y golf, la postura del pie debe ser amplia. Esto se debe a que la mitad inferior del cuerpo está fija y la principal fuente de energía proviene de la fuerza de tu cintura. Un entrenador de artes marciales de peso pesado que se concentre más en las técnicas de mano que en la de los pies, debe tener una postura amplia. Por otro lado, en deportes que requieren velocidad y agilidad como el Taekwondo, Hapkido, Kendo, y tenis de campo y de mesa, la postura no debe ser amplia. Para poder moverse rápido en cualquier dirección, necesitan mantener la estabilidad del cuerpo según el principio de una parte superior giratoria.

Presentaré cinco posturas que se basan en el principio del Yin - Yang y Los Cinco Elementos del universo. Y todas ellas se basan en la postura fundamental hacia delante.
  1. La Postura Natural (Madera). Es la postura de pie natural hacia delante. Ambos brazos se

colocan naturalmente junto a los muslos. Es una postura cómoda que te permite recuperarte, de inmediato, en cualquier circunstancia. Es una postura que los Maestros asumen, que engañosamente hace que parezca que no tienen la capacidad de atacar, pero no puedes vencerlo fácilmente.

2. La Postura Alta (Fuego). En esta postura de marcha, el pie izquierdo adelante. El brazo izquierdo se coloca en la parte inferior del abdomen y el derecho delante de la cara. Es una postura defensiva amenazante que hace que tu oponente tema que vayas a atacarlo, ya que parece que vas a golpear.

3. La Postura Básica Fundamental (Tierra). Coloque ambos brazos delante de su pecho, sin apretar. Estire ambas manos hacia delante como si sostuviera una espada. Es la postura más utilizada. Es una postura estable desde la que puedes atacar inmediatamente a tu oponente cuando intente atacarte o encuentras el momento oportuno para atacarlo. También es una postura fuerte para que tu oponente no intente atacarte.

4. La Postura Más Baja (Metal). Con el pie izquierdo adelante, la palma de la mano izquierda se coloca delante del abdomen inferior y la mano derecha al lado izquierdo de la cara. Es una postura defensiva, opuesta a la postura básica fundamental. Si eres fuerte pero más lento que tu oponente, entonces esta es la postura que deberías usar para atacar más rápido.

5. Postura Herculina (Agua). Con el pie izquierdo adelante, en una postura de marcha, los brazos están cruzados, con el izquierdo afuera y el derecho adentro. Es una postura que da una gran ventaja. Si el oponente es pequeño y está cerca de ti, puedes atacarlo fácilmente con tus manos, ya que está muy cerca de tu pecho.

Discípulo: Estas parecen ser posturas esenciales, con propósitos muy prácticos.

El fundador de Kyokushin Karate, Mas Oyama, dijo una vez: "El mundo es amplio, y hay muchos expertos en artes marciales. No es posible ser reconocido a menos que haya una pelea real. Uno debe ir a entrenar con la mentalidad de "Un golpe, Una Muerte Segura". Las artes marciales se basan en la postura. Esfuérzate en mantener la postura correcta en todo momento. La verdadera esencia del camino de las artes marciales solo puede conseguirse a través de la experiencia, aceptando que uno nunca ha terminado con el aprendizaje. Siempre recuerda, las recompensas del camino de artes marciales son verdaderamente abundantes conduciendo a un corazón noble, confianza y gratitud."

HOW TO MAKE A FIST AND PUNCH (JIREUGI) / 주먹 쥐는법과 주먹 지르기 / COMO HACER EL PUÑO Y GOLPEAR (JIREUGI)

"A true Master does not teach what he knows, but teaches by what he is. Great Masters are not known for who they are, but for their teachings. They teach how to be a right person rather than a great person." / "진실한 스승은 그가 아는 것만을 가르치지 않고 누구인지까지도 가르쳐준다. 훌륭한 스승은 그가 누구인지에 대한 것이 아니라 그의 가르침을 위해서라는 것을 알려주는 것이다. 위대한 사람보다 바른 사람으로 가르치는 것이 훌륭한 스승이다." / *"Un verdadero Maestro no enseña lo que sabe, sino que enseña lo que es. Los Grandes Maestros no son conocidos por lo que son, sino por sus enseñanzas. Ellos enseñan cómo ser una persona correcta en lugar de una gran persona."*

Disciple: I would like to know the correct way to make a fist please.

Master Young Seok Kim: As there are five oceans on the Earth, there are also five organs (liver, heart, spleen, lungs and kidneys) in the body and five fingers on each hand. According to the law of Yin-yang, the five fingers and five toes on the left side make up Yin and the five fingers and toes on the right side make up Yang. To form a proper fist, fold each finger down in the order of index, middle, ring and little finger. Then fold the thumb down tightly over the index and middle fingers. When you fold your fingers down, you should put less pressure on the ring and little fingers compared to the other fingers. This is because when making a strike, the impact on the index and middle fingers is distributed equally to the ring and little fingers, and therefore, will prevent injury. The thumb acts as a lever as it covers the index and middle fingers. When you describe it with Taeguek (Yin-yang), the thumb, index and middle fingers are yang in yin (action in cease) and the ring and little fingers are yin in yang (cease in action). Close to 70 to 80 percent of the impact force is distributed across the thumb, index and middle fingers. On the other hand, when you hold a hammer, you must grip it with strength, and about 70 to 80 percent of the force is distributed across the middle, ring and little fingers. To reduce the impact force to your hand and accurately transfer it to the target, make a circle by touching together the tips of the thumb and index finger. It is the same principle as when you hold a bamboo sword in Kendo or hold a golf club when playing golf. When being taught how to hit the target, you should gently hold the sword or club handle without putting too much pressure on the thumb and index finger. When you hold a hammer fist, you must close your fingers around the shaft beginning with the little finger.

Disciple: I see. It seems that the fist is the most essential and most used weapon in martial arts. Thank you. How can I punch (Jireugi) effectively?

Master Young Seok Kim: You should know that all of creation is subject to the laws of nature. After lying dormant over winter, a new shoot sprouts up in spring from the hard ground. During child birth after ten months, the fetus passes through the narrow birth **canal, which is** only about 10 centimeters wide. At this point, the head of the fetus has a circumference of about 33 centimeters. The fetus comes out head first in a clockwise direction. Once the head comes out from the birth canal, the shoulders are brought by turning them in an anti-clockwise direction. On the other hand, if you turn it clockwise, it will go back inside the womb. The principle of a screw or a revolving rifle bullet also comes from such laws of nature.

Disciple: This is truly marvelous. But what does this have to do with punching?

Master Young Seok Kim: As the world was created to be ruled by the laws of the nature, so our body structure and movement are also subject to these laws. For example, when you take up the riding stance position to punch, spread your feet apart about one and a half times the width of your shoulders. Then straighten your waist and bend your knees so that the tips of your toes are aligned with your knees. This training helps to improve leg strength just like a deep-rooted tree provides its branches and leaves with an abundant supply of nutrients to endure a storm. The riding stance is the basis for all types of martial arts. Place your fists on either side of your body at waist level. There is nothing hard between the ribs and the pelvis so that area can easily be injured and, however, placing the fists in this area will protect it. When you punch with your right hand, you should extend your fist towards the target, but at about 10 centimeters (about 4 inches) before reaching the target, rotate it anti-clockwise and punch the target with explosive force. When punching with the left fist, turn it clockwise.

Hand and stance techniques have the same principle as punching. Your punch should be like a bullet entering a target. Not only in martial arts, but in sports such as golf, tennis and baseball that involves hitting a ball, you need to maintain a relaxed body. When you hit the ball, your swing is soft and quick. At the moment of contact, you instantly add force using the elasticity of the rotational motion of your twisting waist, just like the instant release of energy from a spring. When you throw a punch, the moment of maximum force is the moment just before your arm becomes fully stretched. If you carry on stretching your arm out, you can not only keep the maximum destructive power, but also the force can be transmitted to the desired target. You should practice punching regularly so you can quickly and accurately find a target, find the proper stance, and find the right weight distribution and movement.

Disciple: In summary, when you throw a punch from the waist, you should not rotate the fist too early. You should punch towards the target as if throwing something, and when the fist nearly reaches the target, then instantly clench the fist hard like you are squeezing something and quickly rotate the fist at the same time. If you use the elastic recoil of the twisted waist, like a released spring, it means that you can punch deeply into the target. You should quickly pull the other fist in towards your waist. If you use all four fingers as you said, the sharpness of the strike will be less as the impact area is greater. This is because when the area is four times more, then the sharpness of the impact pressure is reduced by a quarter. Thank you.

제자: 사범님 주먹 쥐는 법도 제대로 알아야겠습니다.

사범 김용석: 지구에 오대양이 있듯이, 신체에는 오장(간장, 심장, 비장, 폐장, 신장)이 있고 손가락도 5개가 있다. 음양의 법칙에 의해 좌(음), 우(양)에 각각 손가락 다섯, 발가락 다섯이 형성되어 있는 것이다. 주먹을 쥘 때에는 둘째 손가락부터 셋째 손가락, 넷째·다섯째 손가락 순으로 감아쥐고 계속해서 엄지손가락으로 둘째, 셋째 손가락을 힘 있게 감아쥔다. 이때 주의해야 할 것은 넷째, 다섯째 손가락은 다른 손가락보다 힘을 주지 말아야 한다. 그것은 둘째와 셋째 손가락의 정권 부위로 가격을 할 때의 임팩트가 넷째, 다섯째 손가락으로 분산되어야 부상을 방지할 수 있기 때문이다. 엄지손가락은 지렛대 역할을 하여 둘째, 셋째 손가락을 감싸주어 주먹에 공간이 없게 만들어준다. 태

극으로 표시한다면 첫째·둘째·셋째손가락은 양중음(동중정)이고, 넷째·다섯째 손가락은 음중양(정중동)이 된다. 힘으로 분배한다면 첫째·둘째·셋째손가락에 70~80%의 힘을 분배해야 한다. 반대로 망치 주먹을 쥘 때는 셋째·넷째·다섯째 손가락에 70~80%의 힘을 분배해 힘 있게 움켜쥐고, 첫째·둘째 손가락 끝을 맞닿게 하여 원을 그려 잡고 힘을 빼야, 타격하는 임팩트가 분산된다. 검도에서 죽도를 잡을 때와 골프에서 골프채를 잡을 때 또한 첫째·둘째 손가락에 힘을 빼고 부드럽게 잡고 때리라고 하는 것도 같은 원리다. 망치 주먹을 쥘 때에는 다섯째 손가락부터 감아쥐어야 한다.

제자: 그렇군요. 주먹은 무술의 가장 필수적인 무기이면서 실전에서 가장 많이 사용하는 것 같습니다. 감사합니다. 주먹지르기는 어떻게 하면 효과적으로 지를 수 있을까요.

사범 김용석: 자연의 삼라만상 생성이 모든 자연의 섭리에 의해 이루어진다는 것을 알아야 한다. 겨울의 깊은 잠에서 깨어나 봄을 통해 굳은 땅을 뚫고 솟아오르는 새싹은 나선형으로 운동하면서 봄의 탄생을 시작한다. 열 달을 채우고 어머니 배 속에서 탄생을 시작할 때, 10cm 정도밖에 안 되는 길을 통해 둘레가 33cm 정도 되는 머리를 최대한 수축시키며, 시계 방향으로 돌면서 앞으로 전진하며 머리를 빠져나오게 하기 위해 고개를 들고 목을 편다. 그렇게 해서 머리는 산도에서 빠져나오고, 계속해서 어깨는 시계 반대 방향으로 돌면서 빠져나온다. 나무가 왼쪽으로 돌면서 자라나듯 골뱅이 역시 시계 반대 방향으로 돌리면 빠져나온다. 반대로 시계 방향으로 돌리면 다시 들어간다. 나사못이나 총알의 원리가 그러한 자연의 섭리에서 나왔다.

제자: 참으로 신비스럽습니다. 주먹지르기도 상관이 있나요.

사범 김용석: 만물의 탄생이 그러하듯 모든 신체 구조와 운동 원리 또한 자연의 법칙에 어긋나지 않다. 예를 들어 주춤서기 몸통지르기 자세는 발을 바깥 어깨너비의 한 배 반 정도로 벌리고 허리를 펴고, 시선을 아래로 향했을 때 발가락 끝과 무릎 끝 시선이 일치되도록 무릎을 굽힌다. 이 훈련은 나무의 뿌리가 땅속에 깊고 강하게 퍼져 있을수록 가지와 잎에 영양분을 충분히 공급하고 거센 바람에 잘 버틸 수 있듯이, 다리의 힘을 강하게 할 수 있어 모든 자세에 힘의 균형이 이루어질 수 있게 한다. 따라서 주춤서기 몸통지르기는 모든 무도의 근본이다. 양 주먹은 양쪽 옆구리에 배꼽 높이로 대준다. 양 옆구리의 갈비뼈와 허리뼈 사이는 뼈가 없어 부상당하기 쉬운 부위라, 보호하기 위해 그곳에 주먹을 대준다고 보면 된다. 주먹을 지를 때에는 목표 방향으로 주먹을 내지르다가, 타격 부위의 전후 10cm 정도를 기준으로 하여 시계 반대 방향으로 하여 순간적인 임팩트로 타격 부위에 닿기 직전 주먹을 틀면서 질러준다. 왼 주먹은 시계 방향으로 틀면서 지른다.

어떤 자세를 취하건 모든 손의 공격은 주먹지르기와 같은 원리다. 총알이 목표물에 박힌다는 마음으로 찔러 넣는다는 것이 옳은 표현이다. 무도뿐만 아니라 골프, 테니스, 야구 등의 구기 스포츠를 할 경우, 공을 때릴 때 온몸에 힘을 빼고 부드럽게 그리고 빠르게 휘둘러 공이 맞는 순간 회전운동의 탄력을 수반한 허리의 뒤틀림을 통해 용수철이 튕겨나가듯 하여 순간적으로 가격하는 것이다. 주먹을 지를 때 최대의 힘을 발휘하는 순간은 팔이 완전히 뻗기 직전 맞는 순간이다. 계속해서 팔을 그대로 길게 뻗어줘야 임팩트의 파괴력을 최대한 유지하면서 원하는 부위의 방향으로 힘이 전달되는 것이다. 바른 자세와 올바른 체중 이동과 함께 빠르고 정확하게 원하는 부위로 지르는 연습을 반복해야 한다.

제자: 간략하게 말하면 주먹을 허리로부터 내지를 때 미리 주먹을 돌리면 안 된다는 얘기죠. 자연스럽게 타격 방향으로 내던지듯 앞으로 그대로 내지르다가 타격 근처에 접근했을 때 순간적으로 쥐어짜듯 주먹의 근육에 힘을 주면서 주먹을 재빨리 틀어주면서 허리를 틀어 용수철이 튕겨나가듯 반동을 이용하면서 타격 부위의 안쪽까지 깊이

찔러 넣어야 한다는 것이지요. 그러면서 공격한 주먹과 교차되는 반대 주먹도 빠르게 허리로 당겨주어야겠지요. 말씀대로 손가락 네 개 전체를 사용하면 타격 면적이 넓어져 그만큼 날카로운 것도 줄어들겠지요. 면적이 4배가 되면 날카로운 것이 4 분의 1이 되니까 말입니다. 감사합니다.

Discípulo: Por favor, me gustaría saber la forma correcta de hacer un puño

Maestro Young Seok Kim: Como hay 5 océanos en la Tierra, también hay 5 órganos en el cuerpo (hígado, corazón, bazo, pulmones y riñones) y 5 dedos en cada mano y pie. De acuerdo con la ley del Yin – Yang; los 5 dedos de la mano y del pie del lado izquierdo componen el Yin y los 5 dedos de la mano y el pie derecho conforman el Yang. Para formar un puño adecuado, doble cada dedo hacia abajo, en el siguiente orden; índice, medio, anular y meñique. Luego doble el pulgar con fuerza sobre los dedos índice y medio. Cuando flexiones los dedos hacia abajo, debes apretar menos los dedos anular y meñique, en comparación con los dedos índice y medio. Esto se debe a que al golpear, el impacto sobre los dedos índice y medio se distribuye por igual a los dedos anular y meñique, y así previene las lesiones. El dedo pulgar actúa como una palanca ya que cubre el índice y el medio. Cuando lo describes a través de Taeguek (Yin - Yang), los dedos pulgar, índice y medio son Yang en Yin (acción en reposo) y el anular y meñique son Yin en Yang (reposo en acción). Cerca del 70 al 80% de la fuerza de impacto se distribuye entre los dedos pulgar, índice y medio. De otra forma, cuando sostienes un martillo, debes agarrarlo con fuerza, y aproximadamente del 70 al 80% de la fuerza se distribuye entre los dedos medio, anular y meñique. Para reducir la fuerza de impacto en tu mano, y transferirla con precisión al objetivo, haz un círculo juntando la punta de los dedos pulgar e índice. Es el mismo principio que cuando sostienes una espada de bambú en Kendo o un palo de golf. Cuando te enseñen a golpear el objetivo, debes sostener suavemente la espada o el palo, sin ejercer demasiada presión sobre el pulgar e índice. Cuando hagas un puño de martillo, debes cerrar todos los dedos a lo largo de un eje vertical que comienza en el dedo meñique y finaliza en el pulgar.

Discípulo: Ya veo. Parece que el puño es el arma más esencial y utilizada en las artes marciales. Gracias, Señor. ¿Cómo puedo golpear (Jireugi) efectivamente?

Maestro Young Seok Kim: Debes saber que toda la creación está sujeta a las leyes de la naturaleza. Después de permanecer dormido durante el invierno, aparece una germinación nueva en primavera, desde el suelo duro. Durante el nacimiento del niño, después de diez meses de gestación, el feto pasa a través del estrecho canal de parto que tiene unos 10 cm de ancho. En este punto, la cabeza del feto tiene una circunferencia de unos 33 cm. El feto rota la cabeza en el sentido de las agujas del reloj. Una vez que la cabeza sale del canal de parto, los hombros se giran en sentido contrario a las agujas del reloj. Por otro lado, si gira en el sentido de las agujas del reloj, retrocederá dentro del canal del parto. El principio de giro de un tornillo o una bala de rifle, también proviene de las leyes de naturaleza.

Discípulo: Esto es realmente maravilloso. Pero, ¿qué tiene esto que ver con golpear?

Maestro Young Seok Kim: Como el mundo fue creado para ser gobernado por las leyes de la naturaleza, así nuestra estructura corporal y movimiento también están sujetos a estas leyes. Por ejemplo, cuando asumes la posición de jinete para golpear, separa los pies aproximadamente una vez y media el ancho de tus hombros. Luego, aplana tu cintura y dobla tus rodillas, de tal forma que queden alineadas con la punta de tus dedos de los pies. Este entrenamiento te ayuda a fortalecer tus piernas, del mismo modo que un árbol profundamente enraizado proporciona a sus ramas y hojas un suministro abundante de nutrientes para soportar una tormenta. La postura de jinete es la base de muchas artes marciales. Coloca tus puños a cada lado de tu cintura. No hay nada duro entre tus costillas y la pelvis, por lo cual esta área se puede lesionar fácilmente, y al colocar los puños en esta zona, la protegerá. Cuando golpeas con tu mano derecha, debes extender tu puño hacia el objetivo, pero a unos 10 cm (unas 4 pulgadas) antes de alcanzar el objetivo, gíralo en sentido anti horario y golpea con fuerza explosiva. Al golpear con el puño izquierdo, gíralo en el sentido de las agujas del reloj.

Las técnicas de mano y posturas tienen el mismo principio que el de los golpes. Tu golpe debe ser como una bala que alcanza un blanco. No solo en artes marciales, sino en deportes como el golf, el tenis y el béisbol que implican golpear una pelota, debes mantener tu cuerpo relajado. Cuando golpeas la pelota, tu movimiento (swing) es suave y rápido. En el momento del contacto, inmediatamente agregas fuerza usando la elasticidad del movimiento de rotación de tu cintura y liberas energía como un resorte. Cuando lances un golpe, el momento de máxima fuerza es justo antes de que tu brazo se estire por completo. Si continúas estirando tu brazo, no podrás transmitir la fuerza deseada al blanco atacado ni mantener el máximo poder destructivo de tu golpe. Se debe golpear regularmente, para poder alcanzar rapidez y precisión; encontrar la postura adecuada, y la distribución y el movimiento corporal correctos.

Discípulo: En resumen, cuando lances un golpe desde la cintura, no debes girar el puño demasiado rápido. Debes golpear hacia el objetivo como si tiraras algo, y cuando el puño casi alcanza el objetivo, apriétalo al instante y gíralo. Si usas el retroceso elástico del giro de la cintura, como la liberación de un resorte, significa que puedes golpear profundamente al objetivo. Debes halar rápidamente el otro puño hacia tu cintura. Si golpeas con los 4 dedos, la contundencia del golpe será menor ya que el área de impacto es mayor. Esto se debe a que cuando el área de impacto es 4 veces mayor, la fuerza del impacto se reduce a una 1/4 parte. Gracias, Señor.

THE READY STANCE AND THE RIDING STANCE TRUNK PUNCH / 준비서기와 주춤서기 몸통지르기 / LA POSTURA DE ATENCIÓN Y EL GOLPE EN POSTURA DE JINETE

"A trainer of any martial arts should understand the basic principles and properly learn the right techniques by training diligently. With focus on both of these aspects, a high level of skill in martial arts can be achieved." / *"어떠한 무도 수련생도 기본 원칙을 이해하고 부지런히 수련하여 올바른 기술을 습득해야 한다. 그래야 집중을 함으로써 무도의 고도 기술을 이루어낼 수 있는 것이다."* / *"Un practicante de cualquier arte marcial debe entender los principios básicos y necesita aprender adecuadamente las técnicas correctas, entrenando diligentemente. Enfocado en ambos aspectos, se puede lograr un alto nivel de habilidad en las artes marciales."*

Disciple: Hello Master. My martial arts training has led me to raise many questions as I blindly realize that I have trained only emphasizing my physical fitness. I would like to widen my scientific and philosophical knowledge of martial arts. I desire to help my own students and less experienced colleagues.

Master Young Seok Kim: In order to build a tall building that stands the test of time, its foundation should be strong and constructed with high quality materials. Similarly, a trainer of any martial arts should understand the basic principles. In addition, one needs to properly learn the right techniques by training diligently. With focus on both of these aspects, a high level of skill in martial arts can be achieved.

Disciple: That is right. Firstly, I would like to better understand the 'attention stance', the 'ready stance', and the 'riding stance body punch'. Please, can you help me with this?

Master Young Seok Kim: Martial arts begins and ends with courtesy. It starts with the attention stance and proper greeting. Philosophically, the attention position is Taegeuk, also known as the Great Absolute in Chinese philosophy. When you do the attention stance (Taegeuk), yin and yang will be shown through movement. When you are still in the ready position, this is yin. When you begin to move dynamically, this is yang.

Yang (attack) becomes dynamic based on yin (defense), while yin (defense) becomes still because of yang (attack). When you look around at nature, growth occurs from small to big and low to high; darkness gradually brightens to light; movement comes out of stillness. These are the ways of nature. Just like nature, martial arts should start from the attention stance (Taegeuk), followed by defense (yin), and then move to attack (yang). If I were to relate this to the human body, the left hand is yin, the right hand is yang. More broadly, the arms bend inward and the legs bend outwards with the waist as the center. Thus, the yin and yang of the arms and legs are physiologically reversed. The left arm and right leg are yin, and the right arm and left leg are yang. If you look at people walking or running, the left arm and the right leg naturally move forward together. The Poomsae (form) always start from the left side (yin – still). The left foot (yang – movement) moves to the left with the defense of the left hand (yin – still), and carries out the attack with the right hand (yang – movement). These are the laws of nature.

Disciple: It is amazing that these simple stances have such a deeper meaning. It will be very helpful to remember those principles when I practice. Thank you, sir. Now, I would like to know about the next position, the riding stance body punch.

Master Young Seok Kim: I will tell you an interesting story about the ready stance and the riding stance. There was a ten-year-old boy who was teased and bullied by children of similar age in his neighborhood. His parents were worried after witnessing the incidents. They could not see his soft and kind personality as a good thing at all, but they wanted him to be physically and mentally strong. They decided to find a martial arts Master to train their son. The boy's father took him on a long journey to find a good master. Eventually they found a monk living in a temple in the middle of a deep mountain. They were told that the monk was a great martial arts Master, but the monk did not want to help this weak and incapable young boy as his student.

The father begged the monk for days, pleading that they would take on any hardships necessary to secure the monk as the boy's Master. The monk was touched and asked the father and boy if they would be able to follow all his instructions, and promise that the boy would never leave the temple until he reached the highest level in martial arts. The monk also said that the boy could stay if he could endure the struggles and hardships during the stay. The boy responded that he could, as he would like not to be teased by anyone, but be reborn as a strong man, even though inside he was afraid of what he would be facing. The boy's father also told the child that he should not return home until he reached the required level, and the monk agreed for him to return. The first thing the Master asked him to do was to clean the temple, do the laundry, and prepare the meals. He had never done such work before, but he carried out those laborious tasks sincerely in exchange for the monk's teaching. A few times each day, he travelled down the mountain to draw water for cleaning and washing, and then trekked up the mountain again to chop and collect firewood for cooking and warming their living quarters.

A year had passed. He was getting tired of waiting for lessons to be taught, and began to doubt whether the monk was a real Master of martial arts. When the boy felt his patience had reached its limit, he asked the monk when his lessons in martial arts would actually begin. The Master sternly stated, "What you have been doing so far is a part of your martial arts training. Preparing meals, cleaning the temple, and washing the laundry have led you to learn respect for the teacher, to practice thoughtful care, and to develop patience. Trekking the mountain to draw water and collecting firewood developed your physical strength. Did you not know this was all part of your martial arts training?"

The boy felt ashamed and then served his Master wholeheartedly and with tenacity for over a year, as he had a strong will to learn martial arts properly. By doing this, the boy who used to act like a selfish and immature child, learned to selflessly serve others. Moreover, as time passed, he was becoming physically strong, as he was able to increase his load of water and firewood that he carried over the mountain.

The Master told the boy that he would teach actual martial arts skills the following day and that he should come to the mountaintop before sunrise. As instructed, the boy ascended the mountain before the sun had risen with much joy and excitement in anticipation of learning martial arts skills. His Master the monk was waiting there. He made the boy stand facing east, and he said, "Now, you are going to learn the secret of joining your energy with the energy of the cosmos. When the sun rises, the energy of yin is the strongest and the energy of yang then begins to wane. Like the world is brightened by the changes in energy, the energy in your body and energy of nature can be combined through physical training and regulation of breathing. The reason to start your training facing east is that in the book, "Yin-Yang and the Five Elements of the Universe", east symbolizes spring, new life, trees and rising energy. The 'tree' is the only living element in Yin-Yang and the Five Elements of the Universe.

The tree's roots determine the growth and bearing capacity of a tree. The energy of the earth is absorbed into the acu point located on the sole of the foot, called Youngchunhyeol. More specifically, it is located towards the front of the arch about five centimeters back from the root of the second toe. You absorb the energy of heaven through the acu point on the palm of your hand called Nokunghyeol, which is located where the middle and ring finger touch the palm when they are folded to make a fist. Through your breathing, you can train yourself to freely use the energy that you have collected from nature. You can begin in the attention stance and put both hands on your chest, which also has an acupoint, known as Janjunghyeol. The left hand symbolizes myself and the right hand symbolizes everything but me. Combining both hands brings me into harmony with nature. Accept all the energy of nature and express gratitude by bowing. By bowing and physically lowering yourself, you are demonstrating your humility.

The head is the area that protects the most important parts of the body, the brain and the controller of the five senses (sight, hearing, smell, taste and touch). By bowing, you express gratitude, humility and respect. You express gratitude to your parents for your life, to your teacher for their lessons, to those you have a relationship with, and to nature that provides you a healthy environment.

Stand facing east towards the sunrise. Place your left foot a shoulder's width to the left and make the 'ready stance'. Put both your hands down so they rest naturally against your legs. Lift your hands and make fists in front of your chest (Janjunghyeol - the acu point) and breathe in. Move both your fists forcefully down in front of the lower abdomen.

Practice gathering energy from nature and store it in your body at Kihaehyeol with conscious awareness of the inflowing. Kihaehyeol is the acu point located on the lower abdomen, which stores an amount of energy equivalent to the ocean. At this point, draw a circle representing the universe in front of your arms and focus on the circle with your heart. Now move your left foot about half a shoulder's width to the left, bend your knees, clench your buttocks, make your big toes slightly face inwards and position yourself in the riding stance. When you do this stance, your waist faces forward and the knees are aligned with the toes. While doing the riding stance, push forward the right fist and loudly shout a kihap. It is like the first cry of a newborn when he comes out of his mother's womb and takes his first breath. It is a loud and strong sound to let the world know of his new existence. In the same way, the riding stance body punch should be executed like the birth of martial arts. Gather the energy of the universe that was stored within you, push it into your fist, and strike forcefully while giving a loud shout of kihap.

The boy who was trained by the monk went to the peak every morning to follow his Master's instruction and constantly practiced. A few years passed. The boy asked to be taught another technique. The Master said that he had not yet perfected the stance. Then he asked the boy to perform the stance and break a branch with his fist. The boy could only bend it, but failed to break it. He practiced diligently a few more years. He could now manage to drop leaves and break branches with great speed.

The Master asked him to train by doing push-ups on bare soil and on rocks using his fingers and fists. He then asked the boy to train punching a sapling. His skin peeled off and bled from his practice, but he continued to train while enduring the pain. As time went by, the wounds formed into callouses and the pain eased. He could now hit objects harder, and eventually was able to break a tree. His training continued until he could break larger trees. Ten years had passed, and the boy became a young man. Now the young man could break a mature tree using his fists. When the Master saw what he could now do, he asked the young man whether he wanted to be a Master. The young man was surprised. He had only thought about becoming a strong man, but never thought he could be a Master. "You are ready to be a true martial arts Master after all your years of training," said the monk. "Remember, a Master's life means putting honor and justice before anything else. You need to become a Master who does meaningful work and whose life is worthwhile. You have already learned all there is to learn from me. Now you can go home."

When the young man heard what his Master had said, he was very disappointed. He was angry that over a decade he had only been trained in two techniques: the ready stance and the riding stance body punch. He left the temple without properly saying goodbye to his Master, and eventually he reached his home village. He was worried about how he could tell his parents about the years he had wasted when suddenly he spotted a boy playing in the middle of the road ahead of him. Behind the child was a raging bull ready to charge.

Onlookers around him were screaming and paralyzed with fear. In that moment, the young man ran and stood in front of the child. The angry bull aimed his horns toward the young man's abdomen. The young man took up the ready stance, held the horns with both hands and pulled them down to the ground. He then stood in the riding stance, and punched the bull's head with his fist giving out a shout of kihap. The bystanders were screaming with shock. The young man was also shocked. He froze and gazed at the bull. Its head was broken lying at his feet. He could not believe what he had done. After his culmination of ten years of martial arts training, he was able to save the boy's life. The young man felt shame and sorrow that he had not understood his Master's deep intentions. He turned in the direction of his Master's temple and bowed with great gratitude. The young man was enlightened by his Master's lessons, and he promised himself that he would follow a meaningful and honorable life as a true martial artist.

Disciple: It was a truly touching story. The lesson of the story, which is now deeply imprinted on my mind, is that the attention stance, the ready stance and the riding stance body punch are the beginning and end of martial arts. Thank you, Sir.

제자: 사범님 안녕하십니까. 무도 수련을 통해 무작정 신체 단련을 위해 훈련을 하다 보니 부작용도 생기고 궁금한 점도 많습니다. 그래서 좀 더 과학적으로, 철학적으로 제대로 알고 싶습니다. 제자와 후배들에게도 도움을 줘야겠다는 간절함에 배움을 청합니다.

사범 김용석: 높은 건물을 짓기 위해서는 기초가 튼튼해야 하고 재료도 좋아야 하며 올바르게 지어야 오랫동안 높은 건물을 튼튼하게 유지할 수 있다. 마찬가지로 모든 무도 훈련은 기본 원리를 알아야 한다. 올바른 술기를 이해하고 터득하는 것은 물론 끊임없이 수련함으로써 무도의 경지에 이를 수가 있다.

제자: 맞습니다. 우선 무도의 기본이 되는 차렷 자세, 준비서기 그리고 주춤서기, 몸통지르기에 대해 알고 싶습니다. 좋은 말씀 부탁드립니다.

사범 김용석: 무도는 예의에서 시작해 예의로 끝난다고 했다. 바로 그 시작이 차렷 자세와 인사다. 철학적으로 표현한다면 차렷 자세는 태극이다. 차렷 자세(태극)에서 움직임에 따라 음과 양이라는 분별이 생기는데 출발의 준비 자세가 정(음)이 되고 움직임의 시작이 동(양)이 된다. 양(陽, 공격)은 음(陰, 방어)을 기준으로 하여 동하게 되고 음은 양을 의지하여 정하게 되는 것이다. 모든 사물을 보면 작은 것에서부터 크게 자라나며, 어두운 것에서부터 차츰 밝아지고, 낮은 곳에서 높은 데로 뻗으며, 정을 시작으로 동이 생기는 것이 자연의 섭리다. 무도도 자연의 이치에 따라 차렷 자세에서부터 음이 처음이 되고 양이 다음이 되어야 한다.

사람의 신체로 표현한다면 좌측으로 뻗은 왼손은 음이라 보고 우측으로 뻗은 오른손을 양이라고 보는 것은, 음양 상대의 양수가 되고, 그 자체가 굴신하면서 생기는 운동의 분별상이다. 쉽게 표현하자면 허리를 중심으로 팔은 안으로 구부러지고 발은 밖으로 구부러지기에 생리학적으로 팔과 발의 음양은 바뀌게 된다. 왼팔과 오른발은 음이고 오른팔과 왼발은 양이다. 우리가 보통 걷거나 뛸 때의 동작을 보면 왼팔이 앞으로 나갈 때 동시에 오른발을 내딛는 것이 자연스러운 동작이다. 품새의 첫 시작은 왼쪽부터(음-정) 시작해, 왼발(양-동)이 왼쪽으로 이동하면서 왼손의 방어(음-정)로 하여 오른손의 공격(양-동)으로 이어지는 것이 자연의 순리다.

제자: 그런 깊은 뜻이 있군요. 그 원리를 알고 수련을 하면 많은 도움이 될 것 같습니다. 감사합니다 사범님. 준비서기와 주춤서기 몸통지르기에 대해서도 알고 싶습니다.

사범 김용석: 준비서기와 주춤서기에 대한 재미있는 얘기가 있다. 동네에서 유달리 놀림도 많이 받고, 또래 아이들에게도 잘 얻어맞는 열 살 먹은 소년이 있었다. 그런 자식을 보는 부모의 마음은 편치 않았다. 그러나 워낙 품성이 착하고 성격이 여린 것을 장점으로만 볼 수 없었던 부모였기에 강한 성품, 강인한 남자로 거듭나기를 바랐다.

그래서 부모는 아들을 위해 무도의 달인인 훌륭한 스승을 찾아 보내기로 했다. 아버지는 아들을 데리고 스승을 찾아 먼 여행을 떠나, 산속 깊은 곳에 자리한 절의 한 스님을 찾았다. 훌륭한 무도의 명인이라는 소문을 듣고 찾았으나, 스님은 능력도 없고 나약한 어린 소년을 제자로 두기를 원치 않았다.

아버지는 며칠 동안 간곡히 사정을 하면서, 어떤 어려움도 감수하겠다며 제자로 받아들이길 간절하게 요청했다. 스님은 정성에 감동하여 아버지와 소년에게 물었다. 그렇다면 내가 시키는 대로 따를 것이며, 무도의 경지에 오를 때까지 절대로 이곳을 떠나지 않겠다고 약속할 수 있느냐고 물었다. 어떠한 시련과 고통도 견딜 수 있다면 머물러도 좋다고 했다. 소년은 두려움을 느끼면서도, 더 이상 누구에게도 놀림을 당하지 않고 나약하지 않은 강한 남자로 거듭나고 싶어 그렇게 하겠다고 대답했다. 아버지 또한 자식이 스승에게 제대로 배워 인정받을 때까지는 절대로 집으로 돌아올 수 없다고 다짐을 시켰다. 스승이 소년에게 제일 먼저 시킨 일은 절 청소, 빨래 그리고 식사 준비였다. 지금까지 해보지 않은 일이었지만, 배움을 위해 힘들어도 일을 정성을 다해 했다. 매일 몇 번씩 산 밑으로 내려가서 물을 길어다 청소하고, 빨래하고 그리고 산 위로 올라다니면서 나무를 베어다 불을 때면서 식사를 준비하고 방들을 따뜻하게 했다.

그러면서 하루하루 세월을 보낸 것이 어느덧 일 년이 지났다. 배움의 기다림은 서서히 지쳐가면서, 진정 이분이 무도의 명인인가 하는 의심이 들기 시작했다. 인내의 한계를 느끼고 소년은 스승에게 "저에게 언제 무술을 가르쳐주실 것입니까" 하고 물었다. 그러자 스승은 크게 화를 내며 말했다. "지금까지 네가 해온 일이 무술이거늘 무슨 말이냐? 그동안 나를 위해 정성껏 밥해주고, 청소하고, 빨래해준 것은 스승에 대한 존경심과 배려 그리고 인내를 배운 것이다. 산을 오르내리며 물을 퍼오고 나무를 해온 것이 체력을 단련하여 무술 수련의 기본을 익히고 있는 것을 몰랐단 말이냐?" 하며 호통을 쳤다. 사실 소년은 일 년이 넘는 동안 무술을 배우겠다는 강한 집념으로 정성을 다해 스승을 봉양했던 것이다. 그것을 통해 집에서 어리광만 부리고 자기만을 생각했던 철없던 소년이, 지금은 누군가를 위하고 보살필 수 있다는 자비심을 배우게 된 것이다. 더욱이 산속에서 무거운 물과 나무를 지고 오르락내리락하며 물의 양, 나무의 양도 늘어가면서 그의 체력은 점점 강인해졌던 것이다.

스승은 소년에게 말했다. "내일부터 무술을 가르치겠다. 해 뜨기 전에 산봉우리로 올라오너라"라고 했다. 소년은 무술을 배울 수 있다는 기쁨과 기대 속에 다음 날 해 뜨기 전에 산봉우리에 올라갔다. 스승은 그곳에서 기다리고 있었다. 소년에게 동쪽을 향해 서게 하면서 "이제 너는 대자연의 우주와 합하는 기운을 받는 비술을 배울 것이다. 해가 떠오를 때 음의 기운이 가장 왕성하고 양의 기운이 시작될 때다. 그 기운이 바뀌면서 천지를 밝히듯이 네 몸 안의 기운도 대자연의 기운과 합하는 호흡법과 신체 훈련을 해야 할 것이다. 동쪽에서 수련을 시작하는 것은, 음양오행에서 동쪽은 생명의 시작인 봄을 상징하고 나무를 뜻하며 기가 상승함을 뜻한다. 나무는 오행 중에서 유일한 생명의 존재다.

땅 밑의 뿌리를 통해 나무가 성장하고 열매를 맺을 수 있듯이 발바닥의 용천혈(둘째 발가락 밑 5cm 정도 움푹 파인 곳)을 통해 땅의 기운을 흡수한다. 하늘의 기운은 손바닥의 노궁혈(주먹을 쥐었을 때 셋째와 넷째 손가락 끝 사이)을 통해 흡수한다. 동시에 호흡을 통해 대자연의 기운을 몸안으로 모아 원하는 곳에 쓸 수 있는 수련에 임해야 할 것이다. 먼저 차렷 자세에서 양 손바닥을 모아 가슴 앞에(잔중혈) 대준다. 왼 손바닥은 나를 뜻하고 오른 손바닥은 나를 제외한 모든 것을 뜻한다. 양 손바닥을 합치는 것은 나와 자연과의 화합의 뜻이다. 즉 자연의 모든 기운을 받아들이고 고개를 숙여 감사함을 표시하는 것이다. 고개를 숙여 인사를 한다는 것은, 나를 낮춘다는 겸손함의 표시다.

머리는 신체에서 가장 소중한 기관이 모여 있는 부분이다. 오감(시각, 청각, 후각, 미각, 촉각)과 뇌의 집결지인 중요한 머리를 낮춤으로써 감사함, 겸손함 그리고 존경심에 대한 예의를 표하는 것이다. 나에게 생명을 부여해주신 부모님께, 가르침을 주신 스승님께, 나와 함께 인연을 맺고 있는 사람들에게 그리고 건강한 삶을 살게해준 자연에게 하는 감사의 표현이다.

해가 뜨는 동쪽을 향해 선다. 계속해서 왼발을 어깨너비 정도로 왼쪽으로 옮겨 준비 자세를 취하면서 양손을 자연스럽게 양다리 옆으로 내린다. 양 손바닥을 위로 들어 올려 가슴 앞에서(잔중혈) 주먹을 움켜쥐면서 숨을 들이마신다. 양 주먹을 아랫배(단전) 앞으로 힘 있게 내려준다.

자연의 기를 모아 아랫배에 있는 기해혈(기가 바다만큼 모여 있다는 곳)에 기운이 채워진다고 의식하면서, 몸 안에 기운을 축적하는 연습을 한다. 이때 팔은 우주를 뜻하는 원을 그려 그 안에 마음을 담아 정신을 집중시킨다. 그리고 왼발을 어깨너비의 반 정도 왼쪽으로 벌려주면서, 무릎을 굽히고 항문을 조여주고 엄지발가락은 약간 안쪽을 향하게 하여 주춤서기 자세를 취한다. 이때 허리를 펴고 시선을 무릎과 발가락 끝이 일직선으로 향하게 무릎을 굽혀준다. 주춤서기 자세를 취하면서 오른 주먹을 내지르며 기합을 크게 외친다. 아이가 어머니 배 속에서 나오면서 호흡을 시작하며 내는 첫 번째 울음소리는, 세상의 탄생을 알리는 우렁찬 소리다. 마찬가지로 주춤서기 몸통지르기도, 무도의 첫 탄생을 알리듯 몸에 축적한 우주의 기운을 주먹에 담아 우렁찬 기합과 함께 힘 있게 내질러야 한다.

소년은 스승의 말씀대로 매일 아침 산봉우리에 올라 가르침대로 끊임없이 수련을 했다. 몇 년의 세월이 흘러 소년은 다른 술기를 배우기를 청했다. 스승은 아직 멀었다며 그 자세로 나뭇잎과 나뭇가지를 주먹으로 부러 뜨리라고 했지만, 부드럽고 연해서 구부러질 뿐 부러지지는 않았다. 또다시 몇 년의 세월이 흐르면서 엄청난 속도를 통해 나뭇잎과 가지는 떨어지고 부러졌다.

스승은 손가락과 주먹으로 땅바닥과 바위 위에서 팔굽혀펴기를 시키며 나무 몸통을 때리는 수련을 시켰다. 살 갗이 벗겨져 피가 나도 고통을 참고 수련을 계속했다. 새살이 돋아나고 굳은살이 커져 고통도 줄어들면서, 점점 세게 때릴 수 있게 되었고 나무도 부러뜨리게 되었다. 스승은 더 큰 나무들이 부러질 때까지 계속 훈련을 시켰다. 어언 10년의 세월이 흘렀고 소년은 청년으로 성장했다. 이제 주먹으로 나무까지 부러뜨리는 경지까지 오르게 되었다. 그것을 본 스승은 청년에게 물었다. "너는 왜 무술을 배우는 것이냐?" 그러자, 청년은 당황했다. 단지 강인한 남자가 되겠다는 생각뿐이었지 왜, 무엇 때문에 최고의 명인이 되려 했는지 생각해본 적이 없기 때문이다. "이제 너는 무술의 경지를 떠나 진정한 무도인이 되어야 할 것이다. 잊지 마라. 명예를 우선으로 하고, 정의를 위해 가치 있는 삶, 뜻 있는 일을 위해 보람 있게 사는 진정한 무도인이 되어야 한다. 너는 이미 나에게서 모든 것을 배웠다. 집에 돌아가도 좋다."고 하는 스승님의 말을 듣고, 청년은 크게 실망했다.

10년이 넘도록 오직 준비서기와 주춤서기, 몸통지르기 세 동작만 배웠다는 것에 실망을 하고 너무 화가 났다. 스승님에게 제대로 인사도 하지 않고, 절을 떠나 집 앞 동네에 이르렀다. 부모님께 뭐라 할 것이며, 자신이 보낸 세월이 헛되었다는 실망감에 스승에 대한 분노가 점점 커져갈 때, 길 앞에 어린이가 놀고 있는 것을 보았다. 그 순간 어린아이 뒤에서 성난 황소가 달려오고 있었다. 주위에 있는 사람들은 두려움에 소리만 지를 뿐, 어찌 할 바를 몰랐다. 청년은 그것을 본 순간 어린아이 쪽으로 뛰어들어가 아이 앞에 섰다. 성난 황소는 뿔로 청년의 복부를 찔렀다. 그 순간 청년은 준비서기로 서면서 양손으로 뿔을 잡아 내리고 동시에 주춤서기로 서면서, 기합과 함께 주먹으로 황소의 머리를 내리쳤다. 주위 사람들은 소리를 지르며 경악했다. 청년 또한 스스로 너무 놀라 멍한 상태에서 황소를 바라보고 있었다. 자신의 발아래 황소의 머리가 부서져 누워 있었던 것이다. 어떻게 자신이 이렇게 했는지 스스로도 믿을 수 없었던 것이다. 10년간의 수련을 통해 배우고 터득한 무술의 경지가 어린아이의 생명을 구한 무도인의 활법을 터득한 것이다. 청년은 스승의 큰 뜻을 깨우치지 못한 자신의 부끄러움과 죄송함을 느끼면서, 스승께서 계신 절을 향해 감사의 큰절을 했다. 청년은 스승님의 가르침을 깨우치고 참된 무도인으로서 뜻 있는 그리고 명예로운 삶을 살아가겠다고 다짐했다.

제자: 정말 가슴에 닿는 가르침이었습니다. 말씀대로 차렷자세, 준비서기, 주춤서기, 몸통지르기가 무도의 시작이며 끝이라는 말씀이 마음 깊이 와닿았습니다. 감사합니다 사범님.

Discípulo: Hola maestro. Mi entrenamiento en artes marciales me ha llevado a plantear muchas preguntas, ya que me doy cuenta ciegamente de que he entrenado solo para enfatizar mi condición física. Me gustaría ampliar mi conocimiento científico y filosófico de las artes marciales. Deseo ayudar a mis propios estudiantes y colegas menos experimentados.

Maestro Young Seok Kim: Para construir un edificio alto que resista la prueba del tiempo, su base debe ser fuerte y poseer materiales de alta calidad. Del mismo modo, un entrenador de cualquier arte marcial debe entender los principios básicos. Además, uno necesita aprender adecuadamente las técnicas correctas, entrenando diligentemente. Enfocado en ambos aspectos, se puede lograr un alto nivel de habilidad en las artes marciales.

Discípulo: Eso es correcto. En primer lugar, me gustaría entender mejor la "postura de atención", la "postura de preparación" y el "golpe en postura de jinete". Por favor, ¿me puede ayudar con esto?

Maestro Young Seok Kim: Las artes marciales comienzan y terminan con cortesía. Comienzan con la postura de atención y un saludo apropiado. Filosóficamente, la posición de atención es Taegeuk, también conocida como el Gran Absoluto en la filosofía china. Cuando haces la postura de atención (Taegeuk), el Yin y el Yang se expresarán a través del movimiento. Cuando todavía estás en la posición de listo, esto es Yin. Cuando comienzas a moverte dinámicamente, esto es Yang.

El ataque (Yang) se vuelve dinámico basado en la defensa (Yin), mientras que la defensa (Yin) se realiza, gracias al ataque (Yang). Cuando observas la naturaleza, el crecimiento ocurre de pequeño a grande y de abajo hacia arriba; la oscuridad gradualmente es iluminada por la luz; el movimiento se gesta en la quietud. Estas son las formas de la naturaleza. Al igual que la naturaleza, las artes marciales deben comenzar desde la postura de atención (Taegeuk), seguidas por una defensa (Yin) y luego un ataque (Yang).

Si tuviera que relacionar esto con el cuerpo humano, la mano izquierda es Yin y la derecha Yang. En términos más generales, los brazos se doblan hacia dentro y las piernas hacia fuera con la cintura como centro. Por lo tanto, el Yin y el Yang de los brazos y las piernas se revierten fisiológicamente. El brazo izquierdo y la pierna derecha son Yin, y el brazo derecho y la pierna izquierda son Yang. Si miras a las personas que caminan o corren, el brazo izquierdo y la pierna derecha se mueven juntos hacia delante de forma natural. Las Pumsae (formas) siempre comienzan desde el lado izquierdo (Yin - quietud). El pie izquierdo (Yang - movimiento), se mueve hacia la izquierda con la defensa de la mano izquierda (Yin - quietud), y lleva a cabo el ataque con la mano derecha (Yang - movimiento). Estas son leyes de la naturaleza.

Discípulo: Es sorprendente que estas posturas simples tengan un significado tan profundo. Será muy útil recordar esos principios cuando practique. Gracias, Señor. Ahora, me gustaría saber sobre la siguiente posición; el golpe en postura de jinete.

Maestro Young Seok Kim: Te contaré una historia interesante acerca de la postura de atención y de la postura de jinete. Había un niño de 10 años que era molestado e intimidado en su vecindario por niños de su misma edad. Sus padres estaban preocupados después de presenciar los incidentes. No podían ver su personalidad suave y amable como algo bueno, ellos querían que fuera mental y físicamente fuerte. Y decidieron buscar un Maestro de artes marciales para que entrenara a su hijo. El padre lo llevó a un largo viaje para encontrar un buen Maestro. Eventualmente, encontraron a un monje viviendo en un templo en el medio de una profunda montaña. Les dijeron que el monje era un gran Maestro de artes marciales, pero éste no quería aceptar como su estudiante a un joven débil e incapaz.

El padre le suplicó por días al monje, diciéndole que haría lo que fuera para que se convirtiera en el Maestro de su hijo. El monje se emocionó y les preguntó al padre y al hijo sí podrían seguir todas sus instrucciones, y les prometió que el niño nunca abandonaría el templo hasta que alcanzara el nivel más alto en artes marciales. El monje ta mbién le dijo al niño que se podría quedar si era capaz de soportar todas las dificultades y privaciones durante su estancia. El niño respondió que sí, ya que no quería que nadie se burlara de él, y quería renacer como un hombre fuerte, aunque por dentro temía a lo que se enfrentaba. El padre también le dijo al niño que no debería regresar a su casa hasta que alcanzara el nivel requerido, y el monje estuvo de acuerdo que el padre se fuera. Lo primero que el Maestro le pidió al niño fue que limpiara el templo, lavara la ropa y preparara la comida. Nunca antes había hecho tal trabajo, pero llevó a cabo sinceramente esas laboriosas tareas, a cambio de la enseñanza del monje. Unas cuantas veces al día, bajaba la montaña para sacar agua para la limpieza y el lavado, y luego volvía a subir la montaña para cortar y recoger leña para cocinar y calentar sus viviendas.

Había pasado un año y estaba cansado de esperar a que le enseñaran las lecciones, y comenzó a dudar de el monje fuera un verdadero Maestro de artes marciales. Cuando el muchacho sintió que su paciencia había llegado a su límite, le preguntó al monje cuándo comenzarían realmente sus lecciones de artes marciales. El Maestro le contestó con severidad: "Lo que has estado haciendo hasta ahora es parte de tu entrenamiento de artes marciales. Preparar la comida, limpiar el templo y lavar la ropa te ha llevado a aprender a respetar al Maestro, a practicar el cuidado de las cosas y desarrollar la paciencia. Bajar la montaña para sacar agua y recolectar leña desarrolló tu fuerza física. ¿No sabías que todo esto era parte de tu entrenamiento en artes marciales?

El niño se sintió avergonzado y siguió sirviendo a su Maestro sincera y tenazmente durante más de un año, ya que tenía gran deseo de aprender correctamente las artes marciales. Al hacer esto, el niño que solía actuar como un egoísta e inmaduro, aprendió a servir desinteresadamente a los demás. Además, a medida que pasaba el tiempo, se volvió físicamente más fuerte, ya que era capaz de cargar una mayor cantidad de agua y leña a través de la montaña.

Un día, el Maestro le dijo que le enseñaría habilidades reales de artes marciales al día siguiente y que debería llegar a la cima de la montaña antes del amanecer. Como se le indicó, subió la montaña, con mucha alegría y emoción, antes de que el sol saliera, con la intención de aprender habilidades de las artes marciales. Su Maestro, estaba esperándolo allí. Hizo que el chico se quedara mirando hacia el Este, y le dijo: "Ahora, aprenderás el secreto de unir tu energía con la energía del cosmos. Cuando sale el sol, la energía del Yin es más fuerte y la energía del Yang comienza a crecer. Al igual que el mundo se ilumina con los cambios de la energía, la energía de tu cuerpo y la energía de la naturaleza se pueden combinar a través del entrenamiento físico y la regulación de la respiración. La razón para comenzar tu entrena-miento mirando hacia el Este es que en el libro "Yin - Yang y de Los Cinco Elementos del

Universo", el Este simboliza la primavera, la nueva vida, los árboles y el aumento de la energía. El 'árbol' es el único elemento viviente en el Yin - Yang y los Cinco Elementos del Universo.

Las raíces del árbol determinan su crecimiento y capacidad de carga. La energía de la Tierra se absorbe a través de un punto de acupuntura llamado Youngchunhyeol (1R), ubicado en la planta del pie. Más específicamente, en la parte delantera del arco del pie; a unos 5 cm de la raíz del segundo dedo del pie. Absorbes la energía del Cielo a través de un punto de acupuntura llamado Nokunghyeol (9MC), ubicado en la palma de tu mano, ubicado donde el dedo medio y el anular tocan la palma cuando están doblados para formar el puño. A través de tu respiración, puedes entrenarte para usar libremente la energía que has recogido de la naturaleza. Puedes comenzar con la postura de atención y poner ambas manos en el centro de tu pecho, que también tiene un punto de acupuntura, conocido como Janjunghyeol (17RM). La mano izquierda simboliza a mí mismo y la derecha simboliza todo lo demás. La combinación de ambas manos me lleva a la armonía con la naturaleza. Acepta toda la energía de la naturaleza y expresa tu gratitud inclinándote. Al saludar inclinando tu cuerpo, estás demostrando tu humildad.

La cabeza es el área que protege las partes más importantes del cuerpo; el cerebro y el control de los cinco sentidos (vista, oído, olfato, gusto y tacto). Al inclinarte, expresas gratitud, humildad y respeto. Expresas gratitud a tus padres por tu vida, a tu Maestro por sus lecciones, a todos aquellos con quienes tienes una relación y a la naturaleza que te proporciona un ambiente saludable.

De pie mirando el amanecer hacia el Este. Lleva tu pie izquierdo al lado alineado con tu hombro, y asume la "postura de preparación". Lleva ambas manos hacia abajo para que descansen naturalmente contra tus muslos. Levanta tus manos haciendo puños frente a tu pecho (Janjunghyeol 17RM) y respira. Mueve ambos puños con fuerza hacia abajo y déjalos al frente de la parte inferior de tu abdomen.

Practica el cosechar energía de la naturaleza y guárdala en su cuerpo en Kihaehyeol (6RM), estando consciente de su flujo. Kihaehyeol es un punto de acupuntura ubicado en la parte inferior del abdomen, y almacena una cantidad de energía equivalente al océano. En este punto, dibuja un círculo que represente el universo enfrente de tus brazos, y con tu corazón, concéntrate en el círculo. Ahora mueve tu pie izquierdo al lado (alrededor de la mitad del ancho de los hombros), dobla las rodillas, aprieta los glúteos, gira ligeramente hacia dentro los dedos gordos de los pies y asume una postura de jinete. Cuando haces esta postura, tu cintura mira hacia delante y las rodillas están alineadas con la punta de los dedos gordos de los pies. Mientras haces la postura, empuja hacia delante el puño derecho y grita fuerte Kihap. Es como el primer llanto de un recién nacido, cuando sale del vientre de su madre y respira por primera vez. Es un sonido alto y fuerte, para que el mundo sepa de su llegada. De la misma manera, el golpe de desde postura de jinete, debe ejecutarse como el nacimiento en las artes marciales. Reúne la energía del universo que está almacenada en tu interior, empújala con tu puño y golpea con fuerza mientras lanzas un fuerte grito de Kihap.

El niño que era entrenado por el monje, iba a la cima de la montaña todas las mañanas para seguir las instrucciones de su Maestro y practicar constantemente. Pasaron algunos años. Y el niño le pidió que le enseñara otra técnica. El Maestro le dijo que aún no había perfeccionado la postura. Luego le pidió que realizara la postura y rompiera una rama con su puño. El niño no la rompió; solo pudo doblarla. Practicó diligentemente algunos años más. Hasta llegar a romper ramas a gran velocidad.

El Maestro le pidió que entrenará haciendo flexiones de pecho con los puños y los dedos, sobre la tierra desnuda y las duras rocas. Luego le pidió que entrenará golpeando a un joven árbol. Su piel se desprendió y sangró, pero continuó entrenándose mientras soportaba el dolor. Con el paso del tiempo, las heridas se convirtieron en callos y el dolor disminuyó. Ahora podía golpear los objetos con más fuerza y, finalmente, pudo romper el árbol. Su entrenamiento continuó hasta que pudo romper árboles más grandes. Diez años habían pasado, y el niño se convirtió en un hombre joven. Ahora el joven podría romper un árbol maduro usando sus puños. Cuando el Maestro vio lo que podía hacer, le preguntó si quería ser un Maestro. El joven estaba sorprendido. Solo había pensado en convertirse en un hombre fuerte, pero nunca pensó que podría ser un Maestro. "Estás listo para ser un verdadero Maestro de artes marciales después de todos tus años de entrenamiento", le dijo el monje. "Recuerda, la vida de un Maestro significa poner honor y justicia a todas sus acciones". Necesitas convertirte en un Maestro que hace un trabajo significativo y cuya vida vale la pena. Ya has aprendido todo lo que te puedo enseñar. Ahora puedes irte a tu casa."

Cuando el joven escuchó lo que su Maestro le había dicho, quedó muy decepcionado. Estaba furioso, porque durante una década solo había sido entrenado en 2 técnicas: la postura de preparación y el golpe desde postura de jinete. Se fue del templo sin despedirse adecuadamente de su Maestro, y finalmente llegó a su pueblo natal. Estaba preocupado acerca de cómo podía explicar a sus padres acerca de los años que había desperdiciado, cuando de repente vio a un niño jugando en el medio del camino delante de él. Detrás del niño estaba un toro furioso listo para atacarlo.

Los espectadores a su alrededor se quedaron mudos y paralizados por el miedo. En ese momento, el joven corrió y se paró frente al niño. El toro enojado apuntó sus cuernos hacia el abdomen del joven. Éste asumió la postura de preparación, tomó con ambas manos los cuernos del toro y lo tiró al suelo. Luego se paró en la posición de jinete, y golpeó la cabeza del toro con su puño dando un grito de Kihap. Los espectadores gritaron sorprendidos. El joven también se sorprendió, se quedó quieto y miró al toro; tenía la cabeza rota en el piso, frente a sus pies. No podía creer lo que había hecho. Después de su culminación de 10 años de entrenamiento en artes marciales, pudo salvar la vida del niño. El joven sintió vergüenza y pesar porque no había entendido las intenciones profundas de su Maestro. Se giró en dirección al templo de su Maestro y se inclinó con gran gratitud. El joven fue iluminado por las lecciones de su Maestro, y se prometió a sí mismo que seguiría una vida significativa y honorable como un verdadero artista marcial.

Discípulo: Fue una historia realmente conmovedora. La lección de la historia, que ahora está profundamente impresa en mi mente, es que la postura de atención, la postura de preparación y el golpe desde la postura de jinete son el comienzo y el final de las artes marciales. Gracias, Señor.

TRAINING IN MARTIAL ARTS AND THE LAWS OF NATURE / 무도의 수련과 자연의 순리 / EL ENTRENAMIENTO DE ARTES MARCIALES Y LAS LEYES DE LA NATURALEZA

"We are merely following the laws of nature. We are born, grow and die in nature, and return to it. Therefore, we are able to live long and have a healthy life by following its laws and gaining energy from nature." / "우리는 자연에서 태어나 성장하고 자연으로 돌아가 죽는다. 이것이 자연의 순리다. 따라서 우리는 자연의 순리에 순응하면서 자연의 기운을 받으며 살아야 건강하게 오래 살 수 있다." / "Sim-plemente estamos siguiendo las leyes de la naturaleza. Nacemos, crecemos y morimos en la naturaleza, y volvemos a ella. Por lo tanto, podemos gozar de una vida larga y saludable siguiendo sus leyes y obteniendo energía de la naturaleza."

Disciple: The story you told me suggests that you should begin your training facing towards the east and finish it facing north. Please, can you tell me more about this?

Master Young Seok Kim: We are born, we grow and we die in nature, and return to it. Therefore, we are able to live long and have a healthy life by following its laws and gaining energy from nature.

Disciple: Could you further explain this concept please?

Master Young Seok Kim: The world we are living in has natural energy that produces different influences based on the laws of nature, Yin-yang and the five elements of the universe. First of all, the East represents spring, the time for creation. When comparing to the body, it is associated with the left side of the body. It promotes a virtuous mind, but if there is not enough energy, it can make one quick to anger. It affects the liver. It is also connected to the taste of sourness and to the element of wood. When the sun rises, the energy of yin gradually changes to yang energy, and it becomes the start to improving physical strength. When comparing to breathing, it is when you inhale. Thus, it is good to face east when starting your training, which is why most of Poomsae (posture) starts from the left-hand side.

Disciple: I see. In that case, what about South?

Master Young Seok Kim: South represents summer, the time when everything grows the most. When it comes to the body, it is associated with the front of the body. The energy can help to improve manners. When the energy becomes weak, you will laugh for no reason. The heart is affected. It is connected to the taste of bitterness and the element of fire. The energy increases strength. As nature of this energy moves upward, it has the most energy. Therefore, when you are training, stand towards the south to gain the most energy from nature. When it comes to breathing, it is exhalation. For example, a south facing house is best as the most amount of sunlight can enter the house. This is the reason why you face forward the most when you do Poomsae (posture). When you are competing at a tournament, it would be advantageous if you face south and your opponent faces north.

Disciple: Sir, I am assuming the West also has its own meaning.

Master Young Seok Kim: West represents autumn when everything bears fruit. It is the right side of the body. The energy helps to grow faith, but you feel sad when you don't have much energy. The energy is influenced by the lungs. It represents the taste of spice and metal, and it helps to grow hardness. As the nature of this energy is receding, you need to know when to finish. When it comes to breathing, it is when you just start to exhale. When you finish Poomsae (posture), or end a defense and attack combination technique, you should be prepared for the next move without stopping. The finish of all movements should be well planned because it is at that moment that you are most vulnerable to attacks by your opponent.

Disciple: What about the significance of the North?

Master Young Seok Kim: North represents winter, when all the energy is stored for regrowth in the spring. When it comes to the body, it relates to the lower half. The energy helps to grow belief. When the energy is reduced, fear increases. The energy affects the kidney. It relates to the taste of salt and water. The energy helps to strengthen the muscles. As this energy has a downward movement, you need to know how to collect the energy for your next movement. When it comes to breathing, it is when you are at rest. Thus, this is the preparation stage, when you collect all of the energy. Every martial arts and sporting contests have rest periods. This is the process of recharging of one's energy and calming oneself down to prepare for the next action. All things in nature prepare for the next spring. Trees shed their leaves and fruit and store all the nutrients in their roots. Buddhists believe in reincarnation, as a human death means returning to nature to prepare for rebirth. Where you come from and where you return to is an impossible question to answer. In East Asia, when people pay their respects at their ancestors' graves, they face north, due to their belief in the energy of the north.

Disciple: This is very interesting. Again, the way of nature is truly profound and mysterious. Thank you.

제자: 사범님 말씀 중에 동쪽에서 시작해 북쪽에서 훈련을 마무리하는 것이 옳다고 하셨는데 그것에 대해서 알고 싶습니다.

사범 김용석: 우리는 자연에서 태어나 성장하고 자연으로 돌아가 죽는다. 따라서 우리는 자연의 순리에 순응하면서 자연의 기운을 받으며 살아야 건강하게 오래 살 수 있다.

제자: 좀 더 구체적으로 말씀해주실수 있으십니까.

사범 김용석: 우리가 살고 있는 지구는 음양오행이라는 자연의 법칙에 따라 서로 다른 영향을 주는 자연의 기운이 존재한다. 우선 동쪽부터 말하자면 만물이 생성되는 봄을 뜻한다. 몸으로는 왼쪽이 되고 어진 마음을 키우나, 그 기운이 허하면 노하기 쉬운 마음이 커지고 간의 영향을 받으며, 신맛과 나무를 뜻하며 부드러움을 키운다. 기운은 모아지면서 앞으로 나아가는 성질이 나타난다. 처음 해가 뜰 때 충만한 음의 기운이 점차 양의 기운으로 바뀌면서

체력이 증가되기 시작하는 것이다. 호흡은 들이마실 때다. 따라서 운동의 시작은 동쪽을 향하는 것이 좋다. 따라서 거의 모든 품새의 시작은 왼쪽부터 시작한다.

제자: 그렇군요. 남쪽에 대해서도 말씀해주십시오.

사범 김용석: 남쪽에 대해서 말하자면 만물이 가장 왕성하게 성장하는 여름을 뜻한다. 몸으로는 앞면이 되고 예의를 키우나, 그 기운이 허하면 웃음이 쓸데없이 많아진다. 심장의 영향을 받으며, 쓴맛과 불을 뜻하고 강함을 키운다. 위로 솟구치는 성질을 나타내기에 그 기운이 가장 왕성해진다. 따라서 주로 남쪽을 향해 수련하면 자연의 기를 가장 많이 받을 수 있다. 호흡은 퍼져나갈 때다. 집도 남향 집이 해를 받아들이는 시간이 가장 많다 하여 명당집이라 하는 것이다. 품새를 할 때 좌우보다 정면을 향한 자세가 많은 것도 그러한 이유다. 겨루기를 할 때도 나는 남쪽을 향하고, 상대가 북쪽을 향하게 한다면 유리하다.

제자: 잘 알겠습니다. 서쪽에 대해서도 말씀해주십시오.

사범 김용석: 서쪽에 대해서 말하자면, 만물이 보람 있는 결실을 얻는 가을을 뜻한다. 몸으로는 오른쪽이 되고 의리를 키우나, 그 기운이 허하면 슬픔이 많아진다. 폐의 영향을 받으며, 매운맛과 쇠붙이를 뜻하고 단단함을 키운다. 뒤로 물러나는 성질을 나타내기에, 마무리할 때를 잘 알아야 한다. 호흡은 내뱉을 때다. 품새의 끝마무리와, 겨루기에서의 방어와 공격 이후의 자세를 제대로 정비하고 흐트러짐이 없이 만반의 준비를 하는 자세로 임해야 한다. 모든 운동은 끝마무리를 잘해야 한다는 것은 가장 빈틈이 많을 때가 동작이 끝나는 순간이기 때문이다.

제자: 북쪽에 대해서도 말씀해주시면 감사하겠습니다.

사범 김용석: 북쪽에 대해서 말하자면, 봄의 탄생을 위하여 만물의 기운을 수장하는 겨울을 뜻한다. 몸으로는 아래쪽이 되고 믿음을 키우나, 그 기운이 허하면 두려움이 커진다. 신장의 영향을 받으며 짠맛과 물을 뜻하고 근육을 강화한다. 아래로 흐르는 성질을 나타내기에 다음의 동작을 위해 그 기운을 모을 줄 알아야 한다. 호흡으로는 휴식할 때다. 즉 기운을 모아놓고 다음 동작을 준비하는 상태다. 모든 무도와 스포츠는 휴식 시간이 있다. 이것은 힘을 재충전하고 스스로 안정시켜 계속해야 하는 동작에 대비하는 과정이다. 자연의 모든 삼라만상은, 새로운 탄생을 위해 나무와 같이 풍성했던 나뭇잎과 가지 그리고 열매를 죽이고 땅속의 뿌리에 모든 영양분을 비축하는 것처럼, 봄의 탄생을 준비한다. 그래서 인간도 죽는다는 것을, 자연으로 돌아가 다른 새로운 탄생을 준비하는 것이라 하여, 불교에서는 윤회설을 믿고 있는 것이다. 어디서 와서 어디로 가는가는 풀 수 없는 과제이기도 하다. 동양에서는 죽은 이들에게 인사를 하고 명복을 빌 때, 북쪽을 향하는 것도 이 때문이다.

제자: 정말로 흥미롭군요. 말씀대로 자연의 흐름은 정말로 심오하고 신비스럽습니다. 감사합니다.

Discípulo: La historia que me contó sugiere que debó comenzar mi entrenamiento de cara al Este y terminarlo mirando al Norte. Por favor, ¿puedes decirme más sobre esto?

Maestro Young Seok Kim: Simplemente estamos siguiendo las leyes de la naturaleza. Nacemos, crecemos y morimos en la naturaleza, y volvemos a ella. Por lo tanto, podemos gozar de una vida larga y saludable siguiendo sus leyes y obteniendo energía de la naturaleza.

Discípulo: ¿Podría explicar más este concepto, por favor?

Maestro Young Seok Kim: El mundo en el que vivimos tiene energía natural que produce diferentes influencias basadas en las leyes de la naturaleza; el Yin - Yang y Los Cinco Elementos del universo. Primero que nada, el Este representa la primavera, el tiempo de la creación. Cuando se compara con el cuerpo, se asocia con el lado izquierdo del cuerpo. Promueve una mente virtuosa, pero si no hay suficiente energía, puede hacer que uno se irrite fácilmente. Afecta al hígado. También está conectado al sabor ácido y al elemento Madera. Cuando el sol sale, la energía del Yin cambia gradualmente a la energía Yang, y se convierte en el comienzo para mejorar la fuerza física. Si lo relacionas con la respiración, es cuando inhalas. Por lo tanto, es bueno mirar hacia el Este cuando comiences tu entrenamiento, por lo que la mayor parte de las Pumsae (posturas), comienzan por el lado izquierdo.

Discípulo: Ya veo. En ese caso, ¿qué hay acerca del sur?

Maestro Young Seok Kim: El Sur representa el verano, la temporada en que todo crece más. Cuando se trata del cuerpo, se asocia con su parte frontal. La energía puede ayudar a mejorar los modales. Cuando la energía se debilita, te reirás sin razón. El corazón está afectado. Está conectado con el sabor amargo y el elemento Fuego. La energía aumenta la fuerza. A medida que la naturaleza de esta energía se mueve hacia arriba, tiene mayor fuerza. Por lo tanto, cuando estés entrenando, ponte de pie hacia el sur para obtener la mayor cantidad de energía de la naturaleza. Si lo relacionas con la respiración, es cuando exhalas. Por ejemplo, una casa con orientación al Sur es mejor, porque recibe mayor cantidad de luz solar. Esta es la razón por la cual miras hacia delante la mayor parte de tiempo cuando haces una Pumsae (forma). Cuando compitas en un torneo, sería ventajoso que mires hacia el Sur y tu oponente hacia el Norte.

Discípulo: Señor, supongo que el Oeste también tiene su propio significado.

Maestro Young Seok Kim: El oeste representa al otoño; cuando todo da sus frutos. Es el lado derecho del cuerpo. La energía ayuda a elevar la fe, pero te sientes triste cuando no tienes mucha energía. La energía está influenciada por los pulmones. Representa el sabor de las especias y el Metal, y ayuda a aumentar la rigidez. Como la naturaleza de esta energía está disminuyendo, debes saber cuándo terminar. Si lo relacionas con la respiración, es cuando comienzas a exhalar. Cuando termine la Pumsae (forma) o una técnica de defensa y ataque, debes estar preparado para el siguiente movimiento sin detenerte. El final de todos los movimientos debe estar bien planificado porque es en ese momento que eres más vulnerable a los ataques de tu oponente.

Discípulo: ¿Cuál es el significado del Norte?

Maestro Young Seok Kim: El norte representa el invierno, cuando toda la energía se almacena para volver a crecer en la primavera. Cuando se trata del cuerpo, se relaciona con la mitad inferior. La energía ayuda elevar la fe. Cuando la energía se reduce, el miedo aumenta. La energía afecta el riñón. Se relaciona con el sabor salado y el agua. La energía ayuda a fortalecer los músculos. Ya que esta energía tiene un movimiento descendente, necesitas saber cómo recolectarla para tu próximo movimiento. Con relación a la respiración, es cuando estás en reposo. Por lo tanto, esta es la etapa de preparación, cuando recolectas toda la energía. Todas las competencias deportivas y de artes marciales tienen períodos de descanso. Este es el proceso de recargar la propia energía y calmarse para preparar la próxima acción. Todas las cosas en la naturaleza se preparan para la próxima primavera. Los árboles arrojan sus hojas y frutas, y almacenan todos sus nutrientes en sus raíces. Los budistas creen en la reencarnación, ya que la muerte humana significa volver a la naturaleza para prepararse para renacer. De dónde vienes y dónde volverás es imposible de responder. En el Este de Asia, cuando las personas realizan gestos de respeto a las tumbas de sus antepasados, lo hacen mirando al norte, ya que creen en la energía del Norte.

Discípulo: Esto es muy interesante. Nuevamente, el camino de la naturaleza es verdaderamente profundo y misterioso. Gracias, Señor.

THE ATTACK AND DEFENSE OF THE HAND / 손의 공격과 방어 / EL ATAQUE Y DEFENSA CON MANO

"The most profound teaching in martial arts is not how to defend yourself or how to win, but how to find yourself and how to live." / "무도에서 가장 심오한 가르침은 자신을 방어하는 방법이나 승리할 수 있는 방법이 아니라, 어떻게 스스로를 찾아내고 살아가느냐 하는 것이다." */ "La enseñanza más profunda en las artes marciales no es cómo defenderse o cómo ganar, sino cómo encontrarse a sí mismo y cómo vivir."*

Disciple: I would like to know more about the Technique of Hand Attacks.

Master Young Seok Kim: The hand is the most necessary body part from birth to death. There are several nerves and muscles interwoven together to create precise and complicated movements. In martial arts, there are many more attacks and defense skills using the hand as opposed to the foot or other parts of the body. Each hand attack must be intricately precise and powerful similar to the typing movement of the fingers.

This would be a good time for me to share a story. A long time ago, there was a young boy who was being raised by a single mother. The mother sent the child away to a good teacher to be educated properly. To pay for her son's tuition, the mother made rice cakes from scratch every day to sell in the marketplace. She worked very hard to make sure the slices were cut precisely and evenly so that it would attract many customers. Many years had passed as the young child studied and wrote diligently. He longed to see his mother, so the teacher, with great pity, gave permission to the boy to see her.

When he finally arrived home, the boy excitedly called for his mother as he rushed to open the door. The mother who was slicing the rice cakes in the room, was caught by surprise to see her son. The mother inquired about her son's learning and questioned why he had come home so early. He replied by stating that he can write well enough and no longer needed to be schooled. The mother wanted proof of his claim and set up a challenge. She brought a paper and ink brush and then blew out the candle lighting the room. She told the son to write in complete darkness while the mother sliced the rice cakes. She turned the light back on and the boy looked in amazement at the perfection of his mother's evenly sliced rice cakes. The mother disappointingly glanced at her son's sloppy and illegible work. She angrily told her son he is not ready to come back home and must go back to continue his studies.

The boy understood his shortcoming and willingly went back to the teacher. The boy studied hard for many years and became a great scholar according to Korean history. This story shows us that it does not matter what potential you are born with. Skills and talent can be perfected with years of practice and perseverance.

According to ancient martial arts, it takes three years to learn hand strike techniques and ten years to execute them precisely. In attacks of the hand, the movement of the waist is most important. The back and the shoulders must be relaxed to allow for soft, swift, and powerful movements of the attacking arm while the opposite arm is used for recoil. The shoulder, the arm, and the wrist are adjusted for greater precision. If all of the above is aligned and the mind is focused, a powerful attack is achieved.

Disciple: I strongly agree that it is only I who determines the ability I reach in martial arts. Thank you, Sir! Please elaborate on the meaning of Defense.

Master Young Seok Kim: The purpose of martial arts is to stop a fight. A martial artist should never instigate a fight and should try to avoid it at all costs. The purpose of blocking an attack is to cultivate the virtues of patience and discipline. If one has a positive attitude and a humble mind, he will never have a desire to fight. Those who desire to fight tend to have poor martial arts skills. The best way of defense is to avoid danger, and sometimes, even endure great humiliation.

In Taekwondo Competition, the aim is to achieve victory by attacks. In contrast, Hapkido's focus is on control through self-defense. If there is a competition or a situation when a fight is unavoidable in order to protect one's country, family, or one's life, then one must focus on gaining absolute control over one's opponent.

The best attack is to defend oneself properly. One must focus on throwing off the balance of the opponent mentally and physically without showing any fear or desire to retreat. Defense is based on the principle of the dot, line, and circle. It is necessary to cultivate the ability to suppress the opponent anytime, anywhere, and in any situation through rigorous practice and training.

Disciple: I now understand that the principle of martial arts is to defend first and then attack. This explains why every Poomsae always starts with a defense technique. Thank you, Sir!

Karate founder, Gichin Funakoshi, once said: "Never raise your hand first before your opponent. Only do so when absolutely necessary. Let your intention be not to kill or wound but only to block when attacked. If the attack continues, you can adopt an attitude that shows that it would be best to give up. The inner mental technique is more important than the physical. Never attack first! To dominate the enemy without fighting is the highest ability one can achieve. If martial art is followed correctly, it will be polished and its practitioner will support the cause of justice; but if it is used with a bad purpose, it could corrupt society and turn against humanity."

제자: 손의 공격에 대해서 알고 싶습니다.

사범 김용석: 손이란 사람이 태어나면서부터 죽을 때까지 가장 필요한 신체다. 신체 중에서 가장 많이 사용하고

움직이는 근육 신경이 예민하게 움직이는 부분이 손이다. 따라서 무도에서 방어와 공격 기술이 발과 다른 신체에 비해 훨씬 종류가 많고 그 기술도 복잡하며 응용 범위도 넓다. 손의 움직임 하나하나가 민감하고 예리하게 그리고 정확하게 움직이는 것이 마치 타자수의 손가락이 움직이는 것과 같아야 한다.

귀감이되는 옛날 얘기 하나 할까 한다. 오랜 옛날 홀어머니 밑에서 자란 어린아이가 있었다. 어머니는 홀로 키운 자식의 장래를 위해 훌륭한 스승에게 공부를 배우게 하기 위해 먼 곳으로 보냈다. 어머니는 자식의 학비를 벌기 위해 떡을 만들어 정성스럽게 썰어 시장에서 열심히 떡을 팔며 살아가고 있었다. 수년간 스승 밑에서 글쓰기를 공부하던 아이는 오랫동안 떨어졌던 어머니가 너무 보고 싶어 스승에게 간절하게 허락을 구했다. 그 모습이 너무 가여워 스승은 허락을 했다. 아이는 즐거운 마음으로 어머니를 찾아갔다.

집에 이르러 어머니를 부르며 방문을 열어젖혔다. 방 안에서 떡을 썰고 있던 어머니는 놀라지 않을 수 없었다. 스승 밑에서 공부하고 있어야 할 자식이 왜 이렇게 일찍 집에 돌아왔는지 어머니는 의아해 자식에게 물었다. 아이는 글 쓰는 공부를 끝내 지금은 잘 쓸 수 있다고 대답했다. 그러자 어머니는 얼마나 글을 잘 쓰는지 너와 나 둘이서 시험을 해보자고 했다. 촛불 밑에서 떡을 썰던 어머니는 아들에게 종이와 붓을 가져오라고 하여 촛불을 끄고 어둠 속에서 어머니는 떡을 썰고 아들은 글을 쓰기로 했다. 얼마 후 촛불을 켜고 먼저 어머니가 떡을 썬 것을 보니 두께와 길이가 모두 같고 일정했다. 이어서 아들이 쓴 글을 보니 글자 크기는 엉망이고 선도 일정하지 않아 알아보기도 어려운 상태였다.

어머니는 크게 실망하고 화를 내면서 어떻게 글쓰기를 마쳤다고 하느냐면서 자신은 그런 자식을 원하지 않는다며 다시 돌아가 공부를 계속하라고 했다. 아들은 자신의 부족함을 크게 깨닫고 부끄러운 마음에 잘못을 뉘우치고 스승에게 돌아갔다. 그는 오랜 세월 열심히 공부하여 한국 역사에 남은 훌륭한 학자가 되었다고 한다. 밝고 어두운 것이 문제가 아니라 어느 곳이건 어느 때건 항상 완전한 자세로 훌륭한 솜씨를 낼 수 있다는 것은 오랜 세월 동안 반복하는 연습만으로 이루어질 수 있는 것이다.

동양의 옛날 권법가들은 손을 지르는 기술을 익히는 데 3년이 걸린다고 한다. 또한 기술을 완벽하게 터득하고 이해하는 데는 10년이 걸린다고 했다. 손의 공격에서는 무엇보다도 허리의 움직임이 중요하며 어깨와 팔굽 관절, 손목 조절이 필요하다. 위의 것들이 일치가 되어 한마음으로 동시에 공격 목표에 닿는다면 큰 힘이 생성될 것이다. 항상 허리와 어깨의 긴장을 풀고 스프링의 움직임과 같이 탄력 있고 부드럽게 하여 공격하는 팔과 반대 팔의 반동을 잘 이용함으로써 가속도의 힘을 얻어 큰 위력을 얻을 수 있게 해야 한다.

제자: 무도의 경지에 도달한다는 것은 자신의 수련에 달렸다는 것을 절실히 공감합니다. 감사합니다. 방어에 대해서 말씀해주십시오.

사범 김용석: 무도에서 무의 뜻은 싸움을 멈추게 한다는 것이다. 그것은 싸움이 나지 않게 해야 한다는 것이다. 따라서 상대와 투쟁할 마음을 버리고 싸움의 원인을 만들지 말아야 한다. 방어의 근본은 인내와 수양을 통한 덕목을 기르는 것이다. 무도를 수련한 상대라면 자세가 완전하고 겸허한 마음을 지닌 사람에게는 결코 도전해오지 않는다. 그래도 싸움을 걸어온다면 상대는 무술 실력이 형편없는 자다. 방어에서 최선의 방법은 위험에 접근하지 않는 것이며 굴욕을 참아 싸움을 피할 수 있다면 가능한 한 굴욕을 참아야 한다.

태권도의 겨루기는 공격을 통한 승리를 목적으로 한다. 합기도의 호신술은 방어를 통한 제압을 목적으로 한다. 시합이나 피할 수 없는 절대적인 싸움, 즉 나라를 위해서나 가족과 본인의 생사가 달린 상황이라면 꼭 이겨야 하는 싸움이기에 반드시 상대를 제압해야 한다.

최선의 공격은 최고의 방어라고 했다. 물러서지 않고 정신적으로나 육체적으로 기선을 제압해 상대의 틈을 보고 자세를 흩트려 정확하고 빠르게 상대를 공격해 제압하는 것이 완전한 방어다.

방어는 점, 선, 원의 원리에 입각해 혹독한 수련과 단련을 통해 언제, 어디서, 어떠한 상황이라도 바로 상대를 제압할 수 있는 능력으로 키워야 한다.

제자: 그래서 무도의 원칙은 선방 후공이라 하여 먼저 상대를 공격하지 않는다고 했군요. 따라서 모든 품새는 항상 방어부터 시작하는 것이군요.

가라데 창시자 기친 후나고시가 말했다. "상대방 앞에서 절대 먼저 손을 들지 마라. 반드시 필요할 때만 자세를 취하라. 당신의 의도는 죽이거나 상처를 입히는 것이 아니라 공격을 막아야 하는 것이다. 계속해서 공격을 해온다면 그것을 포기하는 것이 최선이라는 것을 보여주는 행동을 취하는 것이 바람직하다. 내적 정신 술기는 물리적인 것보다 중요하다. 절대 먼저 공격하지 마라. 싸우지 않고 적을 지배하라. 그것이 최고의 능력이다. 무도를 올바르게 사용하면 성품을 개선하고, 수련생의 의지를 옳게 뒷받침해줄 것이다. 그러나 잘못된 목적으로 사용한다면 사회를 부패시키고 인류에 위배될 수 있다."

Discípulo: Me gustaría saber más sobre las técnicas de ataque con mano.

Maestro Young Seok Kim: La mano es la parte más necesaria del cuerpo desde el nacimiento hasta la muerte. Hay varios nervios y músculos entrelazados que trabajan juntos para crear movimientos precisos y elaborados. En las artes marciales, hay muchas más técnicas de defensa y ataque con las manos, que con los pies u otras partes del cuerpo. Cada ataque con la mano, debe ser complejamente preciso y poderoso, similar al movimiento de los dedos en mecanografía.

Este es un buen momento para compartir una historia.

Hace mucho tiempo, había un niño que estaba siendo criado por una madre soltera. La madre envió al niño a un buen maestro para que lo educara adecuadamente. Para pagar la matrícula de su hijo, la madre hacía tortas de arroz todos los días, para venderlos en el mercado. Ella trabajaba muy duro para asegurarse de que las rodajas fueran cortadas de manera precisa y uniforme para así atraer a muchos clientes. Transcurrieron muchos años mientras el joven niño estudiaba y escribía diligentemente. Ansiaba ver a su madre, y el maestro, con gran pena, le dio permiso al muchacho para ver a su madre.

Cuando finalmente llegó a casa, el chico llamó emocionadamente a su madre y se apresuró a abrir la puerta. La madre, que estaba cortando las tortas de arroz en su habitación, se sorprendió al verlo y le preguntó acerca de su aprendizaje y por qué había regresado tan pronto a casa.

Él le respondió que ya escribía muy bien y no necesitaba estudiar más. Ella quería una prueba de su reclamo y lo puso a prueba. Trajo papel y tinta, y apagó la vela que iluminaba la habitación. Y le dijo que escribiera en completa oscuridad, mientras ella cortaba las tortas de arroz. Volvió a encender la luz y el muchacho miró con asombro la perfección del corte de las tortas de arroz. La madre, decepcionada, notó el trabajo descuidado e ilegible de su hijo. Y le dijo disgustada: no estás listo para regresar a casa y debes continuar con tus estudios.

El muchacho comprendió su error y regresó donde su maestro. El muchacho, según la historia coreana, estudió duro durante muchos años y se convirtió en un gran erudito. Esta historia nos muestra que no importa con qué potencial nacemos; las habilidades y el talento se pueden perfeccionar con años de práctica y perseverancia.

De acuerdo a las artes marciales antiguas, toma tres años para aprender técnicas de golpe con la mano y diez años para ejecutarlas con precisión. En los ataques con mano, lo más importante es el movimiento de la cintura. La espalda y los hombros deben estar relajados para permitir movimientos suaves, rápidos y potentes del brazo atacante, mientras que el brazo opuesto se utiliza para el retroceso. El hombro, el brazo y la muñeca son ajustados para mayor precisión. Si todo lo anterior está alineado y la mente está enfocada, se logra un poderoso ataque.

Discípulo: Estoy totalmente de acuerdo en que soy yo quien determina la destreza que alcance en las artes marciales. ¡Gracias, Señor!, por favor explíqueme en detalle el significado de la defensa.

Maestro Young Seok Kim: El propósito de las artes marciales es detener una pelea. Un artista marcial nunca debe provocar una pelea y debe tratar de evitarla a toda costa. El propósito de detener un ataque es cultivar las virtudes de la paciencia y la disciplina. Si uno tiene una actitud positiva y una mente humilde, nunca sentirá deseo de pelear. Aquellos que desean pelear sulen tener poco talento en artes marciales. La mejor forma de defenderse es evitar el peligro, y a veces, incluso, resistir una gran humillación.

En el Combate de Taekwondo, el objetivo es lograr la victoria mediante ataques. En cambio, el Hapkido se centra en el control a través de la defensa personal. Si hay una competencia o una situación en la que una pelea es inevitable para proteger la patria, la familia o la propia vida, uno debe concentrarse en ganar el control absoluto sobre su oponente.

El mejor ataque es defenderse apropiadamente. Uno debe concentrarse en romper el equilibrio mental y físico del adversario, sin demostrar miedo ni deseo de retroceder.

La defensa se basa en los principios del punto, la línea y el círculo. Es necesario cultivar la capacidad de anular al oponente en cualquier momento, en cualquier lugar y en cualquier situación, a través del estudio y entrenamiento riguroso.

Discípulo: Ahora entiendo que el principio de las artes marciales es primero defender y luego atacar. Esto explica por qué cada Pumse siempre comienza con una técnica de defensa. ¡Gracias, Señor!

El fundador de Karate, Gichin Funakoshi, dijo una vez: "Nunca levantes la mano en frente de un oponente. Solo hazlo cuando sea absolutamente necesario hacerlo. No permitas que tu intención sea de matar o herir, sino solamente de parar el ataque. Si continúa, podrás adoptar una actitud que le muestre que sería mejor que desistiera. La técnica mental interior es más importante que la física. ¡Nunca ataques primero! Dominar al enemigo sin luchar es la máxima destreza que puedas alcanzar. Si el arte marcial se aprende correctamente, pulirá el carácter, y su practicante contribuirá a la causa de la justicia; pero si se usa con malos propósitos, podría llegar a corromper la sociedad y volverse contra a la humanidad".

THE ART OF KICKING / 발차기 / EL ARTE DE PATEAR

"Being an expert in martial arts is not about the accumulation of knowledge and thoughts. It is achieved by continuous training of the mind and body." / *"무도의 고수란 지식과 생각으로 이루어지는 것이 아니다. 끊임없는 심신의 단련으로 완성될 수 있는 것이다."* / *"Ser un experto en artes marciales no se trata de la acumulación de conocimientos y pensamientos. Se logra con el entrenamiento continuo de la mente y el cuerpo."*

Disciple: I would like to learn the deeper meaning of kicking.

Master Young Seok Kim: Competition style kicking in Taekwondo, fight-based kicking, and Hapkido kicking all vary in style. The principle of self-defense should be based on the laws of nature. The hands (Yang) are used mainly for upper body (Yang) attacks and the feet (Yin) for lower body (Yin) attacks. This allows for greatest efficiency due to the position of these body parts to the body's center. In fighting against your opponent, opportunities for attack are momentary and one must make moves to increase your advantage and put the opponent at the greatest disadvantage ("The Excellence of Action is the Opportunity." Tao Te Jing).

Martial arts kick skills must be executed with speed, precision, and power, because martial arts kicking is not a type of dance. The science of kicking is dependent on biomechanical laws and we must continue to refine our knowledge and practice to maximize the execution of the kick.

There are certain requirements for the proper kick, and each of those requirements are meant for a purpose. In one example, the sole of the foot must be grounded and the heel must be lifted, and the foot must feel like it is floating in the air when it is in the kick position. There are also many forms of kicking, which include the walk, the slip, the turn, the jump, and the roll.

1. The walking kick is the most basic and natural movement. The two feet are not on the floor at the same time. You must be able to hit your opponent as fast as your kicking foot moves. To make a quick kick, lift the front heel slightly and use the back foot to kick. The spine should be erect and the shoulders and arms should move swiftly in unison and in the same direction of the strike.
2. The slipping kick is similar to a walking kick but the rear foot does not move forward. The back foot hits the front foot as if it is pushing the front foot forward to strike. In this kick, both feet can slide and both feet may rise above the floor as if to jump. The weighted impact of the whole body is transmitted more powerfully than the walking kick, and so can be potentially more destructive.
3. In a rotating kick, the kick is executed while you rotate in one place. The rotation is done while jumping or walking. The body is supported by one foot that acts as the axis like in a spinning top. A rotating kick can spin in terms of 360º, 540º, and even up to 720º. One foot jumps up to kick while the other foot rotates as much as possible with acceleration. The more you lean your body back, the more your kick can gain height.

4. In the jumping kick, both feet or one foot jumps to kick as your whole body weight is transferred to your opponent, which can cause great destructive power. However, since you are momentarily floating in the air, you may lose your center of gravity, and therefore, your balance. You must be cautious of your timing and landing, similar to the style of a cat.

5. The rolling kick is difficult for an opponent to grasp, and so it is a popular movement in self-defense. You can attack the opponent's lower body by bursting into a front roll and then use your foot to kick while your opponent holds a weapon. It is a skill that requires precise judgement of distance and must be practiced repeatedly. It can potentially be a deadly kick, if performed with power and acceleration.

Disciple: Thank you, Sir for providing me with this deeper understanding!

Jeet Kune Do founder, Bruce Lee, once said: "I am not afraid of the one who practices 10,000 different kinds of kicks, but I am afraid of the one who practices one type of kick 10,000 times. Synchronizing a blow is the secret to hitting powerfully. Knowledge is not enough, but we must apply it. Hitting and kicking with direct precision is the scientific foundation behind a skillful fight. Balance is the most important factor in the guard position. Any knowledge obtained increases self-knowledge. Simplicity is the key to excellence."

제자: 발차기에 대해 알고 싶습니다.

사범 김용석: 태권도 시합의 발차기와 실전 발차기 그리고 합기도의 발차기는 다르다. 호신술의 원칙은 자연의 순리에 따라야 한다. 손은 주로 허리 위에서 평생을 사용해왔기에 상체 공격을 위주로 해야 한다. 반대로 발은 허리 아래에서 평생을 사용해왔기에 하체 공격을 위주로 해야 한다. 중심 이동에 대한 위험 부담이 줄어들기 때문이다. 무술은 상대와의 싸움이기에 기회는 절대적이다. 나를 유리하게 이끌고 상대를 불리하게 하는 것에서 중요한 것 중 하나가 중심 이동이고 힘의 배분이다.

무술의 발차기는 빠르고 정확하게 그리고 위력을 수반해야 한다, 무술의 발차기는 무용이 아니기 때문이다. 과학적인 발차기 기법은 생역학적 법칙으로 규정을 지어 그 구성이나 변화로써 가능한 한 많은 기술을 개발할 수 있도록 연구해야 한다. 정해진 기법에 따라 그것을 올바르고 교묘하게 그리고 빠르고 힘 있게 표현하는 기술이 되어야 한다.

발차기 기법에서 일정한 법칙이 있으나 그것은 발차기 표현의 수단이나 방법이지 목적이 아니다. 발차기 자세에는 발바닥이 완전히 바닥에 닿을 때와 뒤꿈치를 들어 올릴 때 그리고 양발이 공중에 떠 있을 때다. 발차기를 할 경우 걸으면서, 미끄러지면서, 돌면서, 뛰어오르면서, 구르면서 등이 발차기 방법이다.

1. 걸으면서 하는 발차기는 가장 기본적이면서 자연스러운 위치로 이동하는 것이기에 제일 많이 쓰는 동작이다. 양발이 바닥에서 떨어지지 않고 한쪽 발을 다른 발이 뒤따르도록 빠르게 움직이면서 발차기를 하는 발이 최대한 빨리 이동하면서 상대를 타격할 수 있어야 한다. 빠른 발차기를 하기 위해서는 반대 발의 뒤꿈치를 약간 들어 올리고 허리의 반동을 이용해 척추는 세워주고 어깨와 팔의 움직임이 타격 방향으로 빠르게 뒤따라야 한다.

2. 미끄러지면서 하는 발차기는 걸으면서 하는 발차기와 비슷하나 뒷발이 앞발 앞으로 엇걸어 나가지 않고 뒷발로 앞발을 부딪쳐 앞발을 밀어주듯 하고, 앞발로 상대를 타격하는 것이다. 이때 양발이 미끄러져 내딛을 수 있고, 점프하듯 양발이 바닥에서 떨어져 내딛는 경우가 있다. 걸으면서 하는 발차기보다 몸 전체의 힘

을 빠르게 전달할 수 있기에 파괴력은 훨씬 강해진다.

3. 돌면서 하는 발차기는 그 자리에서 회전하거나 뛰어오르면서 회전하거나 걸어 나가면서 회전하는 경우 등이 있다. 한쪽 발로 신체를 지탱하고 그것을 축으로 하여 팽이처럼 회전하는 것이다. 공중에서 회전하는 발차기는 360도, 540도 그리고 720도까지 가능하다. 한쪽 발을 축으로 뛰어올라 가속도로 회전을 유발해 최대한 몸을 돌려서 하는 발차기로 이때 몸을 뒤로 젖힐수록 발이 위로 향하여 더 높이 찰 수 있다.

4. 뛰어오르면서 하는 발차기는 두 발이 공중으로 뛰어올라 두 발로 차는 경우와 한 발로 차는 경우가 있는데, 전 체중이 상대에게 그대로 전달될 수도 있어 큰 파괴력을 발휘할 수 있다. 하지만 허공에 떠 있는 상태이기에 중심을 잃을 수 있는 위험 부담이 따른다. 뛰어오를 때와 착지할 때의 중심과 시간을 잘 활용해야 한다. 고양이처럼 뛰어오르고 착지하라고 한다.

5. 구르면서 하는 발차기는 상대가 파악하기 힘들기에 호신술로 많이 쓰이는 동작이다. 상대가 무기를 들었을 때와 하체를 공격할 때 등 순간적으로 굴러 낙법을 하면서 몸이나 발로 상대를 공격할 수가 있다. 거리와 상황을 잘 파악해 연습하면 큰 효과를 얻을 수 있다. 공중에서 회전구르기 발차기는 가속도와 함께 온몸의 체중을 실은 발차기라 살인적인 위력을 낸다. 위와 같은 발차기를 연속으로 응용해 수련하면 많은 도움이 될 것이다.

제자: 잘알겠습니다. 감사합니다.

절권도의 창시자 이소령이 말했다. "나는 10,000가지의 발차기를 한 번 연습한 사람은 두렵지 않다. 그러나 한 가지의 발차기 기술을 10,000번 연습한 사람은 두렵다. 타격을 동기화하는 것은 강력하게 때리는 비결이다. 직접 적인 타격은 과학적 싸움 기술의 기본이다. 균형은 방어 자세에서 고려해야 할 아주 중요한 것이다. 결국 모든 종 류의 지식은 자신의 지식으로 함축해야 한다. 단순함이 광휘의 열쇠가 된다."

Discípulo: Me gustaría aprender el significado más profundo de la patada.

Maestro Young Seok Kim: La forma competitiva de patear en Taekwondo, la forma de patear durante el combate y el patear en Hapkido varían en estilo. El principio de la defensa personal debe basarse en las leyes de la naturaleza. Las manos (Yang) se utilizan principalmente para los ataques a la parte superior del cuerpo (Yang) y los pies (Yin) para los ataques a la parte inferior del cuerpo (Yin). Esto permite una mayor eficiencia debido a la posición de las extremidades (manos y pies), con relación al centro del cuerpo. En la lucha contra su oponente, las oportunidades de ataque son fugaces y uno debe hacer movimientos para aumentar su ventaja y poner al oponente en desventaja ("La excelencia de la Acción es la Oportunidad." Tao Te Jing).

Las patadas en las artes marciales deben ser ejecutadas con velocidad, precisión y poder, porque patear en artes marciales no es un tipo de danza. La ciencia del pateo depende de las leyes de la biomecánica y debemos continuar puliendo nuestro conocimiento y practicar para maximizar su ejecución.

Existen ciertos requisitos para patear correctamente, y cada uno de ellos tiene un propósito. Por ejemplo: la planta del pie debe ser colocada sobre el piso y el talón levantado. Cuando se está en posición de patear, el pie se debe sentir como si estuviera flotando en el aire. Existen muchas formas de patear, que incluyen: la caminata, el deslizamiento, el giro, el salto y el rodillo.

1. La caminata es el movimiento más básico y natural. Cuando nos desplazamos, los dos pies no están en el suelo al mismo tiempo. Deberás ser capaz de golpear a tu oponente tan rápido como tu pie de pateo se mueva. Para hacerlo; da un paso al frente, levantando ligeramente el talón del pie que avanza, y ataca con el pie que quede atrás. La columna debe permanecer derecha y debes mover rápidamente los hombros y los brazos, al unísono, en la misma dirección de la patada.

2. El deslizamiento es similar a la caminata, pero el pie trasero no se desplaza hacia delante. El pie trasero empuja y mueve al pie delantero, como si lo estuviera impulsando hacia el frente para golpear. En esta patada, ambos pies pueden deslizarse y elevarse sobre el piso, como si estuvieran saltando. El impacto de todo el cuerpo se transmite más intensamente que la patada caminando, y, por lo tanto, puede ser más destructiva.

3. El giro, se realiza mientras tu cuerpo rota sobre su eje. La rotación se realiza caminando o saltando. El cuerpo se apoya sobre un pie, que actúa como el eje de un trompo. Se puede patear girando a 360°, 540° e incluso hasta 720°. Un pie salta para patear mientras que el otro gira lo más rápidamente posible, acelerando. Cuanto más inclines tu cuerpo hacia atrás, más altura ganará tu patada.

4. El salto: uno o ambos pies saltan para patear mientras todo el peso de tu cuerpo se transmite a tu oponente, lo que puede causar un gran poder destructivo. Sin embargo, como estás momentáneamente flotando en el aire, puedes perder tu centro de gravedad y, por lo tanto, tu equilibrio. Debes tener cuidado con tu coordinación y aterrizaje; similar a las de un gato.

5. El rodillo: es muy difícil para tu oponente intentar sujetar tu pierna, por lo cual es un movimiento muy popular en defensa personal. Puedes atacar el cuerpo inferior de tu oponente al tiempo que ruedas hacia delante, y luego usar los pies para patearlo, mientras sostiene un arma. Es una patada que requiere gran control de la distancia y debe practicarse repetidamente. Puede ser una patada potencialmente mortal, si se realiza con poder y aceleración.

Discípulo: ¡Gracias, Señor, por proporcionarme un entendimiento más profundo!

El fundador de Jeet Kune Do, Bruce Lee, dijo una vez: "No le tengo miedo a quien este practicando 10,000 clases de patadas una vez, pero le tengo miedo a quien este practicando 10,000 veces un solo tipo de patada. La sincronización del golpe es el secreto de golpear poderosamente. El conocimiento no es suficiente, necesitamos aplicarlo. Golpear y patear con precisión es la base científica en una lucha experta. El equilibrio es el factor más importante de la posición de guardia. Cualquier conocimiento que obtengas aumenta tu autoconocimiento. La simplicidad es la clave de la excelencia".

POOMSAE (FORMS) / 품새 / POOMSAE (FORMAS)

"Poomsae is a physical and spiritual battle with oneself that must be consistently practiced to achieve the highest level in Tae Kwon Do." / "품새는 끊임없이 태권도의 극치를 이루어내야 하는 자신과의 육체적, 정신적 싸움이다." / "Poomsae es una batalla física y espiritual contra uno mismo, que debe ser practicada constantemente para alcanzar el más alto nivel en Taekwondo."

Disciple: Sir, can you please explain the meaning of Poomsae?

Master Young Seok Kim: Poomsae is a physical and spiritual battle with oneself that must be consistently practiced to achieve the highest level in Tae Kwon Do. The three main principles of Taekwondo are Poomsae, Competition, and Breaking Techniques.

Specifically, Poomsae is a systematic synthesis of defense and attack techniques expressed in a continuous motion. The techniques are based on real fighting scenarios and traditional skills created by expert Masters. Therefore, Poomsae is a practical preparation for possible future fighting experiences. This is why there are no gaps in the movements, the breathing is purposeful, and there is a combination of slow and fast techniques.

The Perfect Poomsae is like a graceful and beautiful dance when the posture is right and the movements are performed with precision and power. Even though Poomsae imitates fighting movements, it is not an actual fight. There are no real opponents and the intention is not to harm, but to polish one's skills through repetition leading to physical and mental strength.

It is important to note that you should avoid choosing a Poomsae that has no purpose and is only created for show. You must selectively choose a poomsae that is right for your body posture, height, and style. Through repeated training, you will master the Poomsae so that the movements become naturally part of you.

Disciple: I recall hearing that it used to take three years to learn one Poomsae in the old days and ten years to fully master it. I can understand how that is possible.

제자: 품새에 대해 말씀해주십시요.

사범 김용석: 품새는 끊임없이 무도의 극치를 이루어내야 하는 자신과의 육체적, 정신적 싸움이다. 태권도의 3대 요소는 품새, 겨루기, 격파다.

품새라 하면 방어와 공격 기술을 종합적으로 체계화해 연속된 동작으로 표현한 것이다. 이러한 기술은 옛 권법의 명인이 실전과 경험을 바탕으로 하여 전해 내려온 것이다. 따라서 품새는 실전에 대한 응용과 기법을 몸으로 익혀 실전에 대비해야 한다. 그래서 움직임에도 틈이 없어야 하며 호흡과 힘의 완급 등에서 조절할 수 있어야 한다.

완전한 품새는 화려하고 아름다운 춤과 같은 동작을 떠나 무술의 힘과 기술을 갖춘 올바른 자세와 동작이 되어야 실전다운 품새로 승화할 수 있다. 물론 품새가 아무리 실전에 접근해도 그것 자체가 실전이 되는 것은 아니다. 실전은 상대가 있고 상대의 공격과 방어는 내 의사와는 다르기 때문이다. 그럼에도 품새를 통해 기초를 익히고 반복된 훈련을 통해 신체적으로나 정신적으로 기법의 극치를 몸에 배게 하는 것이 품새의 수련이다.

품새를 익히는 데 중요한 것은 이론적인 뒷받침이 없는 잘못된 품새나 흥행과 보이기만을 위한 춤과 같은 동작은 배제해야 한다. 신체적으로 조건에 맞는 크고 작은 사람, 뚱뚱하고 마른 사람, 빠르고 느린 사람, 힘이 있고 없는 사람 등을 구분해 나에게 맞는 품새를 선택해야 한다. 또한 반복된 수련을 통해 나의 것으로 만들어 완전한 품새로 이해하고 익혀야 한다.

제자: 옛날에는 품새 하나를 배우는 데 3년이 걸리고 품새를 완전히 통달하기까지는 10년이 걸린다고 했습니다. 끊임없이 수련을 거듭해 완전히 몸에 익히도록 열심히 정진하겠습니다. 감사합니다.

Discípulo: Señor, ¿podría por favor explicarme el significado de Poomsae?

Maestro Young Seok Kim: La Poomsae es una batalla física y espiritual contra uno mismo que debe ser practicada constantemente para alcanzar el más alto nivel en Taekwondo. Los tres pilares técnicos básicos del Taekwondo son: Las Poomsaes, la competición y las técnicas de rompimiento.

Específicamente, las Poomsaes son una síntesis sistemática de técnicas de defensa y ataque, expresadas en un movimiento continuo. Las técnicas se basan en escenarios reales de lucha y habilidades tradicionales creados por maestros expertos. Por lo tanto, Poomsae es una preparación práctica para posibles situaciones de lucha en el futuro. Esta es la razón por la cual no hay intervalos entre sus movimientos, la respiración tiene un propósito definido y hay una combinación de técnicas lentas y rápidas.

La Poomsae perfecta es como una elegante y hermosa danza, donde las posturas son correctas y los movimientos se ejecutan con precisión y poder. Aunque la Poomsae imita movimientos de lucha, no es una pelea real. No hay oponentes reales y la intención no es dañar, sino pulir las habilidades de uno a través de la repetición, que conduce al fortalecimiento mental y físico.

Es importante tener en cuenta, que se debe evitar la elección de una Poomsae que no tenga ningún propósito y sólo fue creada para exhibición. Debes elegir una Poomsae que sea adecuada a tu constitución física, altura y estilo. A través del entrenamiento repetido, dominarás la Poomsae, de modo que sus movimientos, de un modo natural, lleguen a ser parte de ti.

Discípulo: Recuerdo haber oído decir que en los viejos tiempos se requerían tres años de entrenamiento para aprender una Poomsae y diez años para dominarla plenamente. Puedo entender cómo es posible esto.

PROMISE SPARRING / 맞추어 겨루기 / COMBATE PROMETIDO

"The most meaningful martial arts journey that you can ever take is the one of self-growth. Every single thought, word, and action should be geared for this purpose!" / "당신이 성장할 수 있는 가장 의미 있는 무도 여행은 당신 자신에게 있다. 이러한 목적을 위해 모든 생각, 말, 행동이 일치되어야 한다." / "El viaje más significativo que puedas emprender en las artes marciales es el de crecimiento personal. ¡Cada pensamiento, palabra y acción debe ser encauzado a éste fin!"

Disciple: Sir, can you explain the meaning of Promise Sparring?

Master Young Seok Kim: You learn the basics of martial arts by repeatedly practicing forms (poomsae) to perfect your posture and the hand and feet skills used in fighting. You train together with your colleagues and help to improve each other's techniques. When you engage in promise sparring, you "promise" to be polite and to use restraint so as not to harm your sparring partner. In this training, everyone exercises caution with full knowledge that the techniques of martial arts can be hurtful and potentially deadly.

The practice of promise sparring improves one's strength, accuracy, movement of the center, and distance control. One must always have patience and carefully look for opportune moments of attack by observing your partner's breathing pattern, signature movements, and variable speeds.

As you are training in promise sparring, you must be mindful of ten concepts:
1. One's eye
2. Yell
3. Movement of center
4. Distance adjustment
5. Accuracy of defense and attack
6. Strong and soft of power
7. Control of breathing
8. Expansion and contraction of the body
9. Slow and quick speeds
10. Mental concentration

Disciple: I can see how promise sparring can help with self-defense training.

Master Young Seok Kim: I would like to share a story of my friend who ruined his life in an instant by losing self-control and resorting to violence. I have always known my friend to be hot-tempered, even during our training. We went out to drink one night and my friend was irritated by the noisy and rambunctious people at the next table. He impatiently yelled at them to quiet down. One person at that table came over to us and poured a glass of alcohol over my friend's head. That person appeared as a gangster looking for a fight.

My friend, of course, immediately lost his temper, and punched the gangster's flank. The gangster collapsed on the spot and died on his way to the hospital due to excessive internal bleeding. In the end, my friend in the prime of his life, was sentenced to prison for murder and all his dreams and hopes were lost in that moment. A moment's action powerfully determined the destiny of his whole life.

Disciple: Thank you for sharing your story and reminding me that the purpose of martial arts is not to fight, but to develop self-control. I will be more conscious that a moment's action can affect my whole life. Thank you, Sir!

제자: 맞추어 겨루기에 대해 말씀해주십시오.

사범 김용석: 무술을 수련하는 과정에서 기본을 익히고 품새를 배움으로써 완전한 자세를 갖추고, 언제 어디서 닥칠지 모르는 위험에 대비해야 한다. 그래서 혼자서 할 수 없는 겨루기 기술을 상호 간에 연습하고 훈련하는 것이 맞추어 겨루기다. 맞추어 겨루기를 행할 때는 상호 간에 예의를 갖추고 실전을 의식하면서 자신의 힘과 기술을 최대한 활용할 수 있어야 한다. 상호 간에 무도 기술은 필살의 무술이기에 술기 자체를 두려워하지 않으면 안 된다. 따라서 위협이나 폭력을 함부로 사용하는 것을 삼가야 한다.

맞추어 겨루기는 자세와 동작 그리고 품새를 충분이 익힌 후에 힘, 정확성, 중심 이동, 거리 조절 등을 습득한 다음 행해야 한다. 항상 인내를 갖고 상대의 틈과 호흡을 보고 변화를 느끼며 속도를 조절해 가장 효과적인 방어와 공격을 할 수있는 훈련을 거듭해야 한다. 맞추어 겨루기는 3보 겨루기와 1보 겨루기로 구분해 수련을 한다.

맞추어 겨루기에서 필요한 10가지를 염두에 두고 수련한다면 도움이 될 것이다:

1. 시선
2. 기합
3. 중심 이동
4. 거리 조절
5. 방어와 공격의 정확성
6. 힘의 강약
7. 호흡 조절
8 몸의 신축
9. 속도의 완급
10. 정신 집중

제자: 맞추어 겨루기 훈련은 호신술 수련에 많은 도움이 될 것입니다.

사범 김용석: 순간의 실수가 가져온 폭력의 결과로 인생을 망친 친구가 있다. 수련 중에도 감정을 억제하지 못하는 친구였다. 술집에서 친구들과 함께 술을 마시던 중 옆에 있는 테이블에서 너무 크게 떠들고 시끄럽게 하자 친구는 그들에게 조용히 하라고 소리를 질렀다. 옆 테이블에 있던 사람들 중 한 사람이 우리 쪽으로 다가와 네가 뭔데 참견이냐면서 술잔을 들어 친구의 머리에 술을 부었다. 그들은 건달처럼 보였고 기분이 상해 싸움을 걸어온 것이다. 친구는 격분을 참지 못해 순간적으로 이성을 잃고 일어서면서 상대의 옆구리를 가격했다. 물론 친구는 유단자였다. 상대는 그 자리에서 쓰러졌고 병원으로 옮겼으나, 갈비뼈가 부러지면서 폐를 찔러 심한 내출혈로 사망했다. 결국 그는 살인자로 교도소에 복역하면서 청춘을 그곳에서 보냈다. 인생의 꿈과 희망이 사라진 것이다. 순간의 실수가 평생을 그르친 사례다.

제자: 순간의 선택이 평생을 좌우한다는 말씀을 살아가면서 항상 염두에 두고 인내하며 우애를 지키는 무도인의 삶을 살아야겠습니다. 감사합니다.

Discípulo: Señor, por favor ¿me puede explicar el significado del Combate Prometido?

Maestro Young Seok Kim: Aprendes las bases de las artes marciales practicando repetidamente las formas (Poomsae), para perfeccionar tu postura y las técnicas de mano y pie utilizadas en la lucha.

Entrenas junto con tus compañeros y se ayudan mutuamente a mejorar sus técnicas. Cuando te dedicas al entrenamiento del Combate Prometido; "prometes" ser cortés y a controlarte para no dañar a tu compañero. En este tipo de entrenamiento, todos actúan con precaución con pleno conocimiento que las técnicas de artes marciales pueden producir lesiones y ser potencialmente mortales.

La práctica del Combate Prometido mejora la fuerza, la precisión, el movimiento del centro y el control de la distancia. Siempre hay que tener paciencia y buscar cuidadosamente los momentos oportunos de ataque al observar el patrón de respiración de su pareja, los movimientos asignados y la variabilidad de la velocidad.

Cuando estés entrenando Combate Prometido, ten en cuenta estos 10 principios:

1. Control de la mirada
2. Grito
3. Movimiento desde el centro
4. Ajuste de la distancia
5. Exactitud de la defensa y el ataque
6. Poder fuerte y suave
7. Control de la respiración
8. Expansión y contracción del cuerpo
9. Velocidad lenta y rápida
10. Concentración mental

Discípulo: Puedo ver como el Combate Prometido me ayuda con el entrenamiento de mi defensa personal.

Maestro Young Seok Kim: Me gustaría compartir una historia de mi amigo que arruinó su vida en un instante, al perder el control y recurrir a la violencia. Siempre supe que él era una persona temperamental, incluso durante nuestros entrenamientos. Una noche fuimos a tomarnos unas copas, y él estaba irritado por la gente ruidosa e inquieta de la mesa de al lado. Les gritó con impaciencia que bajaran el tono. Una persona de esa mesa vino a nosotros y le derramó un vaso de alcohol sobre su cabeza. Esa persona lucía como un pandillero en busca de pelea.

Mi amigo, por supuesto, perdió inmediatamente el control y golpeó el flanco del pandillero. Éste se derrumbó en el lugar y murió camino al hospital, debido a la gran hemorragia interna. Al final, mi amigo, en la flor de su vida, fue condenado a prisión por asesinato, y todos sus sueños y esperanzas se esfumaron en ese momento. Un acto momentáneo determinó el destino de toda su vida.

Discípulo: Gracias por compartir su historia y recordarme que el propósito de las artes marciales no es pelear, sino desarrollar el autocontrol. Estaré más consciente de que un acto momentáneo puede afectar toda mi vida. ¡Gracias, Señor!

COMPETITION / 겨루기 / COMPETICIÓN

"Remember, no matter how good you are, there will always be someone better than you. Wear your martial arts with humility." / *"명심하라, 당신이 얼마나 훌륭하건, 항상 당신보다 훌륭한 사람이 있다는 것을 잊지 말아라. 겸허한 무도인이 되어야 한다."* / *"Recuerda, no importa que tan bueno seas, siempre habrá alguien mejor que tú. Viste tus artes marciales con humildad."*

Disciple: Competition is an essential component of martial arts. I would like to know more.

Master Young Seok Kim: It is not correct to learn defensive and offensive techniques as separate techniques. It has been shown that a technique can be both defensive and offensive at the same time. Competition is based on skills learned from basic stances and poomsae (forms). It is an evaluation of these learned techniques with a consequence of either victory or defeat. Competitions comprise of promise sparring, free (real) fighting, and tournament sparring.

Injuries in tournament sparring can be prevented by the use of protective gear, but these types of competitions are still dangerous. In free style sparring and tournament sparring, which are the basics of martial arts training, a martial artist can only cope with the stress of this situation through practical experience. It is a principle that the participants in tournament sparring should adhere to the rules under the observation of good leader.

The body of the martial artist can potentially be a weapon of death. It has great power so mutual respect and control through moderation is essential. When you compete, you may end up feeling emotional and have loss of control, which can sometimes lead to problems between competitors. Competition is not a fight. Self-centeredness due to pride or arrogance not only damages the opponent physically and mentally, but also hurts interpersonal relationships in our own lives. Through the experiences of competitions, you will gain courage and self-confidence, protect friendships, and develop leadership skills as you help one another improve on your skills.

It will be beneficial if you participate in competitions with the following principles of training in mind:
1. Line of Vision: In martial arts, one is focused on the opponent's attitude, behavior, and psychological state. You have to be able to assess the whole situation while simultaneously tracking your opponent's eyes. This must be a natural action that occurs spontaneously without much effort.
2. Breathing: Because breathing is proportional to physical strength, it is necessary not only to cultivate strength through training, but also to learn the proper breathing method when releasing your power. You should be able to know when to attack by observing your opponent's respiration. You should know the exact moment of his exhalation and inhalation. On the other hand, my breathing rhythm should not be revealed to the opponent, giving him an opportunity to attack.
3. Unison of Attack and Defense: Attack and defense must be performed in unison. At the moment of attack, your technique must be able to change into defense immediately, and then

change back into attack immediately at the moment of defense. Your technique should be based on a balanced relationship between offensive and defensive skills.

4. The Effective Sum of Mind, Energy, and Power: This refers to the effective sum of the force of the attack, our mental assessment of an opportune chance, and our physical strength. The "Mind" refers to the static aspect of making a judgement. "Energy" refers to the dynamic aspect that causes motion based judgement of intent and thought. "Power" is the expression of the body's strength, more specifically the strength in the muscles. It is important that these three elements are balanced and expressed instantaneously.

5. Accuracy of Energy: Performing attacks and defenses without a correct attitude leads to defeat as it consumes the stamina and wastes time and energy. You must be able to attack quickly and accurately at your intended target at the opportune moments.

6. Speed: Opportunities obtained in an attack become more effective and efficient with the help of speed. Speed increases the potency of an impact. If one is slow, then one is weak. If one is fast, then one is strong. With a flexible body, the strike from the body gains distance with acceleration. In other words, the movement of your attack and defense is fast and accurate with instant agility. This is due to the principle of centrifugal force, such as one generated by a toy top. There is a small point of support upon which there is a high center of gravity that spins.

7. Distance Control: This refers to the control of distance and position in relation to the opponent. It is advantageous for me to separate myself from my opponent, but difficult for my opponent. I intentionally maintain emotional stability, focus, and have control of the first attack. Ideally, a separation of one step distance away from the opponent allows you to swiftly attack or escape from an attack.

8. Dismiss Your Body: Disposing your body does not mean that you are not attacking. As soon as an opportunity arises from the opponent, you must attack with your entire body. Once you have an opportunity, do not give your opponent an opportunity to attack back until you are confident and calm.

9. Three Kill Method: The three kill method is the combination of a killing posture, a killing technique, and a killing mind. The killing posture throws off the balance of an opponent's posture. Therefore, it is not possible for the opponent to escape or to attack, and he has lost any future opportunity to attack and defend. The killing technique does not give your opponent a chance to attack repeatedly. The killing mind causes the dispersion of the opponent's energy and gives him fear or surprise, which therefore, loses his ability to attack with the mind. This allows you to continue to attack and control your opponent.

10. Opportunity: An opportunity in martial arts is a moment when an opponent can attack or be attacked. If you have a singular focus and your opponent appears defenseless, then this situation is called an opportunity. The opponent cannot retreat and cannot defend himself when attacked. In order not to give an opportunity for your opponent to attack, you should suppress anxiety, take courage, and perform continuous attacks. It is important to have a relaxed attitude of the body and mind so as to fully prepare for the next move.

11. Four Boundaries of the Mind: Avoid allowing the boundaries of fear, anxiety, hesitation, and pride to enter the mind. If you experience any of these forms of mental roadblocks, even during an opportune moment of attack, you will lose your freedom and your ability to perform an attack. This will give your opponent an opportunity to attack. The opponent may demonstrate unpredictable movements, bluffs, and yells. In addition, fear or confusion about the opponent's physique or physical strength, overestimating yourself, and ignoring your opponent's skills will all lead to defeat. To overcome this, we need to cultivate the mind.

12. Margin of Mind: Margin of mind is not about losing your strength of mind, but retaining it. If you attack with all of your power, you will not consciously give away your mind space, but you

will naturally gain space for the mind. In order to react immediately and prepare your mind after an attack, you must create a mindless attitude and body posture. When you confront your opponent, read his mind through his eyes and interpret his state of victory and defeat through his posture.

Disciple: Competition not only helps develop physical skills, but also mutual trust, friendship, and humility. We must be mindful to cultivate the strengths of our character. The standing posture differs for different types of competition. The competition of hand to hand combat dictates a left, short, front stance. On the other hand, in Kumdo and Weapons Combat, a right, short, front stance must be used. I remember being told that these tips provide an advantageous distance for these types of competitions. Thank you, Sir

Kenjutsu founder, Miyamoto Musashi, once said: "Give your flesh to your enemy and you can break the enemy's bone. Give your bone to your enemy and you can take your enemy's life. You cannot claim victory if your only concern is your safety. You can never be a true Swordsman (Samurai). There is no such thing as coincidence in victory. Practicing 1,000 days is called Dan (stretching and bending a hot iron from the fire repeatedly: Repeating), and practicing 10,000 days is called Rion (striking the hot iron from the fire with a hammer: Become accustomed). Only with this hard training (Danrion) can you expect to win."

제자: 겨루기는 무도에서 필수 조건입니다. 자세히 알고 싶습니다.

사범 김용석: 방어와 공격 기술을 혼자서 수련하는 것이 품새라면, 둘이서 실제로 방어와 공격 기술을 행하는 것이 겨루기다. 겨루기는 기초 과정과 품새 등에서 습득한 기술을 이용해 상대와의 접촉을 통해 실질적인 호신술 효과를 얻는 것이다. 또한 습득한 기술 체계를 승패로 평가하는 과정이다. 겨루기에는 맞추어 겨루기, 자유(실전) 겨루기, 스포츠 겨루기가 있다.

시합을 통한 스포츠 겨루기는 호구의 장비가 갖춰져 그만큼 부상을 방지할 수 있지만, 그래도 위험을 초래할 수 있기에 조심해야 한다. 무도 수련의 근본인 자유 겨루기와 스포츠 겨루기는 실전 경험을 통해서만이 위기에 대처할 수 있다. 스포츠 겨루기는 맞추어 겨루기와 달리 실전에 가까운 위력이 있다. 스포츠 겨루기는 반드시 좋은 지도자의 입회 아래 규칙을 지키면서 행하는 것이 원칙이다.

무도인이 쓰는 신체는 필살의 무기이고 큰 위력을 동반하기에 항상 상호 간 예의와 조절을 통한 절제가 필요하다. 겨루기를 하다 보면 통제력을 잃은 격한 감정으로 이어져 문제가 발생하는 경우도 있다. 겨루기는 싸움이 아니다. 또한 자만심이나 오만으로 인한 자기 과시는 상대에게 육체적으로나 정신적으로 피해를 줄 뿐 아니라 대인 관계의 단절까지 초래해 서로 마음의 상처를 받을 수 있다. 겨루기를 통해 용기와 자신감을 키우고 우애심을 통해 친구를 지켜주며 상호 간에 기술 발전에 도움을 주는 지도력을 키워야 한다.

겨루기에서 수련 원칙을 염두에 두고 실전에 임한다면 많은 도움이 될 것이다.
1. 시선: 무도에서 시선은 상대의 자세와 행동 그리고 심리 상태를 지켜보는 것이다. 전체를 보며 부분을 읽고 부분을 보며 전체를 읽는 마음가짐을 상대가 알 수 없게 먼 산을 바라보는 기분으로 자연스럽게 상대의 눈을 보면서 일거일동을 잘 포착할 수 있어야 한다.
2. 호흡: 호흡은 체력과 비례하기 때문에 수련을 통해 힘을 길러야 함은 물론 힘을 배분할 때의 호흡법을

터득해야 한다.상대의 호흡을 읽어 숨을 내쉰 순간과 들이마신 순간을 파악해 바로 공격할 수 있어야 한다. 반대로 나의 호흡은 상대에게 알리지 않아 공격 기회를 주지 말아야 한다.

3. 공방 일치: 공방 일치는 공격과 방어가 끊임없이 밀접한 관계를 가지고 행해야 한다. 공격하는 순간 바로 방어로 바뀔 수 있고 방어하는 순간 바로 공격으로 변할 수 있는 표리일체의 관계로 이루어져야 한다.

4. 심기력 일치: 기회의 판단과 일치해 공격하는 힘이 체력과 일치되어 유효적인 합을 나타내는 동작이 이루어지는 것을 말한다. 심(마음)은 사리분별의 정적인 면을 말하고 기(에너지)는 의지와 마음의 판단에 서 동작을 일으키는 동적인 면을 말한다. 력(힘)은 신체 특히 근육의 힘을 말하며 단련된 힘의 표현이다. 따라서 3가지 요소가 균형을 이루어 순간적으로 표현하는 것이 중요하다.

5. 기의 정확: 정확성 없이 무분별한 태도로 공방을 취하면 쓸데없는 시간 낭비와 체력 소모를 가져와 패배를 초래할 수 있다. 주어진 기회를 놓치지 않고 빠르고 정확하게 그리고 원하는 부위를 힘 있게 공격할 수 있어야 한다.

6. 속도: 어떤 능률적 방법으로 얻은 기회도 속도의 도움이 없으면 힘으로 연결되지 않는다. 약하다는 것은 속도가 느리다는 것이고 강하다는 것은 속도가 빠르다는 것이다. 몸의 유연성은 타격 거리를 크게 함으로써 가속을 얻어 순간적인 민첩성으로 공방의 동작이 빠르고 정확하다. 이것은 팽이의 원리로 지지 면이 적고 중심이 높은 상태에 있기 때문이다.

7. 거리 조절: 거리는 상대와의 거리와 위치 관계다. 나에게는 유리하게, 상대에게는 불리하게 한다. 무형적으로 정서 안정을 유지하고 기력을 충실히 하며 항상 기선을 제압해야 한다. 한 발의 거리를 이상적으로 하여 내딛으면 공격할 수 있고 빠지면 공격을 벗어날 수 있는 거리다.

8. 몸을 버려라: 몸을 버린다는 것은 기회가 없음에도 공격하라는 것이 아니고 상대의 동작을 관찰하고 파악해 상대로부터 기회가 생기는 즉시 온몸으로 공격하라는 뜻이다. 일단 기회가 생기면 주저하지 않고 자신감을 갖고 상대를 제압할 때까지 상대에게 기회를 주지 말고 공격해야 한다.

9. 삼살법: 삼살법은 자세를 죽이고, 기술을 죽이고, 마음을 죽이는 것이다. 자세를 죽이는 것은 상대의 자세를 흩트리는 것이다. 상대의 안정된 자세나 공격 범위에서 벗어나 상대로 하여금 공방의 기회를 잃게 하는 것이다. 기술을 죽이는 것은 끊임없이 공격해 상대에게 공격할 기회를 주지 않는 것이다. 마음을 죽이는 것은 상대의 기력을 흩어지게 하고 두려움을 느끼게 하거나 놀라게 해 마음으로 공격할 수 있는 기능을 상실하게 만들어 계속해서 공격하므로 상대를 제압할 수 있게 하는 것이다.

10. 기회: 무도에서 기회는 상대를 공격할 수 있는 혹은 공격을 당하는 순간을 말한다. 한 곳에만 집중하면 다른 곳은 무방비 상태가 되어 공격을 당하면 물러설 수도 없고 응할 수도 없다. 동작의 기회를 주지 않기 위해서는 불안감을 버리고 용기를 갖고 연속적으로 공격하면서 항시 다음 동작에 대비할 수 있게 몸과 마음이 여유 있는 자세를 취해야 한다.

11. 마음의 4계: 놀람, 두려움, 망설임, 자만심의 경계를 말한다. 이러한 정신적 혼란을 일으키면 상대에게 기회가 생겨도 보이지 않고 자기 자신의 활동에 자유를 잃게 되어 오히려 상대에게 기회를 주게 된다. 예측하지 못한 상대의 동작이나 허세, 고함 또한 체격이나 체력에 대한 공포, 혼란스런 마음과 자신의 기술. 힘을 지나치게 믿어 상대를 무시하는 그릇된 마음의 자세는 패배를 초래한다. 이를 극복하기 위해서는 마음의 수양이 필요하다.

12. 마음의 여유: 마음의 여유란 남기는 마음이고 남아 있는 마음이다. 전력을 다해 공격하면 의식적으로 마음의 여유를 주는 것이 아니라 자연스럽게 마음에 여유가 생긴다는 것이다. 항상 공격 후 마음의 변화에 즉각 대응할 수 있도록 방심하지 않는 마음가짐과 자세를 갖추는 것이다. 상대를 대할 때 눈을 통해 마음을 읽고 자세를 통해 승패가 갈린다.

제자: 겨루기는 육체적인 기술 개발뿐만 아니라 상호 간의 믿음과 우애 그리고 겸손함이 함께하며 인격의

수양도 병행해야 하겠습니다. 겨루기의 서기에서 맨손으로 하는 겨루기는 왼앞서기를 우선으로 하고 검도나 무기를 사용하는 겨루기는 오른앞서기를 우선으로 한다고 하셨지요. 거리를 우위로 하여 타격에 유리하기 때문이라고 말씀하신 것을 기억합니다. 감사합니다.

이도류 창시자 미야모토 무사시가 말했다. "적에게 너의 살을 주고 적의 뼈를 부수며, 적에게 너의 뼈를 주고 적의 목숨을 취하라. 자신의 안전에 구애를 받으면 이길 수 없고 진정한 검객(사무라이)이 될 수 없다. 승리에 우연이란 없다. 1,000일의 연습을 단(쇠를 불에 달궈 불리는 것: 반복하는것)이라 하고, 10,000일의 연습을 련(불에 달군 쇠를 두드리는 것: 익숙하게 하는 것)이라고 한다. 이러한 단련이 있어야만이 승리를 기대할 수 있다 ."

Discípulo: La competición es un componente esencial de las artes marciales. Me gustaría saber más.

Maestro Young Seok Kim: No se debe aprender técnicas de defensa y ataque como técnicas separadas. Se ha demostrado que una técnica puede ser defensiva y ofensiva al mismo tiempo. La competición se basa en las habilidades aprendidas en las posturas básicas y poomsae (formas). Es la evaluación de estas técnicas aprendidas, con un resultado de victoria o derrota. Las competiciones comprenden el combate prometido, el combate deportivo y el combate real (libre).

Las lesiones en el combate deportivo se pueden prevenir mediante el uso de equipo de protección personal, pero este tipo de competiciones siguen siendo peligrosas. En combate libre y combate deportivo, que son las bases del entrenamiento en las artes marciales; un artista marcial solo puede lidiar con el estrés de esta situación a través de la experiencia práctica. Es un principio que los participantes en torneos de combate deportivo deban cumplir con un reglamento bajo la observación de un buen líder.

El cuerpo del artista marcial puede potencialmente ser un arma mortífera. Tiene un gran poder, por lo que el respeto y el control mutuo, a través de la moderación, son esenciales. Cuando compites, puedes sentirte abrumado por tus emociones y perder el control, lo que puede generar problemas entre los competidores. La competencia no es una pelea. El egocentrismo debido al orgullo o la arrogancia no solo daña al oponente, física y mentalmente, sino que también daña las relaciones interpersonales en nuestras propias vidas. A través de las experiencias en competiciones, ganarás coraje y confianza en ti mismo, cuidarás tus amistades y desarrollarás habilidades de liderazgo mientras se ayuden mutuamente a mejorar sus talentos.

Será beneficioso si participas en competencias teniendo en mente los siguientes principios de entrenamiento:
1. Línea de visión: En las artes marciales, uno se enfoca en la actitud del oponente; en su comportamiento y estado psicológico. Tienes que ser capaz de evaluar toda la situación, mientras que al mismo tiempo, rastreas los ojos de tu oponente. Esta debe ser una acción natural que ocurre espontáneamente sin mucho esfuerzo.
2. La respiración: Ya que la respiración es proporcional a la fuerza física, no solo es necesario cultivar la fuerza a través del entrenamiento, sino también aprender el método de respiración adecuado al liberar tu fuerza. Deberías saber cuándo atacar al observar la respiración de tu oponente. Conocer el momento exacto de su inhalación y exhalación. Por otro lado, mi ritmo de respiración no debería revelarse al oponente; dándole la oportunidad de atacarme.
3. Ataque y defensa simultáneos: El ataque y la defensa deben realizarse al unísono. En el momento del ataque, tu técnica debe ser capaz de transformarse inmediatamente en defensa,

y volver a atacar en el momento de defensa. Tu técnica debe basarse en una relación equilibrada (Taegeuk), entre las habilidades ofensivas (Yin) y defensivas (Yang).

4. La suma efectiva de la mente, la energía y el poder: Se refiere a la suma efectiva de la fuerza del ataque, de la adecuada evaluación mental de la oportunidad (la excelencia de la acción es la oportunidad: Tao Te Jing) y nuestra fuerza física. "La Mente" se refiere al aspecto estático de emitir un juicio. "La Energía" se refiere al aspecto dinámico que crea un movimiento basado en un juicio, de pensamiento e intención. "El Poder" es la expresión de la fuerza del cuerpo, más específicamente de la fuerza en los músculos. Estos tres aspectos deben estar balanceados y expresados instantáneamente.

5. Exactitud de la energía: Realizar ataques y defenderse sin una actitud correcta conduce a la derrota al consumir la fortaleza y desperdicia tiempo y energía. Debes ser capaz de atacar de manera rápida y precisa a tu objetivo, en el momento oportuno.

6. La velocidad: Las oportunidades obtenidas en un ataque son más efectivas y eficientes con la ayuda de la velocidad. La velocidad aumenta la potencia del impacto. Si eres lento; eres débil. Si eres rápido; eres fuerte. Con un cuerpo flexible, nuestro golpe gana alcance con aceleración. En otras palabras, el movimiento de tu defensa y ataque es rápido y preciso con agilidad instantánea. Esto es gracias a la fuerza centrífuga, como la de un trompo. Existe un pequeño punto de soporte sobre el que recae un alto centro de gravedad que gira.

7. Control de la distancia: Esto se refiere al control de la postura y distancia en relación al oponente. Es ventajoso separarme de mi oponente, pero perjudicial para él. Intencionalmente, mantengo la estabilidad emocional, me concentro y tengo el control del primer ataque. Idealmente, un paso de separación de tu oponente, te permite atacar rápidamente o escapar de un ataque.

8. Descarta tu cuerpo: Deshacerse de tu cuerpo no significa que no estés atacando. Tan pronto como tu oponente te de una oportunidad, debes atacarlo con todo tu cuerpo. Una vez que ataques a tu oponente, no le des oportunidad de contraatacarte hasta que recuperes la confianza y la calma.

9. El método de la muerte triple: Este método es la combinación de una mente letal, con una postura letal y una técnica letal. La mente letal causa la dispersión de su energía causándole miedo e incertidumbre al oponente, provocando por lo tanto la pérdida de su capacidad de ataque mental. La postura letal hace perder el equilibrio corporal al oponente de modo que no le es posible defenderse o atacar en el futuro. La técnica letal impide que el oponente tenga la oportunidad de atacar repetidamente. Este método me permite continuar atacando y controlando a tu oponente.

10. La oportunidad: Una oportunidad en artes marciales es un momento en que un oponente puede atacar o ser atacado (La excelencia máxima de la acción es la oportunidad. Tao Te Jing). Si tienes una atención singular y tu oponente parece indefenso, entonces esta situación es una oportunidad. Tu oponente no puede retirarse ni defenderse cuando es atacado. Para no darle una oportunidad de ataque, debes controlar tu ansiedad, armarte de coraje y realizar ataques contínuos. Es primordial mantener una mente y un cuerpo tranquilo (vacío), para la ejecución del próximo movimiento.

11. Los cuatro límites de la mente: Evita que los límites del miedo, ansiedad, vacilación y orgullo dominen en tu mente. Si experimentas alguna de estas formas de bloqueo mental, incluso durante un momento oportuno de ataque, perderás tu libertad y tu capacidad para realizarlo. Esto le dará a tu oponente la oportunidad de defenderse y atacarte. Para superar esto, necesitas cultivar tu energía mental.

12. El borde de la mente: No se refiere a perder tu fuerza mental, sino de retenerla. Si atacas con todo tu poder, no cederás conscientemente tu espacio mental, más bien ganarás espacio para ella. Para reaccionar de inmediato y preparar tu mente después de un ataque, debes crear una

actitud y una postura corporal neutra (vacío). Cuando confrontes a tu oponente, lee su mente a través de sus ojos (la proyección de su espíritu) e interpreta su actitud de victoria y derrota a través de su postura.

Discípulo: La competición no solo ayuda a desarrollar habilidades físicas, sino también confianza mutua, amistad y humildad. Debemos ser conscientes de cultivar las fortalezas de nuestro carácter. La forma de pararse difiere para diferentes tipos de competiciones. La competición del combate mano a mano, dicta una posición frontal corta izquierda. Por otro lado, en Kumdo y en el combate con armas, se debe usar la posición de frente, corta y erguida. Recuerdo que me dijeron que estos consejos me proporcionan una distancia ventajosa para este tipo de competiciones. ¡Gracias, Señor!

El fundador de Kenjutsu, Miyamoto Musashi, dijo una vez: "Dale tu carne a tu enemigo y le puedes romper sus huesos. Dale tus huesos a tu enemigo y puedes quitarle la vida. No puedes ganar, si tu única preocupación es tu seguridad. Nunca podrás ser un verdadero espadachín (Samurai). No existe la casualidad en la victoria. Practicar 1.000 días se llama Dan (estirando y doblando un hierro caliente del fuego repetidamente: Repitiendo), y practicar 10.000 días se llama Rion (golpear el hierro caliente del fuego con un martillo: Acostumbrarse). Solo con este tipo de entrenamiento (Danrion) puedes pretender triunfar".

THE ROOF TILE PARABLE AND THE MEANING OF COMPETITION / 기왓장 과 겨루기의 의미 / PARÁBOLA DE LA TEJA Y EL SIGNIFICADO DE LA COMPETICIÓN

"Great respect is demanded from students, but a true Master-Student relationship must be based on mutual respect." / *"제자들로부터 큰 존경심을 요구하지만, 진정한 사범-제자의 관계는 상호 존중을 기반으로 한다."* / *"Se exige un gran respeto a los estudiantes, pero una verdadera relación Maestro-Estudiante debe basarse en el respeto mutuo."*

Disciple: I shamefully admit that I am obsessed with the competitive aspect of martial arts and have lost valuable friendships because of this. Generally speaking, there seems to be a loss of mutual respect and courtesy between the Master and Disciple. It has become a sad reality that martial arts has evolved into a commercialized sport focused on competition rather than the traditional purpose of martial arts.

Master Young Seok Kim: In the initial training of martial arts, the focus should be on improving one's character before strengthening one's physical skills. I will illustrate my point with a story. There once was a boy who was a very reputable fighter feared by all at the martial arts school he attended.

No one was able to defeat him in competition. If his opponent gained points during the competition, he would attack back mercilessly causing great physical pain. The students fearfully avoided him, which led to his loneliness. The Master felt sorry for the boy and thought deeply on how to guide him to the right path.

The next day a tile fell abruptly on the boy's back as he was entering the school. The boy was very angry and screamed as he looked up and saw his Master sitting on the roof. The Master taunted the boy and scoffed, "You consider yourself a champion?! Ha, you did not even sense a roof tile coming down at you." The boy was both disgruntled and embarrassed. He wanted to prove his Master wrong so the boy practiced during the day and trained to enhance his senses at night. He trained his ears to listen to subtle sounds of nature, including the wind and insects. Soon he developed a keen sense of hearing and was able to even detect the crawling sounds of insects on the ground and fish moving in the pond.

One day as the boy entered the school, he confidently heard the sound of a falling tile and was able to swiftly move to the side while smashing the tile with his fist. The boy beamed with pride and waited excitedly for the Master on the roof to praise his foresight and his ability to block the fallen tile. However, the Master scolded him saying, "Is this the only thing that you can demonstrate?" The boy was perplexed as he stared blankly at the broken tile pieces. The boy grew weary carrying the broken tile pieces home still unable to understand the Master's disappointment.

The boy locked himself in his room for several days in deep thought as he held the broken tiles. The boy finally came back to the school to seek the Master. The boy noticed a falling tile towards his head, and again he was able to swiftly move to the side, but this time he grabbed the tile with both hands rather than punching it. He then met the Master's eyes with humility and respectfully handed the intact tile back to the Master with a deep bow. The Master smiled as the boy finally proved himself to be a true martial artist. He was welcomed back to the school to train together with his colleagues.

The boy realized that the broken tiles represented all those he hurt. When he humbly returned the tile back to the Master, his heart was filled with repentance, respect and compassion. By preserving the tile, he proved his ability to show respect for and to preserve human relationships rather than destroying them.

Disciple: This is a very moving story with a powerful moral lesson. Thank you. Sir!

Master Young Seok Kim: martial artists need to understand that there is a stark difference between competition and fighting.
1. Competition consists of controlled attacks that determine the winner or loser based on a point system within the boundaries of restrictions and rules. Fighting consists of uncontrolled attacks that lead to an absolute consequence of either life or death with no boundaries of restrictions and rules.
2. In Competition, the delicate parts of the body are protected. In Fighting, the targets are the delicate parts of the body.
3. Competition is polite. Fighting has no place for courtesy.
4. In Competition, competitors are able to research information on their opponent. In Fighting, it is impossible to do any research beforehand.
5. In Competition, the aim is to gain points within a set of rules where the winner is not necessarily the most powerful. In Fighting, the aim is to conquer without any regards to rules and where power is the most important factor for survival.

6. Competitions are limited by a specific timeframe. Fighting has no time limit and the only objective is to kill the opponent.
7. Competitions are performed legally with gains of reward and honor. Fighting may not be legal and can be complicated by permanent injuries, death, regret and social disgrace.

Disciple: We should be mindful of these significant differences. Thank you, Sir!

Yudo founder, Jigoro Kano, once said: "The idea of considering others as enemies cannot be more than madness and a cause of regression. When one realizes the power of martial arts, one cannot use them lightly, as it can be as dangerous as a drawn sword. The best use of a sword is to not use it, unless there is no other option. The state of the world and of human affairs today is very similar to that of the novice in martial arts. Martial arts is an art, philosophy, and a means towards balance. It guides us in cultivating a sense and state of internal equilibrium."

제자: 모든 무도에서 겨루기가 있습니다. 제가 안타까워하는 것은 승부에 집착하다보니 서로 간의 우애 그리고 사제 간의 예의와 존경심이 상실되어 가는 것 같습니다. 무도의 전통을 통한 인격 완성보다 상업적으로 스포츠화되어 경쟁에만 몰두하는 것이 슬픈 현실인 것 같아 참으로 안타깝습니다.

사범 김용석: 무도인으로 첫 시작은 육체적인 기술 개발에 앞서 인격 수양을 통한 자아 완성을 우선으로 해야 한다. 유달리 운동신경이 발달한 싸움을 잘하는 소년이 있었다. 그의 꿈은 세계 챔피언이 되는 것이다. 도장에서 그는 두려움의 대상이었다. 겨루기를 통해 그를 당할 자는 없었다. 겨루기 중에 점수라도 잃으면 무자비하게 상대를 공격해 상처를 입히기도 했다. 그러다 보니 학생들은 그를 기피하고 겨루기까지 거부해 외톨이가 되었다. 사범은 그의 재능이 안타까웠다. 어떻게 하면 소년을 바르게 인도할 수 있을까 깊은 생각에 잠겨 있었다.

그러던 어느 날 소년은 수련하기 위해 도장에 들어서고 있었다. 그 순간 위에서 기와가 떨어지면서 소년의 등을 때렸다. 소년은 화가 나 소리를 지르며 위를 쳐다보니 사범이 지붕 위에 앉아 있었다. 사범은 소년에게 기왓장 하나 피하지 못하면서 무슨 챔피언이 되겠느냐며 소리를 지르고 안으로 들어가버렸다. 소년은 분하기도 하고 부끄럽기도 했다. 낮에는 수련을 하고 밤에는 눈을 감고 정신통일 훈련을 하며 주위의 바람소리, 벌레 울음소리를 듣는 훈련부터 시작해 벌레 기어가는 소리와 어항에 있는 물고기 움직이는 소리까지 들을 수 있는 경지까지 올랐다.

그날도 수련을 하기 위해 도장에 들어서는 순간 소년은 머리 위에서 무엇인가 떨어지는 것을 느꼈다. 그 순간 옆으로 빠지면서 자신을 향해 날아오는 기왓장을 주먹으로 깨부쉈다. 역시 지붕 위에서 스승이 던진 기왓장이었다. 소년은 너무 기뻐 스승에게 칭찬을 들을 생각에 뿌듯했다.

하지만 스승은 큰 소리로 화를 내면서 "네 그릇이 고작 이것밖에 안 되느냐. 너는 수련할 자격도 없으니 돌아가라" 하고 안으로 들어가버렸다. 소년은 스승이 왜 그토록 화를 내는지 이해할 수 없었다. 그러면서 자리에 주저앉아 깨어진 기왓장을 보며 하염없이 생각해 보았지만, 스승의 뜻을 알 수 없었다. 소년은 깨진 기왓장을 집어 들고 집으로 돌아가면서 내가 보지도 않고 날아오는 기왓장을 느껴 그것을 깨부수는 경지까지 왔는데 스승님은 왜 화를 내고 쫓아냈는지 이해가 안 되고 화만 날 뿐이었다.

소년은 며칠을 방 안에 틀어박혀 깨진 기왓장을 들고 생각을 해도 그 이유를 알수 없었다. 다시 며칠이 지나 소년은 스승을 찾아 도장에 들어섰다. 그 순간 위에서 기왓장이 소년의 머리를 향해 떨어졌다. 소년은 재빨리 옆으로 비켜서며 기왓장을 받아 들고 스승을 향해 인사를 하면서 두 손으로 기왓장을 스승에게 돌려주었다. 스승은 미소를 지으며 "이제야 네가 진정한 무도인이 되었구나" 하며 다시 도장에서 수련하는 것을 허락했다.

소년은 며칠 동안 깨진 기와를 보며 비로소 자기 때문에 상처를 받은 동료들을 본 것이다. 스승이 던진 기와를 두 손으로 감싸 안아 받으면서 속죄의 마음으로 존경과 사랑의 마음을 담아 스승에게 두 손으로 소중하게 기와를 전해준 것이다.

제자: 모두에게 귀감이 되는 도덕적 교훈을 담은 매우 감동적인 이야기입니다. 감사합니다.

사범 김용석: 시합과 싸움이 어떻게 다른지도 알아볼 필요가 있다.
1. 시합은 제한과 규칙의 경계 내에서 점수 체계를 기반으로 상대와의 승패를 결정하는 통제된 효과로 구성된다. 하지만 싸움은 제한이나 규칙의 경계가 없는 생사의 절대적인 결과로 이어지는 통제되지 않는 공격으로 구성된다.
2. 시합은 신체의 위험한 부위를 보호받는다. 하지만 싸움은 신체의 위험한 부위만을 공격한다.
3. 시합은 예의가 있다. 하지만 싸움은 예의가 없다.
4. 시합은 상대에 대한 정보가 있어 준비할 수 있다. 하지만 싸움은 상대에 대한 정보가 없어 준비할 수 없다.
5. 시합의 목표 측면에서 보자면 우승자는 강력한 위력을 수반하지 않고도 정해진 규칙과 부위 내에서 점수를 취득할 수 있다. 하지만 싸움에서의 목표는 규칙과 부위에 상관없이 권력의 생존을 위하여 힘으로 정복하는 것이다.
6. 시합은 수단과 방법의 규칙을 정하고 시간을 제한해 승패를 목적으로 한다. 하지만 싸움은 수단과 방법을 가리지 않고 시간 제한 없이 살상을 목적으로 한다.
7. 시합은 법적인 문제가 없고 포상과 명예가 따른다. 하지만 싸움은 영원한 부상, 죽음, 후회 및 사회적 수치로 인해 합법적이지 않을 수 있고 복잡해질 수 있다.

제자: 항상 명심해야 할 말씀입니다. 감사합니다

유도 창시자 지고로 카노가 말했다. "다른 적을 고려한다는 생각은 어리석다. 역행의 원인만 초래할 뿐이다. 비단을 무도의 힘에 비유해 표현한다면 당신은 그렇게 가볍게 사용할 수 없을 것이다. 그것은 마치 칼집에 넣지 않은 검처럼 위험하기 때문이다. 적어도 다른 방법이 없는 한 검으로 취할 수 있는 최선의 방법은 그것을 사용하지 않는 것이다. 오늘날 세계와 인간 문제의 상태는 무도 초창기 때와 매우 유사하다. 그것은 균형의 예술이나 철학뿐만 아니라 내적 조절의 감각과 상태를 육성하는 수단으로써 무도로 간주할 수 있다."

Discípulo: Admito avergonzado mi obsesión con el aspecto competitivo de las artes marciales y el haber perdido valiosas amistades debido a esto. En términos generales, parece haber una pérdida de respeto y cortesía mutua entre Maestro y Discípulo. Es una triste realidad que las artes marciales se hayan convertido en un deporte comercializado enfocado en la competencia en lugar de su finalidad tradicional.

Maestro Young Seok Kim: El objetivo inicial del entrenamiento de las artes marciales es mejorar el carácter de sus practicantes antes de desarrollar sus habilidades físicas. Voy a ilustrar mi punto de vista con una corta historia. Había un muchacho que era un combatiente muy respetado y temido por todos sus compañeros, en la escuela de artes marciales a la que asistía. Nadie fue capaz de derrotarlo en competición. Si un compañero le marcaba un punto durante una competición, lo atacaba sin piedad, produciéndole gran dolor. Sus compañeros lo evitaban por temor, lo que lo llevó a la soledad. El Maestro sintió pena de él y reflexionó en cómo guiarlo hacia el camino correcto.

Al día siguiente, mientras entraba a la escuela, una teja del techo cayó abruptamente sobre la espalda del muchacho. Él estaba muy enojado y gritó, mientras miraba hacia arriba, y vio a su Maestro sentado en el techo. El Maestro lo insultó y se burló de él: -¿Te consideras un campeón? ¡Ja, ni siquiera te diste cuenta que te caía una teja encima! El muchacho estaba molesto y avergonzado. Quería demostrar que su Maestro estaba equivocado, así que durante el día empezó a entrenar su cuerpo y durante la noche sus sentidos. Entrenó sus oídos para escuchar sonidos sutiles de la naturaleza, incluyendo el viento y los insectos. Pronto desarrolló una aguda audición y fue capaz de detectar los sonidos de los insectos que se arrastraban por el suelo y los peces que nadaban en la pecera.

Un día, cuando entraba en la escuela, oyó el sonido de una teja que caía del techo y se movió rápidamente hacia un lado, al tiempo que la rompió con su puño. Sonrió con orgullo, y esperó con entusiasmo, que el Maestro en el tejado, alabara su previsión y habilidad, al romper la teja caída. Sin embargo, el Maestro lo regañó diciéndole: "¿Es esto lo único que puedes mostrar?" El muchacho quedó perplejo, mientras miraba los pedazos de la teja rota. Se cansó de llevar a su casa pedazos de tejas rotas, sin entender la decepción de su Maestro.

El muchacho se encerró en su habitación durante varios días, pensando profundamente, mientras sostenía los pedazos de tejas rotas. Finalmente, regresó con humildad a la escuela de arte marcial. Mientras entraba, notó que una teja venía hacia su cabeza y nuevamente se movió rápidamente hacia un lado, pero esta vez la agarró con ambas manos, en lugar de quebrarla. Luego, respetuosamente, se la devolvió a su Maestro, con una profunda venia. El Maestro sonrió, al ver que su Discípulo finalmente le demostró ser un verdadero artista marcial. Y así, fue aceptado nuevamente por sus compañeros, para entrenar juntos.

El muchacho se dio cuenta de que los pedazos de teja rota, representaban a todos aquellas personas que él había lastimado. Cuando devolvió la teja intacta a su Maestro, su corazón estaba lleno de arrepentimiento, respeto y compasión. Conservando la teja, demostró su capacidad para respetar y preservar las relaciones humanas, en lugar de destruirlas.

Discípulo: Esta es una historia muy conmovedora con una poderosa lección moral. ¡Gracias Señor!

Maestro Young Seok Kim: Los artistas marciales necesitan entender que hay una gran diferencia entre la competición y la pelea.
1. La competición comprende ataques controlados que determinan un ganador o perdedor, basados en un sistema de puntuación dentro de los límites de restricciones y reglas. La pelea consiste en ataques no controlados que determinan la vida o la muerte, sin los límites de restricciones o reglas.
2. En competición, las partes delicadas del cuerpo son protegidas. En pelea, el blanco son las partes delicadas del cuerpo.
3. La competición es cortés. En la pelea no hay lugar a la cortesía.
4. En competición, los competidores pueden investigar información sobre su oponente. En la pelea, es imposible saber con antelación algo sobre el oponente.
5. En competición, el objetivo es ganar puntos definidos por un reglamento y el ganador no es necesariamente el más poderoso. En la pelea, el objetivo es derrotar al oponente, sin seguir ninguna regla y el poder es el factor más importante para la sobrevivencia.

6. Las competiciones están límitadas por un período específico de tiempo. La pelea no está límitada por un período de tiempo y su único objetivo es matar al oponente.

7. La competición es una competencia legal en la que puedes ganar honor y reconocimiento. La pelea podría no ser legal y puede complicarse con lesiones físicas permanentes, arrepentimiento, desgracia social y hasta la muerte.

Discípulo: Debemos tener muy en cuenta estas grandes diferencias. ¡Gracias Señor!

El fundador de Yudo, Jigoro Kano, dijo una vez: "La idea de considerar a los demás como enemigos no puede ser más que una locura y causa de retroceso. Cuando uno se da cuenta del poder de las artes marciales, no puede servirse de ellas a la ligera, ya que puede ser tan peligroso como una espada desenvainada. El mejor uso de una espada es no emplearla; a menos que no haya otra opción. La situación en el mundo y de los asuntos humanos actualmente se parece mucho al de los principiantes en las artes marciales. Se puede considerar al arte marcial como un arte o una filosofía del equilibrio, así como un medio para cultivar el buen sentido y un estado de equilibrio interno".

THE MEANING OF THE YELL (KIHAP) / 기합의 의미 / EL SIGNIFICADO DEL GRITO (KIHAP)

"Ki is the fundamental force of life, the living body and kinetic energy. Therefore, the yell can be said to be the absolute purpose of training in martial arts. It is to express the right technique by concentrating one's energy in one place." / *"기는 생명의 근원적인 힘이며 생체 그리고 운동에너지다. 따라서 기합은 자신이 가지고 있는 기운의 능력을 한곳으로 집중하여 올바른 술기를 표현하기 위한 무도의 절대적인 목적 수행이다."* / *"Ki es la fuerza fundamental de la vida, el cuerpo viviente y la energía cinética. Por lo tanto, se puede decir que el grito es el propósito absoluto de las artes marciales para expresar la técnica correcta al concentrar en un solo lugar la energía propia."*

Disciple: It seems like Kihap is an essential component in martial arts training. Can you please teach me the principles and methods of Kihap?

Master Young Seok Kim: Ki is energy, a concept in Asian philosophy. Ki is the fundamental force of life, body and kinetic energy. Therefore, the yell can be said to be the absolute factor in the proper execution of displaying one's techniques. The effect of Kihap is that you can instantly access the strength of your muscles. Also, it gives you psychological stability, confidence and courage. Depending on the situation, your mentality may be affected and you may even demonstrate miraculous power beyond your ability. You can even spiritually suppress your opponent. Kihap is used when doing Poomsae (form), competing in tournaments, breaking objects, and when teaching discipline and manners.

First: In the Poomsae (form) of Taekwondo, Kihap is expressed in Taeguek part 1 all the way to Taeguek part 8. There are nine Kihaps in total: Taeguek parts 1 to 7 have one Kihap each and Taeguek part 8 has two Kihaps. In Yeokhak (a Confucious based metaphysics), this is significant as the number nine is the highest single figure number in the decimal system. Being that it is the last and largest single figure number, it is considered to be perfect and the practitioner has completed all the Poomsae (form) requirements. Expressing Kihap twice in Taeguek part 8 represents the harmony of yin and yang. The Kon in Bagua (the eight trigrams) shows yin (meaning two in the number system) and represents earth and its' roots and stability, and also represents the beginning and end. It also means that you have achieved the level of Master. Number nine is the highest number and represents everything. In martial arts and the game of Go, the maximum Black Belt level or Dan you can obtain is nine for this reason. The number nine means completion and the highest level which a human being can achieve. This is why Taekwondo belt grades have nine levels. This means that on reaching level 9 you have completed the Taekwondo Poomsae (forms) requirements.

Second: Making a Kihap in Kyeoruki (sparring) means that you are going to attack or distract your opponent's attack. Psychologically, doing Kihap means showing your courage and confidence to your opponent. You instill fear and mental instability during the competition. Physically you can control breathing with a shout and correct the unstable energy using concentration. Also you can gather all of your energy in one place and use the energy to hit the target right. This is called the Kihap technique. With eagle eyes and a loud voice, you will make your opponent hesitate in attacking you, giving you a chance to attack your opponent and gain control over him. Kihap in sparring or in a match can cause your opponent to become confused and anxious. It doubles your strength and confidence, and you can even get the referee's attention. When you make a Kihap, you need to make a loud shout. Depending on the situation, you can make either a short or long Kihap.

Third: When you break an object, Kihap helps in gathering all your energy and allows for your muscles to contract. You can become aware of the exact location of the target and have the ability to break the object with the power of Kihap at the precise moment. In the instant the part of your body hits the target, hold your breath and tense your body. The shout of the Kihap determines the strength of the blow. When you break an object, you use a breathing technique and Kihap at the same time. You can also use the valsalva maneuver breathing technique which is used for weight training in martial arts. The valsalva maneuver breathing technique entails doing exercise without breathing. It is a technique that uses tensed muscles and the corresponding reaction of the respiratory organs. When you exhale, the respiratory organs relax but other muscles contract. This is the right moment to use strength. The technique is done by abdominal breathing and transverse abdominal muscle contraction. You need to hold your breath when training because your abdomen contracts. If you breathe naturally, the pressure on your abdomen weakens. When your abdomen weakens, you relax and you are more likely to get injured. You need to be careful if you are diagnosed with high blood pressure, heart disease or cerebrovascular disease as practicing this breathing technique can be dangerous. The reason for this risk is that when you stop breathing, the arterial tension and chest pressure can increase. You can experience dizzy spells, severe headaches or shock.

Fourth: A Kihap contains philosophical elements and can be used for teaching and enlightenment. You can make a loud shout of Kihap when pointing out mistakes and reminding the trainees of the strictness of the training when they do not show focus.

There are two ways of practicing your Kihap. One way is to make a short but loud Kihap, concentrating your strength in a quick moment. The other way is to make a long and strong Kihap, which can deliver its strength over a long period after a strike. The strength of Kihap comes from the abdomen (danjeon), not from the throat or the chest. You need to instantly tense your abdomen and hold your breath. You should shout with great energy, with the belief that you can shake the earth and the sky. The sound of Kihap can be expressed in many ways. You will find something suitable for any occasion. In Taekwondo, people commonly use sounds such as 'passa' and 'atssa' in sparring, and sounds such as 'yah' and 'ahit' in Poomsae. In the same way, sounds such as 'yeek', 'ekk' are commonly used in Teakkyeon, a traditional Korean martial art. In Hapkido and kumdo, 'yeeya', 'eh-yee', 'doh', are used. The sound 'yeeya' is used to show you are ready and discourages your opponent. The sound 'eh-yee' is used to show you are ready and willing to attack. The sound 'doh' is used when you defend against your opponent's attack and simultaneously attack him. With this method, the cry of Kihap should be loud and strong with courage and conviction until your opponent's spirit is broken.

Once a superb leader of kumdo said the secret behind winning a sword fight is three types of shouts. The first type is when you successfully land a blow and shout Kihap during a fight. You will surprise your opponent and prevent him from counterattacking as he loses confidence. The second type is when you chase and attack your opponent with a loud shout of Kihap. In this case, he cannot even attempt to attack you, as he needs to make an effort to defend himself and quickly escape. The third type is when you shout loud as soon as you are attacked. You will make your opponent think that his attack was expected and you are prepared to counter attack. You can win the contest by quickly attacking him while he is confused about the situation. Sparring in Taekwondo and Hapkido are the same. You can cleverly use Kihap at the right moment to give yourself the advantage, as if it is an extra weapon. In sword fighting, the one with the loudest Kihap is the winner.

Disciple: I will remember that good techniques can dramatically improve with an energetic and powerful Kihap. Thank you.

The first person to reach the South Pole, Roald Amundsen, once said; "Victory awaits him who has everything in order - luck, we call it. Defeat is definitely due for him who has neglected to take the necessary precautions - bad luck we call it."

제자: 무도 수련에서 반드시 필요한 수련 과정 중 하나가 기합인 것 같습니다. 기합의 원리와 방법에 대해 알고 싶습니다.

사범 김용석: 기(氣)란 기운을 의미하는 동양의 철학적 개념이다. 기는 생명의 근원적인 힘이며 생체 그리고 운동에너지다. 따라서 기합은 자신이 가지고 있는 기운의 능력을 한 곳으로 집중하여 올바른 술기를 표현하기 위한 무도의 절대적인 목적 수행이다. 기합의 효과는 근력의 힘을 순간적으로 표현할 수 있고 심리적으로도 안정감과 자신감, 용기를 배가할 수 있다. 정신적으로는 생각 이상으로 상황에 따라 기적의 능력까지 표출할 수도 있다. 또한 상대를 정신적으로도 제압할 수 있다. 기합은 품새를 할 때, 겨루기를 할 때, 격파를 할 때 그리고 가르침을 줄 때 사용한다.

첫째: 품새를 할 때의 기합은 품새의 흐름을 절정에 오르게 하는 표현이다. 자신감과 믿음을 일깨우고 시작과 마무리를 준비하는 수련 자세라 할 수 있다. 태권도 유급자 품새는 태극 1장부터 태극 8장까지 이루어진다. 태극 1장부터 7장까지는 각각 기합을 한 번 사용하고, 태극 8장은 기합을 두 번 사용하여 총 아홉 번의 기합으로 유급자

형을 마무리한다. 역학적으로 풀이할 때 10진법에서의 아홉수는 1의 자릿수에서 제일 큰 숫자다. 최고, 최대 완결수로 자리 잡은 마지막 숫자다. 유급자 품새를 마무리한다는 의미다.

태극 8장의 기합 두 번은 음양의 조화를 뜻하고, 팔괘의 곤을 의미하며 2의 수를 뜻하는 음과 땅을 나타내고 뿌리와 안정 그리고 시작과 끝을 의미한다. 유단자와 지도자의 길로 거듭남을 뜻하기도 한다. 그러므로 9는 수의 전부이며 최대수다. 따라서 무도나 바둑의 최고 단은 9단이다. 9는 완성의 의미고 인간이 오를 수 있는 최고의 경지 즉 입신의 경지까지 오른 것을 9로 나타낸 것이다. 그래서 태권도 유단자 형은 9개로 구성되어 있다. 태권도 품새의 완성을 의미한다.

둘째: 겨루기에서 기합은 공격을 선행하거나 상대의 공격을 방해하려는 마음의 자세다. 정신적으로는 스스로의 용기와 자신감을 상대에게 기합이라는 발성으로 표현하여 심리적으로 위축시켜 두려움을 주고 안정감을 흩트린다. 육체적으로는 발성을 통해 호흡을 조절하고 정신을 집중하여 흩트러진 기운을 바로잡아 힘을 한곳으로 모아 원하는 부위에 정확하게 타격할 수 있는 것을 기합술이라 한다. 강렬한 시선과 우렁찬 소리를 통해, 순간적으로 빈틈을 만들어 상대의 공격 의사를 멈추게 하고, 망설임을 통해 상대를 공격하여 제압할 수 있다. 겨루기 시합에서 기합은 상대에게 심리적으로 혼란, 불안 등을 야기하고 나의 힘을 배가시키며 자신감을 충족시키고 심판관의 시선을 집중시키는 효과를 얻을 수 있다. 기합은 강하게 내지르면서 상황에 따라 짧게 혹은 길게 사용한다.

셋째: 격파를 할 때의 기합은 온몸의 기운을 합쳐 근육의 수축을 유도하여 필요한 순간에 정확하게 목표물을 의식하면서 기합의 힘으로 격파를 하는 것이다. 내 몸이 격파물에 충돌하는 순간, 호흡이 멈추고 온몸이 긴장하면서 순간적인 힘이 집중됨으로써 발생하는 타격의 결과가 기합이라는 발성과 함께 이루어지는 것이다. 격파를 할 때 기합과 호흡법을 동시에 사용하는데, 이때 웨이트트레이닝 때 쓰는 발살바 매누버(Valsalva Maneuver) 호흡법을 수련에 도입해 쓸 수가 있다. 발살바 호흡법이란 운동 시 무호흡을 유지한 상태로 운동을 지속하는 호흡법이다. 호흡기와 다른 근육의 긴장과 반작용에 따른 원리를 이용하는 것인데 숨을 내쉴 때 호흡기 긴장이 풀리고 다른 근육은 긴장되어 힘을 쓰기에 적합하다. 발살바 호흡법은 복식호흡 + 복횡근 수축을 하는 방식이다. 강한 힘을 쓸 때 평소처럼 하면, 숨을 참는 상태에서 복압이 호흡과 함께 빠지며 몸의 긴장도 풀어져, 부상의 위험이 뒤따르기 때문에 멈춘 상태로 운동을 해야 한다. 그러나 주의할 점은 호흡을 멈춘 상태에서 갑자기 힘을 쓰면 동맥압이 높아지고 흉부의 압력이 증가되어 어지럼증이나 심한 두통, 쇼크 등이 올 수 있다. 고혈압, 심장 질환, 뇌동맥류 질환자는 위험할 수가 있어 조심해야 한다.

넷째: 기합은 가르침이나 깨우침에 쓰이는 철학적 요소로 쓰인다. 정신적으로 산만하거나 집중하지 못할 때와, 수련 중에 장난을 하거나 다른 사람들을 괴롭힐 때 강한 기합으로 엄중함을 일깨워주고 잘못하고 있을 때 지적해주는 수단으로 쓸 수 있다.

기합의 수련 방법은 짧고 강하게 하여 순간적으로 힘을 아랫배에 주고 호흡을 멈추고, 목이나 가슴에서 내는 것이 아니라 아랫배(단전)에서 뿜어서 나는 힘이다. 천지를 진동시킨다는 마음으로 기운을 모아 내질러야 한다. 소리는 여러 가지로 표현할 수 있는데 자기에게 맞는 것으로 골라 상황에 따라 쓰면 된다. 태권도 겨루기에서는 파사, 앗사 등이, 품새에서는 야, 아잇 등을 사용한다. 택견에서는 이크, 에크 등이 있고, 합기도와 검도에서는 이야, 에이, 도 등을 사용한다. 이야는 나 자신의 자세가 준비되었다는 의미로 상대의 기세를 꺾기 위해 쓰인다. 에이는 확실한 실행의 의지를 갖고 공격할 때다. 도는 받아내면서 다음의 공격을 할 때다. 따라서 기합 소리는 상대 마음의 기세를 꺾을 때까지 용기와 믿음의 신념을 갖고 강하게 큰 소리로 내질러야 한다.

검도의 명인은 검법 비결에서 검도의 3가지 소리를 외침이라 했다. 첫째, 승리를 한 후 큰 소리로 기합을 지르면 상대는 소리에 놀라 두려워하고 움츠림으로 연이어 공격해 나갈 수 없게 된다. 둘째, 상대를 추격하고 따라가면서 큰 소리로 기합을 지르면, 상대는 재빠르게 빠져나가야 하는 무리한 방어 동작으로 인해 공격할 엄두를 못 내게 한다. 셋째, 상대에게 공격을 당할 때, 즉시 큰 소리로 기합을 질러 상대에게 공격하려는 동작이 간파당했다는 의심을 하게 만들어, 혼란이 일어날 때 재빠르게 공격하므로 승리로 이끈다. 태권도와 합기도의 겨루기 또한 다르지 않다. 기합 소리를 교묘하게 이용하는 것으로, 무기와 버금가는 득이 될 수 있다. 진검승부 때 큰 소리로 기합을 지르는 자가 패한 사실은 이제까지 좀처럼 없었다.

제자: 기술의 정도가 뛰어난 사람은 충만한 기를 담아 기합 소리를 울림으로써 우위를 선점할 수 있다고 말씀하신 것을 기억합니다. 감사합니다.

남극을 처음 정복한 로알 아문센이 말했다. "승리는 준비된 자에게 찾아오며 사람들은 이를 행운이라고 한다. 패배는 미리 준비하지 않은 자에게 찾아오며 사람들은 이를 불행이라고 한다."

Discípulo: Parece que el grito es un componente esencial en el entrenamiento de las artes marciales. ¿Por favor, me puede enseñar los principios y métodos del Kihap?

Maestro Young Seok Kim: Ki es energía; un concepto de la filosofía oriental. Ki es la fuerza fundamental de la vida, el cuerpo y la energía cinética. Por lo tanto, se diría que el grito es el factor primordial en la ejecución adecuada al realizar una técnica. El efecto del grito es que puedas acceder instantáneamente a la fuerza de tus músculos. Además, te da estabilidad psicológica, confianza y coraje. Dependiendo de la situación; tu mente puede verse afectada e incluso pudieras mostrar un poder milagroso, más allá de tu capacidad. Incluso puedes suprimir espiritualmente a tu oponente. El grito es usado cuando estás haciendo una Poomsae (forma), compitiendo en torneos, rompiendo objetos y enseñando disciplina y modales.

Primero: En la Poomsae (forma) de Taekwondo, el grito se expresa en la Taeguek parte 1 hasta Taeguek parte 8. Hay nueve gritos en total: Taegeuk partes 1 a 7 tienen un grito cada uno y Taeguek parte 8 tiene dos. En Yeokhak (una metafísica basada en filosofía confuciana), esto es significativo ya que el número 9 es el número más alto de una sola cifra en el sistema decimal. Siendo que es la última y mayor cifra individual, se considera perfecta y el practicante habrá completado todos los requisitos de la Poomsae (forma). Gritar dos veces en la Taeguek parte 8 representa la armonía del Yin y el Yang. El Kon del Bagua (Los ocho trigramas), muestra el Yin (que representa al 2 en el sistema numérico) y representa la tierra, sus raíces y estabilidad, y también representa el principio y el final. También significa que alcanzaste el nivel de Maestro. El 9 es el número más alto y representa la totalidad. Por este motivo, en las artes marciales y en el juego del Go, el máximo nivel de Cinturón Negro o Dan que puedes alcanzar es el 9. El número 9 significa la culminación y el nivel más alto que un ser humano puede alcanzar. Esta es la razón por la cual los grados del cinturón de Taekwondo son 9. Esto significa que al alcanzar el noveno nivel, has completado los requisitos de las Poomsae (formas) de Taekwondo.

Segundo: Gritar en combate (Kyeoruki) significa que vas a atacar o distraer el ataque de tu oponente. Psicológicamente, gritar significa mostrarle a tu oponente tu coraje y confianza. Infundes miedo e inestabilidad mental durante la competencia. Físicamente puedes controlar la respiración con un grito y corregir la energía inestable usando la concentración. También puedes reunir toda tu energía en un solo lugar y usarla para golpear correctamente el objetivo. Esto se llama la técnica Kihap. Con ojos de águila y una voz fuerte, harás que tu oponente dude en atacarte, dándote la oportunidad de atacarlo y controlarlo. Gritar en combate o en un encuentro puede hacer que tu oponente se sienta confundido y ansioso. Duplica tu fuerza y confianza e incluso puedes llamar la atención del árbitro. Cuando gritas, necesitas gritar fuerte. Dependiendo de la situación, puedes hacer un grito corto o largo.

Tercero: Cuando rompes un objeto, el grito te ayuda a reunir toda tu energía y permite que tus músculos se contraigan. Puedes ser consciente de la ubicación exacta del objetivo y tener la capacidad de romperlo con el poder de tu grito, en el momento preciso. En el instante en que la parte de tu cuerpo golpea el blanco, mantén la respiración y tensa tu cuerpo. El grito de Kihap determina la fuerza de tu golpe. Cuando rompes un objeto, usas, al mismo tiempo, una técnica de respiración y un grito. También puedes utilizar en las artes marciales, una técnica de respiración, conocida como maniobra de Valsalva, que se usa para el entrenamiento con pesas. Ésta implica ejercitarse sin respirar. Es una técnica que tensa los músculos, con la correspondiente reacción de los órganos respiratorios. Cuando exhalas, los órganos respiratorios se relajan pero otros músculos se contraen. Este es el momento adecuado para usar tu fuerza. La técnica se realiza mediante la respiración abdominal y la contracción muscular transversa del abdomen. Necesitas aguantar la respiración cuando entrenas porque tu abdomen se contrae. Si respiras de forma natural, la presión sobre tu abdomen se debilita. Cuando tu abdomen se debilita, te relajas y es más probable que te lesiones. Debes tener cuidado si sufres de hipertensión arterial, enfermedad cardíaca o cerebrovascular, ya que la práctica de esta técnica de respiración puede ser peligrosa. La razón de este riesgo es que, cuando dejas de respirar, la tensión arterial puede aumentar. Puedes experimentar mareos, dolores de cabeza intensos o shock.

Cuarto: Un grito posee elementos filosóficos y puede usarse para la enseñanza y la iluminación. Puedes emitir un fuerte Kihap al señalar errores y recordar a los discípulos la rigurosidad del entrenamiento cuando no se estén enfocando.

Hay dos formas de practicar tu grito. Una forma es hacer un grito corto pero fuerte, concentrando tu fuerza en un breve momento. La otra forma es hacer un grito largo y fuerte, que pueda liberar tu fuerza durante un largo período después de un ataque. La fuerza de Kihap proviene del abdomen (Danjeon), no de la garganta o el pecho. Necesitas tensar al instante tu abdomen y contener la respiración. Deberás gritar con gran energía, convencido de poder sacudir la tierra y el cielo. El sonido de grito se puede expresar de muchas maneras. Encontrarás algo adecuado para cualquier ocasión. En Taekwondo, las personas comúnmente usan sonidos como 'passa' y 'atssa' en combate, y sonidos como 'yah' y 'ahit' en Poomsae. De la misma manera, sonidos como 'yeek', 'ekk' se usan comúnmente en Teakkyeon, un arte marcial tradicional coreano. En Hapkido y Kumdo, se usan 'yeeya', 'eh-yee', 'doh'. El sonido 'yeeya' se usa para mostrar que estás listo y desalentar a tu oponente. El sonido 'eh-yee' se usa para mostrar que estás listo y dispuesto a atacar. El sonido 'doh' se usa cuando te defiendes contra el ataque de tu oponente mientras lo atacas simultáneamente. Con este método, el grito de Kihap debe ser fuerte, con valentía y convicción, hasta que el espíritu de tu oponente se rompa.

Una vez, un excelente líder de Kumdo dijo que el secreto para ganar un combate con espada son 3 tipos de gritos. El primero es cuando logras un golpe con éxito y gritas durante el combate, sorprenderás a tu oponente e impedirás que te contraataque, a medida que pierde confianza. El segundo es cuando persigues y atacas a tu oponente con un fuerte grito, entonces ni siquiera intenta atacarte, ya que necesita esforzarse para defenderse y escapar rápidamente. El tercero es cuando gritas fuerte tan pronto como te atacan. Harás que tu oponente piense que se esperaba su ataque y estás preparado para contraatacar. Puedes ganar el combate atacándolo rápidamente mientras está confundido por la situación. Los combates de Taekwondo y Hapkido son iguales. Puedes usar el grito sagazmente en el momento preciso para darte la ventaja, como si fuera un arma extra. En la lucha de espada, el que tiene el grito más fuerte es el ganador.

Discípulo: Recordaré que las buenas técnicas pueden mejorar radicalmente con un grito energético y poderoso. Gracias, Señor.

La primera persona en llegar al Polo Sur, Roald Amundsen, dijo una vez: "La victoria espera a áquel que tiene todo en orden; la llamamos suerte. El fracaso es el destino definitivo de aquel que se negó a tomar las precauciones necesarias; la llamamos mala suerte".

BREAKING SKILLS / 격파 기술 / HABILIDADES DE ROMPIMIENTO

"Real power is not measured by the number of bricks one can break, but by the number of people one can influence significantly in a positive manner." / "진정한 힘은 부서지는 벽돌의 수로 측정하는 것이 아니라 사람들의 긍정적인 태도가 크게 영향을 미칠 수 있다." / "El poder real no se mide por la cantidad de ladrillos que uno pueda romper, sino por el número de personas que uno pueda impactar en una forma positiva y significativa."

Disciple: Our bodies are composed of five viscera and six entrails, two hundred and six bones (half of which are in the hands and feet), one hundred joints, six hundred fifty muscles, and twelve thousand kilometers of blood vessels. This distance is equivalent to three times the Earth's circumference. I understand the purpose of martial arts training is to gain maximum power without damaging the body so as to make it into an effective weapon.

Master Young Seok Kim: Our body is a gift inherited from the providence of our parents and nature, and therefore, it should be taken care of with gratitude and great care. Taekwondo and Hapkido are two types of martial arts that involve fighting with the hands and feet. It acts as a weapon similar in power to a spear, sword, and hammer. When used as a weapon, our body should be used for a just cause. This precious bodily weapon we received from our parents should not be used towards violence or physical abuse, but for correct and legitimate purposes.

When a snake drinks dew, it turns into poison. When a cow drinks dew, it produces milk. A person can choose to be a criminal or an honorable person. The martial artist should train and refine the body to make it stronger. He should also have the virtues of an honorable leader who has both patience and self-restraint so as to avoid a fight originating in pride. Without these qualities, he will be unable to attack his opponent effectively.

Disciple: I want to know about the technique of breaking.

Master Young Seok Kim: The technique of breaking various materials is an evaluation of your strength. You express yourself externally with the skills you have developed with training. It is difficult to evaluate your own abilities in competitions as it is fast-paced. It is also difficult to judge the effectiveness of a person's attack because every person's body is different and responds differently to training. If a martial artist is unable to demonstrate power in his strikes in a fighting-based competition, it will unfortunately be a waste of his time and energy.

If you have the power to defeat your opponent directly with one attack, then the fight is finished. However, in modern day competitions, you cannot fight as you wish. It is complicated by regulations of competition rules, scoring by judges, and the hindrance of protective sparring gears. Competitors cannot fully demonstrate their ability and power at will without being controlled. The purpose of ancient martial arts competitions was to cause the imminent death of your opponent using your greatest strength as a result of training the body. In modern day competition, it is frustrating to express your fullest power and ability externally.

There are various materials used for breaking in demonstrations, such as coordinated arrangement of pine boards, bricks, tiles, marble, ice, glass bottles, 4 x 4 pieces of lumber, etc. Your body must train so that you can hit and destroy these various breaking materials without hurting yourself. You should begin training with light objects such as sand bags, bean bags, and training bars made from wood. You should train your body through constant, regular practice to avoid physical injury or mental anxiety.

The training of breaking skills is absolutely necessary in preparing for a real fight. Breaking is important as it helps develop accuracy in balance, correct posture, control of breathing, strong and soft power, mental concentration, confidence, and calmness. If you are frightened, enraged or anxious, you will not be able to show your strength, which can lead to injury, and even frustration due to disappointment of failure. In the training of breaking, it is important to achieve harmony during the contraction motion of the skeleton and muscles. Specific muscles can only contract in a certain direction. Muscles that contract when the bones are stretched are referred to as flexors. Muscles that stretch when bones are stretched are called extensors. Most of the joints are connected to the flexor and extensor muscles. In addition to martial arts, almost all sports (boxing, baseball, soccer, volleyball, tennis, golf, etc.) use the muscular movements of the flexor and extensor muscles to show maximum power through speed, rhythm and timing.

Martial arts competitions and breaking techniques are examples of aerobic exercises. In other words, direct power comes from the energy that is produced by the decomposition of adenosine. Adenosine Triphosphate, or ATP, has an energy phosphorus bond. When this bond is broken, it releases the phosphate group. This in turn releases energy and causes an exothermic reaction to be used for various metabolic processes.

Martial arts competitions, breaking demonstrations, Kumdo matches, MMA fights, and short distance running events are examples of single - shot exercises. At the moment you are attempting your breaking technique, you are exhibiting the whole expression of yourself, which is the essence of the martial arts. I go into a state of selflessness as my mind and body are unified, giving all that I have to execute the proper technique.

Disciple: I will practice and train hard with patience and tenacity. Thank you, Sir.

제자: 우리 몸은 오장육부와 206개의 뼈(이 중 절반은 손과 발에 있음)와 100개의 관절, 650개의 근육 그리고 120,000km 의 혈관(지구를 3바퀴 감을 수 있음) 등으로 구성되었습니다. 자신은 손상하지 않고 최대한의 힘을 낼 수 있도록 열심히 수련하여 신체를 무기화하는 것이 무도를 단련하는 법이라 알고 있습니다. 그것을 표현하기 위해서는 격파 훈련이 필요할 것 같은데요.

사범 김용석: 부모와 자연의 섭리에서 물려받은 가장 자랑스럽고 감사해야 할 것이 바로 우리의 신체다. 태권도와 합기도는 손과 발을 사용해 싸우는 무술이다. 따라서 우리는 손과 발을 단련해 창과 칼 그리고 망치와 같은 무기의 위력을 가질 수 있다. 이러한 신체의 무기는 정당하게 사용해야 한다. 부모에게서 받은 소중한 수족의 무기를 사용하는 데 올바른 뜻이나 정당한 목적 없이 함부로 남용하는 폭력의 무기로 쓰이면 안 된다.

뱀이 이슬을 먹으면 독이 되고 소가 이슬을 먹으면 우유를 만들 듯이 범죄자가 될 수도 있고 명예를 얻을 수도 있다. 무도인은 신체를 훈련하고 단련해 더욱 강건한 몸을 만들어야 하는 것이 우선이다. 또한 인격 수양을 병행하여 상대가 공격할 수 없게 만드는 의연한 자세와 인내 그리고 자제력을 통해 싸움을 하지 않고도 멈출 수 있는 존경스러운 지도자의 덕목을 갖춰야 할 것이다.

제자: 격파에 대해 알고 싶습니다.

사범 김용석: 격파란 자신이 훈련하고 단련한 기술과 힘을 외적으로 표현함으로써 자신의 힘을 평가하는 것이다. 겨루기 대회를 통해 나름대로 실력을 평가하는 것은 사실상 무리가 따른다. 훈련을 통해 단련된 신체는 개인마다 위력이 다르고 공격의 효력을 판단하기 어렵기 때문이다. 실전에 의한 겨루기는 타격에서 위력이 따르지 않는다면 아무리 많은 공격을 했어도 그것은 소용이 없는 힘의 낭비만 될 뿐이다.

한 번의 공격을 통해 상대를 바로 제압할 수 있는 위력이라면 실전 겨루기에서 목적을 이루게 된다. 하지만 시합을 통한 겨루기는 대회의 규정, 심사위원의 평가, 호구 착용 유무 등 복잡한 경기 규정 등으로 의사대로 싸울 수가 없고, 마음대로 자신의 능력과 위력을 발휘할 수 없는 것이 요즘의 시합이다. 옛 무도의 겨루기는 일격필살이라는 목표 아래 훈련을 했고 몸을 단련하여 최대의 힘을 표출하는 것을 목적으로 했다. 따라서 자신이 가지고 있는 능력과 위력을 외적으로 표현해보자는 것이 격파다. 격파의 대상물은 송판, 벽돌, 기와, 대리석, 얼음, 병, 각목 등을 다양하게 정하여 시합이나 시범으로 쓰인다. 자신의 몸은 상하지 않고 대상물을 타격하여 제거할 수 있도록 단련을 먼저 해야 한다. 격파를 시도하기에 앞서 가벼운 대상물인 샌드백, 콩자루, 단련대 등으로 훈련을 시작하여 꾸준한 연습을 통해 신체를 단련하여 격파를 통한 부상이나 심적인 불안감을 없애야 한다.

격파의 단련은 실전에서 절대적으로 필요하다. 격파는 균형의 정확성, 올바른 자세, 호흡의 조절, 힘의 강약, 정신의 집중력, 자신감, 냉정을 통한 안정된 마음의 자세가 중요하다. 흥분하거나 겁을 내거나 불안해한다면 자신의 힘을 발휘할 수 없을 뿐 아니라 큰 부상을 입을 수 있고 실망으로 인해 좌절까지 할 수 있다.

격파의 훈련은 골격과 근육의 수축운동을 통한 조화가 중요하다. 근육은 일정한 방향으로만 수축할 수 있게 되어 있다. 뼈를 굽힐 때 수축하고 뼈를 펼 때 늘어나는 근육을 굴근이라 한다. 뼈를 펼 때 수축하고 뼈를 굽힐 때 늘어나는 근육을 신근이라 한다. 따라서 대부분의 관절은 굴근과 신근이 작용하여 운동이 일어난다. 무도뿐만 아니라 거의 모든 스포츠(권투, 야구, 축구, 배구, 테니스, 골프 등) 또한 신근을 통한 굴근의 근육운동을 통해 힘을 얻어 순간적이고 정확한 타격으로 속도, 리듬, 타이밍을 통해 최대의 위력을 표출하는 것이다.

무도에서 겨루기와 격파는 직접 동원력의 단발적인 운동인 아데노신 삼인산의 분해로 모든 에너지가 조달된다. 아데노신 삼인산(Adenosine Triphosphate) - ATP 는 에너지 인산 결합을 가지며 이 결합이 깨지면서 인산기가 떨어져 에너지를 방출하고 발열 반응이 생겨 각종 신진대사에 쓰인다.

무도의 겨루기, 격파, 검도의 시합, 격투기, 육상의 단거리 경기들이 단발성 운동에 포함된다. 격파를 시도하는 순간에는 그것이 자신의 전체 표현이고 무도의 본질에 접근하는 길이라는 신념을 갖고 완전한 자세로서 정신 통일과 함께 무아의 상태로 들어가 나의 전부를 던져 실행해야 한다.

제자: 인내와 끈기를 갖고 열심히 수련하고 단련하겠습니다. 감사합니다.

Discípulo: Nuestros cuerpos están compuestos por cinco vísceras y seis entrañas, doscientos seis huesos (la mitad de los cuales están en las manos y los pies), cien articulaciones, seiscientos cincuenta músculos y doce mil kilómetros de vasos sanguíneos. Una distancia equivalente a tres veces la circunferencia de la tierra. Entiendo que el objetivo del entrenamiento en las artes marciales es obtener la máxima potencia, sin dañar el cuerpo, para convertirlo en un arma efectiva.

Maestro Young Seok Kim: Nuestro cuerpo es un regalo heredado de la providencia de la naturaleza y nuestros padres y, por lo tanto, debe cuidarse con gran esmero y gratitud. El Taekwondo y el Hapkido son dos tipos de artes marciales que usan las manos y los pies, que sirven como armas de un poder similar a una lanza, una espada o un martillo. Cuando usas tu cuerpo como un arma; debe ser por una causa justa. Esta preciosa arma corporal que recibimos de nuestros padres, no debe usarse para la violencia o el abuso físico, sino para fines correctos y legítimos.

Cuando una serpiente bebe el rocío, lo convierte en veneno. Cuando una vaca bebe el rocío, lo convierte en leche. Una persona puede elegir ser un criminal o una persona honorable. El artista marcial debe entrenar y afinar su cuerpo para fortalecerlo. También debe cultivar las virtudes de un líder honorable; paciencia, perseverancia y autocontrol para evitar una lucha engendrada por el orgullo. Sin estas cualidades, no será capaz de atacar a sus oponentes de manera efectiva.

Discípulo: Quiero saber sobre la técnica de rompimiento.

Maestro Young Seok Kim: La técnica de romper varios materiales es una evaluación de tu fuerza. Te expresas externamente las habilidades que has desarrollado durante tu entrenamiento. Es difícil evaluar todas tus habilidades en competiciones ya que es algo muy rápido. También es difícil evaluar la efectividad del ataque de una persona, porque el cuerpo de cada uno de nosotros es diferente y responde de distinta forma al entrenamiento. Si un artista marcial no puede demostrar poder en sus ataques en un combate de competición, será desafortunadamente una pérdida de tiempo y energía.

Si tienes la capacidad de vencer a tu oponente en un solo ataque; entonces el combate habrá terminado. Sin embargo, en las competiciones actuales, no puedes luchar como desearías. Se complica por los reglamentos de competición, los sistemas de puntuación y el uso de equipo deportivo de protección personal. Los competidores no pueden demostrar completamente su capacidad y poder sin ser controlados. El propósito de los antiguos torneos de artes marciales era causar la muerte inminente de tu oponente, utilizando tu mayor poder, fruto del entrenamiento corporal. En competiciones actuales, es imposible expresar toda tu habilidad y poder.

Existen varios tipos de materiales para romper durante las demostraciones: tablas y listones de madera, tejas, ladrillos, baldosas, mármol, hielo, botellas de vidrio, etc. Por lo que debes fortalecer tu cuerpo para poder golpear y destruir estos materiales sin lesionarte. Debes comenzar a entrenar con objetos suaves como bolsas de arena o frijoles y tablas de madera de entrenamiento. Debes diseñar un programa de entrenamiento progresivo y constante, para evitar la ansiedad mental y las lesiones físicas.

El entrenamiento de las las técnicas de rompimiento es absolutamente necesario para prepararse para un combate real, ya que ayuda a desarrollar exactitud del equilibrio, una postura correcta, control de la respiración, poder fuerte y suave, concentración mental, confianza y calma. Si estás asustado, furioso o ansioso, no podrás demostrar su poder, lo que puede ocasionar frustración debido a la decepción por el fracaso. En el entrenamiento de las técnicas de rompimiento es importante lograr la armonía de la contracción (Yin: Presión) y extensión (Yang: Tensión) miofascial (músculos, tendones, ligamentos, cápsulas articulares), de la zona corporal comprometida. La miofascia de la zona corporal comprometida en el rompimiento se contrae y estira en una dirección determinada. La miofascia que se acorta, cuando se realiza el rompimiento, se denominan flexores (Yin) y la que se estira, extensores (Yang), y son los encargados de transmitir este movimiento a las estructuras donde están fijadas (huesos, músculos, ligamentos, capsulas...), y estos a su vez a las articulaciones, para producir el movimiento y el rompimiento, a través de la armonía entre la contracción y la extensión (Taegeuk).

Además de las artes marciales, casi todos los deportes (boxeo, béisbol, fútbol, voleibol, tenis, golf, etc.), también utilizan los movimientos miofasciales de contracción (Yin) y extensión (Yang), para alcanzar la potencia máxima a través de la velocidad, la fuerza, el ritmo y la sincronización.

Las competencias de artes marciales y las técnicas de rompimiento son ejemplos de ejercicios aeróbicos y anaeróbicos. En otras palabras: EL PODER DIRECTO DE LA ACCIÓN REALIZADA, PROVIENE DE LA RESPIRACIÓN; LA FUENTE DE LA ENERGÍA: Los Ejercicios Aeróbicos (Con Oxígeno): Poseen un tipo de metabolismo energético en el que los seres vivos extraen la energía (Ki) de las moléculas orgánicas (azúcar y grasas), por un proceso complejo en el que el carbono es oxidado y en el que el oxígeno procedente de la respiración es el oxidante empleado. Este proceso de oxidación obtiene la energía necesaria para la fosforilación del ATP (Trifosfato de Adenosina: molécula utilizada por los organismos vivos para proporcionar energía en las reacciones químicas). Al final de este ciclo, se obtienen 36 moléculas de ATP. Los Ejercicios Anaeróbicos (Sin Oxígeno): Poseen un tipo de metabolismo energético en el que los seres vivos extraen la energía (Ki) de moléculas orgánicas (azúcar y otros compuestos) y en el que el oxígeno procedente de la respiración no es el oxidante empleado. Al final de este ciclo, solo se obtienen 2 moléculas de ATP.

Las competiciones de artes marciales, las demostraciones de rompimiento, los encuentros de Kumdo, los combates de artes marciales mixtas y los eventos de carreras de corta distancia, son ejemplos de ejercicios de un solo golpe (anaeróbicos). En el momento en que rompes, estás exhibiendo todo tu poder (equilibrio, velocidad, poder, concentración, poder, precisión...) que es la esencia de las artes marciales. Entro en un estado de Unidad (Taegeuk), ya que mi mente, mi energía y mi cuerpo son uno solo, expresando en todo mi ser una técnica de rompimiento.

Discípulo: Entrenaré duro, con paciencia y tenacidad. ¡Gracias, Señor!

TAEGEUK - TAEGEUK POOMSAE / 태극 - 태극 품새
THE ROUTE TO RETURN TO HEAVEN / 하늘로 돌아가는 길 / LA VIA DE RETORNO AL CIELO

"We are in essence Celestial beings (an eternal spirit in Heaven), born (incarnated) to have this human experience on Earth and die to finish this experience and go back to our true Celestial state (The route back to Heaven)." / "*우리는 천상의 본질에서(천상의 영원한 영혼) 지상의 인간이라는 경험으로 태어나(환생), 죽음이라는 경험을 끝내고 천상의 진정한 존재의 상태로 되돌아가는 것이다(하늘로 돌아가는 길). 궁극적으로 태권도 품새는 천상 존재의 본성을 회복하기 위해 우리를 하늘로 인도한다.*" / *"Nosotros somos en esencia Celestiales (un espíritu eterno en el Cielo), que nacemos (nos encarnamos) para tener esta experiencia humana en la Tierra y morimos para terminar esta experiencia y regresar a nuestro estado verdadero de seres Celestiales (La vía de retorno al Cielo)."*

Disciple: What is the philosophy behind the Taegeuk Poomsae?

Master Young Seok Kim: Taegeuk Poomsae are comprised of systematic forms used by Taekwondo trainers, based on the theoretical grounds of mind and body training, and consists of 8 forms based on the Octagram (Eight signs of divination).

Taegeuk is based on the philosophical values of the metaphysics of Taoism. It is at the core of the leading ideology (I Ching, the Book of the Mutations or Changes) that Taegeuk is the primordial unity comprised of yin and yang, which give birth to the Unigrams (1 line). In turn, these Unigrams give birth to the 4 Biograms (2 lines, the four signs of divination); the Biograms give birth to the 8 Octagrams (4 lines, the eight signs of divination); and the Octagrams give birth to the 64 Hexagrams (8 lines, 64 combinations), which, in turn, give birth to all things. It was once said, "The heavenly road becomes a man (yang), and the earth becomes a woman (yin). The yin and yang mate and give birth to all things. Everything is born and dies, and change is endless."

The Universe phenomena is explained by the ancient Taoist theory of the Yin - Yang, as it is described in the I Ching. In this text, the eight Trigrams (Laws, Commands) symbolize the phenomenon of Man and the Universe. There is an eternal duality to everything that exists. The interdependence of two opposing and complementary forces (heat – cold, up - down, man – woman, and light – darkness) are all part of the great whole, the Unity: Taegeuk.

제자: 태극 품새를 담은 철학적 의미는 무엇입니까?

사범 김용석: 태극 품새는 태권도 수련생을 위한 심신 수련의 이론적 근거를 바탕으로 세워 팔괘로 구성한 8개의 체계적인 형이다.

태극이란 도교의 형이상학의 철학적 가치에 근거를 둔 거대한 궁극적 실체다. 태극은 양의를 품어 음과 양을 낳고 음과 양은 사상을 낳고, 사상은 팔괘를 낳고, 팔괘가 서로 결합하여 64괘를 낳는다는 것으로 하여 만물을 생성하는 원초적인 일치라는 것이 주역(돌연변이 또는 변화의 책)의 핵심이다. "하늘의 도는 남자(양)가 되고, 땅의 도는 여자(음)가 되었는데 음과 양이 교합해 만물을 낳는 것이다. 만물은 낳고 또 낳아 변화는 끝이 없다고 했다."

우주 현상의 주역(변화의 책)에서 묘사된 것과 같이 음양의 고대 도교 이론에 의해 형성된 것이다. 이 본문에서 여덟 개의 괘는 (율법, 지배) 사람과 우주의 현상을 상징한다. 존재하는 모든 것은 영원한 이원론이다. 서로 상반되는 세력의 상호 의존성: 따뜻함 - 추위, 위 - 아래, 여자 - 남자, 밝음 - 어둠, … 거대한 전체의 일부인 두 개의 힘이며, 화합을 태극이라 한다.

Discípulo: Maestro, ¿Cuál es la filosofía de las fórmulas Taegeuk?

Maestro Young Seok Kim: La fórmulas Taegeuk son fórmulas sistemáticas usadas por los entrenadores de Taekwondo, basadas en los fundamentos teóricos del entrenamiento de la mente y el cuerpo, y consiste de 8 fórmulas basadas en el Octagram (Ocho signos de adivinación).

Taegeuk es una gran realidad fundamental basada en los valores filosóficos de la metafísica del Taoísmo. Es el centro de la ideología principal (I Ching, El Libro De Las Mutaciones) que Taegeuk es la Unidad Primordial compuesta por el yin y el yang, que dan nacimiento a los Unigramas (un trazo). A su vez, los Unigramas dan nacimiento a los 4 Biogramas (dos trazos, los 4 signos de la adivinación); los Biogramas dan nacimiento a los 8 Octagramas (cuatro trazos, los 8 signos de la adivinación); y los Octagramas dan nacimiento a los 64 Hexagramas (ocho trazos, 64 combinaciones), los cuales, a su vez, dan nacimiento a todas las cosas. Una vez se dijo: "El camino celestial se convierte en un hombre (yang), y la tierra se convierte en una mujer (yin). El yin y el yang se aparean y dan a luz a todas las cosas. Todo nace y nace, y el cambio es interminable."

Los fenómenos del Universo son explicados por la antigua teoría taoísta del Yin - Yang, como descrito en el I Ching. En este texto, los ocho Trigramas (Leyes, Comandos), simbolizan el fenómeno del Hombre y el Universo. La eterna dualidad de todo lo que existe. La interdependencia de 2 fuerzas opuestas y complementarias: calor – frío; arriba – abajo; hombre – mujer; luz – oscuridad… Dos fuerzas, que forman parte de un gran todo, una Unidad: Taegeuk.

Disciple: Master, what is the origin of the Fu Shi Octagram?

Master Young Seok Kim: The trigrams are a millennium-old knowledge that date back to the year 2852 B.C. in China. The emperor Fu Shi is credited with the vision of the "Eight States of Change", which were represented in different manifestations and found since ancient times in the oldest civilizations in the world (China, India, Maya, Aztec, etc.), thus verifying that Palgue is an old universal knowledge.

제자: 사범님, 복희의 팔괘 근원은 무엇인가요?

사범 김용석: 괘는 B.C. 2852년으로 거슬러 올라간 아주 오래된 중국의 학문이다. 황제 복희는 세계(중국, 인도, 마야, 아즈텍 등)에서 가장 오래된 문명 가운데, 고대부터 다양한 발현으로 표현된 '8개의 변화되는 상태'에 대한 비전으로 평가하여 팔괘가 오래된 보편화한 지식이라는 것을 증명했다.

Discípulo: Maestro, ¿Cuál fue el origen del Octograma de Fu Shi?

Maestro Young Seok Kim: Los trigramas son un conocimiento milenario que se remontan al año 2852 A.C. en China. Se le atribuye al Emperador Fu Shi el vislumbramiento de los "Ocho Estados De Cambio", que fueron representados en diferentes manifestaciones y encontrados desde tiempos remotos en las civilizaciones más antiguas del mundo (China, India, Maya, Azteca...), verificando de esta manera que Palgue es un antiguo conocimiento universal.

Disciple: Master, what is the dynamic of the Fu Shi Octagram?

Master Young Seok Kim: The movement of the lines in each trigram is different and the combination of those 3 lines that represent the terrestrial, human and celestial levels, will determine 8 trigrams (8 possibilities), which will constitute their "Celestial Design". The combination of these will determine the 64 hexagrams, which in turn constitute its "Individual Design".

제자: 복희 팔괘의 원동력은 무엇입니까?

사범 김용석: 각자 3개의 선으로 된 괘의 이동은 서로 다르며 지상, 인간 및 하늘의 수준을 나타내는데, 이러한 3개 선의 조합은 8개의 3선(8가지 가능성)을 결정하게 되며 '하늘의 구상'이 계속된다. 그리고 이들의 조합은 64괘를 결정하게 되는 것이며, 차례로 '개별적인 구상'을 구성하게 되는 것이다.

Discípulo: Maestro, ¿Cuál es la dinámica del Octograma de Fu Shi?

Maestro Young Seok Kim: El movimiento de las líneas en cada trigrama es diferente y la combinación de esas 3 líneas que representan el nivel terrestre, humano y celeste, van a determinar 8 trigramas (8 posibilidades), que van a constituir su "Designio Celeste". Y la combinación de éstos va a determinar los 64 hexagramas, que a su vez, constituyen su "Designio Individual".

Disciple: Master, what is the relation between Palgue and Taegeuk?

Master Young Seok Kim: Taegeuk is the base of the Palgue. Palgue is an ancestral knowledge that studies the 8 States of Change within any area of the human development.

제자: 사범님, 태극과 팔괘의 관계에 대해 설명해주십시오.

사범 김용석: 태극은 팔괘의 토대다. 팔괘는 인간 발달의 모든 영역에서 변화된 8가지의 변화를 연구하는 조상의 학문이다.

Discípulo: Maestro, ¿Cuál es la relación entre los Palgue y las Taegeuk?

Maestro Young Seok Kim: Las Taegeuk son la base de los Palgue. Palgue es un conocimiento ancestral que estudia los 8 Estados del Cambio dentro de cualquier área del desenvolvimiento humano.

Disciple: Master, what is the objective of the practice of the Palgue in the Taegeuk?

Master Young Seok Kim: These Poomsae have as its objective the harmony in the psychophysical development of the individual. Philosophically, everything in the world is based on movement and change. By teaching the disciple to move with coordination, balance the posture, expand the breathing capacity, improve one's perception and quicken one's adaptation to the environment, the disciple increases his/her self-control and stabilizes his reactions to changes in everyday situations. The Palgue of the Taegeuk sustains its work in 3 great pillars: 1. The breathing, 2. The internal work and 3. The integral corporal movement.

제자: 태극을 통한 팔괘의 수련 목적은 무엇입니까?

사범 김용석: 이러한 품새들은 객관적으로 개인의 심리학적 발달과 조화를 이룬다. 세계에서 모든 것이 운동과 변화하는 철학적 개념을 바탕으로 한다. 제자가 공동 작업을 통해 움직이고 균형 있는 자세를 이루고 호흡 능력을 늘리고 환경에 대한 지각력과 적응 능력을 향상시키도록 교육하면, 제자는 자신의 통제력을 높이고 일상 상황의 변화에 대한 반응을 안정시킨다. 태극의 팔괘는 3개의 큰 기둥 속에서 훈련을 통해 1 호흡, 2 내적 작업, 3 완전한 신체 운동을 지속시킨다.

Discípulo: Maestro, ¿Cuál es el objetivo de la práctica del Palgue en las Taegeuk?

Maestro Young Seok Kim: Estas fórmulas tienen como objetivo la armonía en el desarrollo psicofísico del individuo. Basado en una concepción filosófica, la cual expresa que en el mundo todo es movimiento y cambio. Enseñando al Discípulo: a moverse coordinadamente, equilibrando la postura y ampliando la capacidad respiratoria, mejorando la percepción y su adaptación al entorno, el Discípulo: aumenta su autocontrol y estabiliza sus reacciones frente a los cambios en las situaciones de diario vivir. Los Palgue, de las Taegeuk, sostienen su trabajo en 3 grandes pilares: 1. La respiración, 2. El trabajo interno, y 3. El movimiento corporal integral.

Disciple: Master, what is the scheme that Taegeuk forms follow?

Master Young Seok Kim: All Taegeuk forms use the same scheme, which is the Chinese ideogram Wang (The Holy Emperor - The Wizard King), an ideogram with 4 strokes, which literally means: King, Emperor, Sovereign, Great, or Saint.

The Eastern Tradition places man in three planes. The superior corresponds to Heaven, the lower to Earth and the middle to Man, which are also the three powers. We can see this reflected in the Wang ideogram. Making an analogy, the upper plane is the intellectual (Thought), the middle the emotional (Feeling), and the lower the corporal (Action):

"My thought, feeling and action, in accordance with Heaven, allow me to master the phenomena of Heaven and Earth, and become a Holy Emperor, a Wizard King."

제자: 사범님, 태극 품새가 형성하는 체계는 무엇입니까?

사범 김용석: 모든 태극 품새는 동일한 표기법을 사용하는데, 이는 중국의 표의문자 왕
(거룩한 황제- 마법사 왕), 문자 그대로 네 번의 필지의 표의문자를 사용한다. 왕, 황제, 주권자
2 위대한, 성인.

동양 전통은 사람을 3면에 배치한다. 맨 위는 하늘에 해당한다. 맨 아래는 땅에 해당한다. 중간은 사람에
해당한다. 3가지 능력을 말한다. 이것을 우리는 왕의 문자에 반영할 수 있다. 맨 윗면은 지성(사상), 중간의 면은
감정(느낌), 맨 아랫면은 신체(동작)에 비유할 수 있다.

**"나의 느낌과 행동이 하늘의 허락 속에 일치된 행동으로 하늘과 땅의 거대함을 마무리함으로써 신성한 황제 즉
마법의 왕이 될 수 있는 것이다."**

Discípulo: Maestro, ¿Cuál es el esquema que forman las fórmulas Taegeuk?

Maestro Young Seok Kim: Todas las fórmulas Taegeuk forman el mismo esquema,
que es el ideograma chino Wang (El Emperador Santo - El Rey Mago), un ideograma con
4 trazos, que literalmente significa: 1. Rey, Emperador, Soberano 2. Grande, Santo.

La Tradición Oriental sitúa al hombre en 3 planos. El superior corresponden al Cielo, el inferior a la
Tierra y el medio al Hombre: Los 3 Poderes. Esto lo podemos ver reflejado en el ideograma Wang.
Haciendo una analogía, el plano superior es el intelectual (Pensamiento), el medio el emocional
(Sentimiento) y el inferior el corporal (Acción):

**"Mi pensamiento, sentimiento y acción en concordancia con el Cielo, me permiten dominar las
fenómenos del Cielo y de la Tierra, y convertirme en un Emperador Santo, en un Rey Mago".**

Disciple: Master, what are the characteristics of these Poomsae?

Master Young Seok Kim: The characteristics of these Poomsae are as follows:
1. Their technical characteristics: The first Poomsae are basic and simple and the last ones are more advanced and complex.
2. Their design. All the Poomsae make their first movements on the terrestrial line, and then they descend to the human and celestial lines. And, then, they go back to the human line and return to their place of origin, the Earth. This positive cycle, Yang, represents our physical existence.
3. The quality of the Geon Trigram, the Creativity of the Heaven, is more in accord with the characteristics of a beginner Disciple, to whom the Taegeuk Il Jang corresponds. And the quality of the Gon Trigram, the Receptivity of Earth, is more in accord with the characteristics of an advanced Disciple, to which corresponds the Taegeuk Pal Jang. The ultimate goal of martial arts, expressed in its ideogram Do: Becoming a way back to Heaven.
4. There are 8 color belt forms in Taekwondo called the "Taegeuk" Poomsae (Taegeuk 1 Jang to Taegeuk 8 Jang). The number of yells in all the Taegeuk Poomsae is equal to 9. The first 7 forms, Taegeuk 1-7, have one yell per form, and the last one, Taegeuk 8, has two. In Yeokhak (a Confucius based metaphysics/philosophy), this is significant as the number nine is the highest

single figure number in the decimal system. Being that it is the last and largest single figure number, it is considered to be perfect and means that the practitioner has completed all the Poomsae (form) requirements. Yelling twice in Taeguek Poomsae 8 represents the harmony of yin and yang. The Gon triagram in Palgue (the eighth trigram) shows yin (meaning two in the number system) and represents earth and its roots and stability, and also represents beginning and end.

5. The path of spiritual realization of being: That goes from the periphery to the center, from the multiplicity to the unity, from the much to the One, from the inferior to the superior..., because this is the Way of the Do: the return to the origin, the return to the source, the return to the roots. This negative cycle, Yin, represents our true existence, spiritual.

In philosophical and spiritual terms, we are in essence Celestial (an eternal spirit in Heaven), born (incarnated) to have this human experience on Earth and die to finish this experience and go back to our true state of Celestial beings (The route back to Heaven). Ultimately, the Taekwondo Poomsae lead us to Heaven, to recover our nature of Celestial Beings. For that reason, the Taegeuk start with the Geon Trigram (Taegeuk 1 Jang), Heaven, and finish with the Gon Trigram (Taegeuk 8 Jang), Earth, representing the first half of the cycle of Celestial existence. The second half of the cycle, or the return to Celestial, is represented by the more advanced Taekwondo Poomsae (Black Belt) and by the true meaning of "Do".

제자: 품새의 특성에 대해 알고 싶습니다.

사범 김용석: 품새의 특성은 다음과 같다.

1. 품새는 술기의 특성이다. 첫 번째 품새는 기본적이고 간단하며 마지막 품새는 좀 더 수준이 높고 복잡해진다.

2. 품새는 구상에 의한 것이다. 모든 품새는 땅의 선상에서 첫 번째 동작을 하고 사람의 선상을 지나서 하늘의 선상에 도달한다. 계속해서 사람의 선상으로 하여 처음 시작한 땅의 선상으로 되돌아가는 것이다. 이러한 양적인 주기의, 양은 우리의 육체적 존재를 나타낸다.

3. 건괘의 우수성이다. 태극 1장이 대응하는 초급자 제자의 수준에 따라 하늘의 창조성을 나타낸다. 그리고 곤괘의 우수성이다. 태극 8장이 대응하는 진보된 제자의 수준에 따라 땅의 수용성을 나타낸다. 무도의 궁극적인 목표는 도라고 표현한 표의문자다. 하늘로 돌아가는 길인 것이다.

4. 태권도 유급자 품새는 태극 1장부터 태극 8장까지 이루어진다. 태극 1장부터 7장까지는 기합이 한 번이고, 태극 8장은 두 번의 기합을 사용하여 총 아홉 번의 기합으로 유급자 형을 마무리한다. 역학적으로 풀이를 할 때 10진법에서의 아홉수는 1의 자릿수에서 제일 큰 숫자다. 최고, 최대 완결수로 자리 잡은 마지막 숫자다. 유급자의 품새를 마무리한다는 의미다. 태극 8장의 두 번 기합은 음양의 조화를 뜻하고 팔괘의 곤을 의미하며, 2의 수를 뜻하는 음과 땅을 나타내고 뿌리와 안정 그리고 시작과 끝을 의미한다.

5. 존재의 영적 실현의 길. 그것은 주변에서 중심부로, 다양성에서 단일체로, 하급에서 상류로…, 이것이 도의 길로 갈 수 있는 방법이기 때문이다. 시작으로 돌아가는 것이며, 근원으로 돌아가는 것이며, 뿌리로 다시 돌아가는 것이다.

철학적, 영적 용어로 우리는 천상의 본질 속에서 지상의 인간으로 태어나, 죽음이라는 경험을 끝내고 천상의 진정한 존재로 되돌아가는 것이다. 궁극적으로 태권도 품새는 천상 존재의 본성을 회복하기 위해 우리를 하늘로 인도한다. 그러한 이유로 태극은 하늘의 존재를 나타내는 건괘인 하늘로 시작하여 곤괘인 땅으로 끝낸다. 천상의 귀환은 좀 더 발전된 태권도 품새(유단자 품새)를 통해 그리고 진정한 의미의 '도'로 표현된다.

Discípulo: ¿Cuáles son las características de las fórmulas?

Maestro Young Seok Kim: Las características de las fórmulas son las siguientes:

1. Sus características técnicas: Siendo más básicas y simples las primeras fórmulas y más avanzadas y complejas las últimas.

2. Su diseño. Todas las fórmulas realizan sus primeros movimientos sobre el trazo terrestre y van descendiendo a los trazos humano y celeste. Y luego de vuelta a la línea de lo humano y retorna a su lugar de origen, la Tierra. Este círculo positivo, Yang, representa nuestra existencia física.

3. La cualidad del Trigrama Geon, la Creatividad del Cielo, está más acorde con las características de un Discípulo principiante al que le corresponde la Taegeuk Il Jang. Y la cualidad del Trigrama Gon, la Receptividad de la Tierra, está más acorde con las características de un Discípulo avanzado al que le corresponde la Taegeuk Pal Jang, El objetivo último de las artes marciales está expresado en su ideograma Do: Convertirse en un camino de retorno al Cielo.

4. Hay 8 fórmulas (Poomsae) para cinturones de colores en Taekwondo llamadas las fórmulas "Taegeuk" (Taegeuk 1 Jang a Taegeuk 8 Jang). El número de gritos en todas las Taegeuk Poomsae es igual a 9. Las primeras 7 fórmulas, Taegeuk 1-7, tienen un grito por fórmula y la última, Taegeuk 8, tiene dos. En Yeokhak (una filosofía / metafísica basada en Confucio), esto es significativo ya que el número nueve es el número más alto de una sola cifra en el sistema decimal. Siendo que es el último y más grande número, se considera perfecto y significa que el practicante ha completado todos los requisitos de las Poomsae (fórmulas). Gritar dos veces en Taeguek Poomsae 8 representa la armonía del yin y el yang. El triagrama Gon en Palgue (el octavo trigrama) muestra yin (que significa dos en el sistema numérico) y representa la tierra y sus raíces y estabilidad, y también representa el comienzo y el final.

5. El camino de realización espiritual del ser. Que va desde la periferia al centro, de la multiplicidad a la unidad, de lo mucho al Uno, desde lo inferior a lo superior…, pues éste es el Camino del Do: la vuelta al origen, el retorno a la fuente, el regreso a las raíces. Este círculo negativo, Yin, representa nuestra verdadera existencia, espiritual.

En términos filosóficos y espirituales, nosotros somos en esencia Celestiales (un espíritu eterno en el Cielo), que nacemos (nos encarnamos) para tener esta experiencia humana en la Tierra y morimos para terminar esta experiencia y regresar a nuestro estado verdadero de seres Celestiales (La vía de retorno al Cielo). En último término, las fórmulas de Taekwondo nos conducen al Cielo, a recuperar nuestra naturaleza de Seres Celestes. Por eso, las Taegeuk parten del Trigrama Geon (Taegeuk 1 Jang), Cielo, y finalizan en el Trigrama Gon (Taegeuk 8 Jang), Tierra, representando la primera mitad del ciclo de existencia Celestial. La segunda mitad del ciclo, o el retorno a lo Celestial, es representado por las fórmulas más avanzadas de Taekwondo (Cinturón Negro) y por el verdadero significado de "Do".

Disciple: Master, how are the Trigrams assigned to the forms?
제자: 사범님, 품새에 괘를 어떻게 표시합니까?
Discípulo: Maestro, ¿cómo estan los Trigramas asignados a las formulas?

Master Young Seok Kim: Philosophically speaking, the Trigrams should be assigned as follows:
사범 김용석: 철학적으로 말하자면, 괘는 다음과 같이 표시해야 한다.
Maestro Young Seok Kim: Hablando filosóficamente, los Trigramas deberían asignarse de la siguiente manera.

FORM / 품새 / FORMULA

	TRIGRAM / 괘 / TRIGRAMA
1. Taegeuk Il Jang	Geon Heaven / 하늘 / Cielo
2. Taegeuk Ee Jang	Tae Lake / 호수 / Lago
3. Taegeuk Sam Jang	Ee Fire / 불 / Fuego
4. Taegeuk Sa Jang	Jin Thunder / 번개 / Trueno
5. Taegeuk Oh Jang	Son Wind / 바람 / Viento
6. Taegeuk Yuk Jang	Gam Water / 물 / Agua
7. Taegeuk Chil Jang	Gan Mountain / 산 / Montaña
8. Taegeuk Pal Jang	Gon Earth / 땅 / Tierra

Disciple: Master, will you please explain each of the 8 Taegeuk figures?
제자: 8개의 태극 상징에 대해 설명해주시겠습니까?
Discípulo: Maestro, por favor me explica cada una de las ocho figuras Taegeuk.

Master Young Seok Kim: I will do it in order, describing their philosophy.
사범 김용석: 그것들을 순서대로 하여 철학적으로 설명하면 이렇다.
Maestro Young Seok Kim: Lo haré en orden, describiendo su filosofía.

Taegeuk Il Jang philosophy: Geon Trigram (The Creative): Force, Steady, Heaven, Father, Head, South, Yang Metal, A Strong Energy / 건 (창조): 힘, 안정, 하늘, 아버지 머리, 뇌, 남쪽, 양금, 왕성한 기운 / Trigrama Geon (Lo Creativo): La Fuerza, Lo Estable, El Cielo, El Padre, La Cabeza, El Sur, El Metal Positivo (Yang), Una Energía Fuerte.

Taegeuk Il Jang represents the symbol of "Kwon", one of the 8 kwaes (divination signs), which means the heaven, positive metal and act of robustness. As the Geon symbolizes the beginning of the creation of all things in the universe, so does the Taegeuk 1 Jang in the starting first Poomsae of Taekwondo / 태극 1장은 팔괘의 '건'을 의미하며 건은 하늘과 양금 그리고 강건함을 나타낸다. 건의 상징이 우주 만물 창조의 시초인 것같이 태권도에서 태극 1장은 처음 시작하는 품새다. / Taegeuk Il Jang representa el símbolo "Kwon", uno de los 8 kwaes (signos de adivinación), que significa el cielo, metal positivo y acto de robustez. Como Geon, simboliza el comienzo de la creación de todas las cosas en el universo, como lo hace la Taegeuk 1 Jang, como la primera Poomsae de Taekwondo.

The Creativity of Heaven: The ascent of an action to Heaven, A symbol of dragon that leaves Earth and ascend to Heaven / 하늘의 창조성: 하늘로 향한 행동의 동반이며 땅을 떠나서 하늘로 올라가는 용의 상징이다. / La Creatividad del Cielo: El ascenso de una acción al Cielo, Un símbolo del dragón que deja la Tierra y asciende al Cielo.

Taegeuk Ee Jang Philosophy: Tae Triagram (The Serene): Rejoicing, Lake, Third Daughter, Mouth, Lung, Southeast, Yin Metal, A Harmonious Energy / 태(고요함): 기쁨, 호수, 셋째 딸, 입, 허파, 남동쪽, 음금, 화합하는 기운 / Trigrama Tae (Lo Sereno): El Rego-cijamiento, El Lago, La Tercera Hija, El Boca, El Pulmón, El Sureste, El Metal Negativo (Yin), Una Energía de Armonía.

Taegeuk Ee Jang represents the symbol of "Tae", one of the 8 kwaes (divination signs), which means the lake, negative metal and act of delight. Keep the inner firmness and the outer softness / 태극 2장은 팔괘의 '태'를 의미하며 태는 연못과 음금 그리고 기쁨을 나타낸다. 속으로는 단단하고 겉으로는 부드러움을 유지한다. / Taegeuk Ee Jang representa el símbolo "Tae", uno de los 8 kwaes (signos de adivinación), que significa el lago, metal negativo y acto de deleite. Mantenga la firmeza interna y la suavidad exterior.

The Calm of the Lake: Soft on the outside, strong on the inside. External tenderness with internal strength / 호수의 고요함: 바깥쪽은 부드럽고 안쪽은 강하다. 외유내강을 뜻한다. / La Calma del Lago: Suave por fuera, fuerte por dentro. Ternura externa con fortaleza interna

Taegeuk Sam Jang Philosophy: Ree Trigram (The Luminous); Adherence, Parting, Second Daughter, Eye, Fire, Gallbladder, East, A Warm Energy / 리(밝음): 충실함, 이별, 둘째 딸, 눈, 쓸개, 동쪽, 불, 따뜻한 기운 / Trigrama Ree (Lo Luminoso): La Adherencia, La Salida, La Segunda Hija, El Ojo, El Fuego, El Este, La Vesícula Biliar, Una Energía Cálida.

Taegeuk Sam Jang represents the symbol of "Ree", one of the 8 kwaes (divination signs), which means the fire, sun and act of parting. Expresses hot and bright like fire / 태극 3장은 팔괘의 '리'를 의미하며 리는 불, 해 그리고 분산을 나타낸다. 불과 같이 뜨겁고 밝음을 표현한다. / Taegeuk Sam Jang representa el símbolo "Ree", uno de los 8 kwaes (signos de adivinación), que significa fuego, sol y acto de despedida. Expresa el calor y la brillantez como el fuego.

The Luminosity of Fire: Fire transforms everything / 불의 광휘: 불은 모든 것을 변형시킨다. / La Luminosidad del Fuego: El Fuego lo transforma todo.

Taegeuk Sa Jang Philosophy: Jin Trigram (The Suscitative): Movement, Change, Thunder, First Son, Foot, Yang Tree, Heart, Northeast, A Moving Energy / 진(변화): 움직임, 변동, 번개, 첫째 아들, 발, 심장, 북동쪽, 양목, 움직이는 기운 / Trigrama Jin (Lo Suscitativo): El Movimiento, La Cambio, El Trueno, El Primer Hijo, El Pie, El Corazón, El Nordeste, El Arbol Positivo (Yang), Una Energía de Movimiento.

Taegeuk Sa Jang represents the symbol of "Jin", one of the 8 kwaes (divination signs), which means the thunder, positive wood and act of movement. Contain great power and dignity / 태극 4장은 팔괘의 '진'을 의미하며 진은 우뢰, 양목 그리고 움직임을 나타낸다. 큰 힘과 위엄을 내포한다. / Taegeuk Sa Jang representa el símbolo "Jin", uno de los 8 kwaes (signos de adivinación), que significa el trueno, madera positiva y acto de movimiento. Contiene gran poder y dignidad.

The Mobility of the Thunder: Object of terror and power / 천둥의 이동성: 공포와 권력의 대상 / La Movilidad del Trueno: Objeto de terror y poder

Taegeuk Oh Jang Philosophy; Son Trigram (The soft): Penetrance, Follow, Wind, First Daughter, Leg, Liver, Southwest,Yin Tree, A Scattering Energy / 손(부드러움): 통과, 바람, 첫째 딸, 다리, 간, 남서쪽, 음목, 흩어지는 기운 / Trigrama Son (Lo Suave): La Penetrancia, El Seguir, El Viento, La Primera Hija, El Pierna, El Hígado, El Suroeste, El Arbol Negativo (Yin), Una Energía de Dispersión.

Taegeuk Oh Jang represents the symbol of "Son", one of the 8 kwaes (divination signs), which means the wind, negative wood and act of entering. Carries mighty force and calmness according to its strength or weakness / 태극 5장은 팔괘의 '손'을 의미하며 손은 바람, 음목 그리고 들어감을 나타낸다. 바람의 강약에 따라 위세와 고요함을 지닌다. / Taegeuk Oh Jang representa el símbolo del "Son", uno de los 8 kwaes (signos de adivinación), que significa el viento, la madera negativa y el acto de entrar. Lleva fuerza poderosa y calma según su poder o debilidad.

The Penetration of the Wind: Submissive state of the mind / 바람의 관통: 마음의 유순함 / La Penetración del Viento: Estado sumiso de la mente.

Taegeuk Yuk Jang Philosophy; Gam Trigram (The Abyssal): Danger, Harsh, Second Son, Ear, Water, Kidney, West, Positive Tree (Yang) A Prosperous Energy / 감(심연): 위험, 험난, 둘째 아들, 귀, 콩팥, 서쪽, 물, 풍요로움의 기운 / Trigrama Gam (El Abisal): El Peligro, Lo Duro, El Segundo Hijo, El Oído, El Agua, El Riñón, El Oeste, El Arbol Positivo (Yang), Una Energía Próspera.

Taegeuk Yuk Jang represents the symbol of "Gam", one of the 8 kwaes (divination signs), which means the water, moon and act of exiting. Keeps incessant flow and softness / 태극 6장은 팔괘의 '감'을 의미하며 감은 물, 달 그리고 빠짐을 나타낸다. 끊임없는 흐름과 유연함을 지킨다. / Taegeuk Yuk Jang representa el símbolo "Gam", uno de los 8 kwaes (signos de adivinación), que significa el agua, la luna y el acto de salir. Mantiene un flujo y suavidad incesante.

The Abyss of Water: It adapts to any shape. The supreme excellence is that of water. It benefits all beings without disputing with them, and occupies the lowest places, thereby approaching the Do / 물의 심연: 물은 어떤 모양에도 적용된다. 최고의 우수성은 물이다. 물은 모든 존재에게 이익을 주면서 논쟁하지 않고, 가장 낮은 곳을 차지하며, 그것에 의해서 도에 접근한다. / El Abismo del Agua: Se adapta a cualquier forma. La excelencia suprema en la del Agua. Beneficia a todos los seres sin disputar con ellos, y ocupa los lugares más bajos, con lo cual se acerca al Do.

Taegeuk Chil Jang Philosophy: Gan Trigram (The Quiet): Quietness, Stoppage, Mountain, Third Son, Hand, Stomach, Northwest, Yang Earth, A Stopping Energy / 간 (고요함): 조용함, 멈춤, 산, 셋째 아들, 손, 위, 양토, 북서쪽, 멈추는 기운 / Trigrama Gan (La Tranquilidad) La Quietud, El Paro, La Montaña, El Tercer Hijo, La Mano, El Estómago, El Noroeste, La Tierra Positiva (Yang), Una Energía Para Detener.

Taegeuk Chil Jang represents the symbol of "Gan", one of the 8 kwaes (divination signs), which means the mountain, positive earth and act of stopping. Including ponderosity and firmness / 태극 7장은 팔괘의 '간'을 의미하며 간은 산, 양토 그리고 그침을 나타낸다. 육중함과 굳건함을 지닌다. / Taegeuk Chil Jang representa el símbolo "Gan", uno de los 8 kwaes (signos de adivinación), que significa la montaña, la tierra positiva y el acto de parar. Incluye ponderosidad y firmeza.

The Immobility of the Mountain: Stability, waiting / 산의 부동성: 안정성, 기다림 / La Inmobilidad de la Montaña: La estabilidad, la espera.

Taegeuk Pal Jang Philosophy; Gon Trigram (The Receptive): Benevolent, Abnegation, Earth, Mother, Abdomen, Brain, North, Yin Earth, A Tollerance Energy. / 곤 (수용): 자애, 자제, 땅, 어머니, 배, 뇌, 북쪽, 음토, 포용하는 기운 / Trigrama Gon (Lo Receptivo): Benevolente, La Abnegación, La Tierra, La Madre, El Abdomen, El Cerebro, El Norte, La Tierra Negativa (Yin), Una Energía de Tolerancia.

Taegeuk Pal Jang represents the symbol of "Gon", one of the 8 kwaes (divination signs), which means the earth, negative earth and act of suppleness. Keep the root and settlement, also the beginning and the end. Within 2 times yell, finished the harmony of the yin and yang for last Taegeuk Poomsae of the color belt / 태극 8장은 팔괘의 '곤'을 의미하며 곤은 땅, 음토 그리고 유순함을 나타낸다. 뿌리와 안정, 또한 시작과 끝을 지닌다. 유급자의 마지막 태극 품새로 두 번의 기합으로 음양의 조화를 마무리한다. / Taegeuk Pal Jang representa el símbolo "Gon", uno de los 8 kwaes (signos de adivinación), que significa tierra, tierra negativa y acto de flexibilidad. Mantenga la raíz y el asentamiento, también el principio y el final. Grita 2 veces, finalizando la armonía del Yin y el Yang para la última fórmula Taegeuk de los cinturones de color.

The receptivity of the Earth: Synonym for life - Where the creative force of Heaven is expressed. It gives life, and beings grow on it, absorbing its infinite energy. The basis of the development of all beings in the universe / 땅의 수용성: 삶의 동의어 - 하늘의 창조적인 힘이 표현되는 곳이다. 그것은 생명을 부여하며, 그런 존재는 무한한 기운을 흡수하면서 자라난다. 우주에 있는 모든 존재의 발전을 이루는 기본이 된다. / La Recep-tividad de la Tierra: Sinómino de vida - donde se expresa la fuerza creativa del Cielo. Da vida y los seres cresen sobre ella, absorbiendo su energía infinita. La base del desarrollo de todos los seres del universo.

Following you will find the Taegeuk Poomsae; but before the Taegeuks, we are introducing a set of basics for beginners called "Kwon Bup" and "Kibon Hyung" / 다음과 같이 태극 품새를 보여줄 것이다. 하지만 태극 품새 전에 초보자를 위한 기본동작인 '권법'과 '기본 형'을 소개한다 / A continuación usted encontrará las Taegeuk Poomsae; pero antes de las Taegeuks, estamos introduciendo unos básicos para principiantes llamados "Kwon Bup" y "Kibon Hyung".

KWON BUP / 권법

Ready / 준비 Joonbi / Alistar

1. Horseback stance left low block - Yell- / 주춤서기 왼아래막기 – 기합 - Juchumseogi wen araemakki -Kihap- / Postura de jinete bloqueo abajo con brazo izquierdo y Grito.
2. Horseback stance right low block / 주춤서기 오른아래막기 Juchumseogi oreun araemakki / Postura de jinete bloqueo abajo con brazo derecho.
3. Horseback stance left middle block / 주춤서기 왼몸통막기 Juchumseogi wen momtongmakki / Postura de jinete bloqueo al medio con brazo izquierdo.
4. Horseback stance right middle block / 주춤서기 오른몸통막기 Juchumseogi oreun momtongmakki / Postura de jinete bloqueo medio con brazo derecho.
5. Horseback stance left high block / 주춤서기 왼 얼굴막기 Juchumseogi wen olgulmakki / Postura de jinete bloqueo arriba con brazo izquierdo.
6. Horseback stance right high block / 주춤서기 오른 얼굴막기 Juchumseogi oreun olgulmakki / Postura de jinete bloqueo arriba con brazo derecho.
7. Horseback stance left trunk punch / 주춤서기 왼몸통지르기 Juchumseogi wen momtong jireugi / Postura de jinete golpe recto al medio con brazo izquierdo.
8. Horseback stance right trunk punch -Yell- / 주춤서기 오른몸통지르기 – 기합 - Juchumseogi oreun momtong jireugi -Kihap- / Postura de jinete golpe recto al medio con brazo derecho y Grito.

KI BON HYUNG / 기본형

Joonbi	Baro	Kihap
준비	바로	기합
Ready	Finish	Yell
Alistar	Terminar	Gritar

Joonbi/Baro

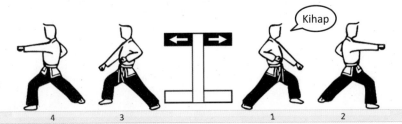

4   3   1   2

5   6   7   8

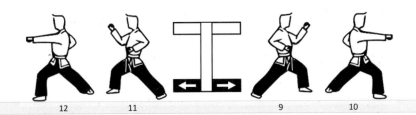

12   11   9   10

16   15   14   13

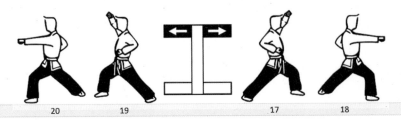

20   19   17   18

21   22

Ready / 준비 Joonbi / Alistar

1. Left forward inflection stance low block - Yell- / 왼앞굽이 아래막기 -기합- Wen apkubi araemakki -Kihap- / Postura larga de frente izquierda con bloqueo abajo ipsilateral y Grito.
2. Right forward inflection stance trunk opposite punch / 오른앞굽이 몸통반대지르기 Oreun apkubi momtong bandaejireugi / Postura larga de frente derecha con golpe al medio ipsilateral.
3. Right forward inflection stance low block / 오른앞굽이 아래막기 Oreun apkubi araemakki / Postura larga de frente derecha con bloqueo abajo ipsilateral.
4. Left forward inflection stance trunk opposite punch / 왼앞굽이 몸통반대지르기 Wen apkubi momtong bandaejireugi / Postura larga de frente izquierda con golpe al medio ipsilateral.
5. Left forward inflection stance low block / 왼앞굽이 아래막기 Wen apkubi araemakki / Postura larga de frente izquierda con bloqueo abajo ipsilateral.
6. Right forward inflection stance trunk opposite punch / 오른앞굽이 몸통반대지르기 Oreun apkubi momtong bandaejireugi / Postura larga de frente derecha con golpe al medio ipsilateral.
7. Left forward inflection stance trunk opposite punch / 왼앞굽이 몸통반대지르기 Wen apkubi momtong bandaejireugi / Postura larga de frente izquierda con golpe al medio ipsilateral.
8. Right forward inflection stance trunk opposite punch -Yell- / 오른앞굽이 몸통반대지르기 - 기합- Oreun apkubi momtong bandaejireugi -Kihap- / Postura larga de frente derecha con golpe al medio ipsilateral y Grito.
9. Left forward inflection stance trunk inner wrist block / 왼앞굽이 몸통막기 Wen apkubi momtongmakki / Postura larga de frente izquierda con bloqueo al medio ipsilateral.
10. Right forward inflection stance trunk opposite punch / 오른앞굽이 몸통반대지르기 Oreun apkubi momtong bandaejireugi / Postura larga de frente derecha con golpe al medio ipsilateral.
11. Right forward inflection stance trunk inner wrist block / 오른앞굽이 몸통막기 Oreun apkubi momtongmakki / Postura larga de frente derecha con bloqueo al medio ipsilateral.
12. Left forward inflection stance trunk opposite punch / 왼앞굽이 몸통반대지르기 Wen apkubi momtong bandaejireugi / Postura larga de frente izquierda con golpe al medio ipsilateral.
13. Left forward inflection stance trunk inner wrist block / 왼앞굽이 몸통막기 Wen apkubi momtongmakki / Postura larga de frente izquierda con bloqueo al medio ipsilateral.
14. Right forward inflection stance trunk opposite punch / 오른앞굽이 몸통반대지르기 Oreun apkubi momtong bandaejireugi / Postura larga de frente derecha con golpe al medio ipsilateral.
15. Left forward inflection stance trunk opposite punch / 왼앞굽이 몸통반대지르기 Wen apkubi momtong bandaejireugi / Postura larga de frente izquierda con golpe al medio ipsilateral.
16. Right forward inflection stance trunk opposite punch -Yell- / 오른앞굽이 몸통반대지르기 -기합- Oreun apkubi momtong bandaejireugi -Kihap- / Postura larga de frente derecha con golpe al medio ipsilateral y Grito.
17. Left forward inflection stance face block / 왼앞굽이 얼굴막기 Wen apkubi olgulmakki / Postura larga de frente izquierda con bloqueo arriba ipsilateral.
18. Right forward inflection stance trunk opposite punch / 오른앞굽이 몸통반대지르기 Oreun apkubi momtong bandaejireugi / Postura larga de frente derecha con golpe al medio ipsilateral.
19. Right forward inflection stance face block / 오른앞굽이 얼굴막기 Oreun apkubi olgulmakki / Postura larga de frente derecha con bloqueo arriba ipsilateral.
20. Left forward inflection stance trunk opposite punch / 왼앞굽이 몸통반대지르기 Wen apkubi momtong bandaejireugi / Postura larga de frente izquierda con golpe al medio ipsilateral.
21. Left forward inflection stance face block / 왼앞굽이 얼굴막기 Wen apkubi olgulmakki / Postura larga de frente izquierda con bloqueo arriba ipsilateral.
22. Right forward inflection stance trunk opposite punch -Yell- / 오른앞굽이 몸통반대지르기 -기합- Oreun apkubi momtong bandaejireugi -Kihap- / Postura larga de frente derecha con golpe al medio ipsilateral y Grito.

TAEGEUK 1 (IL) JANG - 태극 1 장

Geon/건   Haneul
하늘
Heaven
Cielo

Joonbi   Baro   Kihap
준비   바로   기합
Ready   Finish   Yell
Alistar   Terminar   Gritar

Joonbi/Baro

  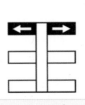  

4   3   1   2

5.1   5.2

  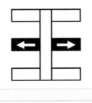  

7   6   8   9

10.1   10.2

14.4   14.3   14.2   14.1   13   11   12.1   12.2   12.3   12.4

Kihap

16   15

Ready / 준비 Joonbi / Alistar

1. Left forward stance low block / 왼앞서기 아래막기 Wen apseogi araemakki / Postura corta de frente izquierda con bloqueo abajo ipsilateral.

2. Right forward stance trunk opposite punch / 오른앞서기 몸통반대지르기 Oreun apseogi momtong bandaejireugi / Postura corta de frente derecha con golpe al medio ipsilateral.

3. Right forward stance low block / 오른앞서기 아래막기 Oreun apseogi araemakki / Postura corta de frente derecha con bloqueo abajo ipsilateral.

4. Left forward stance trunk opposite punch / 왼앞서기 몸통반대지르기 Wen apseogi momtong bandaejireugi / Postura corta de frente izquierda con golpe al medio ipsilateral.

5. Left forward inflection stance low block and trunk straight punch / 왼앞굽이 아래막기 하고 몸통바로지르기 Wen apkubi araemakki hago momtong barojireugi / Postura larga de frente izquierda con bloqueo abajo ipsilateral y golpe al medio contralateral.

6. Right forward stance trunk inward block / 오른앞서기 몸통안막기 Oreun apseogi momtong anmakki / Postura corta de frente derecha con bloque al medio y adentro, contralateral.

7. Left forward stance trunk straight punch / 왼앞서기 몸통바로지르기 Wen apseogi momtong baro-jireugi / Postura corta de frente izquierda con golpe al medio contralateral.

8. Left forward stance trunk inward block / 왼앞서기 몸통안막기 Wen apseogi momtong anmakki / Postura corta de frente izquierda con bloqueo al medio y adentro, contralateral.

9. Right forward stance trunk straight punch / 오른앞서기 몸통바로지르기 Oreun apseogi momtong barojireugi / Postura corta de frente derecha con golpe al medio contralateral.

10. Right forward inflection stance low block and trunk straight punch / 오른앞굽이 아래막기 하고 몸통바로지르기 Oreun apkubi araemakki hago momtong barojireugi / Postura larga de frente derecha con bloqueo abajo ipsilateral y golpe al medio contralateral.

11. Left forward stance face block/ 왼앞서기 얼굴막기 Wen apseogi olgulmakki / Postura corta de frente izquierda con bloqueo arriba ipsilateral.

12. Right foot front kick and right forward stance trunk opposite punch / 오른발 앞차기 하고 오른앞서기 몸통반대지르기 Oreunbal apchagi hago oreun apseogi momtong bandaejireugi / Patada de frente derecha, postura corta de frente derecha con golpe al medio ipsilateral.

13. Right forward stance face block/ 오른앞서기 얼굴막기 Oreun apseogi olgulmakki / Postura corta de frente derecha con bloqueo arriba ipsilateral.

14. Left foot front kick and left forward stance trunk opposite punch / 왼발 앞차기 하고 왼앞서기 몸통반대지르기 Wenbal apchagi hago wen apseogi momtong bandaejireugi / Patada de frente izquierda, postura corta de frente izquierda con golpe al medio ipsilateral.

15. Left forward inflection stance low block / 왼앞굽이 아래막기 Wen apkubi araemakki / Postura larga de frente izquierda con bloqueo abajo ipsilateral.

16. Right forward inflection stance trunk opposite punch -Yell- / 오른앞굽이 몸통반대지르기 -기합- Oreun apkubi momtong bandaejireugi -Kihap- / Postura larga de frente derecha con golpe al medio ipsilateral y Grito.

TAEGEUK 2 (EE) JANG - 태극 2 장

Tae/태
Hosu
호수
Lake
Lago

Joonbi   Baro   Kihap
준비   바로   기합
Ready   Finish Yell
Alistar   Terminar Gritar

Joonbi/Baro

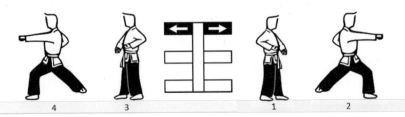

4   3   1   2

5   6

10.4   10.3   10.2   10.1   9   7   8.1   8.2   8.3   8.4

11   12

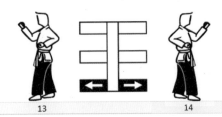

13   14

Kihap

18.2   18.1   17.2   17.1   16.2   16.1   15

Ready / 준비 Joonbi / Alistar

1. Left forward stance low block / 왼앞서기 아래막기 Wen apseogi araemakki / Postura corta de frente izquierda con bloqueo abajo ipsilateral.

2. Right forward inflection stance trunk opposite punch / 오른앞굽이 몸통반대지르기 Oreun apkubi momtong bandaejireugi / Postura larga de frente derecha con golpe al medio ipsilateral.

3. Right forward stance low block / 오른앞서기 아래막기 Oreun apseogi araemakki / Postura corta de frente derecha con bloqueo abajo ipsilateral.

4. Left forward inflection stance trunk opposite punch / 왼앞굽이 몸통반대지르기 Wen apkubi momtong bandaejireugi / Postura larga de frente izquierda con golpe al medio ipsilateral.

5. Left forward stance trunk inward block / 왼앞서기 몸통안막기 Wen apseogi momtong anmakki / Postura corta de frente izquierda con bloqueo al medio y adentro, contralateral.

6. Right forward stance trunk inward block / 오른앞서기 몸통안막기 Oreun apseogi momtong anmakki / Postura corta de frente derecha con bloqueo al medio y adentro, contralateral.

7. Left forward stance low block / 왼앞서기 아래막기 Wen apseogi araemakki / Postura corta de frente izquierda con bloqueo abajo ipsilateral.

8. Right foot front kick and right forward inflection stance face opposite punch / 오른발 앞차기 하고 오른앞굽이 얼굴반대지르기 Oreunbal apchagi hago oreun apkubi olgul bandaejireugi / Patada al frente derecha, postura larga de frente derecha con golpe arriba ipsilateral.

9. Right forward stance low block / 오른앞서기 아래막기 Oreun apseogi araemakki / Postura corta de frente derecha con bloqueo abajo ipsilateral.

10. Left foot front kick and left forward inflection stance face opposite punch / 왼발 앞차기 하고 왼앞굽이 얼굴반대지르기 Wenbal apchagi hago wen apkubi olgul bandaejireugi / Patada al frente izquierda, postura larga de frente izquierda con golpe arriba ipsilateral.

11. Left forward stance face block / 왼앞서기 얼굴막기 Wen apseogi olgulmakki / Postura corta de frente izquierda con bloqueo arriba ipsilateral.

12. Right forward stance face block / 오른앞서기 얼굴막기 Oreun apseogi olgulmakki / Postura corta de frente derecha con bloqueo arriba ipsilateral.

13. Left forward stance trunk inward block / 왼앞서기 몸통안막기 Wen apseogi momtong anmakki / Postura corta de frente izquierda con bloqueo al medio y adentro, contralateral.

14. Right forward stance trunk inward block / 오른앞서기 몸통안막기 Oreun apseogi momtong anmakki / Postura corta de frente derecha con bloqueo al medio y adentro, contralateral.

15. Left forward stance low block / 왼앞서기 아래막기 Wen apseogi araemakki / Postura corta de frente izquierda con bloqueo abajo ipsilateral.

16. Right foot front kick and right forward stance trunk opposite punch / 오른발 앞차기 하고 오른앞서기 몸통반대지르기 Oreunbal apchagi hago oreun apseogi momtong bandaejireugi / Patada de frente derecha, postura corta de frente derecha con golpe al medio ipsilateral.

17. Left foot front kick and left forward stance trunk opposite punch / 왼발 앞차기 하고 왼앞서기 몸통반대지르기 Wenbal apchagi hago wen apseogi momtong bandaejireugi / Patada de frente izquierda, postura corta de frente izquierda con golpe al medio ipsilateral.

18. Right foot kick and right forward stance trunk opposite punch -Yell- / 오른발 앞차기 하고 오른앞서기 몸통반대지르기 -기합- Oreunbal apchagi hago oreun apseogi momtong bandaejireugi -Kihap- / Patada de frente derecha, postura corta de frente derecha con golpe al medio ipsilateral y Grito.

TAEGEUK 3 (SAM) JANG - 태극 3 장

	Bul 불
	Fire
	Fuego

Joonbi 준비	Baro 바로	Kihap 기합
Ready	Finish	Yell
Alistar	Terminar	Gritar

Ee/이

Joonbi/Baro

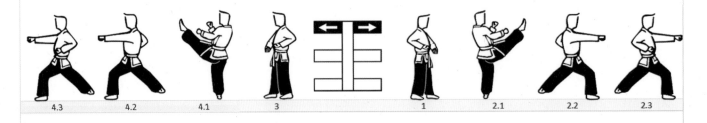

4.3   4.2   4.1   3   1   2.1   2.2   2.3

5   6

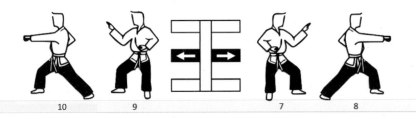

10   9   7   8

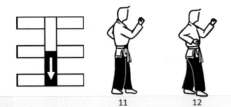

11   12

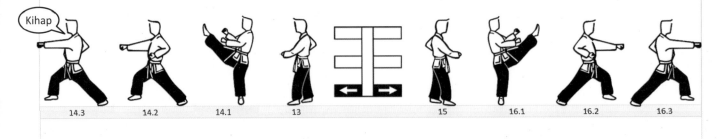

Kihap

14.3   14.2   14.1   13   15   16.1   16.2   16.3

20.3   20.2   20.1   19.3   19.2   19.1   18.2   18.1   17.2   17.1

Ready / 준비 Joonbi / Alistar

1. Left forward stance low block / 왼앞서기 아래막기 Wen apseogi araemakki / Postura corta de frente izquierda con bloqueo abajo ipsilateral.

2. Right foot front kick and right forward inflection stance trunk double punch / 오른발 앞차기 하고 오른앞굽이 몸통 두번지르기 / Oreumbal apchagi hago oreun apkubi momtong dubeonjireugi / Patada de frente derecha, postura larga de frente derecha con doble golpe al medio; ipsilateral, contralateral.

3. Right forward stance low block / 오른앞서기 아래막기 Oreun apseogi araemakki / Postura corta de frente derecha con bloqueo abajo ipsilateral.

4. Left front kick and left forward inflection stance trunk double punch / 왼발 앞차기 하고 왼앞굽이 몸통두번지르기 Wenbal apchagi hago wen apkubi momtong dubeonjireugi / Patada de frente izquierda, postura larga de frente izquierda con doble golpe al medio; ipsilateral, contralateral.

5. Left forward stance one hand blade neck hitting / 왼앞서기 한손날목치기 Wen apseogi hansonnal mokchigi / Postura corta de frente izquierda con golpe al cuello con mano de sable contralateral.

6. Right forward stance one hand blade neck hitting / 오른앞서기 한손날목치기 Oreun apseogi hansonnal mokchigi / Postura corta de frente derecha con golpe al cuello con mano de sable contralateral.

7. Right backward inflection stance one hand blade block / 오른뒷굽이 한손날몸통막기 Oreun dwitkubi hansonnal momtong bakkatmakki / Postura larga atrás derecha con bloqueo al medio y afuera, con una mano de sable contralateral.

8. Left forward inflection stance trunk straight punch / 왼앞굽이 몸통바로지르기 Wen apkubi momtong barojireugi / Postura larga de frente izquierda con golpe al medio contralateral.

9. Left backward inflection stance one hand blade block / 왼뒷굽이 한손날 몸통막기 Wen dwitkubi hansonnal momtong bakkatmakki/ Postura larga atrás izquierda con bloqueo al medio y afuera, con una mano de sable contralateral.

10. Right forward inflection stance trunk straight punch / 오른앞굽이 몸통 바로지르기 Oreun apkubi momtong barojireugi / Postura larga de frente derecha con golpe al medio contralateral.

11. Left forward stance trunk inward block / 왼앞서기 몸통안막기 Wen apseogi momtong anmakki / Postura corta de frente izquierda con bloqueo al medio y adentro, contralateral.

12. Right forward stance trunk inward block / 오른앞서기 몸통안막기 Oreun apseogi momtong anmakki / Postura corta de frente derecha con bloqueo al medio y adentro, contralateral.

13. Left forward stance low block / 왼앞서기 아래막기 Wen apseogi araemakki / Postura corta de frente izquierda con bloqueo abajo ipsilateral.

14. Right foot front kick and right forward inflection stance trunk double punch / 오른발 앞차기 하고 오른앞굽이 몸통두번지르기 Oreunbal apchagi hago oreun apkubi montong dubeonjireugi / Patada de frente derecha, postura larga de frente derecha con doble golpe al medio; ipsilateral, contralateral.

15. Right forward stance low block / 왼앞서기 아래막기 Oreun apseogi araemakki / Postura corta de frente derecha con bloqueo abajo ipsilateral.

16. Left foot front kick and left forward inflection stance trunk double punch / 왼발 앞차기 하고 오른앞굽이 몸통두번지르기 Wenbal apchagi hago wen apkubi montong dubeonjireugi / Patada de frente izquierda, postura larga de frente izquierda con doble golpe al medio; ipsilateral, contralateral.

17. Left forward stance low block trunk straight punch / 왼앞서기 아래막기 몸통바로지르기 Wen apseogi araemakki momtong barojireugi / Postura corta de frente izquierda con bloqueo abajo (ipsilateral) y golpe al medio (contralateral).

18. Right forward stance low block trunk straight punch / 오른앞서기 아래막기 몸통바로지르기 Oreun apseogi araemakki momtong barojireugi / Postura corta de frente derecha con bloqueo abajo (ipsilateral) y golpe al medio (contralateral).

19. Left foot front kick and left forward stance low block trunk straight punch / 왼발 앞차기 하고 왼앞서기 아래막기 몸통바로지르기 Wenbal apchagi hago wen apseogi araemakki momtong barojireugi / Patada de frente izquierda, postura corta de frente izquierda con bloqueo abajo (ipsilateral) y golpe al medio (contralateral).

20. Right foot front kick and right forward stance low block trunk straight punch -Yell- / 오른발 앞차기 하고 오른앞서기 아래막기 몸통바로지르기 -기합- Oreunbal apchagi hago oreum apseogi araemakki momtong barojireugi -Kihap- / Patada de frente derecha, postura corta de frente derecha con bloqueo abajo (ipsilateral), golpe al medio (contralateral) y Grito.

TAEGEUK 4 (SA) JANG - 태극 4 장

Jin/진
Bungae
번개
Thunder
Trueno

Joonbi	Baro	Kihap
준비	바로	기합
Ready	Finish	Yell
Alistar	Terminar	Gritar

Joonbi/Baro

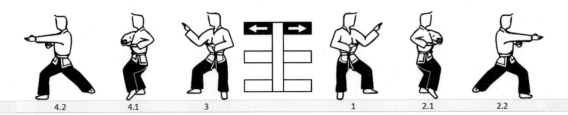

4.2   4.1   3   1   2.1   2.2

5   6.1   6.2   7   8.1   8.2

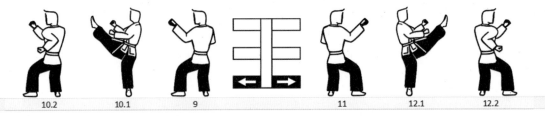

10.2   10.1   9   11   12.1   12.2

14.2   14.1   13

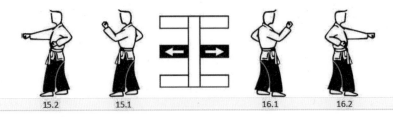

15.2   15.1   16.1   16.2

Kihap

18.3   18.2   18.1   17.3   17.2   17.1

Ready / 준비 Joonbi / Alistar

1. Right backward inflection stance hand blade trunk block / 오른뒷굽이 손날몸통막기 Oreun dwitkubi sonnal momtongmakki / Postura larga atrás derecha con bloqueo al medio y afuera con doble mano de sable.

2. Right forward inflection stance flat hand fingers erect stab / 오른앞굽이 편손끝세워찌르기 Oreun apkubi pyonsonkeut sewochireugi / Postura larga de frente derecha con golpe al medio, con mano de lanza vertical.

3. Left backward inflection stance hand blade trunk block / 왼뒷굽이 손날몸통막기 Wen dwitkubi sonnal momtongmakki / Postura larga atrás izquierda con bloqueo al medio y afuera con doble mano de sable.

4. Left forward inflection stance flat hand fingers erect stab / 왼앞굽이 편손끝세워찌르기 Wen apkubi pyonsonkeut se-wochireugi / Postura larga de frente izquierda con golpe al medio, con mano de lanza vertical.

5. Left forward inflection stance hand blade face block with hand blade neck strike / 왼앞굽이 제비품목치기 Wen apkubi jebipoom mokchigi / Postura larga de frente izquierda con postura de pájaro con golpe al cuello, con mano de sable.

6. Right foot front kick and right forward inflection stance trunk straight punch / 오른발 앞차기 하고 오른앞굽이 몸통바로지르기 Oreunbal apchago oreun apkubi momtong barojireugi / Patada de frente con pie derecho, postura larga de frente derecha con golpe al medio contralateral.

7. Left foot side kick / 왼발 옆차고 / Wenbal yopchagi / Patada de lado izquierda.

8. Right foot side kick and left backward inflection stance hand blade trunk block / 오른발 옆차고 왼뒷굽이 손날몸통막기 Oreunbal yopchago wen dwitkubi sonnal momtongmakki / Patada de lado derecha, postura larga atrás izquierda con bloqueo al medio y afuera con doble mano de sable.

9. Right backward inflection stance trunk outward block / 오른뒷굽이 몸통바깥막기 / Oreun dwitkubi momtong bakkat-makki / Postura larga atrás derecha con bloqueo al medio y afuera, contralateral.

10. Right foot front kick and right backward inflection stance trunk inward block / 오른발 앞차기 하고 오른뒷굽이 몸통안막기 / Oreunbal apchagi hago oreun dwitkubi momtong anmakki / Patada de frente derecha, postura larga atrás derecha con bloqueo al medio y adentro, ipsilateral.

11. Left backward inflection stance trunk outward block / 왼뒷굽이 몸통바깥막기 / Wen dwitkubi momtong bakkatmakki / Postura larga atrás izquierda con bloqueo al medio y afuera, contralateral.

12. Left foot front kick and left backward inflection stance trunk inward block / 왼발 앞차기 하고 왼뒷굽이 몸통안막기 / Wenbal apchagi hago wen dwitkubi momtong anmakki / Patada de frente izquierda, postura larga atrás izquierda con bloqueo al medio y adentro, ipsilateral.

13. Left forward inflection stance hand blade face block with hand blade neck strike / 왼앞굽이 제비품목치기 / Wen ap-kubi jebipoom mokchigi / Postura larga de frente izquierda con postura de pájaro con golpe al cuello, con mano de sable.

14. Right foot front kick and right forward inflection stance back fist face strike / 오른발 앞차기 하고 오른앞굽이 등주먹 얼굴앞치기 Oreunbal apchagi hago oreun apkubi deungjumok olgul apchigi / Patada de frente derecha, postura larga de frente derecha con golpe de revés, vertical, a la cara.

15. Left forward stance trunk block and trunk straight punch / 왼앞서기 몸통막기 하고 몸통바로지르기 Wen apseogi momtongmakki hago momtong barojireugi/ Postura corta de frente izquierda con bloqueo al medio y adentro (contralateral) y golpe al medio (ipsilateral).

16. Right forward stance trunk block and trunk straight punch / 오른앞서기 몸통막기 하고 몸통바로지르기 / Oreun apseogi momtongmakki hago momtong barojireugi / Postura corta de frente derecha con bloqueo al medio y adentro (contralateral) y golpe al medio (ipsilateral).

17. Left forward inflection stance trunk block and trunk double punch / 왼앞굽이 몸통막기 하고 몸통두번지르기 Wen apkubi momtongmakki hago momtong dubeonjireugi / Postura larga de frente izquierda, con bloqueo al medio y adentro ipsilateral y doble golpe al medio; contralateral e ipsilateral.

18. Right forward inflection stance trunk block and trunk double punch -Yell- / 오른앞굽이 몸통막기 하고 몸통두번지르기 -기합- Oreun apkubi momtongmakki hago momtong dubeonjireugi -Kihap- / Postura larga de frente derecha, con bloqueo al medio y adentro ipsilateral, doble golpe al medio; contralateral e ipsilateral, y Grito.

TAEGEUK 5 (OH) JANG - 태극 5 장

Son/손 Baram
바람
Wind
Viento

Joonbi Baro Kihap
준비 바로 기합
Ready Finish Yell
Alistar Terminar Gritar

Joonbi/Baro

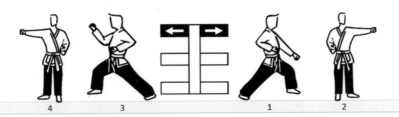

4 3 1 2

5.1 5.2 6.1 6.2 6.3 7.1 7.2 7.3 8

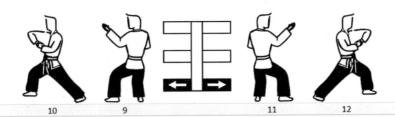

10 9 11 12

14.3 14.2 14.1 13.2 13.1

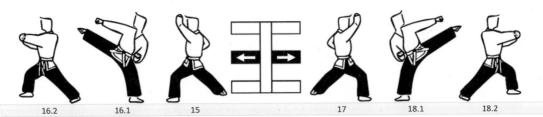

16.2 16.1 15 17 18.1 18.2

Kihap

20.2 20.1 19.2 19.1

Ready / 준비 Joonbi / Alistar

1. Left forward inflection stance low block / 왼앞굽이 아래막기 / Wen apkubi araemaki / Postura larga de frente izquierda con bloqueo abajo ipsilateral.

2. Left forward stance hammer fist down hit / 왼앞서기 메주먹내려치기 Wen apseogi mejumeok naeryochigi / Postura corta de frente izquierda con golpe hacia abajo, con puño de martillo.

3. Right forward inflection stance low block / 오른앞굽이 아래막기 / Oreun apkubi araemakki / Postura larga de frente derecha con bloqueo abajo ipsilateral.

4. Left forward stance hammer fist down hit / 오른앞서기 메주먹내려치기 Oreun apseogi mejumeok naeryochiki / Postura corta de frente derecha con golpe hacia abajo, con puño de martillo.

5. Left forward inflection stance trunk block and trunk inward block / 왼앞굽이 몸통막기 하고 몸통안막기 Wen apkubi momtongmaki hago momtong anmakki / Postura larga de frente izquierda con bloqueo doble al medio y adentro; ipsilateral, contralateral.

6. Right foot front kick, right forward inflection stance back fist front hit and trunk inward block / 오른발 앞차기 오른앞굽이 등주먹앞치기 하고 몸통안막기 Oreinbal apchagi oreun apkubi deungjumeok apchigi hago momtong anmakki / Patada de frente derecha, postura larga de frente derecha con golpe de revés al frente (ipsilateral) y bloqueo al medio y adentro (contralateral).

7. Left foot front kick left, forward inflection stance back fist front hit and trunk inward block / 왼발 앞차기 하고 오른앞굽이 등주먹앞치기 하고 몸통안막기 Wenbal apchagi hago wen apkubi deungjumeok apchigi hago momtong anmakki / Patada de frente izquierda, postura larga de frente izquierda con golpe de revés al frente (ipsilateral) y bloqueo al medio y adentro (contralateral).

8. Right forward inflection stance back fist front hit / 오른앞굽이 등주먹앞치기 Oreun apkubi deungjumeok apchigi / Postura larga de frente derecha con golpe de revés al frente ipsilateral.

9. Right backward inflection stance one hand blade outward block / 오른뒷굽이 한손날바깥막기 Oreun dwitkubi hansonnal bakkatmakki / Postura larga atrás derecha con bloqueo al medio y afuera con una mano de sable contralateral.

10. Right forward inflection stance elbow turning hit / 오른앞굽이 팔굽돌려치기 Oreun apkubi palkup dollyochigi / Postura larga de frente derecha con codazo circular ipsilateral (con giro).

11. Left backward inflection stance one hand blade outward block / 왼뒷굽이 한손날바깥막기 Wen dwitkubi hansonnal bakkatmakki / Postura larga atrás izquierda con bloqueo al medio y afuera con una mano de sable contralateral.

12. Left forward inflection stance elbow turning hit / 왼앞굽이 팔굽돌려치기 Wen apkubi palkup dollyochigi / Postura larga de frente izquierda con codazo circular ipsilateral (con giro).

13. Left forward inflection stance low block and trunk inward block / 왼앞굽이 아래막기 하고 몸통안막기 Wen apkubi araemakki hago momtong anmakki / Postura larga de frente izquierda con bloqueo abajo (ipsilateral) y bloqueo al medio adentro (contralateral).

14. Right foot front kick, right forward inflection stance low block and trunk inward block / 오른발 앞차기 오른앞굽이 아래막기 하고 몸통안막기 Oreunbal apchagi oreun apkubi araemakki hago momtong anmakki / Patada de frente derecha, postura larga de frente derecha con bloqueo abajo (ipsilateral) y bloqueo al medio adentro (contralateral).

15. Left forward inflection stance face block / 왼앞굽이 얼굴막기 Wen apkubi olgulmakki / Postura larga de frente izquierda con bloqueo arriba ipsilateral.

16. Right foot side kick and right forward inflection stance elbow target hit / 오른발 옆차기 하고 오른앞굽이 표적치기 Oreunbal yopchagi hago oreun apkubi pyojeokchigi / Patada de lado derecha, postura larga de frente derecha con codazo circular a la mano (contralateral).

17. Right forward inflection stance face block / 오른앞굽이 얼굴막기 Oreun apkubi olgulmakki / Postura larga de frente derecha con bloqueo arriba ipsilateral.

18. Left foot side kick and left forward inflection stance elbow target hit / 왼발 옆차기 하고 왼앞굽이 표적치기 Wenbal yopchagi hago wen apkubi pyojeokchigi / Patada de lado izquierda, postura larga de frente izquierda con codazo circular a la mano (contralateral).

19. Left forward inflection stance low block and trunk inward block / 왼앞굽이 아래막기 하고 몸통안막기 Wen apkubi araemakki hago momtong anmakki / Postura larga de frente izquierda con bloqueo abajo (ipsilateral) y al medio y adentro (contralateral).

20. Right foot front kick jump and backward cross stance back fist front hit -Yell- / 오른발 앞차기 뛰어나가 뒤꼬아서기 등주먹앞치기 -기합- Oreunbal apchagi tionaga dwikkoaseogi deungjumeok apchigi -Kihap- / Patada de frente derecha, salto al frente y caigo en postura corta atrás derecha con golpe de revés a la cara (ipsilateral) y Grito.

21.   TAEGEUK 6 (YUK) JANG - 태극 6 장

Ready / 준비 Joonbi / Alistar

1. Left forward inflection stance low block / 왼앞굽이 아래막기 Wen apkubi araemakki / Postura larga de frente izquierda con bloqueo abajo ipsilateral.
2. Right foot front kick and right backward inflection stance trunk outward block / 오른발 앞차기 하고 오른뒷굽이 몸통바깥막기 Oreunbal apchagi hago oreun dwitkubi momtong bakkatmakki / Patada de frente derecha, postura larga atrás derecha con bloqueo al medio afuera contralateral.
3. Right forward inflection stance low block / 오른앞굽이 아래막기 / Oreun apkubi araemakki / Postura larga de frente derecha con bloqueo abajo ipsilateral.
4. Left foot front kick and left backward inflection stance trunk outward block / 왼발앞차기 하고 왼뒷굽이 몸통바깥막기 Wenbal apchagi hago wen dwitkubi momtong bakkatmakki / Patada de frente izquierda, postura larga atrás izquierda con bloqueo al medio afuera contralateral.
5. Left forward inflection stance right one hand blade face twist block / 왼앞굽이 오른 한손날얼굴비틀어막기 Wen apkubi oreun hansonnal olgul bitureomakki / Postura larga de frente izquierda con bloqueo con una sola mano de sable ipsilateral (con giro afuera y arriba).
6. Right foot round house kick, turn, left forward inflection stance face outward block and trunk straight punch / 오른발 돌려차기 왼앞굽이 얼굴바깥막기 몸통바로지르기 Oreunbal dollyochagi wen apkubi olgul bakkatmakki momtong barojireugi / Patada circular derecha, se gira, postura larga de frente izquierda con bloqueo arriba y afuera (ipsilateral) y golpe al medio (contralateral).
7. Right foot front kick and right forward inflection stance trunk straight punch / 오른발 앞차기 하고 오른앞굽이 몸통바로지르기 Oreunbal apchagi hago oreun apkubi momtong barojireugi / Patada de frente derecha, postura larga de frente derecha con golpe al medio contralateral.
8. Right forward inflection stance face outward block and trunk straight punch / 오른앞굽이 얼굴바깥막기 몸통바로지르기 Oreun apkubi olgul bakkatmakki momtong barojireugi / Postura larga de frente derecha con bloqueo arriba y afuera (ipsilateral) y golpe al medio (contralateral).
9. Left foot front kick and left forward inflection stance trunk straight punch / 왼발 앞차기 하고 왼앞굽이 몸통바로지르기 Wenbal apchagi hago wen apkubi momtong barojireugi / Patada de frente izquierda, postura larga de frente izquierda con golpe al medio contralateral.
10. Parallel stance low push block / 나란히서기 아래헤쳐막기 Naranhi seogi arae hechomakki / Postura con pies paralelos y en línea con bloqueo abajo, abriendo ambas manos.
11. Right forward inflection stance left one hand blade face twist block / 오른앞굽이 왼한손날얼굴비틀어막기 Oreun apkubi wen hansonnal olgul bitureomakki / Postura larga de frente derecha con bloqueo con una sola mano de sable ipsilateral (con giro afuera y arriba).
12. Left foot round house kick, yell and turn, right forward inflection stance low block / 왼발 돌려차기 -기합- 오른앞굽이 아래막기 Wenbal dollyochagi -Kihap- oreun apkubi araemakki / Patada circular izquierda, grito y se gira, postura larga de frente derecha con bloqueo abajo ipsilateral.
13. Left front kick and left backward inflection stance trunk outward block / 왼발 앞차기 하고 왼뒷굽이 몸통바깥막기 Wenbal apchagi hago wen dwitkubi momtong bakkatmakki / Patada de frente izquierda, postura larga atrás izquierda con bloqueo al medio afuera contralateral.
14. Left forward inflection stance low block / 왼앞굽이 아래막기 Wen apkubi araemakki / Postura larga de frente izquierda con bloqueo abajo ipsilateral.
15. Right foot front kick and right backward inflection stance trunk outward block / 오른발 앞차기 하고 오른뒷굽이 몸통바깥막기 Oreunbal apchagi hago oreun dwitkubi momtong bakkakmakki / Patada de frente derecha, postura larga atrás derecha con bloqueo al medio afuera contralateral.
16. Right backward inflection stance hand blade trunk block / 오른뒷굽이 손날몸통막기 Oreun dwitkubi sonnal momtong-makki / Postura larga atrás derecha con bloqueo al medio conjunto con mano de sable.
17. Left backward inflection stance hand blade trunk block / 왼뒷굽이 손날몸통막기 Wen dwitkubi sonnal momtongmakki / Postura larga atrás izquierda con bloqueo al medio conjunto con mano de sable.
18. Left forward inflection stance left palm hand trunk inner block and trunk straight punch / 왼앞굽이 왼바탕손몸통막기 하고 몸통바로지르기 Wen apkubi wen batangson momtongmakki hago momtong barojireugi / Postura larga de frente izquierda con bloqueo al medio y adentro con base de la mano (ipsilateral) y golpe al medio contralateral.
19. Right forward inflection stance right palm hand trunk inner block and trunk straight punch / 오른앞굽이 오른바탕손 몸통막기 하고 몸통바로지르기 Oreun apkubi oreun batangson momtongmakki hago momtong barojireugi / Postura larga de frente derecha con bloqueo al medio y adentro con base de la mano (ipsilateral) y golpe al medio contralateral.

TAEGEUK 7 (CHIL) JANG - 태극 7 장

Gan/간
San
산
Mountain
Montaña

Joonbi   Baro   Kihap
준비   바로   기합
Ready   Finish   Yell
Alistar   Terminar   Gritar

Joonbi/Baro

  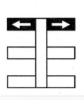  

4.2   4.1   3   1   2.1   2.2

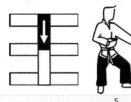

5   6

  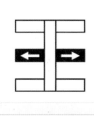  

8.2   8.1   7.1   7.2

9   10.1   10.2   11.1   11.2

Kihap

14   13.3   13.2   13.1   12   15   16.1   16.2   16.3   17

23   22   21.2   21.1   20   19.2   19.1   18

Ready / 준비 Joonbi / Alistar

1. Right tiger stance palm hand trunk inner block / 왼범서기 바탕손몸통안막기 Oreun beomseogi batangson momtong anmakki / Postura de tigre derecha con bloqueo al medio y adentro con base de la mano (ipsilateral).

2. Right foot front kick and left tiger stance trunk block / 오른발 앞차기 하고 왼범서기 몸통막기 Oreunbal apchagi hago wen beomseogi momtongmakki / Patada de frente derecha, postura de tigre derecha con bloqueo al medio y adentro (ipsilateral).

3. Left tiger stance palm hand trunk inner block / 오른범서기 바탕손몸통안막기 Wen beomseogi batangson momtong anmakki / Postura de tigre izquierda con bloqueo al medio y adentro con base de la mano (ipsilateral).

4. Left foot kick and right tiger stance trunk block / 왼발앞차기 하고 오른범서기 몸통막기 Wenbal apchagi hago oreun beomseogi momtongmakki / Patada de frente izquierda, postura de tigre izquierda con bloqueo al medio y adentro (ipsilateral).

5. Right backward inflection stance hand blade low block / 오른뒷굽이 손날아래막기 Oreun dwitkubi sonnal araemakki / Postura larga atrás derecha con bloqueo conjunto abajo con manos de sable.

6. Left backward inflection stance hand blade low block / 왼뒷굽이 손날아래막기 Wen dwitkubi sonnal araemakki / Postura larga atrás izquierda con bloqueo conjunto abajo con manos de sable.

7. Right tiger stance palm hand assist trunk inner block and back fist front hit / 왼범서기 바탕손몸통거들어안막기 하고 등주먹앞치기 Oruen beomseogi batangson momtong kodureo anmakki hago deungjumeok apchigi / Postura de tigre derecha con bloqueo (al medio y adentro con la base de la mano) y golpe (al frente con el revés del puño), con la misma mano ipsilateral.

8. Left tiger stance palm hand assist trunk inner block and back fist front hit / 오른범서기 바탕손몸통거들어안막기 하고 등주먹앞치기 Wen beomseogi batangson momtong kodureo anmakki hago deungjumeok apchigi / Postura de tigre izquierda con bloqueo (al medio y adentro con la base de la mano) y golpe (al frente con el revés del puño), con la misma mano ipsilateral.

9. Close stance covered fist / 모아서기 보주먹 Moaseogi bojumeok / Postura con pies juntos y puño derecho cubierto por mano izquierda.

10. Left forward inflection stance scissors block (repeat) / 왼앞굽이 가위막기(반복) Wen apkubi kawimakki (banbok) / Postura larga de frente izquierda con bloqueo doble en tijera (repetir).

11. Right forward inflection stance scissors block (repeat) / 오른앞굽이 가위막기(반복) Oreun apkubi kawimakki (bannok) / Postura larga de frente derecha con bloqueo doble en tijera (repetir).

12. Left forward inflection stance trunk push block / 왼앞굽이 몸통헤쳐막기 / Wen apkubi momtong hechomakki / Postura larga de frente izquierda con bloqueo al medio abriendo con ambas manos.

13. Right foot knee kick and left foot back cross stance two fist push away punch / 오른발 무릎차기 하고 왼발 뒤꼬아서기 두주먹젖혀지르기 Oreunbal mureupchagi hago wenbal dwikkoaseogi dujumeok jeochojireugi / Rodillazo derecho, postura cruzada atrás con izquierda con doble golpe al medio (con dorso de puños hacia abajo).

14. Right forward inflection stance cross low block / 오른앞굽이 엇걸어아래막기 Oreun apkubi utgeoleo araemakki / Postura larga de frente derecha con bloqueo conjunto abajo con puños en equis.

15. Right forward inflection stance trunk push block / 오른앞굽이 몸통헤쳐막기 Oreun apkubi momtong hechomakki / Postura larga de frente derecha con bloqueo al medio abriendo con ambas manos.

16. Left foot knee kick and right foot back cross stance two fist push away punch / 왼발 무릎차기 하고 오른발 뒤꼬아서기 두주먹젖혀지르기 Wenbal mureupchagi hago oreunbal dwikkoaseogi dujumrok jeochojireugi / Rodillazo izquierdo, postura cruzada atrás con derecho con doble golpe al medio (con dorso de puños hacia abajo).

17. Left forward inflection stance cross low block / 왼앞굽이 엇걸어 아래막기 Wen apkubi utgeoleo aremakki / Postura larga de frente izquierda con bloqueo conjunto abajo con puños en equis.

18. Left front forward stance back fist outer hit / 앞서기 등주먹바깥치기 Wen apseogi deungjumeok bakkatchigi / Postura corta de frente izquierda con golpe afuera y arriba, con dorso del puño.

19. Right foot inner kick and riding stance right elbow target hit / 오른발 표적차기 하고 주춤서기 오른팔굽표적치기 Oreunbal pyojeokchagi hago juchumseogi oreun palkup pyojeokchigi / Patada derecha a la palma de la mano, postura de jinete con codazo derecho a la palma de la mano.

20. Right front forward stance back fist outer hit / 오른앞서기 등주먹바깥치기 / Oreun apseogi deungjumeok bakkatchigi / Postura corta de frente derecha con golpe afuera y arriba, con dorso del puño.

21. Left foot inner kick and riding stance left elbow target hit / 왼발표적차기 하고 주춤서기 왼팔굽 표적치기 Wen palgup pyojeokchagi hago juchumseogi wen palgup pyojeokchigi / Patada izquierda a la palma de la mano, postura de jinete con codazo izquierdo a la palma de la mano.

22. Riding stance one hand blade side block / 주춤서기 한손날몸통옆막기 Juchumseogi hansonnal momtong yopmakki / Postura de jinete con bloqueo al medio y afuera con una mano de sable.

23. Riding stance trunk side punch -Yell- / 주춤서기 몸통옆지르기-기합- Juchumseogi momtong yopjireugi / Avanzo pie derecho a postura de jinete, al tiempo que golpeo con el puño derecho al medio y de lado y Grito.

TAEGEUK 8 (PAL) JANG - 태극 8 장

Ready / 준비 Joonbi / Alistar

1. Right backward inflection stance trunk assist outer block / 오른뒷굽이 몸통거들어바깥막기 Oreun dwitkubi momtong kodureo bakkatmakki / Postura larga atrás derecha con bloqueo doble con puños al medio y afuera.

2. Left forward inflection stance trunk straight punch / 왼앞굽이 몸통바로지르기 Wen apkubi momtong barojireugi / Postura larga de frente izquierda con golpe al medio contralateral.

3. Right foot two feet alternate front kick, -Yell-, left forward inflection stance left hand trunk block and trunk double punch / 왼발 두발 당성앞차기 - 기합- 왼앞굽이 왼손몸통막기 하고 몸통두번지르기 Oreun dubal dangseong apchagi -Kihap- wen apkubi wenson momtongmakki hago momtong bubeonjireugi / Doble patada al frente (derecha; abajo. Izquierda; arriba, saltando). Grito. Postura larga de frente izquierda con bloqueo al medio y adentro (ipsilateral) y doble golpe al medio (contralateral e ipsilateral).

4. Right forward inflection stance trunk opposite punch / 오른앞굽이 몸통반대지르기 Oreun apkubi momtong bandaejireugi / Postura larga de frente derecha con golpe al medio ipsilateral.

5. Right forward inflection stance single hand wide open block / 오른앞굽이 외산틀막기 Oreun apkubi wesanteulmakki / Postura larga de frente derecha con defensa doble simultanea; abajo y arriba.

6. Left forward inflection stance pull the jaws punch / 왼앞굽이 당겨턱지르기 Wen apkubi dangkyo teokjireugi / Postura larga de frente izquierda con golpe contralateral a la mandíbula agarrando.

7. Left foot moves in front of right foot and left forward inflection stance single hand wide open block / 왼발 오른쪽으로 옮겨 앞꼬아서기, 왼앞굽이 외산틀막기 Wenbal oreun chokeuro omkyo apkoaseogi, wen apkubi wesanteulmakki / Pie izquierdo se mueve en frente del pie derecho y postura larga de frente izquierda con defensa doble simultanea; abajo y arriba.

8. Right forward inflection stance pull the jaws punch / 오른앞굽이 당겨턱지르기 Oreun apkubi dangkyo teokjireugi / Postura larga de frente derecha con golpe contralateral a la mandíbula agarrando.

9. Right backward inflection stance hand blade block / 오른뒷굽이 손날막기 Oreun dwitkubi sonnalmakki / Postura larga atrás derecha con bloqueo al medio conjunto con mano de sable.

10. Left forward inflection stance trunk straight punch / 왼앞굽이 몸통바로지르기 Wen apkubi momtong barojireugi / Postura larga de frente izquierda con golpe al medio contralateral.

11. Right foot front kick and right tiger stance palm hand trunk block / 오른발 앞차기 오른범서기 바탕손몸통막기 Oreunbal apchagi oreun beomseogi batangson momtongmakki / Patada de frente derecha, postura de tigre izquierda con bloqueo al medio y adentro con base de la mano contralateral.

12. Right tiger stance hand blade trunk block / 왼범서기 손날몸통막기 Oreun beomseogi sonnal momtongmakki / Postura de tigre derecha con bloqueo al medio conjunto con mano de sable.

13. Left foot front kick and left forward inflection stance trunk straight punch / 왼발 앞차기 하고 왼앞굽이 몸통바로지르기 Wenbal apchagi hago wen apkubi momtong barojireugi / Patada de frente izquierda, postura larga de frente izquierda con golpe al medio contralateral.

14. Right tiger stance palm hand trunk block / 왼범서기 바탕손몸통막기 Oreun beomseogi batangson momtongmakki / Postura de tigre derecha con bloqueo al medio y adentro con base de palma contralateral.

15. Left tiger stance hand blade trunk block / 오른범서기 손날몸통막기 Wen beomseogi sonnal momtongmakki / Postura de tigre izquierda con bloqueo al medio conjunto con mano de sable.

16. Right front kick and right forward inflection stance trunk straight punch / 오른발 앞차기 하고 오른앞굽이 몸통바로지르기 Oreunbal apchagi hago oreun apkubi momtong barojireugi / Patada de frente derecha, postura larga de frente derecha con golpe al medio contralateral.

17. Left tiger stance palm hand trunk block / 오른범서기 바탕손몸통막기 Wen beomseogi batangson momtongmakki / Postura de tigre izquierda con bloqueo al medio y adentro con base de palma contralateral.

18. Left backward inflection stance assist low block / 왼뒷굽이 거들어아래막기 Wen dwitkubi kodureo araemakki / Postura larga atrás izquierda con bloqueo doble con puños abajo y afuera.

19. Left foot front kick and jump right foot front kick, -Yell-, right forward inflection stance trunk block and trunk double punch / 왼발 앞차기 하고 뛰어 오른발 앞차기 -기합- 오른앞굽이 몸통막기, 몸통두번지르기 Wenbal apchagi hago tio oreunbal apchagi -Kihap- oreun apkubi momtongmakki, momtong dubeonjireugi / Doble patada al frente (izquierda; abajo. Derecha; arriba, saltando). Grito. Postura larga de frente derecha con bloqueo al medio y adentro (ipsilateral) y doble golpe al medio (contralateral e ipsilateral).

20. Right backward inflection stance one hand blade trunk outer block / 오른뒷굽이 한손날 몸통바깥막기 Oreun dwitkubi hansonnal momtong bakkatmakki / Postura larga atrás derecha con bloqueo al medio y afuera con una mano de sable.

21. Left forward inflection stance right elbow turning hit, right back fist front hit and trunk opposite punch / 왼앞굽이 오른팔굽 돌려치기, 오른등주먹앞치기 하고 몸통 반대지르기 Wen apkubi oreun palkup dollyochigi, oreun deungjumeok apchigi hago momtong bandaejireugi / Postura larga de frente izquierda con codazo circular y golpe de revés al frente derecho (contralateral) y golpe al medio ipsilateral.

22. Left backward inflection stance one hand blade trunk outer block / 왼뒷굽이 한손날몸통 바깥막기 Wen dwitkubi hansonnal momtong bakkatmakki / Postura larga atrás izquierda con bloqueo al medio y afuera con una mano de sable.

23. Right forward inflection stance left elbow turning hit, left back fist front hit and trunk opposite punch / 오른앞굽이 왼팔굽돌려치기, 왼등주먹앞치기 하고 몸통반대지르기 Oreun apkubi wen palkup dollyochigi, wen deungjumeok apchigi hago momtong bandae jireugi / Postura larga de frente derecha con codazo circular y golpe de revés al frente izquierdo (contralateral) y golpe al medio ipsilateral.

"When you reach the point where you know who you really are, no one and nothing can really touch you." / *"당신이 진정 누구인지 아는 수준에 도달하면, 아무도 그리고 아무것도 진정한 당신을 느낄 수 없을 것이다."* / *"Cuando llegas al punto en el que sabes quién eres en realidad, nadie ni nada realmente puede tocarte."*

CHAPTER 2. HAPKIDO / 2 장. 합기도 / CAPITULO 2. HAPKIDO

"I am not afraid of the injury that others can inflict on me, but the damage that I can inflict on myself and others." / *"나는 다른 사람들이 내게 입힐 수 있는 상처를 두려워하는 것보다, 내가 나와 다른 사람들에게 가할 수 있는 상처를 두려워해야 한다."* / *"No le temo a la lesión que otros me puedan infligir, sino al daño que yo pueda infligirme a mí mismo y a los demás."*

Grand Masters Young S. Kim and Maurice Correa with Grand Master Han Jai Ji, San Francisco, California (top left); and with Grand Master Yoon Sang Kim (top right). Hapkido principal Grand Masters Wee Chan Yang, Chun Hee Ryu, Young Gi Song, Nam Jai Kim, and Young Seok Kim (bottom) / 지한재 관장님과 김용석, 마우리시오 꼬르레아 사범과 함께. 샌프란시스코, 미국. 김윤상 관장님과 함께. 양위찬, 유천희, 송영기, 김남제, 김용석 초창기 합기도 관장님들과 함께 / Los Gran Maestros Young S. Kim and Mauricio Correa con el Gran Maestro Han Jai Ji, San Francisco, California (arriba izquierda); y con el Gran Maestro Yoon Sang Kim (arriba derecha). Los Gran Maestros principales de Hapkido Wee Chan Yang, Chun Hee Ryu, Young Gi Song, Nam Jai Kim, and Young Seok Kim (abajo).

Demonstrations by Grand Masters Young S. Kim and Maurice Correa: self-defense with belt and bare hands. / 사범 김용석 과 사범 마우리시오 꼬르레아의 띠 호신술과 맨손 호신술 시범 / Demostraciones de los Gran Maestros Young S. Kim y Mauricio Correa: defensa personal con cinturón y con mano vacía.

GRAND MASTER NAM JAI KIM'S HAPKIDO BRIEF HISTORY / 김남제 관장 합기도 약력 / BREVE HISTORIA DE HAPKIDO DEL GRAN MAESTRO NAM JAI KIM

Grand Master Nam Jai Kim / 관장 김남제 /
Gran Maestro Nam Jai Kim

– 9th Degree Black Belt in Hapkido / 합기도 9단 / 9no. Grado Cinturón Negro en Hapkido

– President of the "International Kyungmu Hapkido Federation" / 국제 경무 합기도협회 회장 / Presidente de la "Federación Internacional de Kyungmu Hapkido"

– Grand Master of Kyungmukwan Hapkido / 합기도 경무관 총관장 / Gran Maestro de Kyungmukwan Hapkido

– Published a book titled "Traditional Hapkido" (Exploring the technique) / <정통 합기도> (술기 탐구) 출간 / Publicó un libro titulado "Hapkido Tradicional" (Explorando la técnica)

– Featured on the Discovery Channel in an episode called "Fight Quest Korea - Hapkido" / Discovery Channel "Fight Quest Korea - Hapkido" 출연 / Presentado en un episodio en el Canal de Discovery llamado "Maestros del Combate - Hapkido en Corea"

– Published four video volumes called "Traditional Hapkido" / 비디오 <정통합기도> 전 4권 출시 / Publiquó cuatro volúmenes de vídeo llamado "Hapkido Tradicional"

– Established the Hapkido preservation society / 합기도 보존 연구회 설립 / Estableció la sociedad de preservación del Hapkido

– Established and operates school branches internacionally, including the USA, Canada, Singapore, Russia, Ukraine, Spain, and Colombia / 해외 지부(미국, 캐나다, 싱가포르, 러시아, 우크라이나, 스페인, 콜롬비아 외) 설립, 운영 중 / Estableció y opera sucursales en el extranjero, incluyendo los Estados Unidos, Canadá, Rusia, Ucrania, España, y Colombia

1. WHEN GRABBING THE SAME SIDE WRIST / 손목을 잡았을 때 / CUANDO LE AGARRAN LA MUÑECA IPSILATERAL

Skill 1 / 기술 1 / Técnica 1:

Rotate your grabbed arm toward the outside in a circle, make the opponent bend the elbow with the help of your other hand, and twist the shoulder / 왼손으로 상대 팔굽을 잡아당기며 오른손을 상대 등 뒤 로 치켜올려 어깨에 걸어 칼넣기 하고 제압하기 / Gire el brazo que le tienen agarrado hacia fuera en un círculo, hágale doblar el codo al oponente con la ayuda de la otra mano, y hágale llave al hombro.

Skill 2 / 기술 2 / Técnica 2:

Step in and strike the trunk, grab the opponent's elbow with the same hand you striked, step in, turn around under the opponent's arm, and twist the shoulder / 밤주먹으로 명치 지르고 상대 팔 밑으로 들어가 돌아서면서 칼넣기.

De un paso hacia el frente y golpee el abdomen, agárre le el codo al oponente con la misma mano con que golpeó, de un paso hacia delante, gírese por debajo del brazo del oponente, y hágale llave al hombro.

Skill 3 / 기술 3 / Técnica 3:

Rotate your grabbed arm toward the outside in a circle, grab the opponent's wrist and twist it forward and down / 왼손으로 상대가 잡은 손을 감아쥐고 오른손으로 손목을 잡고 눌러 내려 꺾으며 제압하기.

Gire el brazo que le tienen agarrado hacia fuera en un círculo, agárrele la muñeca al oponente y hágale llave hacia delante y abajo.

2. WHEN GRABBING THE OPPOSITE SIDE WRIST / 안손목을 잡았을 때 / CUANDO LE AGARRAN LA MUÑECA CONTRALATERAL

Skill 1 / 기술 1 / Técnica 1:

Rotate your grabbed arm toward the inside in a circle, grab the opponent's wrist, and twist the elbow with the opposite arm.

오른손을 상대 팔 뒤로 들어 올리며 왼손바닥으로 팔굽혀 잡아 눌러내려 꺾기.

Gire el brazo que le tienen agarrado hacia dentro en un círculo, agárrele la muñeca al oponente, y hágale llave al codo con el brazo opuesto.

Skill 2 / 기술 2 / Técnica 2:

Step forward, strike the opponent's hand down with your free hand and grab it, twist the wrist backwards and throw.

왼손으로 잡은 상대 손을 내려치면서 상대 오른손을 잡고서, 오른쪽으로 돌면서 양손으로 상대 손을 감아 잡고 왼쪽으로 돌면서 손목 꺾어 던지기.

De un paso hacia delante, golpee la mano del oponente hacia abajo y agárrela, y hágale llave a la muñeca hacia atrás, lanzándolo.

Skill 3 / 기술 3 / Técnica 3:

Rotate your grabbed arm toward the inside in a circle, grab the opponent's wrist, grab his hand with the other hand, and twist the wrist forward and down.

오른손을 상대 잡은 손 밖으로 하여 치켜올리며 잡은 손을 감아 잡아 내려 손목 꺾고 제압하기.

Gire el brazo que le tienen agarrado hacia dentro en un círculo, sujétele la muñeca al oponente, agárrele la mano con la mano libre, y hágale llave a la muñeca hacia delante y abajo.

3. WHEN GRABBING THE ARM AT THE ELBOW LEVEL / 팔굽 부위를 잡았을 때 / CUANDO LO AGARRAN DEL CODO IPSILATERAL

Skill 1 / 기술 1 / Técnica 1:

Grab the opponent's arm in the outside, step forward under his arm, place the other arm in the opponent's back, and push with the shoulder, taking the opponent down / 상대 팔을 잡고 상대 팔 밑으로 하여 상대 허리를 받치고 왼 어깨로 상대를 밀어 던지기. / Agárrele el brazo al oponente por fuera, de un paso hacia delante por debajo de su brazo, coloque la otra mano en la espalda del oponente, y empújelo con el hombro; lanzándolo.

4. WHEN GRABBING BOTH WRISTS / 양 손목을 잡았을 때 / CUANDO LE AGARRAN AMBAS MUÑECAS

Skill 1 / 기술 1 / Técnica 1:

Step in front of the opponent, grab one of the arms, turn around under the opponent's arms, twist the elbows, and throw the opponent forward with the heaps.

상대 앞으로 왼발 내딛고 왼손으로 상대의 왼 손목 잡고 어깨 걸어 던지기.

De un paso al frente del oponente, agárrele una de las manos, gírese por debajo de los brazos del oponente, hágale llave a los codos, y láncelo hacia delante con la cadera.

5. WHEN HUGGING FROM BEHIND WITH FREE HANDS / 뒤에서 팔 안으로 끌어 안았을 때 / CUANDO LO ABRACEN POR DETRÁS, DEJÁNDOLE LIBRE LAS MANOS

Skill 1 / 기술 1 / Técnica 1:

Grab the opponent's lower fist, push it and turn it making him bend the wrist, grab the hand, step outside, and twist the wrist / 상대 아래쪽 주먹을 잡아 올려 꺾고 밀어 빼면서 바깥쪽으로 돌면서 손목 꺾어 제압하기 / Agárrele el puño de abajo del oponente, empújelo y gírelo haciéndole doblar la muñeca, agárrele la mano, de un paso hacia fuera, y hágale llave a la muñeca.

6. WHEN GRABBING THE CHEST WITH TWO ARMS / 양손으로 가슴을 잡았을 때 / CUANDO LO AGARREN DEL PECHO CON AMBAS MANOS

Skill 1 / 기술 1 / Técnica 1:

Upper cut to the jaw with one of the hands and press down the opponent's arm with the same arm, grab the head with both hands, and turn it, throwing him.

턱 올려 치고 오른손날로 상대 오른팔을 내려치고, 턱과 머리를 잡아 돌려 던지기.

Golpee de gancho a la mandíbula con una mano y empuje el codo del oponente hacia abajo con el mismo brazo, agárrele la cabeza con las dos manos, y gírela, lanzándolo.

7. WHEN HEAD LOCKING FROM THE FRONT (HEAD UNDER THE ARMPIT) / 앞에서 목을 지를 때 / CUANDO LE ENGANCHAN LA CABEZA POR EL FRENTE (ENTRE EL CODO Y LA AXILA)

Skill 1 / 기술 1 / Técnica 1:

Grab the opponent's leg with one hand and the throat with the other, throwing him backwards.

오른손으로 목을 밀어치며 왼
손으로 무릎 뒤 오금을 잡아 당
겨 뒤로 넘기기.

Agárrele la pierna al oponente con una mano y el
cuello con la otra, lanzándolo
hacia atrás.

8. WHEN CHOCKING WITH ONE ARM AND GRABBING THE ARM WITH THE OTHER HAND / 뒤에서 목을 조르며 손을 동시에 잡았을 때 / CUANDO LO ESTRANGULAN CON UN BRAZO Y LE AGARRAN EL BRAZO CON LA OTRA MANO

Skill 1 / 기술 1 / Técnica 1:

Rotate your grabbed arm toward the outside in a circle and then deep into the inside, and rotate your body forward, throwing the opponent with the hips. / 오른쪽으로 돌아 빠지면서 어깨로 밀어 던지기. / Con el brazo que le tienen agarrado, haga un círculo profundo hacia fuera y luego hacia dentro, y gire su cuerpo hacia delante, láncelo con las caderas.

9. WHEN GRABBING BOTH WRISTS FROM BEHIND / 뒤에서 양손목을 잡았을 때 / CUANDO LE AGARRAN POR DETRÁS AMBAS MUÑECAS

Skill 1 / 기술 1 / Técnica 1:

Make a circle with one of your arms, turn around in the same direction of the circle backwards and grab the opponent's wrist, straighten his arm, and twist the elbow with the opposite arm / 오른쪽으로 하여 상대 팔 밑으로 빠지면서 왼손으로 상대 오른손을 잡아내리며 오른 손바닥으로 상대 팔굽을 눌러 내려꺾기 / Haga un círculo con uno de los brazos, gírese en el mismo sentido del círculo por detrás y agárrele la muñeca al oponente, y hágale llave al codo con el otro brazo.

Skill 2 / 기술 2 / Técnica 2:

Bring your arms forward and upwards, turn around back-wards, grab the opponent's hand, twist the wrist, and throw. / 양손을 위로 추켜올리며 왼쪽으로 하여 상대 팔 밑으로 돌아 빠지면서 왼손으로 상대 오른 손목을 감아 잡아 손목 꺾어 던지기. . / Lleve sus brazos hacia el frente y arriba, gírese por detrás, agárrele la mano al oponente, y hágale llave a la muñeca, lanzándolo.

Skill 3 / 기술 3 / Técnica 3:

Bring your arms forward and upwards, turn around backwards, grab the opponent's hand, twist the elbow with the other hand-shoulder, and throw the opponent with the hips / 양손 추켜올리면서 왼쪽으로 하여 팔 밑으로 빠져 상대 오른 팔굽을 꺾으면서 던지기 / Lleve sus brazos hacia el frente y arriba, gírese por detrás, agárrele la mano al oponente, hágale llave al codo con la otra mano-hombro, y láncelo hacia delante con la cadera.

Skill 4 / 기술 4 / Técnica 4:

Bring your arms forward and upwards, turn around backwards, grab the opponent's hand, make the opponent bend the arm, place the opponent's elbow against your chest, and twist the wrist / 오른쪽으로 하여 상대 팔 밑으로 빠져 오른손으로 상대 손목을 감아쥐고 왼손으로 상대 팔을 당겨 가슴에 고정시켜 손목 꺾기 / Lleve sus brazos hacia el frente y arriba, gírese por detrás, agárrele la mano al oponente, dóblele el brazo, apoye el codo contra su pecho y hágale llave a la muñeca.

10.DEFENSE AGAINST PUNCH / 주먹막기 / DEFENSA CONTRA PUÑO

Skill 1 / 기술 1 / Técnica 1:

Block with the opposite arm, put the other hand in the opponent's elbow, step in, turn his arm, and twist the elbow / 오른손으로 올려막고 왼손으로 팔굽 잡아 내려꺾기 / Bloquee con el brazo opuesto, ponga la otra mano en el codo del oponente, de un paso hacia delante, gírele el brazo y hágale llave al codo.

Skill 2 / 기술 2 / Técnica 2:

Block with the same side arm, bend the opponent's arm backwards with the opposite arm, and twist the shoulder / 왼손으로 올려 막고 오른손으로 밖에서 팔굽혀 걸어 당겨 내리며 꺾기.

Bloquee con el brazo del mismo lado, hágale doblar el brazo al oponente hacia atrás con el brazo opuesto, y hágale llave al hombro.

Skill 3 / 기술 3 / Técnica 3:

Block with the same side arm and strike the neck with knife hand with the opposite hand, grab the opponent's hand, bring it down and inside in a circle, twist the elbow with the shoulder / 왼손으로 주먹 지르는 것을 올려 막으면서 오른손날목치기 하고 상대의 오른손을 당겨 내리면서 왼 어깨로 상대 오른 팔굽을 밀어꺾기 / Bloquee con el brazo del mismo lado y golpee al cuello con mano de sable con la mano opuesta, agárrele la mano al oponente, llévela en círculo hacia abajo y adentro, y hágale llave al codo con el hombro.

Skill 4 / 기술 4 / Técnica 4:

Block with the same side arm and strike the neck with knife hand with the opposite hand, grab the opponent's hand, bring it down and inside in a circle, step under the opponent's arm, twist the elbow with the shoulder, and throw across your back sideways.

왼손으로 주먹 올려막으며 동시에 손날 목치기하고 오른손으로 상대 오른손 잡으며 팔 밑으로 들어가 오른 어깨에 상대 오른 팔굽을 걸어 꺾으며 던지기.

Bloquee con el brazo del mismo lado y golpee al cuello con mano de sable con la mano opuesta, agárrele la mano al oponente, llévela en círculo hacia abajo y adentro, de un paso por debajo del brazo del oponente, y hágale llave al codo con el hombro, lanzándolo a través de los hombros por el lado.

GRAND MASTER MOO YOUNG KANG'S MARTIAL ARTS BRIEF HISTORY / 강무영 관장 무도 약력 / BREVE HISTORIA EN LAS ARTES MARCIALES DEL GRAN MAESTRO MOO YOUNG KANG

Grand Master Moo Young Kang / 관장 강무영 / Gran Maestro Moo Young Kang

- 9th Degree Black Belt in Taekwondo and Hapkido / 태권도, 합기도 9단 / 9no. Grado Cinturón Negro en Taekwondo y Hapkido

- U.N. Peace University Honorary Doctor of Martial Arts Education / 유엔 피스 대학 무도 명예박사 / Doctor Honorario de Artes Marciales de la Universidad de La Paz de las Naciones Unidas

- 1988 - 2005 Instructor at the Drug Enforcement Administration (DEA) / 연방정부 마약 단속반 사범 / Instructor de la Administración para el Control de Drogas (DEA)

Bottom left and right: Hapkido Seminar, San Diego, California, U.S.A, 2017 / 합기도 세미나 시범, 샌디에이고 캘리포니아 미국, 2017 / Abajo izquierda y derecha: Seminario de Hapkido, San Diego, California, EE.UU., 2017.

1. WHEN GRABBING THE SAME SIDE WRIST / 손목을 잡았을 때 / CUANDO LE AGARRAN LA MUÑECA IPSILATERAL

Skill 1 / 기술 1 / Técnica 1:

Rotate your grabbed arm toward the inside and then toward the outside in a circle, grab the opponent's hand, twist the wrist, release your grabbed hand, and twist the elbow / 손을 밖으로 들어 올리고, 외척대로 상대 팔굽을 꺾어내리기 / Gire la mano que le tienen sujetada hacia dentro y luego hacia fuera circularmente, agárrele la mano al oponente, llave a la muñeca, saque la mano que le tiene sujetada y hágale llave al codo.

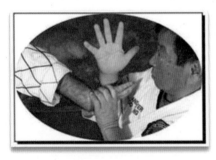  

Skill 2 / 기술 2 / Técnica 2:

Raise your grabbed hand up, grab the opponent's hand with your other hand, release your grabbed hand, grab the wrist, and twist the wrist.

손을 위로 올려서 반대 손으로 상대 손을 잡아 빼면서 손목 꺾기.

Lleve la mano que le tienen sujetada hacia arriba, agárrele la mano al oponente con su otra mano, saque la mano que le tienen sujetada, agárrele la muñeca y hágale llave a la muñeca.

Skill 3 / 기술 3 / Técnica 3:

Bring your grabbed arm down, grab the opponent's hand, bring your arm up, pass your elbow above the opponent's arm, and twist the elbow with your underarm.

상대 손목을 치켜올려 잡고 겨드랑이에 상대 팔굽을 끼워 꺾기.

Lleve la mano que le tienen sujetada hacia abajo y luego hacia arriba, agárrele la mano al oponente, pase el codo por encima del brazo del oponente y hágale llave al codo con la axila.

Skill 4 / 기술 4 / Técnica 4:

Bring your grabbed arm toward the inside, step in the same direction, grab the opponent's hand, turn around, and twist the wrist.

양손으로 상대 손을 잡고 상대 팔 밑으로 들어가 돌아앉아으면서 손목 꺾어던지기.

Lleve la mano que le tienen sujetada hacia dentro, de un paso en la misma dirección, agárrele la mano al oponente, gírese y hágale llave a la muñeca.

2. WHEN GRABBING THE OPPOSITE SIDE WRIST / 안 손목을 잡았을 때 / CUANDO LE AGARRAN LA MUÑECA CONTRALATERAL

Skill 1 / 기술 1 / Técnica 1:

Grab the opponent's wrist with the grabbed arm, turn around in front of the opponent, and twist the wrist / 뒤로돌면서 양손으로 상대 손을 잡고 꺾어 던지기 / Agarre la mano del oponente con la mano que le tienen agarrada, gírese en frente del oponente y hágale llave a la muñeca.

Skill 2 / 기술 2 / Técnica 2:

Step inside and bring the grabbed arm, go back with the grabbed arm around in a circle that ends hitting the face, grab the opponent's back knee with the other hand, and throw backward / 상대 무릎 뒤를 잡고 오른손으로 상대 얼굴 밀어 던지기 / De un paso hacia dentro y lleve en la misma dirección la muñeca que le tienen sujetada, se devuelve formando un circulo que termina golpeando la cara, agárrele la rodilla posterior al oponente con la otra mano y láncelo hacia atrás.

3. WHEN GRABBING BOTH WRISTS / 양 손목을 잡았을 때 / CUANDO LE AGARRAN AMBAS MUÑECAS

Skill 1 / 기술 1 / Técnica 1:

Pull the opponent toward you at the same time that you step forward and outside, and throw by sweeping the opponent with your hands / 왼발 내딛으며 양손으로 상대 오른발 들어올려 던지기 / Hale el oponente hacia usted, al tiempo que da un paso hacia delante y afuera, y lo barre con la mano.

4. WHEN GRABBING BOTH WRISTS FROM BEHIND / 뒤에서 양 손목을 잡았을 때 / CUANDO LE AGARRAN POR DETRÁS AMBAS MUÑECAS

Skill 1 / 기술 1 / Técnica 1:

Bring your arms front and up, turn around, grab both of the opponent's hands, cross his arms, and twist the elbow, throwing him.

양손을 앞으로 들어 올리며, 뒤로 돌아 빠지면서, 팔굽 걸어 꺾어 던지기 / Lleve sus brazos al frente y arriba, gírese, agárrele ambas manos al oponente, crúzele sus brazos, hágale llave al codo y láncelo.

5. WHEN GRABBING THE WAIST WITH ONE HAND / 앞에서 허리띠 잡혔을 때 / CUANDO LE AGARRAN LA CINTURA CON UNA MANO

Skill 1 / 기술 1 / Técnica 1:

Grab the opponent's hand with the anterior elbow of your opposite arm, step forward, and twist the elbow with the other arm / 왼손으로 상대 손을 감아잡고 오른손으로 팔굽꺾기 / Agárrele la mano al oponente con el codo de su brazo contralateral, de un paso hacia delante y hágale llave al codo con el otro brazo.

Skill 2 / 기술 2 / Técnica 2:

Grab the opponent's hand with your opposite hand, step forward, bring your other arm under the opponent's arm high by the neck, and twist the elbow with the shoulder / 왼손으로 상대 손을 잡고 오른손으로 상대 왼팔굽을 밑에서 추켜올리고 내딛으며 오른 어깨로 상대의 팔굽을 밀어꺾기 / Agárrele la mano al oponente con su mano contralateral, de un paso hacia delante, lleve su otro brazo debajo del brazo del oponente hacia arriba, por el cuello, y hágale llave al codo con el hombro.

6. DEFENSE AGAINST PUNCH / 주먹막기 / DEFENSA CONTRA PUÑO

Skill 1 / 기술 1 / Técnica 1:

Block and grab the opponent's hand, wrap your other arm around his arm, turn and step forward, and twist the arm throwing / 오른손으로 막아 감아쥐고 왼손으로 상대 팔굽을 감아 잡고, 오른발 내딛으며

돌면서 손목 감아꺾기 /
Bloquee y agárrele la mano al oponente, envuelva su otro brazo alrededor del brazo del oponente, gírese y de un paso hacia delante, hágale llave al brazo y lán-celo.

7. DEFENSE AGAINST FRONT KICK / 발막기 / DEFENSA CONTRA PATADA DE FRENTE

Skill 1 / 기술 1 / Técnica 1:

Step forward and outside and low block, bring the other arm under the opponent's leg and grab the foot with both hands, turn the foot making the opponent fall, step in his leg, and move the leg away and strike the groin.

상대가 앞차기로 공격해올 때, 왼발 왼쪽으로 빠지면 오른손으로 막으며 동시에 왼손으로 밑에서 위로 감아잡아 발목 돌려꺾기.

De un paso hacia el frente y afuera, al tiempo que bloquea abajo, lleve su otro brazo debajo de la pierna del oponente y agárrele el pie con sus dos manos, gírele el pie haciéndolo caer, parésele en la pierna, muévale la pierna para el lado y golpee los genitales.

8. DEFENSE AGAINST KNIFE, LOW STRIKE / 칼막기 / DEFENSA CONTRA ATAQUE DE CUCHILLO AL ABDOMEN

Skill 1 / 기술 1 / Técnica 1:

Block with crossed arms, grab the opponent's hand with both hands, and twist the wrist.

양손으로 엇걸어 내려막고, 손목 돌려잡아 꺾어던지기.

Bloquee con los brazos cruzados en tijera, agárrele la mano con sus dos manos y hágale llave a la muñeca.

 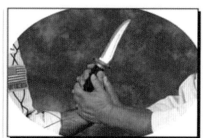 

Skill 2 / 기술 2 / Técnica 2:

Block with crossed arms, grab the opponent's hand with both hands and lift his arm up circularly toward the outside, front kick to the chest, and twist the wrist / 양손으로 엇걸어 내려막고, 왼쪽으로 돌려 손목꺾기 하고 앞차기로 가슴 차고 손목 꺾어 제압하기 / Bloquee con los brazos cruzados en tijera, agárrele la mano con sus dos manos y levántele la mano circularmente hacia fuera y arriba, patada de frente al pecho, y hágale llave a la muñeca.

HOW TO TIE A BELT / 띠 매는 법 / COMO AMARRAR EL CINTURÓN

A belt should be earned, not given. It represents a level in the path of martial arts that shows knowledge, ability, and experience. Wearing it is not as important as living it in every thought, word, and action!" / *"띠는 주는 것이 아니라 획득해야 한다. 그것은 지식, 능력 및 경험을 보여주는 무도 수준을 나타내는 것이다. 그런 것을 갖추는 것은 모든 생각과 언행에 따라 살아가는 만큼 중요하지는 않다."* / *"Un cinturón debe ser ganado, no regalado. Representa un nivel en el camino de las artes marciales que muestra conocimiento, habilidad, y experiencia. Vestirlo no es tan importante como vivirlo en cada pensamiento, palabra y acción.*

Master Young Seok Kim: I'm so overwhelmed. It's already been half a century since the three of us talked about Taekwondo and Hapkido. You two started to train in Hapkido in the early 1960s, and I joined a few years later. I feel like it was yesterday, but our hairs have now turned grey. Do you remember the first day we were training with a white uniform and belt? In fact, I don't remember learning how to tie a belt properly and the reasons behind it. I feel sorry that there are many Masters who also don't know. So to begin, I would like to talk about belts. Don't you agree that the first step of martial arts training is to get dressed and tie a belt properly so you are ready to learn?

Master Nam Jai Kim: A belt is used to fix a garment onto one's body in a primitive way. The reason for wrapping it around the waist twice and tying it on the abdomen (Danjeon) is based on the principle of Yin and Yang: covering and protecting the spine is Yang and covering the abdomen and gathering its energy is Yin. The tying of a triangular shaped knot represents the circulation of Yin and Yang energy. The uniform jacket represents sky, the trousers represent the ground, and the belt represents the human being. This becomes harmonized by uniting the three elements of a circle, square and triangle respectively, which symbolizes Heaven-Earth-Human. The uniform and a perfectly tied belt knot represent a sense of piety by showing readiness to train and by expressing the importance of ceremony.

Master Moo Young Kang: Wrapping the belt around the waist twice means the joining of the body and mind. The knot in front of the belly button is located at the highest point of the body. So the knot is also called 'ko' using the Chinese character 'ko', meaning 'high'. The knot is shaped like a mountain. A mountain does not move and is fixed so is stable and unshakable. The knot is placed where the belly button is located. This part of the abdomen is called 'danjeon' where heat and energy come out. The knot's shape looks like ' -0- ' which is described by Kam Jung Leun in I Ching as the shape of water. Energy escape is prevented because heat and energy from the low abdomen (danjeon) is cooled down by water.

Master Young Seok Kim: I will briefly explain how to tie a belt. Every martial artist starts with a white belt and ends with black. White represents purity, nobility, health and life, and a state of mind in readiness for properly training in a martial art – emptying everything. Black represents mother, water, acceptance, achievement, prestige, and leadership. It is about not being complacent with the fruits of your labor, or your years of training with blood and sweat. It is about planting new seeds and cultivating this to become a tree, so it can produce more fruit. This is the way of the Master.

Firstly, hold the belt horizontally and place the center on your belly button, hands holding the right and left-hand sides. For a white belt, the tag should face out and be placed on your left (eventually the tag will face towards you). For a black belt, hold your belt with the name side facing toward you and place it on your left. This is because the left represents Yin and stillness, and the right represents Yang and movement. It starts with stillness, Yin, and ends with movement, Yang.

Secondly, take the belt end held in your right hand and wrap it around your right side to your back. Then take the belt end held in your left hand and wrap it around your left side to your back. Pass the end of the belt that was originally held in your right hand over the belt originally from your left hand, around your left side and hold at your lower abdomen. Now take the end of the belt originally in your left hand and now at your back, around your right side to your front, making sure it is tucked under the original right-hand belt end, all the way around to your front. The belt should now form a single width band, with the original right-hand end placed over the original left-hand end. This will make the belt from the left side lie naturally outside pointing upwards, and the other end of the belt will go inside and downwards.

Thirdly, bring the belt which was placed outside pointing upwards, down. Hold both belt ends and put them through inwards and up. Place the belt which is on your down left to the top right. Make a knot by pulling the top right side belt down, and fold it through the other end of the belt. Hold each end of the belt, and pull the belt tightly until a knot is formed. Then the side with your name, which was on your left, will end up on your right. Your name, which started on the inside of your left, or yin representing Sedentary Human. This means that you are ready to be trained through harmonious energy of Heaven (Yin) and Earth (Yang). The belt on the side of your waist will become a guard which can protect the area where there are no bones between the pelvis and the ribs. The belt also wraps the spine which creates a knot energy that collects in your abdomen.

Increasingly, in recent years, more clubs are only knotting the belt once as it is difficult for young students to learn the traditional double knotting method. But it should be taught in the right way, based on Eastern Philosophy of Yin and Yang. The meaning and purpose behind the process of belt tying should be made known to all martial artists.

사범 김용석: 참으로 감개무량합니다. 저희 셋이서 태권도와 합기도에 대해 얘기를 나눈 것이 벌써 반백 년이 지났습니다. 1960년 초에 두 분이 합기도를 시작하셨고 몇 년 후 저도 합기도를 시작한 것이 엊그제 같은데 머리가 백발이 됐습니다. 하얀 도복에 하얀띠를 매고 처음 운동을 시작했던 것을 기억하십니까. 저는 사실 하얀띠를 매는 방법과 이유를 제대로 배운 기억이 없습니다. 아직도 많은 사범에게 물어봐도 제대로 알고 있는 것 같지 않아 안타까웠습니다. 따라서 먼저 띠에 대해 얘기를 나눴으면 합니다. 무도 수련의 첫 시작은 도복을 입고 띠를 매는 것부터 시작해 배움의 시작을 준비하는 것이 첫 과정 아니겠습니까.

사범 김남제: 띠는 복식의 가장 원시적인 형태로 처음 의복을 입어 몸에 고정시킬 목적으로 사용한 것입니다. 띠를 두 번 감아 단전 앞에서 매듭을 짓는 목적은 음양의 원리에 입각해 양인 등 쪽 척추를 감싸 보호하고 음인 배 쪽 단전에서 감싸 기를 모으게 합니다. 또한 사람을 상징하는 삼각형으로 매듭을 지어 음과 양의 기를 순행시키는 것을 말합니다. 저고리는 하늘, 바지는 땅 그리고 띠는 사람으로 천지인의 상징인 원, 방, 각의 원리에 따라 삼극이

하나로 조화를 이루게 됩니다. 도복과 띠의 완벽한 매듭이 무도 수련을 시작하는 준비 자세의 경건함과 배움 그리고 경허함의 중요한 의식 표현이라고 봅니다.

사범 강무영: 띠를 허리에 두 번 감는 것은 몸과 마음을 합한다는 의미입니다. 배꼽 앞의 매듭은 몸의 중심에서 제일 높다고 하여 한문으로 높을 고(高)를 써서 매듭을 '고'라고도 합니다. 매듭은 산과 같은 모양으로 합니다. 산은 움직이지 않고 고정되어 안정되고 흔들림이 없습니다. 매듭은 배꼽 위치에 있는데 인체에서 아랫배는 단전이라 하여 열이나 에너지가 나오는 곳입니다. 매듭의 모양은 -0-으로 주역에서 감중련의 모양이라 하여 물의 형상입니다. 아랫배 단전에서 열이나 에너지가 생기는 곳에 물로 진정시켜 기가 밖으로 나가지 못하게 하는 것입니다.

사범 김용석: 띠 매는 법을 간단하게 소개해야 할 것 같습니다. 모든 무도는 하얀색 띠로 시작해서 검은색 띠로 마무리합니다. 하얀띠는 순수, 순결, 고귀, 건강, 생명을 뜻하며 모든 것을 깨끗하게 비워 술기를 제대로 배우고자 하는 준비 자세입니다. 검은색 띠는 어머니, 물, 수용, 성취, 권위, 지도력을 뜻하며 거두어진 무도 열매에 만족하지 않고 내 피와 땀의 결실인 씨앗을 심어 새로운 무도의 나무로 키워 보람 있는 열매로 이어주는 것이 지도자의 길이라고 봅니다.

첫째, 띠의 중간 부위를 배꼽에 대주고 띠 양옆을 각각 잡아줍니다. 하얀띠는 상표가 왼쪽 밖으로 향하게 하고(나중에 상표가 안으로 향하게 하는 것임) 검은색 띠는 내 이름이 왼쪽 안으로 가게 하여 잡아줍니다. 이유는 왼쪽은 음이며 정이고 오른쪽은 양이며 동입니다. 정인 음으로 시작해서 동인 양으로 끝나게 해주는 것입니다.

둘째, 오른손 쪽 띠는 오른쪽으로 하여 등 뒤로 그리고 왼손 쪽 띠는 왼쪽으로 하여 등 뒤로 돌려주는데 오른쪽으로 하여 등 뒤로 온 띠가 밖으로 향하게 하여 왼쪽으로 해서 아랫배로 오게 합니다. 왼쪽으로 하여 등 뒤로 온 띠는 오른쪽 띠 안으로 넣어 한 줄이 되게 하여 오른쪽으로 해서 아랫배로 오게 합니다. 이때 왼쪽으로 해서 온 띠는 자연히 바깥쪽 위로 향하게 되고 반대쪽 띠는 안쪽 아래로 향하게 됩니다.

셋째, 바깥쪽 위에 있는 띠를 밑으로 내려 두 줄을 감싸 안으로 하여 위로 끼워 돌려줍니다. 계속해서 왼쪽 아래에 있는 띠를 오른쪽 위로 올려줍니다. 오른쪽 위에 있는 띠를 아래로 내려 반대쪽 띠 안으로 끼워 넣어 매듭을 만들어줍니다. 양손으로 띠의 양쪽 끝을 잡아 각각 양옆으로 힘 있게 당겨주면 띠 매듭이 완성됩니다. 그러면 왼쪽 안에서 시작했던 내 이름이 오른쪽 밖에서 끝나게 됩니다. 정(음)에서 시작한 왼쪽 안에 있던 내 이름은 동(양)에서 끝나 오른쪽 밖으로 나와 하늘(양)과, 땅(음)의 에너지인 조화를 통한 무도의 수련 준비가 끝난 것입니다. 옆구리에 있는 띠는 허리뼈와 갈비뼈 사이에 뼈가 없는 부위의 보호대 역활을 해주고 척추를 감싸주며 단전 앞에서 매듭으로 만들어 기를 모으는 역할을 합니다.

최근 띠를 두 번 감아 단전 앞에 매듭을 짓는 전통적인 방법이 어린 수련생들에게 어렵다 하여 한 번만 감아 매는 도장이 늘어나고 있습니다. 하지만 동양철학에 입각하여 옳바르게 지도하여 바르게 습득할 수 있도록 해야 합니다.

Maestro Young Seok Kim: Estoy tan abrumado. Ya ha pasado medio siglo desde que nosotros tres (Maestros Nam Jae Kim, Moo Young Kang y yo), hablamos en Corea del Sur acerca del Taekwondo y el Hapkido. Ustedes dos empezaron a entrenar Hapkido a principios de los años 60, y yo me les uní unos años más tarde. Siento como si fuera ayer, pero nuestros cabellos ya tienen canas. ¿Se acuerdan del primer día en que entrenamos con un uniforme y un cinturón blanco? De hecho, no recuerdo aprender a amarrarme correctamente el cinturón ni las razones para hacerlo. Lamento que existan tantos maestros que tampoco lo sepan. Por lo tanto, para empezar, quisiera hablar acerca de los cinturones. ¿No están de acuerdo que el primer paso del entrenamiento en las artes marciales (estar listo para aprender), es ponerse el uniforme y amarrarse el cinturón apropiadamente?

Maestro Nam Jai Kim: El cinturón es usado para ajustar, de manera primitiva, una prenda al cuerpo de uno. La razón para envolverlo dos veces alrededor de la cintura y atarlo sobre el abdomen (Danjeon), se basa en el principio Yin – Yang: cubrir y proteger la columna es Yang y el cubrir y proteger el abdomen es Yin, reuniendo la energía alrededor del abdomen y debajo del ombligo. También amarrar las dos puntas, por medio de un nudo con forma triangular, representa la circulación armónica en el ser humano, de la energía del Cielo (que desciende) y la de la Tierra (que asciende). El saco del uniforme representa el Cielo (Yang: El Círculo), los pantalones representan la Tierra (Yin: El Cuadrado) y el cinturón representa el Ser Humano (El Triángulo, la armonía. El resultado de la fusión de las energías del Cielo con las energías de la Tierra). El cinturón en las artes marciales representa la armonía del Hombre con el Cielo (Yang) y la Tierra (Yin). Además, un uniforme en buen estado, limpio y planchado, con un cinturón perfectamente atado, expresa un sentido de piedad, pureza, etiqueta y disposición para entrenar y aprender al expresar la importancia de la ceremonia.

Maestro Moo Young Kang: El envolver el cinturón alrededor de la cintura dos veces significa la unión de la mente (Yang) y el cuerpo (Yin). El nudo al frente del ombligo está ubicado en el punto más alto del cuerpo. De manera que el nudo es llamado "ko" usando el carácter chino "ko", que significa "alto". El nudo tiene forma de montaña. Una montaña no se mueve y es fija, de modo que es estable e inquebrantable. El nudo es colocado donde está el ombligo. Esta parte del abdomen es llamada "Danjeon" donde salen el calor y la energía. La forma del nudo es como un " -0- " lo que es descrito por Kam Jung Leun en el I Ching como la forma del agua. Se evita el escape de energía debido a que el calor y la energía de la parte inferior del abdomen (Danjeon), es enfriada por el agua.

Maestro Young Seok Kim: Explicaré brevemente como amarrarse el cinturón. Cada artista marcial empieza con un cinturón blanco y termina con uno negro. El blanco representa pureza, nobleza, salud y vida, y un estado mental dispuesto a entrenar correctamente en un arte marcial – vaciándolo todo. El negro representa a la madre, agua, aceptación, logro, prestigio, y liderazgo. Éste habla acerca de no estar satisfecho con los frutos de tu entrenamiento o con tus años de entrenamiento de sangre y sudor. Es plantar una nueva semilla y cultivarla para que se convierta en un árbol que, a su vez, pueda dar frutos. Este es el camino de los Maestros.

En primer lugar, con su mano izquierda (dorso abajo), coja los dos extremos de su cinturón (con la marca de fabricante mirando hacia arriba), levántelo con su mano izquierda (dorso afuera), de tal forma que quede vertical, con las dos mitades abajo, sin tocar el piso. Luego deslice sobre él su mano derecha (dorso arriba), haciendo que el cinturón quede horizontal y su mano derecha llegue a la mitad de él. Posteriormente, gire verticalmente su mano derecha (dorso afuera), y deje caer verticalmente sus extremos (delante de la línea media anterior del cuerpo: Eje Taegeuk), sin tocar el piso. Sujetando verticalmente el cinturón con la mano derecha (dorso afuera), a nivel del Eje Taegeuk, lo llevo arriba de mi cabeza y me conecto con el Cielo (Yang), luego lo desciendo, toco el piso, y me conecto con la Tierra (Yin). Por último, lo coloco vertical debajo del ombligo. Con la mitad del cinturón sujetado debajo del ombligo por mano derecha (dorso afuera), y sus extremos tocando el piso, coja el cinturón, con ambas manos (dorsos arriba), a lado y lado de su centro, y deslícelas horizontalmente sobre su cintura. Para los cinturones de color; el extremo del cinturón con la marca de fabricante debe quedar en su lado izquierdo; mirándolos. Para los cinturones negros, el extremo del cinturón con la marca y su nombre, debe quedar en su lado izquierdo; mirándolos. Esto se debe a que la izquierda representa la quietud (Yin) y la derecha representa el movimiento (Yang). Se empieza con quietud (Yin) y se termina con movimiento (Yang).

En segundo lugar, con sus dos manos (dorsos arriba), deslice al tiempo y horizontalmente el cinturón sobre su cintura (abdomen y espalda), por los lados correspondientes a cada una de sus manos; derecha e izquierda, hasta llegar a su columna vertebral. Ya en este nivel, cruce el extremo derecho del cinturón por encima del extremo izquierdo, formando una sola banda. Ambos extremos continuaran su recorrido por la cintura. El derecho, por encima, y sobre la espalda y el abdomen izquierdo. El izquierdo, por debajo, y sobre la espalda y el abdomen derecho. Hasta llegar a encontrarse nuevamente a nivel del ombligo. Esto hará que el extremo derecho del cinturón quede descansando arriba y hacia fuera, sobre el lado izquierdo del cuerpo, y el extremo izquierdo descanse abajo y dentro, sobre el lado derecho del cuerpo.

En tercer lugar, con ambos extremos del cinturón a nivel del ombligo, el derecho arriba-afuera y el izquierdo abajo-adentro, coja el extremo derecho con la mano derecha y métalo por debajo de las dos vueltas de cinturón (de abajo hacia arriba) y vuélvalo a sacar arriba. Iguale ambos extremos del cinturón (El derecho con la mano derecha y el izquierdo con la mano izquierda). Con las manos del mismo lado, cruce ambos extremos del cinturón: el derecho por encima y adentro; el izquierdo por debajo y afuera. Luego el extremo derecho se mete por debajo del izquierdo (hacia dentro y a la izquierda). Por último, sostenga horizontalmente cada extremo del cinturón con sus manos (dorsos arriba) y jálelos firmemente hacia fuera, dando origen a un nudo con forma de rosa que mira hacia la derecha, donde quedará el extremo del cinturón con su nombre, que se partió desde el lado izquierdo.

Su nombre, escrito en la cara superior del extremo izquierdo del cinturón, y localizado inicialmente en el lado izquierdo del cuerpo, representa la quietud, el Sedentarismo Humano (Yin). Y termina en el lado derecho del cuerpo; representa el movimiento, el Nomadismo Humano (Yang). Esto significa que usted está listo para ser entrenado a través de la armonía de las energías del Cielo (Yang) y la Tierra (Yin). Además, el cinturón sobre su cintura, es un guardián protector de los órganos que se encuentran en el abdomen inferior, las estructuras que componen la columna vertebral y las energías que regula el canal de la cintura (Las que descienden del Cielo y ascienden de la Tierra). Además, su nudo formado debajo del ombligo, sobre el Danjeon (Mar de la Energía), da origen a un vórtice de energía que proyectamos permanentemente a través de nuestros movimientos y técnicas.

Cada vez más, en los últimos años, los jóvenes estudiantes están amarrando su cinturón dándole tan solo una vuelta, debido a que es más difícil aprender y enseñar el método tradicional de las dos vueltas. Pero debemos enseñar a nuestros discípulos a amarrárselo de la manera correcta, basados en la filosofía oriental del Yin - Yang (La Dualidad del Yin y el Yang en armonía con el Do). El significado y el propósito detrás del proceso de amarre del cinturón, debe darse a conocer a todos los arte marcialistas.

AN INTRODUCTION TO HAPKIDO / 합기도 소개 / UNA INTRODUCCIÓN AL HAPKIDO

"Zen is a mental culture which pursues the marrow from stillness. Hapkido, on the other hand, achieves stillness within its movements." / "선이란 정 중에서 정을 구하는 정신 수양 방법이다. 하지만 합기도란 동 중에서 정을 구하는 심신 수양의 방법이다." / "El Zen es un método de cultura mental que persigue el núcleo de la quietud. Pero el Hapkido es un método de entrenamiento mental y físico que busca la quietud dentro del movimiento."

Master Young Seok Kim: Each martial art is unique and has its own techniques. Zen is the method of mental culture which pursues the marrow from stillness. But Hapkido is a method of physical and mental training by achieving stillness within its movement. Hapkido was created by a martial arts expert who gained insight watching spiders subdue their prey. Hapkido's theory is very similar to Kumdo. Each hand movement is similar to a sword's movement. You never wrestle with your opponent. You suppress your opponent by using his strength and adding yours onto his, rather than opposing him head-on. This action is like flowing water, being round like a pearl, and being in harmony with your opponent. These three principles are the core lessons of Hapkido.

Master Nam Jai Kim: Hapkido aims to achieve completeness by imitating the way of nature and receiving the enlightenment of its law through physical training and harmony with nature. The psychological training method in Hapkido is called Hapkibub, which is founded on three principles: Jigam, Josik and Keumchok. Over these is laid the central principle of the combined circle, square and triangle, which leads to the principles of nature: Hwa (harmony), Won (circle) and Ryu (water / flexible). Jigam means blocking out the senses, Josik means controlling one's breath, and Keumchok means avoiding physical contact. It is said that when you find enlightenment, you will block out your senses (Jigam), control your breath (Josik), and avoid physical contact (Keumchok). It is also said that you will touch the heavens by being truthful, avoiding falsehoods, and having only good will.

Master Moo Young Kang: 'Hap' in 'Hapkido' becomes broken apart and scattered as the fighter and his opponent carry out harmonious techniques of defense and attack, always returning to unity. This is the principle of Yin and Yang, and Taegeuk is its root. 'Hap' is based on gathering, but once gathered it must then scatter. It differs depending on each person's action – physical and psychological. 'Ki' in 'Hapkido' means air and grain. If air is Yin, then grain is Yang. Air is invisible in form so it is Yin. Grain has a physical form which is visible, and is Yang. Humans breathe air through the nose, and eat grain through the mouth for nutrition to the body. By this activity, life is maintained. Life is Ki, and Ki is life. 'Do' in 'Hapkido' is path. It is meaningless if no one travels a given path. A human has free will to choose a path to follow. A path can be as wide as the universe or as narrow as a strand of spider silk, but you can still follow it. Hapkido is a martial art which trains both the visible and invisible.

Master Young Seok Kim: It is incredible that both Master Nam Jae Kim and Master Moo Young

Kang have established schools (Do Jang) that have only thought Hapkido in one place for life. There are not many masters at their age in Korea, America, and internationally who have contributed as much as they both have to the practice of Hapkido. Master Kim worked hard gathering together Hapkido instructors and creating the International H.K.D Federation when Hapkido was declining in popularity. I deeply wish that they both will continue to be a shining light guiding others in the practice of Hapkido and am confident they will remain in Hapkido history forever.

Hapkido's techniques (soolgi) can be classified in three ways: using hands against hands, using hands against weapons, and using weapons against weapons. Its strike tactics include punches, strikes, thrusts, and kicks. Techniques using joints include twists, throws, presses, and chokeholds. Weapon techniques include short, medium and long sticks, sword, walking stick (cane), and nunchakus. Everyday items such as an umbrella, string, belt, pencil, magazine, key ring, or anything you can easily find around can be used in Hapkido. Professionally applied techniques include 'ascendancy', 'hauling in', and 'tying up'.

All of these techniques can control the opponent by mechanically and physiologically using his weak points and attacking his vital spots. This is done through focusing your body's energy using danjeon (hypogastric breathing) and causing him pain. Physical strength or gender does not matter. Hapkido's mental focus helps you to cultivate patience. You can study an absolute truth by maintaining self-collectedness, having a strong spirit, and cultivating an indomitable yet amiable spirit. It also fosters the master's ability to destroy the opponent's will to attack through raising self-confidence and by purifying the opponent's mind.

Master Nam Jai Kim: I have spent my whole life teaching Hapkido. I hope that the next generation continues to carry the torch and maintains a bright future for the art of Hapkido. Hapkido's training must be done diligently. You must practice daily until the techniques become second nature and your mind and body become one.

Master Moo Young Kang: I believe Hapkido is a synthesis of many other martial arts. To fully understand Hapkido, I trained in Judo, Kendo, Taekwondo and Chinese martial arts. This practice helped me to understand the foundations of Hapkido, and I continue to train in them and study their theories and principles. As my friends Master Young Seok Kim and Master Nam Jae Kim mentioned their desire to create a book for martial art trainees, I was eager to collaborate as martial arts is also my passion. I hope my contribution is beneficial. I always emphasize the direction of the movement of force in Hapkido training. When pushed then pull, when pulled then push, when hit then turn. Any straight force can be absorbed with a curve. The centrifugal force is going out from the center. The centripetal force is the force coming in to the center. Therefore, the centrifugal and centripetal forces must be harmonized so that balance is created. The centrifugal force can be maintained when gravitational force exists. Every force that comes into your body is a centripetal force.

Master Young Seok Kim: When you perform the techniques, you should refrain from any unnecessary movements and perform only necessary actions. When attacking with greater force than necessary, the opponent and you collapse together. When you do not make your opponent's attack your own, you are weakened by your opponent. A simple movement is momentary, and you can be ahead of your opponent when you carry out necessary movements without haste.

Movements should be carried out by continuously moving the center of the body to the most appropriate position, and the body must move as a whole. The main principle of attack and defense is that you only have to make necessary movements. Only then will my opponent be unable to respond to my deliberate movement. It is because my movement is so simple, but fast that when my opponent attempts to respond to my attack, I have already defeated him. Learning the basics should be the core of all training. Training in the basics tends to be simple, boring and tedious. There are many people who have trained in Taekwondo and Hapkido, but not many who know it properly. To do it naturally, it must become part of your subconscious. When you are aware of your techniques, breathing and movements become rigid and unbalanced.

Master Nam Jai Kim: In Hapkido, you must decide on your technique while your opponent is inactive. Even when he is still, you are not going to attack his strongest point. You have to find his weak point or your attacking technique won't affect him. To find the weakest point, you will have to devote yourself to practicing your technique every day with a mindset not focused on victory. It is important to practice techniques that cause the mind and body to become one by learning the fundamentals, so that as you think of an action, you can automatically act on it.

Master Moo Young Kang: When the opponent attacks, you need to defend. You can block an attack or avoid it. If the opponent is weak, use the blocking method; and if he is strong and fast, use the avoidance method. Techniques to defend against an attack include block and push, grab, and the simultaneous twisting-grab and block. When you are caught by your opponent, in order to get the maximum effect with minimal force, separate his muscles and bones and constrict his veins. In this way, you should be able to easily overcome your opponent. By using the principle of the lever, you can also make the opponent lose balance. With little force, you can easily injure or throw your opponent and beat him.

Hap Ki Do founder, Choi Yong Sool, once said: "The one who uses fighting to become a martial arts expert is like a summer fly jumping into the fire. A martial art's expert does not act foolishly by looking for danger."

사범 김용석: 어느 무술이건 그 기법은 모두가 특이하고 차이가 있기 마련입니다. 선이란 정 중에서 정을 구하는 정신 수양 방법입니다. 하지만 합기도란 동 중에서 정을 구하는 심신 수양 방법이다. 합기도는 합기도의 달인이 거미가 먹이를 잡아먹는 것을 보고 착안해 이룬 기법이라 합니다. 또한 합기도는 검도의 이론과 흡사하여 손의 움직임 하나하나가 검의 움직임과 같은 원리로 상대의 힘과 절대 승강이를 하지 않고 상대의 힘에 자기의 힘을 화합하여 직각으로 받지 않고 상대의 힘을 이용하여 상대방을 제압하는 방법인 것입니다. 따라서 항상 흐르는 물과 같이 하라. 구슬과 같이 둥글게 하라. 상대와 합하라는 3가지 원리를 중점으로 하는 것도 그 이유입니다.

사범 김남제: 합기도는 정신적, 육체적 수행을 통해 대자연의 진리를 체득하고 그 법칙과 조화에 접근하여 스스로의 인격을 완성하고자 하는 것입니다. 정신적 수련법을 합기법이라 하여 지감, 조식, 금촉의 3법을 화통하여 원, 방, 각의 중심 원리를 화, 원, 류의 자연 원리에 대입해 수행하는 것입니다. 지감이란 느낌을 그치는 것입니다. 조식이란 숨을 고른다는 뜻입니다. 금촉이란 부딪침을 금한다는 것입니다. 그래서 깨달은 사람은 느낌을 그치고 (지감), 숨 쉬는 것을 고르며(조식), 부딪침을 금한다(금촉)고 하였습니다. 오직 한 뜻으로 나아가서 거짓됨을 돌이켜서 진실에 이르러 크게 하늘의 기준을 펴게 된다고 하였습니다.

사범 강무영: 합기도에서의 합이란 상대와 합해서 조화로운 기술 교환이 이루어져 방어와 공격을 통해 흐트러지거나 떨어져 나가게 되고 또다시 합으로 이어지게 됩니다.

이것이 음양의 원리이며 태극을 근본으로 삼는 것입니다. 합은 모이는 것을 원칙으로 하나 합하면 반드시 흐트러집니다. 심리적, 육체적으로 각자의 행동에 따라 달라지게 됩니다. 기는 공기와 곡식을 뜻합니다. 공기가 음이면 곡식은 양입니다. 형상으로 보면 공기는 보이지 않으니 음이요, 곡식은 모양의 물체가 있으니 양으로 볼 수 있습니다. 사람은 공기를 코로 통해 숨을 쉬고 곡식은 입을 통해 인체 안으로 들어옵니다. 그러므로 생명을 유지하는 것입니다. 생명은 기요, 기가 곧 생명입니다. 도란 길입니다. 길이 있지만 움직이지 않으면 아무 의미가 없습니다. 인간은 선택할 줄 아는 동물입니다. 어떠한 길을 가느냐에 따라 새로운 길도 만들 수 있습니다. 큰길은 크게 우주로부터 작게는 우리의 미세한 신경세포 조직에 이르기까지, 움직일 수 있는 곳은 길이기에 그 길을 따라 움직이는 것입니다. 따라서 합기도는 보이는 것과 보이지 않는 모든 것을 합쳐 나아가는 수행도라 할 수 있습니다.

사범 김용석: 김남제 관장님과 강무영 관장님은 오로지 합기도만을 위해 평생 한 곳에서 도장을 운영하시며 제자들을 양성하고 계시니 참으로 대단하십니다. 그 연세에 지금까지 학생들을 지도하시는 분들이 한국, 미국뿐만 아니라 세계적으로 흔하지 않을 것입니다. 김남제 관장님은 경무 국제합기도연맹을 조직하셔서 침체되고 있는 합기도인들과 단체를 정립하시고 체계화하시느라 노고가 많으십니다. 부디 두 관장님께서 합기도의 밝은 등불이 되어주셔서 합기도의 역사에 길이 남으시길 진심으로 바랍니다.

합기도의 술기는 상호 간에 맨손으로 하는 기법과 무기와 맨손 그리고 무기와 무기로 하는 기법 3가지로 구분할 수 있습니다. 술기 방법은 타격 기법인 지르기, 때리기, 찌르기, 차기 등이 있습니다. 관절 기법으로는 꺾기, 던지기, 누르기, 조르기 등이 있습니다. 무기 기법으로는 단봉, 중봉, 장봉, 검, 지팡이, 이절곤 등이 있습니다. 또 우산, 끈, 허리띠, 연필, 잡지, 가방, 열쇠고리 등 주위에서 쉽게 구할 수 있는 생필품을 이용해 술기에 이용할 수가 있습니다. 전문적인 응용 기술로는 제압술, 연행술, 포박술 등이 있습니다.

이러한 모든 기법은 역학적 그리고 생리적으로 상대의 약점을 충분히 이용해 상대의 약한 부위인 급소를 노리는 것으로 체내의 힘을 단전 호흡법으로 집중시킨 다음 공격을 가하여 고통을 줌으로써 손쉽게 제압할 수 있습니다. 따라서 체력의 강약이나 연령, 성별에 상관없습니다. 합기도의 정신 활동은 침착함을 유지하고 강한 정신을 소유하며 온유함 속에 불굴의 정신을 양성하여 절대적인 진리를 탐구하는 인내력을 길러줍니다. 또한 긍정적인 자신감을 길러 상대의 마음을 정화시켜 공격하려는 의지를 소멸시킬 수 있는 지도자의 자질을 키워주는 것입니다.

사범 김남제: 우리가 가는 길은 하나입니다. 지금까지 합기도라는 외길에 평생을 바쳤는데 바람은 훌륭한 후배들이 뒤를 이어 멈추지 않고 우리와 함께 합기도의 밝은 장래를 짊어지고 함께 나아가자는 것입니다. 많은 것을 담기 위해서는 더 큰 그릇이 필요하고 그 그릇이 클수록 혼자서는 들 수 없습니다. 서로 마주 들어 수많은 합기도인의 자랑스러운 열매를 같이 담을 수 있기를 기대합니다. 합기도는 타 무술과 달리 먼저 잡히고 수련을 시작합니다. 이러한 방법은 효과가 있는 기술을 몸에 익히기 위해 부분의 힘과 작용을 연구하고 수련을 거듭해 그 하나하나의 작용을 몸에 익혀야 합니다. 즉 여러 개가 모여 하나의 완성체가 되듯이 기술을 완성시켜가는 것입니다. 이러한 연습은 정지된 상태에서 행해지지만 그것이 자유로운 움직임 상황에서도 기술을 생각대로 펼치기 위해서는 마음의 동요가 있어서는 안 되고, 자기를 믿고 마음과 기술이 일체되어야 합니다. 그래야만 실제 상황에서도 자유롭게 기술을 실행할 수 있습니다.

사범 강무영: 합기도는 종합무술이라고 생각합니다. 나 자신도 합기도를 더 잘하기 위해 유도, 검도, 태권도, 중국 무술을 접하여 많은 기초에 도움이 되었고 지금도 수련하면서 이론과 원리 연구도 열심히 하고 있습니다. 동

우 김용석 관장님과 김남제 관장님께서 무도인을 위한 책을 집필하신다고 하여 동참하여 조금이나마 도움이 되고자 하는 마음으로 온몸을 다하여 쓸모 있는 술기 소개에 함께하고자 합니다. 합기도의 술기를 행할 때 힘의 운동 방향에 대해 항상 강조하는 얘기지만 염두에 두고 수련에 임해야 합니다. 밀면 당기고 당기면 민다, 부딪치면 돈다, 직선으로 들어오는 것은 곡선으로 받아들인다. 원심력은 중심에서 밖으로 나가는 것입니다. 구심력은 힘이 안으로 들어오는 것입니다. 따라서 원심력과 구심력이 조화를 이루어야 힘의 균형이 생기는 것입니다. 중력의 힘이 있어야 원심력을 유지할 수가 있습니다. 몸으로 들어오는 모든 것은 구심력입니다.

사범 김용석: 술기를 행할 때 불필요한 움직임을 자제하고 반드시 필요한 동작만 행해야 하고 마무리까지 연결해야 하겠지요. 필요 이상의 힘으로 공격할 때는 상대와 자신이 같이 무너지고, 상대의 공격을 자신의 것으로 만들지 못할 때는 스스로 상대와 함께 흔들리게 되는 것입니다. 단순한 움직임은 순간적이며 서두름 없이 꼭 필요한 동작만을 이어나가기 때문에 상대의 반응을 앞설 수 있는 것입니다.

움직임은 자신의 중심을 가장 적절한 위치로 이어져야 하며 온몸이 하나로 움직여야 합니다. 따라서 공격과 방어에 필요한 원리는 반드시 필요한 동작만을 해야 한다는 것입니다. 그래야만 상대는 나의 서두르지 않은 움직임에 반응할 수 없게 되지요. 그것은 나의 움직임이 너무 단순하고 빨라지기에 상대가 그 움직임에 반응했을 때는 내가 이미 공격을 한 상태입니다. 상대는 그 움직임에 반응하므로 시간적으로 방어에 미치지 못하는 것입니다. 따라서 기초는 모든 수련의 궁극적 중심이 되어야 합니다. 기본 수련은 단순하고 지루하고 길기 마련입니다. 태권도나 합기도를 수련하는 사람은 많아도 제대로 아는 사람은 많지 않다고 합니다. 자연스러움은 의식이 없어야 합니다. 호흡이나 동작은 의식하는 순간 경직되고 흐트러지기 때문입니다.

사범 김남제: 합기도의 기술은 상대의 힘이 정지된 상태에서 결정해야 합니다. 정지한 상태에서도 상대의 힘이 강한 부분을 공격하는 것이 아니라 약한 부분을 발견하지 않으면 기술은 걸리지 않습니다. 약한 부분을 찾기 위해서는 매일 반복하는 연습에서 승부를 떠나 새로운 마음가짐으로 생각을 바꿔가면서 연습에 매진해야 합니다. 또한 생각과 동시에 기술을 펼칠 수 있도록 항상 기본에 충실하고 몸과 마음이 일치된 기술을 수련하는 것이 중요합니다.

사범 강무영: 상대가 공격을 할 때는 방어를 해야 합니다. 방어에는 막는 방법과 피하는 방법이 있습니다. 상대가 약한 듯하면 막는 방법을 사용하고, 빠르고 강하면 피하는 방법을 취합니다. 막는 방법에는 쳐내는 것과 잡는 방법 그리고 막는 동시에 감아 잡는 것이 있습니다. 최소의 힘으로 최대 효과를 얻기 위해서는 상대에게 잡혔을 경우 근육과 뼈를 분리하고 정맥 핏줄을 잡아 상대를 쉽게 제압할 수 있어야 합니다. 또한 지렛대의 원리를 이용하여 상대의 중심을 잃게 해 작은 힘으로 상대를 쉽게 꺾거나 던질 수 있고 제압할 수 있습니다.

합기도 창시자 최용술이 말했다. "무술 고수에게 싸움을 거는 것은 여름철 하루살이가 불속으로 뛰어드는 것과 같다. 무술의 고수는 위험에 가까이하는 어리석은 행동을 하지 않는다."

Master Young Seok Kim: Cada arte marcial es única y tiene sus propias técnicas. El Zen es el método de cultura mental que persigue el núcleo a través de la quietud. Pero el Hapkido es un método de entrenamiento mental y físico que logra la quietud dentro del movimiento. El Hapkido fue creado por un experto en artes marciales que obtuvo este conocimiento viendo las arañas someter a sus presas. La teoría del Hapkido es muy similar a la del Kumdo. Cada movimiento de mano es similar al movimiento de una espada. Nunca luchas con tu oponente. Neutralizas a tu oponente usando su fuerza y añadiendo la tuya, en lugar de chocar de frente. Esta acción es como el fluir del agua, la redondez de una perla, y la armonía con el oponente. Estos tres principios conforman el núcleo de las lecciones de Hapkido.

Master Nam Jai Kim: El Hapkido aspira a alcanzar la plenitud, imitando a la naturaleza y recibiendo la iluminación de su ley a través del entrenamiento físico y la armonía con ella. El método de entrenamiento psicológico en el Hapkido se conoce como Hapkibub, que se basa en tres principios: Jigam, Josik y Keumchok. Sobre estos se establece el principio central del círculo (Won), el cuadrado (Bang) y el triángulo (Kak) combinados, que conducen a los principios de la naturaleza: Hwa (Armonía, No Resistencia), Won (Círculo) y Ryu (Agua/Flexibilidad). Jigam significa bloquear los sentidos, Josik significa controlar la respiración y Keumchok significa evitar el contacto físico. Se dice que cuando encuentras la iluminación, bloqueas tus sentidos (Jigam), controlas tu respiración (Josik), y evitas el contacto físico (Keumchok). También se dice que tocarás los Cielos siendo veraz, evitando las falacias, y teniendo buena voluntad.

Master Moo Young Kang: "Hap" en "Hapkido", se rompe y se dispersa a medida que el luchador y su oponente llevan a cabo técnicas armoniosas de defensa y ataque, pero vuelven siempre a la unidad. Este es el principio del Yin y Yang, y Taegeuk es su raíz. "Hap" se basa en la recolección, pero una vez recolectado debe dispersarse. Difiere dependiendo de la acción - física y psicológica de cada persona. "Ki" en "Hapkido" significa aire y grano. Si el aire es Yin, entonces el grano es Yang. El aire es invisible en forma, por lo que es Yin. El grano tiene una forma física visible, y es Yang. Los seres humanos respiran el aire a través de la nariz, y el grano entra en el cuerpo como nutrición a través de la boca. Por esta actividad, la vida se mantiene. La vida es Ki, y Ki es vida. "Do" en "Hapkido" es camino. No tiene sentido si nadie viaja por un camino determinado. Un ser humano tiene libre albedrío de elegir el camino a seguir. Un camino puede ser tan ancho como el universo o tan estrecho como un hebra de la seda de una araña, más se puede seguir de todas maneras. Hapkido es un arte marcial que entrena tanto lo visible e invisible.

Master Young Seok Kim: Es increíble que ambos Maestros; Nam Jae Kim y Moo Young Kang, hayan establecido escuelas (Do Jang) y enseñado a sus estudiantes solamente el arte del Hapkido, en un solo lugar durante toda su vida. No existen muchos Maestros de su edad, que en Corea, América e internacionalmente, hayan contribuido tanto a la práctica del Hapkido, como lo han hecho ellos dos. El Maestro Kim trabajó muy duro reuniendo instructores de Hapkido y creando la Federación Internacional H.K.D cuando la popularidad del Hapkido estaba declinando. Deseo profundamente que ambos sigan siendo una luz brillante que guíe a otros en la práctica del Hapkido, y estoy seguro de que permanecerán por siempre en la historia del Hapkido.

Las técnicas de Hapkido (sulgui) se pueden clasificar en tres grupos: mano vacía contra mano vacía, mano vacía contra arma y arma contra arma. Sus tácticas de ataque incluyen golpes, puñetazos, empujones y patadas. Las técnicas aplicadas sobre las articulaciones incluyen llaves, lanzamientos, presiones y estrangulamientos. Las técnicas con armas incluyen palos (cortos, medios y largos), espada, bastón y nunchacos. Los artículos cotidianos como paraguas, cadena, cinturón, lápiz, revista enrollada, llavero o cualquier cosa que puedas encontrar fácilmente alrededor, pueden ser usados en Hapkido. Las técnicas aplicadas profesionalmente incluyen "inmovilización", "arrastre" y "amarre".

Todas estas técnicas pueden controlar al oponente, al utilizar sus debilidades y atacar sus puntos vitales mecánica y fisiológicamente. Esto se hace enfocando la energía de tu cuerpo a través de la respiración abdominal Danjeon y produciéndole dolor. No importa la fuerza física ni el género. La concentración mental del Hapkido te ayuda a cultivar la paciencia. Puedes estudiar una verdad absoluta al practicar recogimiento, tener un espíritu fuerte y cultivar un espíritu indomable pero amable. Esto también potencia la capacidad del maestro de destruir la voluntad de atacar del oponente a través del aumento de la autoestima y purificando la mente del oponente.

Master Nam Jai Kim: He pasado toda mi vida enseñando Hapkido. Espero que la próxima generación continúe llevando la antorcha y mantenga un futuro brillante para el arte del Hapkido. El entrenamiento del Hapkido debe ser perseverante. Debes practicar a diario, hasta que las técnicas se convierten en tu segunda naturaleza y tu mente y tu cuerpo se convierten en uno.

Master Moo Young Kang: Creo que el Hapkido es una síntesis de muchas otras artes marciales. Para entender completamente el Hapkido, me entrené en Judo, Kumdo, Taekwondo y artes marciales chinas. Esta práctica me ayudó a entender los fundamentos del Hapkido, y continúo entrenándome en ellos y estudiando sus teorías y principios. Cuando mis amigos el Maestro Young Seok Kim y el Maestro Nam Jae Kim, mencionaron sus deseos de crear un libro para aprendices de artes marciales, yo estaba deseoso de colaborar ya que las artes marciales también son mi pasión. Espero que mi contribución sea beneficiosa. Siempre enfatizo la dirección de la fuerza del movimiento, durante el entrenamiento de Hapkido. Cuando te empujen, hala; cuando te halen, empuja; cuando te golpeen, gira. Cualquier fuerza directa puede ser absorbida con una curva. La fuerza centrífuga sale del centro. La fuerza centrípeta entra hacia el centro. Por lo tanto, las fuerzas centrífuga y centrípeta se deben armonizar para crear el equilibrio. La fuerza centrífuga puede mantenerse cuando existe fuerza gravitatoria. Cada fuerza que entra en tu cuerpo es una fuerza centrípeta.

Master Young Seok Kim: Cuando realices las técnicas, te debes abstener de cualquier movimiento innecesario y realizar sólo las acciones necesarias. Al atacar con mayor fuerza de la necesaria, el oponente y tú se derrumbaran juntos. Cuando no haces que el ataque de tu oponente sea el tuyo, estás debilitado por este. Un simple movimiento es momentáneo y puedes adelantarte a tu oponente cuando llevas a cabo los movimientos necesarios, sin prisa.

Los movimientos deben realizarse continuamente, como un todo, desde el centro del cuerpo a la posición más apropiada. El principio básico de ataque y defensa es que solo te debes mover lo necesario. Solo en ese momento, mi oponente será incapaz de responder a mi movimiento. Porque mi movimiento es tan simple y rápido, que cuando intenta responder a mi ataque, ya lo he derrotado. Aprender los conceptos básicos es el núcleo de todo entrenamiento. El entrenamiento de lo básico tiende a ser simple, aburrido y tedioso. Hay muchas personas que han entrenado Taekwondo y Hapkido, pero no muchas lo hacen correctamente. Para hacerlo naturalmente, éste debe ser parte de nuestro subconsciente. Cuando eres consciente de tus técnicas, la respiración y los movimientos se vuelven rígidos y desequilibrados.

Master Nam Jai Kim: En Hapkido debes decidir sobre tu técnica mientras tu oponente está inactivo. Incluso cuando está quieto, no vas a atacar su punto más fuerte. Tienes que encontrar su punto más débil o tu técnica de ataque no lo afectará. Para encontrar el punto más débil, tendrás que practicar tu técnica todos los días, con una mentalidad no enfocada en la victoria. Es importante practicar técnicas que hagan que tu mente y tu cuerpo se conviertan en uno solo, aprendiendo sus fundamentos, de modo que cuando percibas la acción, reacciones automáticamente a ella.

Master Moo Young Kang: Cuando un oponente te ataca, necesitas defenderte. Puedes eludir o bloquear el ataque. Si el oponente es más débil que tú, bloquéalo; y si es más fuerte y rápido que tú, elúdelo. Las técnicas para defenderse contra un ataque incluyen bloquear y empujar, agarrar y el giroagarre-bloqueo simultáneos. Si un oponente te sujeta, con el fin de obtener el máximo efecto con el mínimo de fuerza, separa sus músculos y huesos, y contrae sus venas. De esta manera podrás superarlo fácilmente. Utilizando el principio de la palanca, con poca fuerza, lo podrás desequilibrar y lanzar, venciéndolo.

El fundador del Hap Ki Do, Yong Sool Choi, dijo una vez: "Aquel que busca pelear para convertirse en experto de artes marciales es como una mosca de verano saltando al fuego. Un experto en artes marciales no actúa estúpidamente en busca de peligro."

TECHNIQUES OF HAPKIDO / 합기도 술기 / TÉCNICAS DE HAPKIDO

"There are no shortcuts to excellence. You must fail many times before you can achieve it." / "우수성에 대한 지름길은 없다. 당신은 특별한 것을 배우기 이전에 여러 번의 실패를 경험해야 한다." / "No hay atajos a la excelencia. Debe fallar muchas veces antes de poder lograrla."

STRIKING

Master Young Seok Kim: You have to be very careful about what you want to do – make your opponent faint or kill him. There must be great skill when the force you apply to vital points of the human body can determine someone's life or death. You must make the right decisions about the strike location and method. Hard areas such as bones should be punched and soft areas such as muscles should be struck by thrusting, punching and cutting. Until you reach the target, you should not put in much energy, but should accelerate your movement. As soon as you hit the target, use your breathing to concentrate the energy and hit the right point on the target. When two sticks collide, the weak one is easily broken, but the strong one is also damaged. When a strong stick and a weak cane collide, the cane will bend with its soft flexibility, but will not break. You should be able to cause a quick and great damage to the weak point of a strong target, which is like the strong stick using softness and precision.

Master Nam Jai Kim: To strike, you need to know about bobup (it supplements energy when there is not enough) and sabup (it reduces energy when there is too much), which is used in Far East Asian medical practice. In martial arts, a strike skill is for killing or subduing, so the sabup strike is the correct one to use. The bendable body parts - such as the front of the torso, inside of the arm, and back of the leg are mainly formed of flesh and muscle. You should strike these vital parts with punches, thrusts and kicks. The non-bendable body parts - such as back of the torso, outside of the arm, and front of the leg are mainly composed of bone. You need to use hitting, kicking, twisting and subduing on these body parts. Breathing and timing are important when you attack. You can impart a fatal injury when your opponent breathes in or when he has just finished breathing out, when he is about to speak or just finished talking, or when the opponent is about to start an attack or just finish one. At all these moments, you can produce a greater damage that can be even fatal.

Master Moo Young Kang: You can divide strike techniques into 'hard' (kangkwon) and 'soft' (yukwon). The hard technique is vigorous, dynamic, and swift. The soft technique is soft, light, and fast-moving. Training of bones and sinews (muscle) is important for the hard technique, and training of energy (qigong) is important for the soft technique. The soft technique subdues the movement with stillness, and the hard technique subdues the weaker one with its strong and hard skills. The strong and the quick, and the soft and the slow, are interconnected and reinforce each other. When you use a technique that positions you low, you need to move your center of gravity down below the navel with a wide stride and strike with your fist using your body or shoulder as if you thrust for a long distance. When you use a technique that positions you high, you need to move your center of gravity above the navel with a narrow stride and strike with a short punch without using your shoulder strength. When you are confronted by your opponent, you will strike with your feet (kick) if he is within the boundary of your feet touching distance, and you will strike with your hands if he is at a close distance.

TWISTING

Master Young Seok Kim: The twisting technique does not depend on the strength and weight of the opponent. By attacking his physiological weak points causing pain and by bending the part in the direction that will cause the opponent to hurt, he will collapse from his own strength. The aim of the twisting technique is to apply your strength to the opponent's joints and cause him pain. Then he will naturally fall or lose control of himself by losing his center of gravity. This will physically and psychologically limit his chance of attack by continuous suppression.

Master Nam Jai Kim: The twisting technique is unique to Hapkido, which uses the weak parts – joints – of the human body. The right-side twisting technique is used to suppress an opponent by exerting force in the direction of the bend of the joint. This will disturb his balance and cause pain by overreaching the limit of joint movement. On the other hand, the opposite-side twisting technique exerts force in the opposite direction of the bend of the joint by using the principle of levers. The twisting technique in Hapkido is not just the use of force, but a suppression technique, disturbing the posture by twisting the opponent's arm, or continuing to twist his wrist joints, or exerting force to his elbows.

Master Moo Young Kang: In order to defeat your opponent successfully by using the twisting technique, physical attack is necessary. Some examples would be holding the vital points, separating, twisting or pressing the joints. These techniques separate the bones and muscles, stops blood flow by restricting veins, and causes pain to the opponent. In order to quickly and continuously subdue your opponent, you use principles of levers. The twisting technique is one that can cause enough pain and fear in your opponent.

THROWING

Master Young Seok Kim: While keeping your body stable, attempt to distract your opponent so his center of gravity shifts position, and then apply a force accordingly. In this way, using the centrifugal force (pushing force) and centripetal force (pulling force), and using his reactions and direction, you can use the 'throwing' technique. To be effective, you must understand how balance can be disrupted, depending on his foot positioning. Using the principle of the triangle, the point the triangle makes with both feet is the best place to upset the balance of the opponent's center. When the opponent pushes with a great force, the pulling force gets bigger. If you use this and throw your opponent using the principle of levers, you will be applying the idea that 'softness can beat hardness'.

Master Nam Jai Kim: In Hapkido, it is said that the soft force will subdue a strong person. In order to control a strong opponent, you should use his strength. To do so, you need to encourage him to use his forces to move. You add your force onto his movement then throw him. If you push him and he resists, then you should pull him. When you pull him and he resists, then you should push him immediately. By doing this, you change the direction of the force, according to your opponent's direction of force and physical reaction.

Master Moo Young Kang: These techniques are used when you have closer contact with your opponent than when you use inflection techniques. When you use throwing techniques against your opponent, you can gain positive results by watching the movement of your attacker's core and his psychological status, and by controlling his spine. You need to use the technique flexibly. When he pushes, then you pull in the same direction, and when he pulls then you push in the direction of the force without going against his force. Attack and defense can vary depending on how you hold your opponent. You can maximize the effect by inflecting his joint, then throwing him.

Aikido founder, Morihei Ueshiba, said: "Overpowering the opponent is done by being aware of the surroundings, by reaching the mind, and by getting ready for the next move. One is at the present moment and the future at the same time. You can develop an uncluttered mind and strengthen your body through training. You cannot adjust to new circumstances if you are stuck in the past or in a constant state of anxiety as situations are always changing and unknown."

타격

사범 김용석: 인체의 급소를 노려 힘을 가함으로써 졸도와 살상을 유도하는 것이 생명을 결정하는 것이니만큼 졸도와 살상의 구별이 엄격해야 합니다. 공격의 부위와 방법을 제대로 결정하지 않으면 안 됩니다. 뼈와 같은 단단한 부위는 때리고 근육 같은 부드러운 부위는 지르거나 찌르기 그리고 베기를 합니다. 목표물에 접근하기 전까진 힘을 빼고 속도를 가하여 목표물에 닿는 순간 호흡에 맞춰 힘을 집중시켜 정확하게 원하는 부위를 가격해야 합니다. 막대기와 막대기가 서로 부딪칠 때 약한 것은 부러지기 쉽고 강한 것 또한 타격을 받습니다. 그러나 막대기와 회초리가 부딪쳤을 때 회초리는 유연성으로 부드럽게 구부려지지만 부러지지는 않습니다. 따라서 강한 막대기와 같은 강한 타격의 허점을 파악해 부드러움과 날카로움으로 빠르게 큰 타격을 줄 수 있어야 합니다.

사범 김남제: 타격을 할 때에는 동양 의술에서 사용하는 보법(부족하면 기운을 보충하는 것)과 사법(넘치면 기운을 덜어주는 것)에 대해 알아야 합니다. 무도에서의 타격법은 살상이나 제압을 목적으로 하기에 사법의 타격이 옳습니다. 구부릴 수 있는 부위 즉 상체 안쪽, 팔 안쪽, 다리 뒤쪽은 주로 살과 근육으로 형성되어 있어 지르기, 찌르기, 차기로 급소를 가격해야 합니다. 구부릴 수 없는 부위 즉 상체 등 쪽, 팔 바깥쪽, 다리 앞쪽은 주로 뼈로 형성되어 있어 때리기, 차기, 꺾기 그리고 제압할 때 사용해야 합니다. 타격을 할 때는 호흡과 타이밍이 중요합니다. 상대가 숨을 들이마실 때와 숨을 다 뱉었을 때, 말을 하려 할 때와 말을 다 마쳤을 때, 공격을 시작하려 할 때와 공격이 막 끝났을 때 바로 타격을 하면 더 큰 치명상을 줄 수 있습니다.

사범 강무영: 타격을 강권과 유권으로 나누어 설명한다면 강권은 격렬하고 뛰어오르고 신속하게 움직이는 권법입니다. 유권은 부드럽고 경쾌하고 빠르게 움직이는 권법입니다. 강권은 근골의 단련을 중요시하고 유권은

기공의 단련을 중요시합니다. 유권은 정으로 동을 제압하고 강권은 강하고 단단한 것으로 약한 것을 제압합니다. 강한 것과 빠른 것 그리고 부드러운 것과 느린 것이 서로 통하고 도움이 됩니다. 보폭이 넓고 자세를 낮게 중심을 아래로 하면서 몸통이나 어깨를 사용하여 크게 길게 찌르듯이 주먹을 사용합니다. 보폭이 좁고 허리를 높은 자세로 하여 중심을 배꼽 위로 한 동작에서는 어깨를 넣지 않고 짧게 찔러야 합니다. 상대와 대치했을 때 발이 닿는 거리에서는 발차기를 하고 근접해 있을 때에는 손으로 가격합니다.

꺾기

사범 김용석: 꺾기는 상대의 체력과 중량에 관계하지 않습니다. 생리적인 약점을 잡아 고통을 주면서 역학적으로 상대편이 무너지는 쉬운 방향으로 꺾으면 상대편은 자기 힘에 무너집니다. 꺾기의 제압술은 상대의 관절에 힘을 가함으로써 고통을 주면 자연히 중심을 잃고 넘어지거나 스스로 통제력을 잃습니다. 계속해서 상대를 제압하여 공격할 수 있는 기회를 정신적, 육체적으로 빼앗는 것입니다.

사범 김남제: 꺾기는 합기도가 갖는 특유의 술기로 인체의 약소인 관절을 이용합니다. 관절이 굽는 방향으로 더욱 힘을 가하여 굴절운동의 한계를 지나치게 함으로써 고통을 주면서 상대의 균형을 깨뜨리면서 제압하는 순관절꺾기가 있습니다. 반대로 관절이 굽어지는 반대쪽에 지렛대 원리를 이용하면서 힘을 가하여 제압하는 역관절꺾기가 있습니다. 합기도에서 꺾기는 단순한 완력의 사용이 아니고 상대 팔이 비틀림으로써 자세가 흐트러지고 계속해서 손목관절을 비틀거나 팔굽을 누르는 등의 방법으로 제압합니다.

사범 강무영: 상대를 제압하는 기술 중에 꺾기를 제대로 하려면 먼저 급소를 정확하게 잡고 관절을 분리시켜 비틀거나 꺾어 누르고 돌려 잡아 젖히는 등의 물리적인 공격을 합니다. 뼈와 근육을 분리시키고 정맥을 잡아서 피의흐름을 정지시키고 상대에게 고통을 주어서 제압하는 것입니다. 계속해서 빠르게 제압하기 위해서는 물리적인 힘을 이용한 지렛대 원리를 적용합니다. 꺾기는 고통과 공포를 상대에게 충분히 느끼게 할 수 있는 기술입니다.

던지기

사범 김용석: 자신의 신체는 안정적으로 유지하면서 상대의 신체 중심을 흩트려 상대의 중심 이동에 따라서 나의 힘을 가합니다. 원심력(밀어내는 힘)과 구심력(끌어당기는 힘)을 이용해 상대방의 반동과 방향을 이용하여 던지기를 행하여야 합니다. 상대의 발 자세에 따라 균형을 깨는 방향을 알아서 행해야 효과적으로 던질 수 있는데, 삼각형의 원리에 따라 두 발과 삼각형을 이루는 지점이 상대의 중심을 빼앗기 가장 좋은 위치라고 합니다. 상대방이 큰 힘으로 밀어올 때 당기면 그 힘이 더 크게 밀려옵니다. 그것을 이용해 지렛대 원리로 던진다면 부드러움이 강한 것을 제압한다는 원리에 부합됩니다.

사범 김남제: 합기도에서는 부드러운 힘으로 강한 자를 제압한다고 하였습니다. 강한 상대를 제압하기 위해서는 상대의 힘을 이용하는데 그러기 위해서는 고정된 상대의 힘을 움직이도록 유도하고, 그 움직임에 자신의 힘을 더하면서 메치거나 던집니다. 밀어서 저항하면 바로 당기고, 당겨서 저항하면 바로 밀어치는 요령으로 상대방 힘의 방향이나 생리적 동요에 맞추면서 그 힘을 전환하고 변화시키는 것입니다.

사범 강무영: 꺾기보다 상대의 몸과 밀착되어 있을 때 사용하는 기술입니다. 상대를 던지기 위해서는 공격자의 중심 이동과 심리적 상태를 보고 척추를 제압하고 던지면 좋은 결과를 얻을 수 있습니다. 상대의 힘에 다투지 않고 밀면 같은 방향으로 당겨주고, 당기면 그 힘을 향하여 밀어주면서 유연하게 동작을 실행해야 합니다.

상대를 어떻게 잡느냐에 따라 공격과 방어가 달라질 수 있습니다. 최종 기술은 관절을 꺾으면서 던지면 효과를 극대화할 수 있습니다.

아이키도 창시자 우에시바 모리헤이는 말했다. "제압(잔심)이란 다음 동작에 대비해 마음을 뻗어 주의를 의식하는 것이다. 현재이면서 미래다. 강한 정신을 개발하고 수련을 통해 몸을 자유롭게 해야 한다. 상황은 항시 변하기에 과거의 생각이나 조급함에 머물러 있으면 새로운 상황에 적응할 수 없다."

LOS GOLPES

Master Young Seok Kim: Tienes que ser muy cuidadoso con lo que quieras hacer —desmayar o matar a tu oponente. Debes tener gran destreza ya que la fuerza que apliques sobre los puntos vitales del cuerpo humano pueden determinar la vida o muerte de alguien. Debes tomar las decisiones correctas sobre el lugar del golpe y su método. Las áreas duras (Yang), como los huesos, deben ser golpeadas; y las áreas blandas (Yin), como los músculos, deben ser empujadas, apretadas o cortadas. Hasta que alcances el blanco, no debes poner mucha energía, sino aceleración al movimiento. Tan pronto como alcances tu blanco, utiliza tu respiración para concentrar tu energía y golpear el blanco en el punto preciso. Cuando dos palos chocan, el débil se rompe fácilmente, pero el fuerte también puede sufrir daños. Cuando un palo fuerte y una caña débil chocan, la caña se dobla suavemente, pero no se rompe. Debes ser capaz de causar un daño rápido y grande al punto débil de un objetivo fuerte, que es como utilizar un palo fuerte con suavidad y precisión.

Master Nam Jai Kim: Para golpear, debes saber sobre el bobup (incrementa la energía cuando es insuficiente) y el sabup (reduce la energía cuando es exuberante), utilizada en la práctica médica del Extremo Oriente de Asia. En las artes marciales, la habilidad al golpear es la capacidad de regular un impacto para someter o matar a un oponente, por lo que el golpe sabup es el más correcto para usar. Las partes plegables y flexibles del cuerpo (Yin): como la cara anterior del tronco, la cara interior de las extremidades y la cara posterior de las extremidades inferiores, están cubiertas principalmente de carne y músculo, deben ser golpeadas, apretadas y pateadas. Las partes rígidas y no flexibles del cuerpo (Yang): como la cara posterior del tronco y las caras externas de las extremidades, que están protegidas principalmente por hueso, deben ser golpeadas, pateadas, torcidas y subyugadas. La respiración y sincronización son primordiales en un ataque. Puedes producirle una gran lesión a tu oponente en el momento que empieza a inspirar o que termina de espirar, o cuando empieza o termina de hablar, o cuando empieza o finaliza un ataque. En todos estos momentos, puedes producirle mayor daño, que puede llegar a ser incluso fatal.

Master Moo Young Kang: Puedes dividir las técnicas de golpe en "Duras / Yang" (kangkwon) y "Suaves / Yin" (yukwon). La técnica dura es vigorosa, dinámica y rápida. La suave es delicada, ligera y de movimiento rápido. El entrenamiento de los huesos, los tendones y los músculos es importante para la técnica dura, y el entrenamiento de la energía (Qi Gong) es importante para la técnica suave. La técnica suave subyuga el movimiento con quietud, y la técnica dura somete al más débil con su fuerza y contundencia. Lo fuerte y lo rápido (Yang), lo suave y lo lento (Yin), están interconectados y se refuerzan mutuamente (Taegeuk). Cuando usas una técnica baja, necesitas mover tu centro de gravedad hacia abajo (debajo del ombligo), por medio de una postura ancha, y golpear con el puño, usando la fuerza del cuerpo o hombro, como si fueras a empujar algo a una gran distancia. Cuando utilizas una técnica alta, necesitas mover tu centro de gravedad hacia arriba (encima del ombligo), por medio de una postura corta, y golpear con el puño, sin usar la fuerza del hombro. Cuando te enfrentes a tu oponente, lo golpearas con los pies (patear) si está al alcance de tus pies, y lo golpearas con las manos si está a una distancia menor.

LAS LLAVES

Master Young Seok Kim: Las técnicas de llaves no dependen de la fuerza, tamaño o peso del oponente. Al atacar sus puntos fisiológicamente débiles, causándole dolor y doblando esa parte en la direccion que le duela más, él colapsará a causa de su propia fuerza. El objetivo de las llaves es devolverle al oponente la fuerza de su ataque a sus articulaciones y zonas corporales débiles, para producirle dolor. Entonces caerá o perderá control al perder su centro de gravedad. Esto limitará físicamente y psicológicamente la posibilidad de ataque, a través de su control y sometimiento continuo.

Master Nam Jai Kim: Las llaves son técnicas únicas en el Hapkido, y se enfocan en partes débiles del cuerpo humano: las articulaciones. La técnica de llave en la dirección correcta se usa para someter al oponente ejerciendo fuerza en la dirección en la que la articulación se dobla, lo cual les produce dolor al extralimitar el alcance de esta. Por otro lado, la técnica de llave en la dirección contraria, ejerce fuerza en sentido opuesto del movimiento natural de la articulación usando el principio de palanca. Las técnicas de llaves en Hapkido no son técnicas solo de fuerza sino de supresión, con el objetivo de alterar la postura del oponente por medio de la torcedura del brazo, o continuar torciendo sus muñecas o ejerciendo fuerza a sus codos.

Master Moo Young Kang: Con el fin de derrotar a su oponente (sometiéndolo rápida y continuamente), mediante el uso de las técnicas de llave, es necesario atacarlo fisicamente. Algunos ejemplos serían la compresión y golpe de puntos vitales, y la torsión y/o presión de articulaciones. Estas técnicas hiperextienden o comprimen las articulaciones (muñecas, codos, hombros, cuello, rodillas, tobillos) y/o tejidos blandos (cápsulas articulares, ligamentos, tendones, nervios y músculos) y obstruyen el flujo de la energía y sangre (en canales y puntos de acupuntura, arterias y venas), produciéndole desequilibrio, dolor y/o lesiones al oponente. La técnica de llaves en Hapkido es una de las que puede causar suficiente dolor y miedo en el oponente.

LOS LANZAMIENTOS

Master Young Seok Kim: Mientras mantienes tu cuerpo estable, intenta distraer a tu oponente para desestabilizar su centro de gravedad y luego aplica una fuerza que lo lleve al piso. De esta manera, utilizando las fuerzas centrífuga (Yang: fuerza de empuje) y centrípeta (Yin: fuerza de tracción), y usando sus reacciones y dirección de movimiento, podrás "lanzarlo". Para ser eficaz, debes saber cómo desequilibrar al oponente, teniendo en cuenta la posición de sus pies. Utilizando el principio del triángulo, el tercer vértice o punto del triángulo que se hace con ambos pies es el mejor lugar para desequilibrar el centro de gravedad del oponente. Cuando el oponente te empuje con gran fuerza, tu fuerza de tracción será más grande. Si usas este concepto y aplicas el principio de las palancas (transmitir fuerza y desplazamiento, teniendo como base un punto de apoyo) y lanzas al oponente, estarás utilizando el principio taoísta de que "la suavidad (Yin) vence la dureza (Yang)".

Master Nam Jai Kim: En Hapkido, se dice que la fuerza suave (Yin) someterá a una persona fuerte (Yang). Para controlar a un oponente poderoso, debes utilizar su fuerza. Para hacer esto, debes inducirlo a que use sus fuerzas al moverse. Añades tu fuerza a su movimiento y, finalmente, lo lanzas. Si lo empujas (Yang), y él se resiste, hálalo (Yin). Si lo halas (Yin), y él se resiste, empújalo (Yang). Al hacer esto, cambias la dirección de la fuerza, armonizándote con la reacción física y la dirección del movimiento de tu oponente; Taegeuk (Yin-Yang).

Master Moo Young Kang: Estas técnicas se utilizan cuando hay un contacto más cercano con tu oponente y no lo quieres golpear o hacerle una llave. Cuando lances a un oponente, obtendrás mejores resultados si observas su estado psicológico, su centro de gravedad, y controlas su columna vertebral. Es necesario utilizar la técnica de forma flexible. Cuando él te empuja, tú lo halas en la misma dirección; y cuando él te hala, tú lo empujas en la dirección de su fuerza, sumándote a ella. El ataque y la defensa pueden variar dependiendo de cómo agarras al oponente. Puedes maximizar el efecto de tus acciones por medio de la flexión de sus articulaciones (llaves) y luego lanzándolo.

El fundador de Aikido, Morihei Ueshiba, dijo una vez "Dominar al oponente se logra siendo consciente del entorno, alcanzando la unidad y alistándose para el próximo movimiento. Es estar en el presente y el futuro al mismo tiempo. Puedes desarrollar una mente clara y cuerpo fuerte a través del entrenamiento. No podrás ajustarte a nuevas circunstancias (al cambio; Yin - Yang), si estás anclado en el pasado o en un constante estado de ansiedad ya que las situaciones están siempre cambiando y son desconocidas."

THE THREE PRINCIPLES OF HAPKIDO / 합기도의 3대 원리 / LOS TRES PRINCIPIOS DEL HAPKIDO

"For a tree to be able to withstand floods, strong winds, and drought, it must have solid roots. It is the roots or foundation which will determine the ability to withstand time and adversity." / "나무가 홍수, 강풍 및 가뭄에 견딜 수 있으려면 뿌리가 견고해야 한다. 그것은 시간과 역경을 견딜 수 있는 능력을 결정할 뿌리나 기초다." / Para que un árbol sea capaz de soportar inundaciones, vientos fuertes, y sequía, tiene que tener unas raíces sólidas. Son las raíces o los cimientos los que determinarán la capacidad de soportar el tiempo y la adversidad."

THE PRINCIPLE OF THE FLOW (RYU): You transfer your force onto your opponent's attacking force, combining them into a single flexible force, so you can softly but quickly subdue him.

Master Young Seok Kim: Nothing can stop water when it flows. When rocks block water, the flow parts around it. When rocks block the upper side of flowing water, it flows downwards. And when rocks block the downward flow, then the water flows up and over. In Chinese or Japanese martial arts, there are a lot of tactics that focus on the principle of Ryu, or Flow. When your opponent stops your attack, you can push his force to the side or deflect the force downward and push his upper body. You can also deflect the force upwards and deliver a low spin-kick. There should not be obstructions but flexibility; it should not be stopped. When your opponent has a weapon or is strong, then you can gently fight him. When you directly oppose an attacker, then you both get hurt and the person who is stronger is in a better position to win. The power of water seems weak and soft, but when the flow of water is constricted, then the flow gets thinner but faster, and the force is greater.

Master Nam Jai Kim: Behave like running water, which is constantly moving. The gently flowing water can sometimes become a torrent, become a waterfall over the cliff, or become a big wave when the sea meets a typhoon. You should be able to regulate your power like the water. Just like when you block the end of a hosepipe, the strength of the flow becomes greater. It is necessary to practice this technique, so you can softly, but quickly attack one point of your opponent with the strength you have gathered. In order to understand this principle, you need to learn from experienced masters and to study in depth through self-discipline. By doing this, you can mentally immerse yourself in the martial art and achieve your goal of becoming a master of the technique.

Master Moo Young Kang: Different effects cause all objects to either move or flow. When I say flow, it will remind you of water. Water has the property of flowing from a high to a low position. It is said in oriental philosophy that water was the first element in the world to be created. The human body and the Earth are composed of 70% of water. In Hapkido, there are more defensive than offensive techniques. Defense makes up 70% and offense 30% of the techniques. It is not unrelated to the fact that the human body and the Earth are formed of 70% water. Because of this fact, the techniques themselves seem to be soft. The main three principles of Hapkido are abstract and philosophical. I would like to add the inflection and throwing techniques, which are based on the principle of levers, which is a physics phenomenon that can be scientifically proven.

THE PRINCIPLE OF THE CIRCLE (WON): When meeting a force, do not directly oppose the force, but deflect it with a circular motion by redirecting the energy of the blow.

Master Young Seok Kim: When dots gather sequentially, they become a line. An infinite number of tangential lines form a circle. A circle symbolizes the universe, the heart, infinity and it has absoluteness to it. There is nothing discordant, but always balanced and harmonious. The best defense and attack technique in martial arts is this Won technique. You don't block the opponent's force directly but subdue him by making his body move with a circular motion, then knock him down, inflect him, or throw him. The principle is like a fast-flowing stream that is difficult to block, but that can be more easily diverted. Most of the joint techniques, including inflection and throwing, are based on the mechanics of the Won technique. It has the same principle used in swordsmanship. When an opponent's blow is deflected, it is followed up with a strike to the opponent with a circular motion.

Master Nam Jae Kim: Be spherical like a pearl. It minimizes the receiving force of an attacker by deflecting the force and making it circular, while also disrupting him. Like all objects, the human body is also under the influence of gravity. And this gravity makes the body fall down when the body bends beyond a right angle and loses the balance. Because of gravity, you can subdue your opponent without using a great force, using inflection or throwing techniques incorporated in the principle of Won.

Master Moo Young Kang: If your opponent attacks you, Won will reduce the impact of the attacking blow by changing it from a direct into a circular motion. Won represents softness and embraces all, and has lots of fluidity. When you draw a circle, the end returns to the beginning. It continuously moves forward. When dots gather, they become a line; the line becomes a curve; and the curve becomes a circle. The circle is able to move in any direction by external forces.

THE PRINCIPLE OF HARMONY (HWA): Become one with your opponent's mind and body, in order to lead him to his defeat and your victory.

Master Young Seok Kim: In order to take advantage of Hwa – combining yourself with your opponent's mind and body in attack and defense when confronted by your opponent, you need to consider the following cases: you are both unarmed, you are unarmed but he is armed, and you are both armed. You also need to take into account many different situations such as if you attack first, if he attacks you first, if many opponents attack you, if you are sitting, or if you are lying down, and so on. It is important to adjust the distance to your opponent and to become one (Hwa) with his mind. This is the principle where you subdue your opponent using his and your force when he attacks with feet or hands, or pulls or pushes, by performing Hwa. When he pushes you, then you pull him. When he pulls you, then you push him. The principle of Hwa is in essence a principle which is related to the mind and body.

Master Nam Jai Kim: When your opponent pushes you, then pull him. When he pushes you, then you use his force rather than oppose it, and turn your body with the direction of the force. If you continue to apply your force to your opponent's pushing force, he will lose his balance and is likely to fall. When you use the right technique in each situation, you can easily beat him. When he pulls you, then you make him lose his balance by using the force you gain from him and adding an extra force as you push.

Master Moo Young Kang: You need to have an opponent in order to find out how you can become one with him when he enters your psychological or physical space. When your opponent comes, you take; and when he goes, then you let go. The act of performing Hwa with your opponent is to subdue him, making him un-balanced or making him unable to use his physical force, so that you can always be in a better position. When your opponent approaches you, prepare yourself with Hwa. Ready your mind and body, making sure you become one with your opponent.

Daito Ryu Aiki Jujitsu Founder, Sokaku Takeda (Master of Morihei Ueshiba and Choi Yong Sool), said: "Aiki is a technique that takes away the opponent's power and makes resistance ineffective. Basically, we use both hands to train, but when we reach mastery, the whole body becomes Aiki itself, and the movement of the whole body becomes simple and fluid posture."

류의 원리: 상대의 공격에 자신의 힘을 전하여 부드럽고 빠르게 제압할 수 있게 유연함을 집중시키는 원리다.

사범 김용석: 물이란 막힘이 없고 멈춤이 없습니다. 바위가 물을 막으면 옆으로 돌아 흐르고 위로 막으면 밑으로 흐르고 밑으로 막으면 위로 흐릅니다. 중국 무술이나 일본 무술도 류의 원리에 중점을 두고 이루어진 기술이 많습니다. 상대에게 공격을 가했을 때 막으면 물의 흐름과 같이 옆으로 비켜 치거나 상대의 힘을 밑으로 빼서 위로 밀어 치거나 위로 올려 밑으로 돌려 치는 기술이 류의 원리입니다. 따라서 막힘이 없어야 하고 유연해야 하며 멈춤이 있어서는 안 됩니다. 상대가 무기를 가졌거나 강한 힘을 소유했을 때 부드러운 동작으로 상대를 대하면 됩니다. 마주치면 서로가 상하고 힘이 센 자가 유리합니다. 물의 힘은 부드럽고 약한 것 같으나 물줄기가 빠르고 가늘수록 무서운 힘으로 표출됩니다.

사범 김남제: 흐르는 물과 같이 하라. 물은 끊임없이 움직입니다. 유유히 흐르는 물도 때로는 급류가 되고 절

벽에서는 폭포가 되며, 바다가 태풍을 만나면 큰 파도를 만들듯이 자신의 힘을 물과 같이 조절할 수 있어야 합니다. 고무 호수의 물줄기를 막으면 나가는 힘이 훨씬 큰 것같이 인체에 모은 힘을 공격 부위에 집중시켜 부드럽고 빠른 속도로 상대에게 힘을 가할 수 있는 수련이 필요합니다. 이러한 원리를 터득하려면 훌륭한 사범에게 끊임 없는 지도를 받고 스스로 훈련하는 깊은 연구가 필요합니다. 이렇게 함으로써 정신면으로는 무도에 들어가고 기술은 극에까지 들어갈 수 있습니다.

사범 강무영: 모든 물체의 흐름은 영향을 받아서 움직입니다. 흐른다 하면 물을 연상할 수 있습니다. 물은 위에서 아래로 흐르는 성질이 있고 동양 철학에서는 물이 세상에서 제일 먼저 생겨났다고 합니다. 인체와 지구의 물은 70%로 구성되어 있습니다. 합기도는 공격보다 방어가 많습니다. 방어가 70%면 공격이 30%입니다. 지구와 인간이 70%의 물을 가지고 있다는 것과 무관하지 않아 술기 자체가 부드러움으로 이어지게 되는 것 같습니다. 합기도의 3대 원리는 추상적이고 철학적인 것이 많습니다. 기술의 원리로 지렛대를 이용한 관절기와 던지기를 추가하고 싶습니다. 지렛대 원리와 이론이 물리학적으로 정립되어 있고 증명할 수 있는 과학이기 때문입니다.

원의 원리: 상대편의 힘을 직각으로 받지 않고 자신이 받는 힘을 둥글게 유도하는 것이다.

사범 김용석: 점이 모여 선이 되고 선이 모여 원이 됩니다. 원은 우주를 뜻하고 마음을 뜻하며 무한을 뜻하고 절대성이 있습니다. 거슬림이 없고 항상 융화하며 조화를 이룹니다. 무도의 공격과 방어의 기술에 서는 그 최고의 기술이 바로 원의 기술입니다. 상대의 힘을 직각으로 받지 않고 상대의 중심체를 원형으로 받아 때리거나 꺾거나 던짐으로써 제압하는 것입니다. 산골짜기의 물을 정면에서 막으려면 힘들지만 물줄기를 돌려 막으면 쉬운 것과 같은 원리입니다. 대부분의 관절 기법(꺾기, 던지기)이 원의 원리에 따라 이루어집니다. '치면 원으로 받아라, 받으면 원으로 베라'는 검의 원리와 같습니다.

사범 김남제: 구슬처럼 둥글게 하라. 상대의 공격을 둥글게 유도하면서 자신이 받는 힘은 최소화하고 상대에게는 그 영향을 미치게 하는 것입니다. 항시 모든 물체와 마찬가지로 인체 역시 지구 인력의 지배를 받아 언제나 땅에 떨어지는 성질이 있어 몸이 직각 이상으로 구부러지면 중심을 잃고 넘어지기 마련입니다. 이 원리에 의해 꺾거나 던지기 기법의 원리를 원의 원리로 다루면 자기의 힘을 크게 들이지 않고 인력의 힘으로 상대를 제압할 수 있습니다.

사범 강무영: 원은 상대가 어떻게 접근해오든 항상 둥글게 받아서 자연스럽게 유도합니다. 원은 부드러움을 나타내고 모든 것을 감싸고 유동성이 많습니다. 원은 시작하면 다시 원으로 돌아옵니다. 계속 전진하는 운동을 하는 것입니다. 점이 모여 선이 되고 선의 연장이 곡선이 되고 곡선은 원으로 이어집니다. 따라서 둥근 원은 외부의 힘에 의해 어느 방향으로도 이동할 수 있습니다.

화의 원리: 상대편의 심신에 합하여 상대를 패배로 유도하여 자신을 승리의 위치에 두는 것이다.

사범 김용석: 상대와 서로 대립했을 때 공격과 방어를 통해 심신을 일치시키고 상대와 화하는 조건은 나와 상대가 맨손일 때, 나는 맨손이고 상대가 무기를 가졌을 때, 나와 상대가 무기를 가졌을 때입니다. 내가 먼저 공격할 때, 상대가 먼저 공격을 해올 때, 상대가 여럿이 공격해올 때, 앉았을 때, 누웠을 때 등 다양한 상황을 생각해봐야 합니다. 상대와의 거리 조절과 함께 상대의 마음과 화하는 것 또한 중요합니다. 상대방이 잡아서 밀거나 당길 때 그리고 손이나 발로 공격을 해올 때 그 힘에 화하면서 나의 힘을 상대와 화하여 상대를 제압하는

원리입니다. '밀면 당겨라, 당기면 밀어라'라는 화의 원리는 실로 심신에 통하는 원리입니다.

사범 김남제: 밀면 당기고 당기면 밀어라. 상대가 밀어오면 맞서지 않고 그 힘에 순응하면서 몸을 뒤로 돌립니다. 계속해서 상대가 밀어오는 힘에 자신의 힘을 가하면 상대는 중심을 잃고 넘어지기 쉬운 상태가 됩니다. 이때 적당한 기술을 행하면 용이하게 상대를 제압할 수 있습니다. 상대가 끌어당길 경우에는 그 힘에 순응하면서 자신이 미는 힘을 가세하여 상대의 균형을 잃게 만듭니다.

사범 강무영: 상대방이 심리적인 거리나 물리적인 거리에 가까이 접근했을 때 어떻게 조화롭게 합할 수 있는가는 상대가 있어야 합니다. 상대가 오면 받고 가면 보냅니다. 상대와 화하는 것은 상대를 제압하기 위해 상대의 중심을 잃게 하거나 물리적인 힘을 사용하지 못하게 나에게 항상 유리한 위치에 있을 수 있게 하는 것이 화입니다. 상대가 다가올 때 몸과 마음의 준비를 하고 기다려서 합하고 조화를 이룰 수 있게 화에 접근해야 합니다.

다이토류 합기유술 창시자 소카쿠 다케다(우에시바 모리헤이와 최용술의 스승)가 말했다. "합기란 상대의 힘을 빼앗고 저항을 헛되게 하는 기술이다. 근본적으로 양손을 활용해 단련하지만 심오한 경지에 이르면 온몸이 합기 자체가 되고 몸 전체의 움직임이 단순하고 유동적인 자세가 된다."

EL PRINCIPIO DEL FLUIR (RYU): Transfiere tu fuerza a la fuerza del ataque de tu oponente, combinándolos en una sola fuerza flexible, de modo que lo puedas someter suave pero rápidamente.

Master Young Seok Kim: Nada puede detener el agua cuando fluye. Cuando las rocas bloquean todo el flujo del agua, ésta las rodea. Cuando las rocas bloquean el flujo superior del agua, ésta fluye por debajo. Y cuando las rocas bloquean el flujo inferior del agua, ésta fluye por arriba y rebosa. En las artes marciales chinas o japonesas, existen un gran número de tácticas que se centran en el principio Ryu o flujo. Cuando un oponente detiene tu ataque, puedes desviar su fuerza hacia un lado o abajo, y empujar la parte superior de su cuerpo. También puedes desviar su fuerza hacia arriba y patearlo abajo en la cara anterior de la canilla. El flujo de tu movimiento debe ser flexible y continuo, sin interrupciones. Cuando tu oponente tiene un arma o es muy fuerte, debes luchar suavemente con él. Cuando chocas directamente con un oponente, ambos se lastimarán y la persona más fuerte vencerá. El agua parece suave y débil, pero cuando concentra su flujo, se hace más delgada y rápida, aumentando su poder.

Master Nam Jai Kim: Compórtate como el flujo de agua, que está en constante movimiento. El agua que fluye suavemente puede algunas veces convertirse en un torrente, una cascada sobre un acantilado, o una gran ola cuando el mar se une a un ciclón. Debes ser capaz de regular tu poder como el agua. De la misma forma que cuando obstruyes el extremo de una manguera, la fuerza del flujo se hace mayor. Es necesario practicar esta técnica, para que suave y rápidamente puedas atacar un punto vital de tu oponente con la fuerza que has acumulado. Para entender este principio, es necesario aprender de maestros experimentados y estudiar en profundidad a través de la autodisciplina. Al hacer esto, podrás sumergirte mentalmente en tu arte marcial y lograr la maestría de tu técnica.

Master Moo Young Kang: Diferentes efectos hacen que todos los objetos se muevan o fluyan. Cuando digo fluir, te recordará al agua. El agua tiene la propiedad de fluir desde una posición alta a una baja. En la filosofía oriental se dice que el agua fue el primer elemento que se creó en el mundo. El cuerpo humano y la tierra están compuestos por un 70% de agua. En el Hapkido, hay más técnicas de defensa que de ataque. Las técnicas de defensa representan el 70% y las de ataque el 30%. No es ajeno al hecho de que el cuerpo humano y la tierra están formados por un 70% de agua. Debido a este hecho, las técnicas en sí parecen suaves. Los tres principios del Hapkido son abstractos y filosóficos, por lo cual, me gustaría añadir las técnicas de llaves y lanzamientos, que se basan en el principio de las palancas, el cual es un fenómeno de la física que se puede explicar científicamente

EL PRINCIPIO DEL CÍRCULO (WON): Cuando te enfrentes con una fuerza, no te opongas directamente a ella, desvíala con un movimiento circular, desviando la energía del golpe.

Master Young Seok Kim: Las estructuras básicas de la geometría son el punto, la línea recta y el plano. El punto no posee dimensiones y describe una posición en el espacio. La línea recta está compuesta por un número infinito de puntos que se extienden en una misma dirección. El plano es una superficie que contiene infinitos puntos y rectas. El círculo es una región de un plano delimitada por una circunferencia (curva plana y cerrada, donde todos sus puntos están a igual distancia del centro) y que posee un área definida. Para la tradición oriental, el círculo simboliza el vacío, el infinito, el universo y el corazón. No hay nada discordante, sino todo es equilibrio y armonía. La mejor técnica de defensa y ataque en artes marciales es el principio del círculo (Won). No bloquees directamente la fuerza del oponente, hay que cambiarla a un movimiento circular, desequilibrando su cuerpo y luego golpéalo, empújalo o lánzalo. Similar al flujo rápido de un arroyo que es difícil de bloquear, pero que puede ser fácilmente desviado. La mayoría de las técnicas de llaves y lanzamientos se basan en la mecánica del principio Won. Es el mismo principio utilizado en la esgrima. Cuando el golpe de un oponente es desviado, es seguido por un golpe a él a través de un movimiento circular.

Master Nam Jai Kim: Se redondo como una perla. Minimiza la fuerza de recepción de un ataque, desviando su fuerza y haciéndola circular, al tiempo que alteras al agresor. Como todos los objetos, el cuerpo humano también está bajo la influencia de la gravedad. Y esta gravedad hace que el cuerpo caiga cuando se flexiona más allá de un ángulo adecuado y pierde el equilibrio. Debido a la gravedad, puedes someter a tu oponente sin usar una gran fuerza, usando técnicas de llaves o lanzamiento incorporadas en el principio de Won.

Master Moo Young Kang: Si tu oponente te ataca, Won reducirá el impacto del ataque, cambiándolo de un impacto recto a un movimiento circular. Won representa la suavidad, que abraza todo y tiene mucha fluidez. Cuando dibujas un círculo, te mueves continuamente hacia delante y el final regresa al principio. Cuando los puntos se reúnen, se convierten en una línea; la línea en una curva; y la curva en un círculo. Gracias a fuerzas externas, el círculo es capaz de moverse en cualquier dirección.

EL PRINCIPIO DE LA ARMONÍA (HWA): Hazte uno con la mente y el cuerpo de tu oponente para conducirlo a su derrota y a tu victoria.

Master Young Seok Kim: Para aprovechar el principio Hwa, de mezclarte con la mente y el cuerpo de tu oponente, durante el ataque y la defensa cuando te enfrentes con él, tienes que tener en cuenta los siguientes casos: si ambos están desarmados, si estás desarmado y él está armado o si ambos están armados. También debes tener en cuenta la situación del ataque: si atacas primero, si te ataca primero, si varios oponentes te atacan, si estás acostado, sentado o de pie, etc. Es muy importante ajustar la distancia a tu oponente y hacerte uno (Hwa) con su mente. Este es el principio que te permite someter al oponente mediante la armonía, utilizando su propia fuerza y tu fuerza cuando te ataca (golpea, empuja, lanza) con las manos y / o los pies. Cuando te empuje, hálalo. Cuando te hale, empújalo. Hwa es, en esencia, un principio de armonía mental, energética y corporal.

Master Nam Jai Kim: Cuando tú oponente te empuje, hálalo. Cuando te empuje, usa su fuerza, en vez de oponerla, y gira tu cuerpo con la dirección de la fuerza. Si continúas aplicando tu fuerza a la fuerza de empuje de tu oponente, él perderá su equilibrio y probablemente caerá. Usando la técnica correcta en cada situación, vencerás fácilmente. Cuando él te hala, hazle perder su equilibrio usando la fuerza que ganas de él y agregando una fuerza adicional mientras lo empujas.

Master Moo Young Kang: Necesitas un oponente para descubrir cómo puedes llegar a ser uno con él cuando entre en tu espacio psicológico o físico. Cuando tú oponente viene, tú lo tomas y, cuando se va, tú lo dejas ir. Aplicar el principio Hwa a tu oponente, es someterlo, desequilibrándolo o impedirle usar su fuerza física, para estar siempre en una mejor posición que él. Cuando él se acerque, prepárate con Hwa, alistando tu mente y cuerpo, asegurándote que te conviertes en uno con el oponente.

El Fundador de Daito Ryu Aiki Jujitsu, Sokaku Takeda (El Maestro de Morihei Ueshiba y Choi Yong Sool), dijo: "Aiki es una técnica que le quita la potencia al oponente y hace la resistencia ineficaz. Básicamente, usamos ambas manos para entrenar, pero cuando alcanzamos la maestría, todo el cuerpo se vuelve Aiki en sí mismo, y el movimiento de todo el cuerpo se convierte en una postura simple y fluida."

FLIPPING / 낙법 / LAS CAÍDAS

"To be the best is not important. What is really important is to do our own best." / *"최고가 된다는 것은 중요하지 않다. 정말 중요한 것은 최선을 다하는 것이다."* / *"Ser el mejor no es importante. Lo realmente importante es hacer nuestro máximo esfuerzo."*

Master Young Seok Kim: The purpose of flipping (breaking a fall) is to reduce the impact of a fall and to prevent or minimize injuries. In an immediate situation, you may encounter being pushed or blocked by an object. When you fall forward, you instinctively land on the palm of the hands. This leads to injury of your wrists, arms, and even your elbows. It may be minor, or in severe cases, result in dislocation or breaking of the wrists, arms, and shoulders, and damage to the muscles and ligaments. When you fall back, your head may hit the floor and cause a concussion. The damage exponentially increases when falling from a high place, resulting in serious consequences, not only from the head and neck, but also damage to the spine and hip bones. This can lead to the loss of life or paralysis for the rest of your life. Therefore, learning the technique of flipping not only prevents injury during exercise, but also serves as a self-defense necessary in everyday life. Its spectacular beauty can be seen in martial arts demonstrations while its practicality can be applied as a self-defense skill when attacked by an opponent. It can also be a lethal force when attacking your opponent with your body weight or with a swift foot technique while carrying out the flip technique.

When you flip, you should avoid touching the ground with your head and shoulders. For example, when you roll to one side, you should raise one shoulder diagonally opposite to the hip on the floor to prevent the spine or tailbone from touching the floor, thus avoiding the risk of injury. A flip done properly alleviates heavy impact on the body and reduces pain. In the example of the back roll, you would first sit backwards in a squatting position and then lean your body weight back and lay on your shoulder while pushing the floor with both your palms. Swiftly roll back until you can stand up naturally. For beginners, flipping should always be done under the supervision of an instructor to correct any improper positioning and prevent injuries.

Master Nam Jai Kim: The flip helps to alleviate the impact to your body when thrown down from your opponent or when you fall. The forward flip protects the upper body, such as the head and the face, and the backward flip protects the back and spine. The lateral flip protects the side region of your body when you fall sideways. The aerial rotation flip is used to jump over obstacles when they suddenly appear.

Master Moo Young Kang: Flipping is a technique that, when done properly, should not hurt the body when you fall from the air to the ground. In addition to falling when flipping, you can also add your arms and legs to attack while sitting or standing in the flip position. It is important to remember when flipping to always keep your eyes open, your mouth shut, and to avoid biting your tongue. Make sure your head does not touch the ground and avoid the impact to the core organs, such as the intestines. You can still survive with a broken arm or leg, but not so when there is fatal injuries to the brain and vital organs

사범 김용석: 낙법의 목적은 넘어지거나 떨어질 때 몸의 충격을 최소화해 부상을 방지하는 것입니다. 순간적인 상황에서 어떤 대상물에 의해 밀치거나 걸려 넘어질 경우가 있습니다. 앞으로 넘어질 때 본능적으로 손바닥으로 땅을 짚습니다. 그럴 경우 손목이나 팔 그리고 얼굴까지 다칠 때가 있습니다. 가볍게는 상처만 날 수 있겠지만 심할 경우 손목이나 팔굽 그리고 어깨가 금이 가거나 부러지거나 탈골이 될 수도 있고, 근육과 인대까지 손상을 입을 수 있습니다. 뒤로 넘어질 때 바닥에 머리가 부딪쳐 뇌진탕이 일어날 수도 있습니다. 더욱이 높은 곳에서 떨어질 때의 부상은 머리와 목뿐 아니라 척추와 엉덩이뼈 등의 손상으로 인한 심각한 결과를 초래하여 평생 불구자로 살아가거나 생명까지 잃을 수도 있습니다. 따라서 낙법은 운동할 때 부상 방지뿐만 아니라 일상생활에서도 꼭 필요한 호신술이라고 생각합니다. 낙법은 시범용으로도 쓰이고 자신을 위한 호신술과 상대를 공격할 수 있는 기술로도 사용할 수 있습니다. 내 전 체중을 실어 낙법을 하면서 몸이나 발로 상대를 공격하면 엄청난 위력을 발휘합니다.

낙법을 할 때 머리와 어깨가 지면에 닿는 것을 피해야 합니다. 예를 들어 옆구르기를 할 때는 한쪽 어깨를 타고 등을 대각선으로 가로질러 반대쪽 엉덩이로 굴러 척추나 꼬리뼈가 바닥에 닿지 않게 하여 부상의 위험을 줄입니다. 또한 몸의 충격을 완화해 고통을 줄여주는 낙법이 되어야 합니다. 뒤구르기를 할 때는 뒤로 앉으면서 옆으로 하여 몸을 웅크리면서 힘의 방향을 바꿔 등으로 하여 어깨를 타고 양 손바닥으로 바닥을 밀어 팔을 뻗어주면서 뒤로 구르면 자연스럽게 일어나게 됩니다. 낙법은 지도자의 안전한 지도 아래 수련을 한 다음 반드시 몸에 익혀 환경과 상황에 따라 바로 대처할 수 있게 하여 신체 부상을 예방하여야 합니다.

사범 김남제: 낙법은 상대가 나를 내던질 때나 스스로 넘어졌을 때 몸에 받는 충격을 완화하는 것입니다. 머리와 얼굴 등 상체를 보호하는 전방낙법과 뒷머리와 척추를 보호하는 후방낙법이 있습니다. 옆으로 넘어질 때 몸에 받는 충격을 완화해주는 측방낙법과 앞이나 뒤로 넘어질 때 회전하면서 몸을 보호하는 전방구르기와 후방구르기가 있습니다. 장애물이 나타냈을 때 뛰어넘는 공중회전낙법이 있습니다.

사범 강무영: 낙법이란 공중에서 지면으로 떨어질 때 몸을 상하지 않게 떨어지는 기술입니다. 떨어지는 기술뿐만 아니라 낙법을 하면서 앉거나 일어서면서 팔과 다리를 사용해 공격을 할 수도 있습니다. 낙법을 할 때 중요한 것은 떨어질 때 눈을 뜨고 입을 다물고 혀를 물지 말아야 합니다. 머리가 땅에 닿지 않게 해야 하고 떨어질 때 충격이 내장에 가지 않도록 해야 하며, 시작을 할 때 왼쪽부터 합니다. 목숨을 위협받을 때 팔과 다리로 대응해 팔이나 다리에 부상을 입을 수 있더라도 목숨을 구할 수 있는 것이 낙법입니다.

Maestro Young Seok Kim: El propósito de las caídas (impedir una caída) es disminuir el impacto de una caída y evitar o minimizar las lesiones. En cualquier momento podrías ser empujado o bloqueado súbitamente por una persona u objeto, y caer. Cuando caes hacia delante, instintivamente aterrizas sobre las palmas de tus manos. Esto puede hacer que se lesionen tus muñecas, brazos y aún tus codos. Puede ser una lesión leve, o en el peor de los casos, una luxación o fractura (manos, muñecas, antebrazos, codos, brazos, hombros, clavículas…) o un daño grave (piel, músculo o ligamentos). Cuando caes hacia atrás, te puedes golpear la cabeza y producirte una contusión. El daño se incrementa exponencialmente cuando lo haces desde una mayor altura, produciendo secuelas más severas, no sólo de la cabeza y el cuello, sino también de la columna vertebral y la pelvis. Podría llevarte hasta la muerte o dejar una secuela para el resto de tu vida. Por lo tanto, aprender a caer bien no sólo te evita lesiones durante el entrenamiento, también te sirve como una técnica de defensa propia en la vida diaria. Su espectacularidad se puede ver en las demostraciones de artes marciales, mientras que su funcionalidad se aplica como una técnica defensiva al ser atacado por un oponente. Puede ser también una fuerza letal cuando atacas a tu oponente con todo el peso de tu cuerpo o con una técnica ágil con pie usando la técnica de caída.

Cuando caes, debes evitar tocar el piso con tu cabeza y hombros. Por ejemplo, cuando ruedas de lado, levanta diagonalmente tu mano y hombro delantero (al lado contrario) formando una línea diagonal con la cadera para prevenir que tu columna y coxis toquen el piso, evitando lesionarte. Una caída correcta distribuye adecuadamente el impacto de tu cuerpo y evita una lesión. Cuando ruedas hacia atrás, primero te debes sentar en cuclillas (sobre la punta de tus pies), luego apoyas la palma de tus manos y dejas rodar tu cuerpo, por toda la espalda, hasta llegar a tus hombros, donde te apoyas nuevamente en las palmas de las manos, empujando hacia arriba y poniéndote de pie de una forma natural. Los principiantes siempre deben entrenar caídas bajo la supervisión de un instructor para corregir posturas incorrectas y evitar lesiones.

Maestro Nam Jai Kim: La caída ayuda a disminuir el impacto a tu cuerpo cuando un oponente te lance. Puedes caer: 1. Hacia delante, protegiendo la parte superior de tu cuerpo (cabeza y cara); 2. Hacia atrás, protegiendo la espalda y la columna vertebral; y 3. Hacia los lados, protegiendo los costados de tu cuerpo. La caída giratoria aérea se usa para evitar chocar con obstáculos que aparezcan repentinamente.

Maestro Moo Young Kang: La caída es una técnica que no debería lesionar el cuerpo si se realiza adecuadamente cayendo al piso. Además de voltearte cuando caes, puedes usar tus brazos y piernas para atacar, mientras te sientas o pones de pie nuevamente después de la caída. Es importante recordar que cuando estás haciendo una caída, siempre debes mantener tus ojos abiertos, tu boca cerrada y no morder tu lengua. Asegúrate de que tu cabeza no toque el piso, y cuando llegues al piso, evita que el impacto se concentre en tus órganos vitales como las vísceras. En casos extremos, puedes salvarte aunque te rompas un brazo o una pierna, pero no si existen lesiones fatales a la cabeza y los órganos vitales.

DANJEON BREATHING METHOD / 단전 호흡법 / MÉTODO DE RESPIRACIÓN DANJEON

"Breathing is a process of exhalation and inhalation. Just as breathing cannot stop, so does the continuity of the universe which continues without stopping. Breathing awakens the mind by filling the soul with the energy of the universe." / *"호흡은 우주의 기운을 들이쉬고 내뱉는 과정이다. 호흡은 멈추는 법이 없다. 우주의 조화가 멈추지 않는 것과 같다. 호흡법이란 정기(우주의 기운)를 충만하게 하여 정신을 각성(견성)하게 하는 법이다."* / *"Respirar es un proceso de exhalación e inhalación. Del mismo modo como la respiración no se detiene, el Universo fluye sin parar. Respirar despierta la mente al llenar el alma con la energía del Universo."*

Disciple: Breathing is an instinctive act that cannot be stopped from birth to death. It serves a vital role in our physical health and mental well-being (meditation) as well as for the maintenance of life. I have heard of the breathing skills used in martial arts training known as Danjeon. Can you please further explain this method?

Master Young Kim: Humans have a limit of 3 weeks in which they can sustain life without eating, 3 days of survival without drinking water, and 3 minutes to sustain life without breathing. This is the average human limit, although variations can depend on physical and environmental conditions. Air is the most precious and valuable link to life. Yet air is infinite and can be taken at anytime and anywhere without any conditions. The air consists of 78% nitrogen and 21% oxygen. If only oxygen is absorbed into the lungs, the capacity of the lungs becomes hindered. Therefore, nitrogen serves to optimize the function of the lungs.

Breathing properly occurs when the diaphragm (the muscle below the ribs and the lungs) is involved in the breathing process. Humans' intake averages 15-20 breaths per minute, and about 0.5 liter of air is stored in a single inhalation. The left and right lungs have a capacity of 2,500 ml. During breathing, 15-20% of the air is replaced with a new supply of air. The oxygen that enters the lungs through inhalation is supplied to the whole body through the capillaries of the lungs. The lungs then release carbon dioxide, which is a byproduct of metabolism, through exhalation. Normally when you breathe, you first inhale and then exhale. However, during meditation, you must first exhale and then inhale. It is necessary to exhale first to empty out all the impure energy out of your body and mind, and then to inhale all the clean and pure energy of nature. This is the exhale-inhale technique.

Breathing is a process of exhalation and inhalation of the universe. Just as breathing cannot stop, so does the continuity of the universe which continues without stopping. Breathing awakens the mind by filling the soul with the energy of the universe.

There are four types of breathing:
1. Windy: The breathing is hasty and rough like the wind and the mind is scattered.
2. Crude: Breathing is not smooth and relaxed. The mind is not yet at peace and is reflected in the breathing.
3. Ritualistic: This is a conscious breathing that is self-functioning, smooth and rhythmic. The mind is at peace and welcomes the breath.
4. Natural: There is no awareness of breathing as the mind and universe are one.

When a baby is asleep and breathing, you will see the belly move up and down. This is the abdominal breathing, or also known as the diaphragmatic breathing. It is said that the breathing method in meditation cannot be stable if it is like the wind, only remains earthly if it is crude, and is easily fatigued if it is ritualistic. Only when the breathing is natural will it remain stable. The breathing of the emperor recorded from 2500 years ago showed the normal respiration rate to be 8-9 times per minute. However, modern man has close to doubled this rate to 15-20 times per minute. Healthy breathing should be deep and stable and carried out through the nose. Breathing through the mouth may cause harm to the immune system. The nose has a built in system that cleans many airborne germs and contaminants through its 15 cm nasal passages.

The secrets to proper abdominal breathing are:
1. Stillness: There is no sound audible to your ears. Everything is still and quiet.
2. Protraction: One has the ability to hold on to the same rhythm for a sustained period of time.
3. Depth: This involves deep abdominal breathing. The belly swells out, pushes down the diaphragm with inhalation and fills the lungs to its capacity. The belly pulls in with exhalation as if touching the back and raises the diaphragm as it empties the lungs.
4. Softness: This requires breathing softly, smoothly, and in a rhythmic pattern.

Do not tighten the whole body, but relax it so that you can even feel the skin breathing. Imagine air freely flowing out of the pores of the whole body. The consciousness of the boundary between the inside and the outside of the body disappears and the consciousness of breathing disappears. Through this correct form of breathing, you can achieve perfect meditation. This breathing method also enhances techniques carried out in martial arts. When attacking, you must exhale your breath and yell. Then you must hold your breath to tighten the muscles to maximize your strength with the union of the flexor and extensor muscles. If you hold your breath immediately when your opponent attacks your body, your muscles become tense and steadfast, and you are able to push up against your opponent. Your opponent will then lose the balance or become injured. The optimal time to attack is when inhaling. After the attack is executed, you may exhale and the muscle tension is relaxed.

In this breathing technique of martial arts, the abdomen is considered a sacred region in oriental medicine. Ki Hae, or the internal power of vital energy, is generated in the belly. This field of energy where power is generated is known as Danjeon, and the breathing method used to harness that energy from the belly is called Danjeon Breathing Method.

Disciple: Thank you Sir. Can you now elaborate more on the effects of Danjeon Breathing?

Master Young Kim: The basic principle of Danjeon Breathing is that the energy of water flows up and the energy of fire flows down. The head remains cool and becomes purified when the energy of water flows up. The belly remains warm and becomes stable, when the energy of fire flows down. The energy of water is a real energy that combines with the energy of the universe through The Girdle Vessel and the energy of fire is collected from its scattered state. The energy of fire is the life energy that human beings need for sustenance, which is gathered through food and breathing. In other words, the energy of fire goes down through The Conception Vessel Meridian into The Girdle Vessel, and making the energy of water rise above the head through The Governing Vessel Meridian. Therefore, it is the training method that stabilizes the mind and reinforces physical strength by artificially controlling the energy of water (Kidney) and the energy of fire (Heart) harmoniously, just like the water in the well is pumped. For vessel information, please refer to the Reference sub-section at the end of this section.

Samil Shingo, according to an old text from the Joseon Dinasty (1392 - 1910 A.C.), reports that when we breathe in a still and protracted manner, one can achieve enlightenment of the universal principles of heaven, earth, and man. A strong abdominal pressure is formed naturally through abdominal breathing, and organs in abdominal cavity are actively engaged. The flow of venous blood that returns to the heart become active and circulation of blood speeds up. This allows more oxygen and nutrients to be delivered to the human cells and waste to be oxidized quickly.

The arterial blood flow from the heart and the venous blood flow to the heart via abdominal pressure promote smooth metabolism by allowing the blood of the whole body to smoothly turn around and communicate to the micro vessels. By absorbing the maximum oxygen in a profound breath, the blood circulation is efficient, the oxygen concentration in the blood increases, the blood is cleared, and the maximum amount of carbon dioxide (toxicity as a disease component) is discharged through exhalation. Therefore, it is possible to keep the blood clean, strengthen the internal organs and improve the constitution. The mental attitude is also important. You should stabilize your brain by relaxing your brain waves, clearing your head, removing futile thoughts and improving your concentration. The energy within will be stabilized with an unwavering mind. Breathing also reinforces your physical strength and increases your natural healing power.

There can be harm to your body when you do not properly follow the Danjeon Breathing Method. When futile thoughts and needless worries enter the mind, the energy of fire naturally rises up to the head. If you cannot control this negativity, it will remain high, which will turn your face and eyes red, cause a headache, and raise your blood pressure. The energy of fire has gone up instead of down.

To counter this effect, one must breathe with stillness, protraction, depth, and softness as described in the proper Danjeon Breathing Method. As you breathe in, the energy of water rises from the kidneys, through the channel of the Governing Vessel Meridian and finally to the head. As you breathe out, the energy of the water goes from the heart, through the channel of the Conception Vessel Meridian, and finally to the belly (Danjeon). In the Danjeon Breathing Method, the head remains cool and the abdomen and feet remain warm with the energy of water and fire flowing in the right directions. This leads to a life of health and longevity.

Reference: A Girdle Vessel is the area around the belly button. The Vessel is the waist area where the belt is wrapped around. The Conception Vessel Meridian is the Negative Vessel which receives the energy of the earth. It is a meridian that descends from the mouth, to the chest, then through the belly, and finally between the testicular and anus region. The Governing Vessel Meridian is the Positive Vessel, which receives the energy of the heaven. It is a meridian that starts from the testicular and the anus region, goes up the spine, passes through the back of the head, goes up to the top of the head, and finally down to the mouth.

Disciple: This truly shows the mysterious harmony between nature and the human body. I have to work hard to perfect my Danjeon Breathing technique.

Aikido founder, Morihei Ueshiba, once said: "Do not think you are fighting, but think that you are already defeated. Martial arts is not about using brute force to destroy an opponent; nor is it about using lethal weapons as that leads to the destruction of the opponent, complete arm forces, or the world. The true martial artist needs the "KI" from the universe to keep peace in the world and bring maturity to nature. The true warrior always has three weapons: the radiant sword of Practice; the mirror of Courage, Friendship and Wisdom; and the precious stone of Illumination (Enlightenment). One does not need buildings, money, power, or status to practice the Art of Peace. Heaven is right where you are standing, and that is the place to train."

제자: 호흡은 사람이 태어나면서부터 죽을 때까지 멈출 수 없는 본능적인 행위입니다. 생명의 유지뿐만 아니라 육체적인 건강과 정신 건강(명상)을 위한 방법으로 그리고 무도 수련에서 유용하게 쓰일 수 있는 호흡법을 단전 호흡이라 하는데 좋은 말씀 부탁드립니다.

사범 김용석: 인간은 먹지 않고 생명을 유지할 수 있는 한계가 3주라고 한다. 또한 물을 마시지 않고 생명을 유지할 수 있는 한계는 3일이고, 호흡을 하지 않고 생명을 유지할 수 있는 한계가 3분이라고 한다. 체력과 환경 상태에 따라 다르겠지만 평균적인 인간의 한계를 말한 것이다.

호흡을 통한 공기의 소중함을 알아야 한다. 공기는 생명에서 가장 소중하고 귀한 연결 고리다. 그러면서도 공기는 대가가 없다. 공기는 무한하여 언제, 어디서건 조건 없이 원하는 대로 취할 수 있다. 공기는 질소 78%, 산소 21% 등으로 구성되어 있다. 폐에 산소만 흡수된다면 폐의 활동이 너무 빨라 열이 많아져 폐의 기능에 무리가 온다. 질소가 폐의 균형을 잡아주는 역활을 해주는것이다.

호흡은 횡격막(갈비뼈와 폐 바로 아래에 있는 근육)이 작용을 해야 호흡 과정이 일어난다. 보통 1분에 15~20회 정도 호흡을 하는데 한 번 호흡할 때 약 0.5L 의 공기가 들어온다고 한다. 좌우 폐 용량이 2500mL 이므로 한 번 호흡하는 데에 15~20%에 달하는 공기가 새것으로 교체된다. 들숨을 통해 폐로 들어간 산소는 폐의 모세혈관을 통해 온몸으로 공급되고, 날숨을 통해 신진대사를 통해 생성된 이산화탄소를 배출하는 기관이 바로 폐다. 일반적으로 호흡을 할 때 먼저 들이마신 다음 내뿜는다. 하지만 명상을 할 때처럼 먼저 내뿜고 들이마셔야 한다. 몸안에 있는 탁기와 잡생각까지 다 뱉어내서 깨끗이 비우고 자연의 맑은 기운을 새로 채운다는 마음으로 날숨(호)과 들숨(흡)을 해야 한다. 그래서 호흡이라고 하는 것이다.

호흡은 우주의 기운을 들이쉬고 내뱉는 과정이다. 호흡은 멈추는 법이 없다. 우주의 조화가 멈추지 않는 것과 같다. 호흡법이란 정기(우주의 기운)를 충만하게 하여 정신을 각성(견성)하게 하는 법이다.

호흡에는 4 가지 종류가 있다.

1. 풍: 바람이 불듯 거친 호흡이다. 마음이 산란하다는 것이고 숨결도 크고 거칠다.
2. 천: 숨소리가 매끄럽지 못한 호흡이다. 마음이 아직 통일되지 않은 것이다. 즉 호흡에 마음을 두고 있다는 뜻이다.
3. 기: 숨소리도 없고 거칠지도 않으나 의식이 있는 호흡이다. 마음이 통일되었고 호흡에 마음을 두지 않으나 스스로 호흡 의식이 남아 있을 때다.
4. 식: 숨소리도 없고 거칠지도 않고 숨 쉰다는 의식도 모르는 상태의 호흡이다. 스스로 호흡 의식도 모르는 자연 그대로의 호흡이다.

아기가 자고 있을 때 배를 보면 위아래로 움직이면서 호흡하는 것을 볼 수 있다. 그것이 복식 호흡이다. 따라서 명상 호흡법을 일컬어 풍을 지키면 안정되지 못하고 천을 지키면 잡념에 머무르고 기를 지키면 피로해지고 식을 지키면 안정에 이른다고 하였다. 2500 년 전에 기록된 <황제내경>에서는 정상적인 호흡 속도는 1 분에 8~9 번이라 하였는데 현대인은 15~20 번으로 두 배 가까이 빨라졌다. 우리에게 필요한 건강한 호흡법은 깊고 안정적인 복식 호흡이다. 코로 호흡을 하는 이유는 입으로 하는 호흡이 면역력을 해치는 원인이 기 때문이다. 코는 공기 중에 있는 수많은 세균과 오염 물질을 15cm 가량의 비강 거리를 지나면서 세균과 이물질을 걸러내는 정화 시스템이다.

복식 호흡의 비결은

1. 세: 가늘고 조용하게 하라는 뜻으로, 귀에 소리가 들리지 않는 상태다.
2. 장: 길게 하라는 뜻으로, 능력이 허락하는 한 길게 같은 리듬으로 오래 유지할 수 있어야 한다.
3. 심: 복식 호흡을 말한다. 들이쉴 때는 아랫배를 불려 횡격막을 내려보내고 폐의 하부까지 공기를 가득 넣는다. 내쉴 때는 아랫배를 오므리며(아랫배가 등에 붙는다는 기분) 횡격막을 올리고 폐를 비운다.
4. 윤: 고르게 한다는 뜻으로, 호흡의 리듬을 일정하게 하면서 고르게 하는 것이다.

온몸에 힘을 주지 말고 몸 전체를 편히 하면서 피부 호흡을 한다는 기분, 즉 전신의 털구멍으로 공기가 자유로이 출입하고 있다고 생각한다. 그러면 자기의 몸 내부와 외부의 경계 의식이 사라지고 호흡한다는 의식까지 사라진다. 따라서 의식을 통해 자세를 바르게 하고 호흡을 갖춤으로써 비로소 명상에 들 수 있다고 했다.

무도에서 호흡법 또한 중요하다. 공격을 할 때 호흡을 내뱉으면서, 기합을 넣을 때는 순간 호흡을 멈추면서 근육이 긴장되어 굴근과 신근의 조화를 통해 힘을 최대한으로 쓸 수 있게 한다. 방어 또한 상대가 내 몸을 가격하는 순간 호흡을 바로 멈추면 근육은 긴장하면서 단단해지고 계속해서 상대 쪽으로 밀어주면 오히려 상대가 중심을 잃거나 부상을 입는다. 공격하기 가장 좋은 기회는 말하려 할 때(숨을 들이마실 때)와 공격이 끝났을 때(숨을 내쉼이 끝나 근육의 긴장이 풀렸을 때)라고 했다.

무도의 호흡법에서 아랫배를 중요시 하는데 동양의학에서는 아랫배를 기운이 바다만큼 모여 있다고 하여 기해(氣海)라 하고, 힘이 생성되는 밭이라고 하여 단전(丹田)이라고 했다. 따라서 아랫배를 통한 기력을 향상시키는 호흡법을 단전 호흡법이라고 한다.

제자: 잘 알겠습니다. 감사합니다. 단전 호흡 효과에 대해 좀 더 자세히 알 수 있을까요.

사범 김용석: 단전 호흡의 기본 원리는 수승화강(물의 기운은 올라가게 하고 불의 기운은 내려가게 하는 것)이다. 머리를 시원하게 하여(수승) 맑게 해주고, 아랫배를 따뜻하게 하여(화강) 안정시켜 주는 것이다.

물의 기운(수기)은 대맥을 통해 우주의 기운을 모으고 산발적으로 흩어진 불의 기운(화기)을 결합한 것이 기운(진기)이다. 불의 기운(화기)은 곡식과 호흡을 통해 얻은 인간이 필요한 생명 에너지 기운(허기)이다. 즉 불의 기운(허기)은 임맥을 통해 대맥으로 내려오게 하여(화강) 물의 기운(진기)을 만들어 독맥을 타고 머리 위로 올라가게 하는 것이다(수승). 이것이 수승화강의 원리인데 일명 소주천(小周天)이라고 한다. 따라서 단전 호흡법은 우물에 있는 물을 펌프질하듯 인위적으로 수기(신장)와 화기(심장)를 조화롭게 조절하여 마음을 안정시키고 체력을 강화하는 수련법이다.

삼일신고(三一神誥)에서 말하기를 가늘고 길게 호흡하다 보면 하늘과 땅 그리고 사람(천지인)과의 우주 원리에 대한 깨달음이 열린다고 했다.

단전 복식 호흡법을 통해 강한 복압이 자연스럽게 형성되어 복강 내의 장기가 활발하게 움직인다. 특히 심장으로 되돌아가는 정맥혈의 흐름이 활발해져 혈액순환이 빨라지는 효과를 통해 인체 세포에 산소와 영양분을 더 많이 공급한다. 그만큼 노폐물을 빨리 산화 연소시킨다.

심장은 동맥혈의 흐름, 복압은 정맥혈의 흐름을 추진하여 몸 전체의 혈액이 순조롭게 전신을 돌아 미세혈관까지 전달해 신진대사를 왕성하게 한다. 흡기를 통해 최대한 산소를 들이마셔 혈액순환이 왕성해지고 혈중 산소 농도가 증가해 피를 맑게 하고 호기를 통해 최대한 이산화탄소(질병 요소인 독성)를 배출한다. 그러므로 혈액을 깨끗하게 유지시켜 내장을 튼튼히 하고 체질을 개선할 수 있는 것이다. 뇌파를 편안하게 하여 머리를 맑게 하고 잡념을 제거하며 집중력을 좋게 하여 흔들리지 않는 마음으로 기를 안정시켜야 한다. 또한 체력을 강화해 자연 치유력을 증가시킨다.

단전 호흡법에서 부작용도 있기에 조심해야 할 것이 있다. 잡념, 공상 등 생각이 많아지면 화기(불의 기운)인 허기가 자연스럽게 머리 위로 올라간다. 생각대로 조절을 못하면 제멋대로 움직여 화기를 내려야 하는데 내려오지 않고 올라가 있는 것이다. 그렇게 되면 얼굴과 눈이 벌게지고 머리에 통증이 오고 혈압도 올라간다. 이것을 상기(화기가 위로 올라가는 것)라고 한다.

올바른 단전 호흡법 수련으로 가늘고 길게 그리고 깊은 호흡법을 터득해야 한다. 숨을 들이쉬면서 신장에서 발생한 물의 기운(수기)은 독맥을 타고 머리 쪽으로 올라가게 한다. 숨을 내쉬면서 심장에서 발생한 불의 기운(화기)은 임맥을 타고 단전으로 내리는 훈련을 한다. 그렇게 하여 머리는 시원하게 해주고 배와 발은 따뜻하게 유지하게 하여 무병장수하게 하는 것이 수승화강의 원리인 단전 호흡법이다.

참고: 대맥이란 배꼽을 주위로 하여 허리를 한 바퀴 돌려 매는 띠의 위치 정도에 둥글게 형성되어 있는 맥을 말한다. 임맥은 땅의 기운을 받은 음맥이다. 낭심과 항문 사이(회음혈)에서 시작해 아랫배(단전)로 올라와 가슴으로 하여 아랫입술(승장혈) 아래에 이르는 경락이다. 독맥은 하늘의 기운을 받은 양맥이다. 척추 맨 아래 미추 부위(장강혈)에서 시작해 척추를 타고 올라가 머리 뒷부분을 지나 머리 중앙(백회혈)으로 하여 양 미간으로 내려와 입술(은교혈)에 이르는 경락이다.

제자: 신비한 인체와 자연의 오묘한 조화에 탄복할 뿐입니다. 열심히 수련에 임해야겠습니다. 감사합니다.

아이키도 창시자 우에시바 모리헤이가 말했다. "상대와 싸운다는 생각을 하지 말라. 그렇게 생각한 당신은 이미 패배한 것이다. 무도는 상대를 파괴하고 무력과 세상을 파괴로 이끄는 치명적인 무기와 관련이 없다. 진정한 무도는 우주의 '기' 를 필요로 한다. 그것은 세계 평화를 유지하고 자연 속에 있는 모든 것을 성숙하게 한다. 진정한 무사는 항상 3가지의 무기를 염두에 두어야 한다. 수련 속에 빛을 발하는 칼; 용기, 우정 그리고 지혜의 거울; 그리고 밝게 비춰주는 잘 다듬어진 (깨달음) 보석이다. 무도를 수련하는 데 필요한 건물, 돈, 권력 또는 명성은 없다. 하늘은 당신이 있는 그곳이 바로 수련할 수 있는 장소가 된다."

Discípulo: Respirar es un acto instintivo que no se puede detener, presente desde el nacimiento hasta la muerte del Ser. Desempeña un papel primordial en el mantenimiento de la vida y de nuestra salud física y bienestar mental. Yo he oído del método de respiración utilizado en el entrenamiento de las artes marciales conocido como Danjeon. Por favor, ¿me puede explicar en qué consiste este método, Señor?

Maestro Young Seok Kim: Se dice que el ser humano sobrevive 3 semanas sin comer, 3 días sin beber agua y 3 minutos sin respirar. Estos son límites humanos promedio, aunque hay variaciones dependiendo de las condiciones físicas y ambientales de cada individuo.

El aire es el enlace con la vida más valioso y precioso. El aire está compuesto de 78% de nitrógeno y 21% de oxígeno, es infinito y puede ser tomado en cualquier momento y lugar, sin ninguna condición. Si sólo el oxígeno es absorbido por los pulmones, su funcionamiento se entorpece. Por lo tanto, el nitrógeno ayuda a optimizar la función pulmonar.

La respiración se produce cuando se activa el diafragma (un tejido músculotendinoso ubicado debajo de los pulmones). Un ser humano adulto realiza entre 15 a 20 respiraciones por minuto, y almacena alrededor de 0.5 litros de aire en cada inhalación. Los pulmones tienen una capacidad de 2.500 ml. Durante la respiración, del 15 al 20% del aire almacenado, es reemplazado por un nuevo suministro de aire. El oxígeno que ingresa a los pulmones a través de la inhalación se distribuye a todo el cuerpo a través de los capilares sanguíneos. Luego a través de la exhalación, los pulmones liberan dióxido de carbono, un producto de desecho del metabolismo. Normalmente cuando se respira, primero se inhala y luego se exhala. Sin embargo, durante la meditación, primero se exhala y luego se inhala, para expulsar toda la energía impura de tu cuerpo y mente, y luego introducir toda la energía pura de la naturaleza. Esta es la técnica de respiración meditativa conocida como exhalación - inhalación.

Respirar es un proceso de exhalación y inhalación del universo. Del mismo modo como la respiración no se detiene, el Universo fluye sin parar. Respirar despierta la mente al llenar el alma con la energía del Universo.

Existen cuatro clases de respiración:
1. Ventosa: Una respiración rápida y áspera como el viento, y una mente dispersa.
2. Cruda: Una respiración que no es suave y relajada. La mente todavía no está en paz y se refleja en la respiración.
3. Ritualista: Una respiración consciente que es suave, fluida, y operativa. La mente está en paz y la acoge a la respiración.
4. Natural: No hay consciencia de respirar ya que la mente y el universo están unificados.

Cuando un bebé está durmiendo, al respirar mueve su abdomen hacia arriba y hacia abajo. Ésta es una respiración abdominal, también llamada diafragmática. Se dice que la meditación no es estable si haces una "respiración ventosa". Si haces una "respiración cruda", permanecerás en lo terrenal. Si haces una "respiración ritualista", te fatigarás. Pero si haces una "respiración natural", tendrás una meditación estable. En los textos, el Emperador Amarillo, registrados hace 2.500 años, su frecuencia respiratoria era entre 8 a 9 veces por minuto. Sin embargo, el hombre adulto moderno casi que ha duplicado esta frecuencia, a 15 a 20 respiraciones por minuto. La respiración saludable debe ser suave, fluida y profunda. La razón por la que debemos respirar por la nariz, es que la respiración bucal altera el sistema inmune. La nariz posee un sistema que limpia muchos gérmenes y contaminantes del aire, que pasan a través de la cavidad nasal de 15 cm. de diámetro.

Los secretos de una adecuada respiración abdominal, son:
1. Tranquilidad: Sin sonido audible. Todo está en sosiego y silencio.
2. Prolongación: Debes ser capaz de mantener el mismo ritmo durante el mayor tiempo posible.
3. Profundidad: Esto implica una respiración abdominal profunda. Durante la inspiración, llena los pulmones, expande el abdomen (sintiendo que llevas el ombligo al frente) y empuja el diafragma hacia abajo...hacia el abdomen. Durante la espiración, al vaciar los pulmones, contrae el abdomen (sintiendo que éste toca la espalda) y eleva el diafragma hacia el tórax.
4. Suavidad: Significa respirar uniforme, suave y rítmicamente.

No tensiones el cuerpo, relájalo y siente que que incluso tu piel respira, es decir, que el aire fluye por todos los poros de su cuerpo, de tal modo que desaparezca la consciencia de tu respiración y del límite interior y exterior de tu cuerpo. A través de esta forma de respiración, puedes alcanzar la meditación perfecta. La respiración es muy importante en las técnicas de las artes marciales. Cuando ataques, exhala y grita, y para de respirar inmediatamente para tensar tus músculos y para maximizar tu fuerza a través de la armonía entre tus músculos flexores y extensores. Si dejas de respirar en el momento que tu oponente ataca tu cuerpo, tus músculos se pondrán tensos y firmes, podrás empujar a tu oponente y él perderá su balance o se lesionará. El mejor momento para atacar es cuando estés inhalando. Después del ataque, exhala liberando tu tensión muscular.

El método de respiración abdominal de las artes marciales proviene de la Medicina Tradicional Oriental, donde el abdomen es considerado una región sagrada, que reúne la energía corporal en una zona conocida como Ki Hae (Mar de la Energía). El campo de energía donde se genera el poder del cuerpo se conoce como Danjeon. La técnica de respiración abdominal utilizado para aprovechar la energía reunida en el abdomen es conocida como el "Método de Respiración Danjeon".

Discípulo: Bien Señor. Gracias. ¿Puede hablarme más acerca de los efectos de la Respiración Danjeon?

Maestro Young Seok Kim: El principio básico de la Respiración Danjeon es que la energía del agua fluye hacia arriba y la del fuego hacia abajo. Al fluir el agua hacia arriba, enfría la cabeza y purifica su energía. Al fluir el fuego hacia abajo, calienta el abdomen y estabiliza la energía. La energía del Agua combina la energía del Universo a través del Canal de la Cintura (El único canal circular de acupuntura, localizado a nivel de la cintura) y la energía del Fuego es recogida de su estado disperso. La energía del Fuego es la energía vital que los seres humanos necesitan para el sustento, que se colecta a través de los alimentos y la respiración. En otras palabras, la energía del Fuego desciende por el Meridiano de Vaso Concepción (canal longitudinal de acupuntura, que se desplaza por la línea media anterior del cuerpo), hasta el Canal de la Cintura, haciendo que la energía del Agua ascienda a la cabeza a través del Meridiano de Vaso Gobernador (canal longitudinal de acupuntura, que se desplaza por la línea media posterior del cuerpo). Por lo tanto, es el método de entrenamiento que estabiliza la mente y aumenta la fuerza física, al regular la energía del Agua (Riñón) y del Fuego (Corazón) de forma armoniosa, de la misma forma que se bombea el agua de un pozo. Para más información acerca de estos Meridianos, por favor revise la sub-sección *Referencias* al final de esta sección.

El Samil Shingo, interpretación de un texto antiguo budista, que data de la Dinastía Joseon (1392 - 1910 D.C.), sostiene que cuando respiramos de una manera suave y prolongada, podemos armonizarnos con los tres principios universales: el Cielo, la Tierra y el Hombre. Una fuerte presión abdominal se produce naturalmente a través de la respiración Danjeon y los órganos de la cavidad abdominal son activados. Se activa el flujo de la sangre venosa hacia el corazón y se acelera la circulación de la sangre, permitiendo que más oxígeno y nutrientes sean entregados a las células humanas y que los desechos se expulsen más rápidamente.

La sangre arterial fluye desde el corazón y la sangre venosa fluye hacia el corazón por medio de los cambios de presión abdominal, la cual promueve un metabolismo uniforme, al permitirle a la sangre de todo el cuerpo recorrerlo fluidamente y comunicarse con todos los microvasos. Al absorber la mayor cantidad de oxígeno a través de una respiración profunda, la circulación de sangre en todo el cuerpo se vuelve más eficiente, aumenta la concentración de oxígeno en la sangre, se fluidifica la sangre y se expulsa mayor cantidad del dióxido de carbono (desecho metabólico) a través de la exhalación. Por lo tanto, es posible purificar la sangre, fortalecer los órganos internos y mejorar la constitución. La actitud mental es también importante. Debes estabilizar tu cerebro, relajando tus ondas cerebrales, aclarando tu cabeza, eliminando pensamientos fútiles y mejorando tu concentración. Es decir, la energía interna se estabilizará con una mente inquebrantable. La respiración también aumenta tu fortaleza física e incrementa tu poder natural curativo.

No realizar correctamente el Método de Respiración Danjeon puede tener efectos colaterales sobre tu salud, por lo cual, debes contar con un instructor idóneo. Cuando los pensamientos fútiles, las preocupaciones y los sentimientos superfluos entran en tu mente, la energía del Fuego asciende naturalmente a tu cabeza. Si no puedes controlar esta negatividad, la energía del Fuego se va a mantener alta, tu cara y ojos enrojecerán, podrás tener dolor de cabeza y elevar tu presión arterial. La energía del Fuego se ha ido hacia arriba en vez de hacia abajo. Para controlar estos pensamientos y sentimientos, tendrás que sacarlos de tu corazón y mente, dispersar la energía del Fuego, y así recuperar tu tranquilidad y paz interior.

Para contrarrestar este efecto, debes mantener una respiración regular, suave, profunda y prolongada, como la descrita en el Método de Respiración Danjeon adecuado. A medida que inspiras, la energía del agua se eleva desde los riñones a través del Canal Vaso Gobernador (Longitudinal medio y posterior) hasta llegar a la cabeza. Cuando expiras, la energía del Fuego desciende desde el corazón a través del Canal del Vaso Concepción (Longitudinal medio y anterior), hasta llegar al Danjeon del abdomen. Esto permite el flujo correcto de las energías del Agua y del Fuego, así la cabeza permanecerá fría y el abdomen y los pies calientes. Lo que conduce a una vida sana y prolongada.

Referencias: El Canal de la Cintura es el único canal circular del cuerpo humano. Empieza en la cara anterior de la pelvis, se dirige hacia la región lumbar y contornea el abdomen. Comprende un área localizada debajo del ombligo y encima de las caderas (La zona donde se debe colocar el cinturón del uniforme). El Canal del Vaso Gobernador es el Mar del Yang, que recibe la energía del Cielo. Empieza en los riñones, alcanza los órganos genitourinarios, se proyecta al periné, asciende a lo largo de la columna vertebral (por todo su centro), llega al cráneo, se ramifica dentro del cerebro, desciende por la frente, la nariz, llega hasta el frenillo del labio superior, donde se conecta con El Canal del Vaso Concepción. Este canal tiene ramas que lo conectan con el corazón, asciende al tórax, pasan al cuello, la cara y terminan en el ojo. El Canal Vaso Concepción es el Mar del Yin, que recibe la energía de la Tierra, empieza en los riñones, alcanza los órganos genitourinarios, se proyecta al periné, sube al vello del pubis, continúa por la línea media anterior del abdomen, el tórax, la garganta, llega abajo del labio inferior de la boca, contornea los labios y las encías, se conecta con el Canal del Vaso Gobernador en el frenillo del labio superior y distribuye ramas a la cara.

Discípulo: Esto es un elogio a la misteriosa armonía de la naturaleza y del cuerpo humano. ¡Tengo que trabajar duro para perfeccionar mi técnica de respiración Danjeon, Señor!

El Fundador de Aikido, Morihei Ueshiba, dijo una vez: "No pienses que estás luchando, pero piensa que ya has sido derrotado. Las artes marciales no pretenden usar la fuerza bruta o armas mortales para destruir un oponente, fuerzas armadas completas, o el mundo. Las verdaderas artes marciales necesitan el "KI" del universo para mantener la paz en el mundo y traer juicio a toda la naturaleza. El verdadero guerrero siempre cuenta con tres armas en su mente: la radiante espada de la práctica, el espejo de coraje, amistad, y sabiduría, y la piedra preciosa de la iluminación. Uno no necesita edificios, dinero, poder o prestigio para practicar el Arte de la Paz. El paraíso es justo donde estás parado, y ese es el lugar para entrenar."

HAPKIDO DANJEON AND YUKJAKEOL (SIX VIBRATIONS) BREATHING METHODS / 합기도의 단전 호흡법과 육자결 호흡법 / MÉTODOS DE RESPIRACIÓN DE HAPKIDO DANJEON Y YUKJAKEOL (SEIS VIBRACIONES)

"As a vital function, breathing spans all levels of consciousness. It is our first and last expression of life. It is the bridge to Heaven, the path to wholeness, and the gate to eternity." / *"생체 기능으로서 호흡은 모든 수준의 의식에 걸쳐 있다. 그것은 인생의 첫 번째이자 마지막 표현이다. 호흡은 천국의 다리이며, 온전함의 길이며 영원의 문이다."* / *"Como función vital, la respiración abarca todos los niveles de conciencia. Es nuestra primera y última expresión de vida. Es el puente al Cielo, el camino hacia la totalidad, y la puerta a la eternidad."*

Disciple: It seems the Yuk Ja Keol (Six Vibrations) Breathing Method is unusual. Can you explain the technique in detail and how it is helpful in martial arts?

Master Young Kim: The Yuk Ja Keol (Six Vibration) Breathing Method is the exhale-centered energy technique created by Son Sa Mak, a Chinese doctor from the seventh century who contributed greatly to the development of Oriental Medicine. In the Yuk Ja Keol (Six Vibration) technique, the energy wave of the human body intertwines with the energy of each of the six entrails.

The five viscera and the six entrails of the human body spew out bad energy and toxins with exhalation and absorbs fresh, clean energy with inhalation through the nostrils while opening any blocked meridians. The strength and health of the human body is maintained at optimal level as the five viscera and six entrails are in a state of harmony. If this breathing method is applied in conjunction with the Danjeon Breathing Method, the positive effect of human strength and vitality will be exponentially enhanced.

Disciple: I would like to know the training method that combines the Yuk Ja Keol Breathing Method and Hapkido Danjeon Breathing Method.

Master Young Kim: There are six techniques that can be practiced, one for each entrails; but before we go into the details of each of the techniques, I will illustrate the foundation for these techniques from the ready stance using four steps:
1. In the attention stance (legs together), you will bring both of your palms of the hands in front of your chest (Jan Joong Hyul point) (prayer position) and inhale through your nose deeply. As you inhale, you must tighten your lower abdomen (Danjeon) and bow down your head.
2. Then you will move your left foot to the left side into the horseback stance position at a width spanning the outer shoulders. Slowly release both hands to each side of your body (to the side of the hips) and exhale through your mouth.
3. You continue this breathing method from the horseback stance, slowly inhaling through your nose and slowly exhaling through the mouth forcing the air out and making an exaggerated sound.
4. Stretch your fingers while breathing and relax the mind to avoid a rush of blood to the head, only focusing on gathering energy into your lower abdomen (Danjeon).

A. Liver Vibration Danjeon Breathing Method: This method improves the function of the liver, controls the energy of fury, and nurtures softness. Start from the ready stance and raise both palms upward from the low abdomen up to mid-chest with the hands open facing up and the fingers stretched out as you inhale through the nose. Then extend the arms in front of you slowly and imagine stabbing a wall with your fingers as you exhale through the mouth while slowly making a "Huh..." vibration sound. Once you are finished exhaling, slowly go back to the attention stance and bring both hands to the side of the body (close to their respective leg). Repeat this exercise three times.

B. Heart Vibration Danjeon Breathing Method: This method improves the function of the heart, calms the sickness of anger, and creates strong energy. Start from the ready stance and raise both palms upwards from the low abdomen up to the chest, to the front of the face, and finally up to the top of the head, as if you were holding your head, with the hands open facing up and the fingers stretched out as you inhale through the nose. Then bring your arms down in front of you slowly and imagine pulling down the energy of fire (Yang) from the head, to the chest, and down to the lower abdomen as you exhale through the mouth while slowly making a "Haa..." vibration sound. The rest of the exercise is the same as the previous.

C. Spleen Vibration Danjeon Breathing Method: This method improves the function of the spleen and stomach, strengthens the will, and prevents muscle atrophy. Start from the ready stance and raise both arms stretched out to the sides up to shoulder height with the palms open and facing down and with the fingers stretched out as you inhale through the nose. Then turn your palms to face each other, bring the arms toward each other in front of you and imagine gathering and hugging the energy of your mind as you exhale through the mouth while slowly making a "Ho..." vibration sound. The rest of the exercise is the same as the previous.

D. Lung Vibration Danjeon Breathing Method: This method improves the function of the lung, calms sorrow, and increases strength. Start from the ready stance, raise both palms open with the fingers stretched out facing upwards in front of you from the low abdomen, to the chest, to the face, and finally above the head as you inhale through the nose. Then turn the palms up facing the sky and make a large circle with your arms as you bring them down slowly and imagine pushing down the energy of your mind to the ground as you exhale through the mouth while slowly making a "Hoo..." vibration sound. The rest of the exercise is the same as the previous.

E. Kidney Vibration Danjeon Breathing Method: This method improves the function of the kidney, controls fear, and gathers energy. Start from the ready stance and raise both palms upward from the low abdomen up to mid-chest with the hands open facing up and the fingers stretched out as you inhale through the nose. Then extend the arms upwards (above your head) slowly and imagine stabbing the sky with your fingers and pulling up the energy of water (Yin) as you exhale through the mouth while slowly making a "Poo..." vibration sound. The rest of the exercise is the same as the previous.

F. Triple Warmer Vibration Danjeon Breathing Method: This method stabilizes the mind and improves immunity by promoting energy circulation. Start from the ready stance and raise both palms upward from the low abdomen up to mid-chest with the hands open facing up and the fingers stretched out as you inhale through the nose. Then extend the arms in front of you slowly making a circle at shoulder height as you exhale through the mouth while slowly making a "Hyu..." vibration sound. The rest of the exercise is the same as the previous.

Disciple: I can see that applying the Danjeon Breathing Methods will enhance both my energy and strength and will also promote good health. I will train diligently to apply these breathing methods. Thank you, Sir.

제자: 육자결 호흡법은 생소합니다. 무도수련에 어떻게 도움이 되는지요.

사범 김용석: 육자결 호흡법은 7세기경 중국 손사막(중국 의학사상 불후의 업적을 남긴 의사)의 천금방(손사막이 저술하여 한의학 발전에 크게 기여한 서적)에서 시작된 양 기공의 호기(날숨) 중심 호흡법이다. 육자결은 의식의 활동을 통하여 인체가 갖고 있는 에너지 파동을 육부에 맞는 각각 고유의 기를 갖는 소리로 극대화한다. 오장육부에 영향을 주어 체내의 탁한 기운과 병독을 토해내고 신선하고. 맑은 기를 코로 들이마셔 막혔던 경락을 소통시킨다. 또한 오장육부의 조화를 통해서 신체를 강화시키고 건강을 유지하는 것을 목적으로한다. 더불어 합기도의 단전 호흡법을 접목시켜 수련에 임한다면 기공과 경공을 동시에 단련하므로 효과가 배가 될 것이다.

제자: 육자결 호흡법과 합기도 단전 호흡법을 접목한 수련법을 알고 싶습니다.

사범 김용석: 준비자세 부터 설명하겠다.

1. 모아서기 자세에서 양 손바닥을 가슴 앞(잔중혈)에서 마주하면서 코로 숨을 들이마신다. 그 자세에서 아랫배에 있는 단전에 힘을 모으고 고개를 숙여 인사를 한다.

2. 왼발을 왼쪽으로 주춤서기(바깥 어깨넓이)로 서면서 양손을 양옆으로 서서히 내리며 입으로 숨을 내뱉는다.

3. 주춤서기의 자세에서 호흡법을 행할 때 코로 들숨을 하고 입으로 날숨을 하면서 소리를 낸다.

4. 단전 호흡을 할 때 손가락은 펴주고 기가 얼굴로 올라가지 않게(상기) 조심하면서 아랫배(단전)에 기운을 모아준다.

A. 간의 소리 단전 호흡법: 간의 기능을 좋게 한다. 분노의 기운을 가라앉히고 부드러움을 키워준다. 준비자세 3)을 하면서 양손을 옆구리로 하여 겨드랑이 쪽으로 들어 올리면서 천천히 코로 숨을 들이마신다. 무릎을 구부려 앉은 자세에서 천천히 "허" 소리를 내며 양손가락 끝으로 앞에 있는 벽을 찔러 넣는다는 마음으로 힘 있게 팔을 쭉 뻗어주면서 입으로 숨을 내뱉는다. 천천히 일어서면서 양손을 양다리 옆으로 내린다. 다시 코로 숨을 들이마시면서 준비서기 3)의 자세로하여 3번 반복한다.

B. 심장의 소리 단전 호흡법: 심장의 기능을 좋게 한다. 화병을 가라앉히고 강한 기운을 강화한다. 준비자세 3)을 하면서 4) 폐의 소리와 같이 양 손바닥을 얼굴 위까지 들어 올리면서 천천히 코로 숨을 들이마신다. 양 손바닥이 몸을 향하게 하면서 천천히 "하" 소리를 내며 양 손바닥으로 머리를 감싸듯 하여 화기를 끌어내린다는 마음으로 얼굴부터로 가슴, 아랫배까지 훑어내리면서 입으로 숨을 내뱉는다. 나머지는 위와 같다.

C. 비장의 소리 단전 호흡법: 위장의 기능을 좋게 한다. 의지를 굳건하게 하고 근육 위축을 예방한다. 준비자세 3)을 하면서 양손을 앙옆으로 들어 올리면서 천천히 코로 숨을 들이마신다. 어깨 높이에서 손바닥을 마주하게 하여 "호" 소리를 내면서 양팔을 뻗어 끌어 안는다는 마음으로 하여 양 손바닥을 힘 있게 모아주면서 입으로 숨을 내뱉는다. 나머지는 위와 같다.

D. 폐의 소리 단전 호흡법: 폐의 기능을 좋게 한다. 슬픔을 가라앉히고 단단함을 키운다. 준비자세 3)을 하면서 양 손바닥을 아랫배로 하여 가슴 위로 들어 올리면서 머리 위로 쭉 뻗어 올리면서 천천히 코로 숨을 들이마신다. 양 손바닥을 크게 양옆으로 벌리며 천천히 "후" 소리를 내면서 양팔을 크게 양옆으로 하여 양 손바닥으로 땅을 내려 누른다는 마음으로 벌려 내리면서 입으로 숨을 내뱉는다. 나머지는 위와 같다.

E. 신장의 소리 단전 호흡법: 신장의 기능을 좋게 한다. 두려움을 조절하고 기운을 모아준다. 준비자세 3)을 하면서 양 손바닥으로 아랫배를 감싸듯 하여 수기를 끌어 올린다는 마음으로 가슴으로 하여 얼굴까지 올리면서 천천히 코로 숨을 들이마신다. 그대로 양손가락 끝으로 하늘을 찌른다고 생각하면서 천천히 "푸" 소리를 내며 팔을 위로 쭉 뻗으며 입으로 숨을 내뱉는다. 나머지는 위와 같다.

F. 삼초의 소리 단전 호흡법: 마음을 안정시키며 면역력 향상과 기 순환을 촉진한다. 준비자세 3)을 하면서 3) 비장의 소리 반대 동작으로 양 손바닥을 가슴까지 올리고 팔을 앞으로 쭉 뻗으면서 천천히 코로 숨을 들이마신다. 양 손바닥으로 하여 양옆으로 열어젖힌다는 마음으로 크게 벌리면서 천천히 "휴" 소리를 내면서 입으로 숨을 내뱉는다. 나머지는 위와 같다.

제자: 말씀대로 기공과 경공을 병행하여 단전 호흡법 수련을 한다면 기력과 근력 강화로 건강 증진까지 도모할 수 있겠습니다. 열심히 수련하겠습니다. 감사합니다.

Discípulo: Según parece el Método de Respiración Yuk Ja Keol (Las Seis Vibraciones), es poco común. Puede explicarme su técnica en detalle y ¿cómo ayuda en el entrenamiento de las artes marciales Joong Do Ryu, Señor?

Maestro Young Seok Kim: El Método de Respiración Yuk Ja Keol (Las Seis Vibraciones), es la técnica de energía centrada en la exhalación forzada , creada por Son Sa Mak (un doctor chino del siglo VII, que contribuyó considerablemente al desarrollo de la Medicina Tradicional Oriental, dejando detrás de si textos inmortales). A través de un trabajo consciente de respiración (inhalación nasal y exhalación bucal con vibración y sonido), que maximiza la energía de cada una de los 5 órganos internos (riñón, hígado, corazón, bazo-páncreas y pulmón) y el triple recalentador del cuerpo humano.

Las 6 vísceras (vejiga, vesícula biliar, intestino delgado, estómago, intestino grueso y triple recalentador) y los 6 órganos internos (riñón, hígado, corazón, bazo-páncreas, pulmón y maestro de corazón) absorben energía y oxígeno a través de la inhalación nasal y descargan dióxido de carbono e impurezas a través de la exhalación, lo que permite permeabilizar los canales de acupuntura y armonizar cualquier desequilibrio encontrado en ellos. Esto ayuda a fortalecer el cuerpo y a mantener la salud, a través de la armonía energética de las vísceras y los órganos internos, y sus respectivos canales. Además, si yo aplico este método de respiración adicionalmente al Método de Respiración Danjeon, el efecto se potencializa debido a que puedo cultivar mi energía a través de la respiración y la vibración.

Discípulo: ¡Quisiera conocer el sistema de entrenamiento de las artes marciales Joong Do Ryu, que combina los Métodos de Respiración Yuk Ja Keol y Danjeon, Señor!

Maestro Young Seok Kim: Hay seis técnicas que pueden ser practicadas, una por cada víscera. Pero antes de entrar en los detalles de cada técnica, ilustraré el fundamento de estas técnicas a partir de la postura de atención (Chumbi Sogui), en cuatro pasos:

1. En posición de atención (piernas juntas), lleva las palmas de tus manos al frente de tu abdomen (debajo de su ombligo), luego levántalas por toda la línea media anterior del cuerpo, hasta llegar al pecho (punto de acupuntura Jan Joong Hyul) (posición de rezo), al tiempo que inhalas profundamente a través de tu nariz. En esta posición, debes inhalar expandiendo tu abdomen inferior (Danjeon) y agachando tu cabeza.
2. Lleva tu pie izquierdo a la izquierda, hacia la postura de jinete (Chu Chum Sogui), al ancho del borde externo de tus hombros. Baja lentamente las manos a cada lado del cuerpo (al lado de las caderas) y exhala a través de tu boca.
3. Continúa respirando en postura de jinete, inhala lentamente por la nariz y exhala lentamente, forzando la salida del aire, por la boca exagerando el sonido.
4. Cuando estés practicando el método de Respiración Danjeon, relaja la mente para evitar demasiada sangre en la cabeza, estira tus dedos y almacena tu energía en el abdomen inferior (Danjeon).

A. Método de respiración Danjeon con vibración del hígado: Este método mejora el funcionamiento del hígado, controla la furia y nutre la tranquilidad. Empieza con la postura de atención y levanta las palmas desde el abdomen por la línea media anterior de tu cuerpo hasta el pecho con los dedos estirados a medida que inhalas lentamente por la nariz. Luego extiende lentamente tus brazos en frente tuyo e imagina que estás punzando una pared con los dedos al tiempo que exhalas lentamente por la boca, haciendo el sonido vibratorio "Jo…". Una vez que termines de exhalar, vuelve lentamente a la postura de atención y baja ambas manos al lado de los muslos. Repite este ejercicio tres veces.

B. Método de respiración Danjeon con vibración del corazón: Este método mejora el funcionamiento del corazón, calma el malestar de la ira y aumenta la alegría y la fuerza. Empieza con la postura de atención y levanta las palmas desde el abdomen por la línea media anterior de tu cuerpo hasta el pecho, al frente de la cara y finalmente hasta la cabeza, como si se estuvieras agarrándotela con los dedos estirados hacia arriba, mientras inhalas lentamente por la nariz. Luego empieza a bajar tus brazos en frente tuyo (cara, pecho y abdomen), imaginando que bajas la energía del Fuego (Yang) exhalando lentamente por la boca, haciendo el sonido vibratorio "Jaa…". El resto del ejercicio es igual que el anterior.

C. Método de respiración Danjeon con vibración del bazo-páncreas: Este método mejora el funcionamiento del bazo-páncreas y el estómago, fortalece la voluntad y previene la atrofia muscular. Empieza con la postura de atención, coloca las palmas de tus manos hacia abajo (al ancho de los hombros) y levántalas lentamente por los lados hasta la altura de los hombros a medida que inhalas lentamente por la nariz. Luego gira las palmas de manera que se miren la una a la otra, junta los brazos en frente tuyo, imaginando que estás recogiendo y sosteniendo la energía con tus dos manos, al tiempo que exhalas lentamente por la boca, haciendo el sonido vibratorio "Jou…". El resto del ejercicio es como los anteriores.

D. Método de respiración Danjeon con vibración del pulmón: Este método mejora el funcionamiento del pulmón, calma la tristeza e incrementa la fuerza. Empieza con la postura de atención, coloca las palmas de las manos mirando hacia arriba (al frente del abdomen inferior y al ancho de los hombros), levántalas lentamente hasta llegar arriba de la cabeza a medida que inhalas por la nariz. Luego, gira las palmas hacia el cielo y haz un círculo con brazos extendidos lenta y lateralmente, imaginando que estás empujando la energía del Cielo hacia la Tierra, al tiempo que exhalas lentamente por la boca, haciendo el sonido vibratorio "Ju…". El resto del ejercicio es como los anteriores.

E. Método de respiración Danjeon con vibración del riñón: Este método mejora el funcionamiento del riñón, controla el miedo y acumula energía. Empieza con la postura de atención, comienza por levantar las palmas desde el abdomen por la línea media anterior de tu cuerpo hasta el pecho a medida que inhalas lentamente por la nariz. Luego extiende lentamente sus brazos hacia arriba (al ancho de los hombros) e imagina que estás punzando el cielo con las yemas de tus dedos y que estás levantando la energía del agua (Yin), al tiempo que exhalas lentamente por la boca, haciendo el sonido vibratorio "Pu…". El resto del ejercicio es como los anteriores.

F. Método de respiración Danjeon con vibración del triple recalentador: Este método mejora la circulación de la energía y los líquidos corporales, aumentando la inmunidad y estabilizando la mente. Empieza con la postura de atención y levanta las palmas de tus manos desde el abdomen por la línea media anterior de tu cuerpo hasta el pecho a medida que inhalas lentamente por tu nariz. Luego extiende los brazos al frente a la altura de los hombros y haz un círculo lentamente en frente tuyo, al tiempo que exhalas lentamente por la boca, haciendo el sonido vibratorio "Jiu…". El resto del ejercicio es como los anteriores.

Discípulo: Puedo ver que si entreno los Métodos Danjeon y Yuk Ja Keol, a través de la respiración abdominal y vibración bucal, mejorará mi salud y mi fuerza. Voy a trabajar duro. ¡Gracias, Señor!

VITAL POINT AND STRIKING METHODS / 급소와 타격법 / PUNTOS VITALES Y MÉTODOS PARA GOLPEAR

"Human vital points are gateways to our inner energy and nervous system. When stimulated for healing purposes, it improves health and vitality...bringing life. When stimulated for lethal purposes, it triggers pain on the opponent...bringing weakness and potentially death." /
"신체의 급소는 우리의 내적 에너지와 신경의 통로다. 마사지를 받으면 건강해질 수 있다. 강하게 누르거나 타격을 하면, 상대방의 행동과 반응에 영향을 주는 고통으로 사용할 수 있다." / "Los puntos vitales humanos son puertas de entrada y salida a nuestra energía interna y el sistema nervioso. Cuando se estimulan con fines curativos, mejoran la vitalidad y la salud...dando vida. Cuando se estimulan con fines letales, producen dolor en el oponente...acarreando debilidad y potencialmente muerte."

Disciple: In martial arts training, we need to know about vital points and how to strike them. I would like to know more about these techniques.

Master Young Seok Kim: Vital points are localized sensitive points in the body. Stabbing, pressure, or any striking attacks to these points can cause extreme pain or can be used to easily overpower an opponent. This makes it impossible for the opponent to resist or attack you. These areas can also cause fainting and/or death.

Vital point techniques are important forms of self-defense, especially for combat soldiers, police, bodyguards and women. These self-defense techniques can be used to control strong opponents. By focusing on these sensitive areas, you can disarm, paralyze, or cause pain to an opponent's muscles and/or nerves, without causing any visible damage to him. These areas are also an integral part of acupuncture and massage in the study of oriental medicine. The power of these vital points in martial arts can be both lethal and life-saving.

Disciple: I know that the aim of any martial arts attack is to defeat the opponent. I would like to understand the proper method for effective striking.

Master Young Seok Kim: The effectiveness of martial arts (Taekwondo, Hapkido, Kumdo, etc.)

and all sports (boxing, golf, baseball, etc.) can be explained by Newton's Second Law: Force = Mass x Acceleration. This law illustrates that there is an inverse relationship of mass to acceleration and a directly proportional relationship of acceleration to force.

Here are some tools to help you project the greatest power in your striking techniques.
1. Adjust your feet based on your outer shoulder width.
2. Strength is maximized if your body is relaxed and not stiff.
3. Keep your knees soft (slight bend) in order to move quickly.
4. Place your weight on the ball of your feet, not your heels.
5. When striking, the weight on the back foot transfers to the front foot.
6. When striking, your arms are naturally placed in front of you and close to your chest.
7. When striking, the front of the torso moves towards the target.
8. Your vision must always focus on the target of your strike.
9. The connecting action of extensor-flexor and flexor-extensor should be executed correctly.
10. Breathing is important. When striking, inhale when switching muscles from the extensor to the flexor. When you switch from the flexor to extensor, you exhale and hold your breath as you strike. Complete the attack and switch again from the extensor to the flexor as you inhale.
11. It is important to overcome psychological problems such as anxiety, irritability, and anger as this significantly impacts the result of the strike. The strength of the strike can be doubled through mental confidence. It is also necessary to cultivate self-control.
12. Maintain proper body movement and balance before the attack. Have good timing and rhythm during the attack. Have a clear mind and strong ending posture after the attack.

Disciple: I will work hard to follow the guidelines of a proper attack. Thank you, Sir

제자: 급소와 타격법은 무도 수련에서 반드시 알아야 하는 것으로 알고 있습니다. 자세히 알고 싶습니다.

사범 김용석: 급소란 신체 부위 중 특히 민감한 부분을 말하는데 찔러 넣거나 누르거나 가격을 할 때 극심한 고통을 유발하거나 쉽게 제압할 수가 있어 반항하거나 공격을 할 수 없게 만드는 부위다. 또한 졸도와 죽음에까지 이를 수 있는 부위이기도 하다. 나보다 강한 상대를 만났을 때 특히 여성 호신술이나 군인, 경찰, 경호원 등 전문 직업을 가진 사람들이 거친 상대를 제압할 때 사용한다.

상대방에게 상처를 입히지 않고 힘을 못 쓰게 하면서 순간적으로 근육이나 신경에 마비나 고통이 따르게 하여 상대를 쉽게 제압할 수 있는 부위가 급소다. 한의학에서 말하는 침이나 마사지의 혈자리이기도 하다. 따라서 건강을 위해 쓰는 유용한 부위이기도 하다. 무도에서 급소는 방어를 위한 사법(죽이는 기술)이 될 수 있지만 건강을 위한 활법(살리는 기술)이 되기도 한다.

제자: 어떤 무술도 공격 목적은 상대를 제압하는 것이라고 알고 있습니다. 그러기 위해서는 올바른 타격 방법에 대해서도 알아야 할 것 같습니다.

사범 김용석: 무술(태권도, 합기도, 검도 등)과 모든 스포츠(권투, 골프, 야구 등)의 효과는 뉴턴의 두 번째 법칙인 힘 = 질량 x 가속도로 설명할 수 있다. 이 법칙은 질량과 가속도의 반비례 관계와 힘에 대한 직접비례 관계가 있다는 것을 보여준다.

최대의 힘을 얻기 위해 도움이 될 것들을 소개한다.

1. 양발의 간격은 바깥 어깨너비를 기준으로 하여 조절한다.
2. 몸은 경직되지 않게 하여 언제라도 힘을 쓸 수 있게 항상 부드러움을 유지한다.
3. 무릎은 완전히 펴지 않고 약간 구부린다는 기분으로 빠르게 움직이기 위해 부드럽게 탄력성을 유지한다.
4. 체중은 뒤꿈치에 두지 않고 앞축에 둔다.
5. 타격을 할 때는 뒷발에 있는 체중이 앞발 쪽으로 이동한다.
6. 타격을 할 때 팔은 몸통에서 벗어나지 않게 한다.
7. 타격을 할 때 몸통 앞은 목표물을 향하게 한다.
8. 시선은 타격의 목표물을 항시 응시해야 한다.
9. 신근 - 굴근, 굴근 - 신근의 연결 동작이 정확하게 연결되어야 한다.
10. 타격할 때의 호흡법은 신근에서 굴근으로 근육을 전환할 때 들숨을 한다. 굴근에서 신근으로 전환할 때 날숨을 하면서 타격하는 순간 호흡을 멈춘다. 계속해서 마무리하는 동작에는 다시 신근에서 굴근으로 전환하면서 들숨을 한다.
11. 모든 타격의 결과는 기술도 중요하지만 불안, 초조, 성냄 등의 심리적인 극복이 중요하다. 타격의 힘은 정신적인 자신감을 통해 배가될 수 있기 때문이다. 따라서 스스로 감정을 조절할 수 있는 수양도 필요하다.
12. 타격 전의 올바른 신체 이동과 밸런스, 타격할 때의 타이밍과 리듬 그리고 타격 후의 잔심과 마무리 자세가 중요하다.

제자: 잘 알겠습니다. 말씀대로 열심히 하겠습니다. 감사합니다.

Discípulo: En el entrenamiento de las artes marciales, necesitamos saber sobre los puntos vitales y la forma de atacarlos. Me gustaría saber más acerca de estas técnicas.

Maestro Young Seok Kim: Los puntos vitales son puntos sensibles específicos en el cuerpo. Golpear, punzar o presionar cualquiera de estos puntos puede causar gran dolor y pueden ser utilizados para someter fácilmente a un oponente, difícil de soportar para él y de contraatacarnos a nosotros. Atacar estos puntos también puede causar desmayo y hasta la muerte.

Las técnicas a puntos vitales son importantes formas de autodefensa, especialmente para soldados, policías, guardaespaldas y mujeres. Estas técnicas de defensa propia se pueden utilizar para controlar a oponentes fuertes. Al enfocarte en estas áreas sensibles, puedes desarmar, paralizar o causar dolor a los músculos y/o nervios de un oponente, sin producirle ningún daño visible. Estas áreas también son una parte integral de la acupuntura y el masaje de la Medicina Tradicional Oriental. El poder de estos puntos en las artes marciales puede salvar vidas o llegar a ser letal.

Discípulo: Sé que el objetivo de cualquier golpe de las artes marciales es derrotar al oponente. Me gustaría entender el método adecuado para golpear eficazmente.

Maestro Young Seok Kim: La efectividad de las artes marciales (Taekwondo, Hapkido, Kumdo, etc.) y todos los deportes (boxeo, golf, béisbol, etc.), se puede explicar mediante a la segunda ley de Newton: Fuerza = Masa x Aceleración. Esta ley ilustra que hay una relación inversa de masa a aceleración y una relación directamente proporcional de aceleración a fuerza.

Hé aquí algunas herramientas para ayudarte a proyectar el mayor poder en tus técnicas de golpe:

1. Ajusta tus pies según el ancho de tus hombros.
2. La fuerza se maximiza si tu cuerpo está relajado y no rígido.
3. Mantén las rodillas sueltas (leve flexión), para moverte rápidamente.
4. Coloca tu peso en la punta de tus pies, no en los talones.
5. Al golpear, transfiere el peso del pie trasero al pie delantero.
6. Al golpear, coloca tus brazos naturalmente frente a ti, cerca de tu pecho.
7. Al golpear, mueve la parte delantera del tronco hacia tu objetivo.
8. Tu visión siempre debe enfocarse en tu objetivo.
9. Ejecuta correctamente la acción de conexión entre los extensores - flexores (Yang - Yin) y los flexores - extensores (Yin - Yang).
10. La respiración es muy importante. Al golpear, cambiando la acción de los músculos extensores a los flexores, inhala. Cuando cambies la acción de los flexores a los extensores, exhala y luego aguanta la respiración mientras golpees. Completa el ataque y mientras inhalas, cambiando de nuevo la acción desde los extensores a los flexores.
11. Es importante superar los problemas psicológicos: ansiedad, irritabilidad e ira, ya que estos afectan significativamente el resultado de tu ataque. Tu confianza mental puede duplicar la fuerza de tu ataque. También debes cultivar el autocontrol.
12. Mantén el equilibrio corporal estático y dinámico antes de tu ataque. Ten buen tiempo y ritmo durante tu ataque. Ten una mente clara y una postura final fuerte después del ataque.

Discípulo: Trabajaré duro para seguir las pautas de un ataque correcto. ¡Gracias, Señor.

BREATHING, MUSCLE AND STRENGTH / 호흡, 근육 그리고 힘 / ACERCA DE LA RESPIRACIÓN, LOS MÚSCULOS Y LA POTENCIA

"We must use martial arts to create, defend, and unify; not to destroy, fight, and divide." / *"우리는 무도를 사용하여 창조하고, 방어하고, 화합해야 한다. 파괴하거나, 싸우거나, 분열시키지 말아야 한다."* / *"Debemos usar las artes marciales para crear, defender y unificar; no para destruir, pelear y dividir."*

Disciple: The greatest effect of long training in martial arts is the harmony between posture and technique with breathing, energy, strength and mental power. I want to know more about this topic specifically.

Master Young Kim: First, let's talk about breathing. There are different types of breathing definitions depending on culture, discipline, philosophy, purpose, etc. For our purpose, breathing can be divided into two main categories: expiration and inspiration. During exhalation, the parasympathetic nerves are activated. The air is pushed out and the body is relaxed. When the parasympathetic nerves is stimulated, the pulse is reduced, the blood pressure falls, the body is relaxed and is able to engage in quiet breathing. When the parasympathetic nervous system is over-activated continuously over time, one needs to balance this by living a lifestyle that activates the sympathetic nerves, such as intense exercises that promote increased cardiovascular activity and sweating.

Inspiration occurs when the sympathetic nerves are activated. The air is pulled in and the body is tense. When sympathetic nerves are stimulated, the pulse is increased, the blood pressure rises, and the body is under greater stress which impedes smooth breathing. When the sympathetic nervous system is over-activated continuously over time, one must engage in a lifestyle that activates the parasympathetic nerves. Participate in activities that keep the body warm and the body and mind relaxed. It is better to do soft exercises, such as yoga, and promote mental stability through meditation.

Secondly, let's talk about muscles. There are also several different types of muscles in the human body. For our purpose, we will concentrate in the skeletal muscles, especially on those with the functionality of flexing (pulling muscles) and extending (stretching muscles). The flexors flex the joint. They shrink when bones are bent and lengthen when bones are extended. These muscles are located in front of the arms, the back of the legs, the inside of the body, the palms and arms; and are engaged and predominant in activities such as Hapkido, Kumdo, Aikido, Judo, Boxing, and Wrestling.

The extensors extend the joint. They lengthen when bones are bent and shrink when bones are extended. These muscles are located on the back of the arms, the front of the legs, the back, and the back of hands and legs. They are engaged and predominant in activities such as Taekwondo, Hapkido, Wushu, Karate, and Mixed martial arts.

Finally, let's talk about strength. Power is characterized by energy and strength. Energy is a force originating from the inside and generated through breathing. It is slow, deliberate and calm. It is a power controlled mainly by breathing from the Danjeon (around belly) and not from any other body movement. Strength is a force from the extensor muscles generated by movement. It is quick, smooth and sharp. It is a conscious power using techniques expressed by the body.

Disciple: I did not realize the impact of respiration on muscles and power. I can see its important role not only in martial arts, but also in the maintenance of good health. I will train hard as you have taught me. Thank you, Sir.

제자: 무술의 최대 효과는 호흡법, 기력, 근력 그리고 정신력을 포함해 자세와 기술의 조화를 통한 오랜 수련의 표현이라고 했습니다. 구체적으로 알고 싶습니다.

사범 김용석: 호흡은 호기(내쉼)와 흡기(들이마심)로 나눌 수 있다. 호기는 부교감신경이 긴장하며 밀 때, 몸이 부드러워질 때, 힘을 쓸 때다. 부교감신경이 흥분하면 맥박이 감소하고 혈압이 하강하며 조용한 호흡을 통해 몸이 편안해지며 신체가 안정된다. 부교감신경이 지나치게 활성화할 때는 교감을 활성화하는 생활 습관을 지킨다. 활력 넘치고 분주한 생활과 땀이 젖을 만큼 활동량이 큰 무도나 스포츠 등의 운동을 하는 것이 좋다.

흡기는 교감신경이 긴장하며 당길 때, 몸이 경직될 때, 힘을 뺄 때다. 교감신경이 흥분하면 맥박이 증가하고,

혈압이 상승하며 호흡이 거칠고, 놀라거나 무서운 상태이며 긴장을 하게 된다. 교감신경이 지나치게 활성화 할 때는 부교감신경을 활성화하는 생활 습관을 지킨다. 체온을 따뜻하게 유지하여 몸과 마음을 이완시킨다. 요가나 선을 통해 부드러운 운동과 정신적인 안정을 행하는 것이 좋다.

근육은 굴근(당기는 근육)과 신근(뻗는 근육)으로 구분된다. 굴근은 관절을 굴곡시킨다. 뼈를 굽힐 때 신축하고 뼈를 펼 때 늘어난다. 팔 앞쪽, 다리 뒤쪽, 몸통 안쪽, 손바닥이며 팔이 더 발달된다. 권투, 유도, 레슬링, 아이키도, 검도, 합기도 등에 많이 사용한다.

신근은 관절을 신전시킨다. 뼈를 굽힐 때 늘어나고 뼈를 펼 때 신축한다. 팔 뒤쪽, 다리 앞쪽, 등쪽, 손등이며 다리가 더 발달된다. 태권도, 우슈, 가라데, 격투기, 합기도 등에 많이 사용한다.

힘은 기력과 경력으로 구분된다. 기력이란 호흡을 통해 생성되는 내부로부터 표현된 힘이다. 느리고 지체되며 둔하다. 기술이 포함되지 않은 보통의 힘이다. 호흡과 함께 단전을 중심으로 표출된 힘이다. 경력이란 신체 구조를 이용한 신근으로부터 합리적으로 표현된 힘이다. 빠르고 부드러우며 날카롭다. 기술을 포함한 의식적인 힘이며 신근의 신장력에 의해 몸을 통하여 표출된 힘이다.

제자: 살아오면서 반드시 필요하고 소중한 호흡과 근육 그리고 힘의 올바른 사용법을 몰랐습니다. 생명 유지뿐 아니라 건강을 위해서도 반드시 필요하다는 사실을 잊고 살았습니다. 가르쳐주신 대로 열심히 수련 하겠습니다. 감사합니다

Discípulo: El mayor logro del buen entrenamiento en las artes marciales, es su expresión a través de la armonía entre la postura y la técnica, incluyendo la respiración, la energía, la fuerza y el poder mental. Quiero saber más acerca de este tema, Señor!

Maestro Young Seok Kim: Primero, hablemos acerca de la respiración. Hay diferentes definiciones para los tipos de respiración dependiendo de la cultura, disciplina, filosofía, propósito, etc. Para nuestro caso, la respiración abdominal (Danjeon), se puede dividir en 2 categorías: espiración e inspiración. La espiración Danjeon activa el Sistema Nervioso Parasimpático (Yin: el responsable de las actividades que ocurren cuando el cuerpo está en reposo), que lleva a la relajación general del cuerpo cuando el aire lo deja, baja la frecuencia cardiaca y la presión arterial, contrae las pupilas, disminuye la sudoración, relaja los músculos, aumentando el aporte de nutrientes y la expulsión de desechos a todo el cuerpo, y baja la frecuencia respiratoria, haciéndola más suave y tranquila. Cuando el sistema nervioso parasimpático es sobre activado durante mucho tiempo, es necesario balancearlo con un estilo de vida que active el sistema nervioso simpático, tal como, la actividad física, el ejercicio y los deportes de alta intensidad, que promueven el esfuerzo físico y la sudoración.

La inspiración lleva a la activación del Sistema Nervioso Simpático (Yang: el responsable de las respuestas a la acción, huida o lucha), lleva a una tensión general del cuerpo, aumenta la frecuencia cardiaca y la presión arterial, dilata las pupilas, aumenta la sudoración, contrae los músculos, aumenta el aporte de nutrientes a zonas específicas del cuerpo, y sube la frecuencia respiratoria, haciéndola menos suave y agitada. Cuando el sistema simpático es sobre activado continuamente en el tiempo, es necesario balancearlo con un estilo de vida que active el sistema nervioso parasimpático, tal como, actividades que mantengan el cuerpo y la mente relajados (meditación, ejercicios suaves, yoga, Qi gong, taichí, jardinería, carpintería).

Segundo, hablemos acerca de los músculos. Hay diferentes tipos de músculos en el cuerpo humano. En nuestro caso, nos vamos a concentrar en los músculos esqueléticos, especialmente los músculos agonistas y antagonistas que permiten el movimiento de tu tronco, brazos, piernas, manos y pies. Los músculos agonistas (que mediante su contracción producen la fuerza necesaria para realizar un movimiento), son Yang, con relación a los músculos antagonistas (que mediante su activación, producen una acción contraria al músculo agonista, que facilita, controla y regula el movimiento), son Yin. Los músculos antagonistas y agonistas trabajan en parejas (Taegeuk), para realizar una amplia gama de movimientos y acciones. Básicamente, la diferencia entre ellos es que trabajan en direcciones opuestas para realizar una acción. El agonista siempre se acorta para iniciar el movimiento y el antagonista se alarga para permitir el movimiento. Cuando flexionas tus antebrazos, los bíceps actúan como agonistas y los tríceps como antagonistas. Pero cuando extiendes tus antebrazos, los roles se invierten, y los bíceps se convierten en antagonistas y los tríceps en agonistas. En tus piernas, el funcionamiento de los cuádriceps (anteriores) y los isquiotibiales (posteriores) es similar cuando flexionas o extiendes las rodillas.

Sus músculos extensores (localizados en la parte posterior del cuello, tronco, codos, muñecas, caderas, tobillos y la anterior de las rodillas, prolongan la articulación, aumentando su ángulo), son Yang, al alejar los segmentos corporales, con relación a los músculos flexores (localizados en la parte anterior del cuello, tronco, codos, muñecas, caderas, tobillos y la posterior de las rodillas, pliegan la articulación, disminuyendo su ángulo), que son Yin, al aproximar los segmentos corporales. El conocimiento sobre la localización y la acción de los músculos esqueléticos en el cuerpo humano es ampliamente utilizado en la aplicación de las técnicas de las artes marciales (Wushu, Taekwondo, Hapkido, Aikido, Karate, Kumdo, Mixtas, etc.).

Finalmente, hablemos de la Potencia. Es la cantidad de trabajo que realiza un individuo en un periodo de tiempo determinado (la fuerza, el poder o la capacidad para conseguir algo). Se asocia a la velocidad de cambio de la energía dentro del individuo. Por lo tanto, podemos descomponer la potencia en energía y fuerza. La energía es la fuerza originada desde adentro y generada a través de la respiración. Es lenta, áspera y pesada (Yin). Una capacidad y fuerza para actuar física o mentalmente. Es el poder controlado principalmente por la respiración desde el Danjeon (vientre) y no por ningún otro movimiento corporal. La fuerza es una capacidad física expresada en la contracción del músculo (acortamiento y alargamiento) con el fin de realizar un movimiento. Es rápida, suave y liviana (Yang). Es un poder consciente que usa técnicas expresadas por el cuerpo.

Discípulo: No conocía el impacto de la respiración sobre los músculos y la fuerza. Ahora veo su gran importancia, no solo en las artes marciales, sino en el mantenimiento de mi salud. Entrenaré duro como usted me ha enseñado. Gracias, Señor!

MIND, ENERGY, AND BODY / 심, 기, 체 / ACERCA DE LA MENTE, LA ENERGÍA Y EL CUERPO

"Our mind is by far our most precious resource; if left unpolished, it is by far our worse enemy." / "우리의 마음은 언제나 우리의 소중한 자원이지만 다듬지 않으면 언제라도 더욱 나쁜 적이 된다." / *"Nuestra mente es, por mucho, nuestro recurso más preciado; Si se deja sin pulir, es, por mucho, nuestro peor enemigo."*

Disciple: I heard that the greatest aspect of martial arts is the harmony of mind, energy, and body. Can you please elaborate?

Master Young Kim: First, let's talk about the Mind. The unprepared mind is unstable. One has an attitude of fear and hopelessness, which leads to defeat. The prepared mind has an attitude characterized by self-confidence and positivity, which leads to success.

The mind is by far the most powerful tool that we have at our disposal. It helps us to think, learn, visualize, imagine, remember, etc. If used correctly, the mind can open doors to the unfathomable. Unfortunately, if not used correctly, the mind can become our worst enemy. In most of our cases, the mind is working against us and we do not even know about it. Through correct training and proper teaching, martial arts students learn how to control and better use the full potential of the mind. I will now illustrate the power of the mind by sharing a couple of stories.

The following story is about a famous monk named Wonhyo who popularized the teachings of Buddha through his simple explanations. Wonhyo was a Hwarang* of Silla with a promising future as a young warrior. He always came home from the battlefield with a victory and was showered with praise by the people of his hometown. However, this change after he was devastated by a defeat in battle, which cost the life of his best friend. He buried his friend with great sorrow and vowed revenge for his friend's death. As he reflected on his grief, a thought suddenly came to him. When he came home after winning battles, he would share joy and pride with his friend. In contrast, when he experienced defeat and sorrow, the enemies toasted each other with joy and victory. Through this thought, he realized that everything in life is relative. He found that it seemed futile to be self-centered as the same situation can bring both sadness and joy at the same time. From that moment, Wonhyo gave up the path of material success and glory, shaved his head, and became a monk.

Won Hyo travelled to China in search of a good Master to gain enlightenment. After a few days of walking, he fell asleep on the mountain. He awoke with thirst and got up to look for water. He found a bowl of water under the moonlight and drank it all at once. The water tasted like honey as it quenched his severe thirst. The next morning he awoke again due to thirst and saw the same bowl of water next to him. As soon as he drank it, he felt nauseous and vomited. The honey water from yesterday now tasted rotten. He also noticed that the water was contained in a skull. At that moment, Won Hyo was enlightened to the truth that everything in the world comes from our perception in the mind.

Reference: Hwarang was an organization that trained young warriors to be mentally and physically elite. It was led by the king and comprised of men of nobility. They protected the nation and its people during the 576 Silla period.

There is also a legend that a mother saw her child trapped underneath a truck. She lifted the truck with her bare hands to save her child. The deep and desperate desire of a mother to save her child led to a mental belief that she could lift the truck and she exhibited physical power beyond imagination.

Secondly, let us now talk about Energy, which can be expressed through strength. The correlation between respiration and the muscles is great. Breathing involves the movement of the diaphragm. When you exhale, carbon dioxide and other wastes are released. When you inhale, oxygen is absorbed and promotes the proper movement of the internal organs and circulation. The parasympathetic nerves are stimulated when you exhale, causing softness of the muscles and engagement of the extensor muscles. When you inhale, the sympathetic nerves are activated, causing the muscles to tense and the flexor muscles to be used. The muscles in the unbendable regions are called extensors (arms are outside and legs are inside). The muscles in the bendable regions are called flexors (arms are inside and legs are outside).

You strengthen the flexor muscles when you inhale and strengthen the extensor muscles when you exhale. In one example, you should inhale when lifting a dumbbell up as you bend your arms and push up. On the other hand, you should exhale when you lower the dumbbell and extend your arms back down. When stretching, you should inhale as you sit upright with your straightened legs. As you reach forward with your upper body toward your legs, you should exhale. If you instead inhale as your body bends forward, your muscles will become tight and it will be difficult to stretch. However, if you exhale as you lean forward, your muscles will be more relaxed and your body will be more flexible. Specifically, in any sport including martial arts, the force of impact is related to the use of the extensor muscles, which works in conjunction with the parasympathetic nerves.

You should understand the breathing method when attacking and controlling your opponent. When you hit your opponent, you must be able to analyze your opponent's breathing rhythm. The moment the opponent exhales and then immediately inhales is an opportune time to hit. At that time, the muscles are tense and the diaphragm is contracted, and therefore, when attacked, the opponent cannot breathe. Also, in this tense state, the opponent would be unable to attack back or defend himself. On the other hand, if you are being attacked, you should quickly exhale when you are being hit and hold your breath while tensing the muscles. This will minimize the impact of the hit. When you grab your opponent in Judo and want to throw him over, you should throw with your knees bent, your legs as wide as possible, and your breath on hold. You can also achieve maximum effect in boxing with proper breathing. You breathe in through your nostrils as you prepare your punching fist to your target. Then you hold your breath as the extensor of the right arm is extended. Kumdo is also most potent when you hit with the bamboo sword and yell at the same time. You then hold your breath momentarily as the extensor of the arm is fully extended to achieve great power.

Thirdly, let's talk about the body as it relates to martial arts' postures. There are many variations of posture, such as short front stance, back stance, etc., which are used depending on the situation at hand. It is chosen based on a balance between the movement of the weight and the arrangement of the force. In order to make a quick and instantaneous movement, the whole foot must not be attached to the floor or it cannot speed up.

Normally, stepping involves having the heel touch the floor first and then the rest of the foot to the floor. You push forward with your forefoot and step forward. However, to gain speed in your movement, it is necessary to move the front foot on the floor while raising the heel. In one example, in doing the front snap kick, if the whole foot is on the floor rather than the ball of the foot, the speed of the snap slows down and there will be injury to the knee joint.

In another example, you can turn on the ball of your foot like the top of a peg to increase speed. In Taekwondo, a bouncing motion in conjunction with the raised heels is optimal for quick attacks. This technique is also used in KumDo to promote quick forward movements and attacks. Again, the heel is raised while on the balls of your feet. Short-distance runners must move as fast as possible in the shortest period of time. They also use the same principle of raising the heels while leaning the upper body forward. The body should not be rigid and the posture should be stable to allow for explosive speed in sprinting. The lower body is flexible through its softness, it can accelerate at a high speed, and the twist of the waist brings additional intense power.

Disciple: I want to feel my body awaken through exercise. Could you briefly explain the harmony of the mind, energy, and body?

Master Young Kim: In exercise, to achieve harmony of the muscles and the autonomic nervous system, breathing must be done properly. The muscles are relaxed while exhaling. The extensor muscles work through the parasympathetic nerves to engage the smooth muscles. The sympathetic nerves get excited when inhaling and the flexor muscles are engaged. When the muscles are momentarily tense, the effect of the force on the hitting area becomes greater due to the law of inertia. The expression of power in martial arts can be seen as the harmonious relationship of the extensor and flexor muscles as it is controlled by the rhythm and timing of this powerful breathing method.

Disciple: An old adage states that it is better to see something once than to hear how it is done a hundred times. Also, doing it once is better than seeing it done a hundred times. I will actively practice harder through the principles you have told me. Thank you, Sir.

Wing Chun expert, Yipman (Master of Bruce Lee), once said: "Do not fight with force, absorb it, flow with it, be in it, and use it. Receive what comes, see when it is removed and continue when the hand is released. Make your arms work like a spring. Absorb and return the Energy that is received. The quickest way to reach the opponent is through the straight line attack. The combat position should be as natural as walking. Be thrifty with your movements and make the most of your attacks in the shortest amount of time possible and with the least amount of effort."

제자: 무도에서 최대의 힘은 심, 기, 체의 일치라고 들었습니다. 자세히 알고 싶습니다.

사범 김용석: 첫 번째, 심에 대해서 말하면 준비되지 않은 마음의 자세는 흔들릴 수밖에 없다. 결국 두려움에 빠져 포기하고 할 수 없다는 부정적인 마음가짐은 결국 패배로 이어진다. 준비된 마음의 자세는 여유를 갖고 자신감이 충만해지고 할 수 있다는 긍정적인 마음가짐은 결국 승리로 이끈다.

부처의 가르침을 쉽게 표현하여 대중화한 유명한 원효 스님 이야기다. 원효는 젊은 무사였을 때 장래가 촉망되는 화랑이었다. 전쟁터에 나가 승리를 하고 돌아올 때는 사람들에게 환영을 받고 자랑스러워했다. 그러던 어느 날, 전쟁에서 크게 패하고 자신이 가장 사랑하는 친구마저 전쟁터에서 잃게 되었다. 친구를 땅에 묻고 큰 슬

품에 잠겨 한없이 울면서 복수를 다짐했다. 그러던 중 문득 생각했다. 지난날 전쟁에서 승리하고 돌아왔을 때는 친구와 더불어 한없이 자랑스러워하고 기쁨을 누렸다. 허지만 전쟁에서 패하고 전사한 친구의 무덤 앞에서 슬픔에 잠겨 있는 이 순간에 적들은 한량없는 기쁨으로 승리의 축배를 들고 있을 것이다. 같은 일을 두고 한쪽에서는 슬퍼하고 다른 한쪽에서는 기뻐하는 것을 보면서 자기 위주로 생각한 세상의 모든 일이 허망하다는 것을 느꼈다. 그 후부터 원효는 모든 출세의 길을 버리고 스스로 머리를 자르고 출가하여 중이 되었다.

원효는 깨달음을 얻기 위해 훌륭한 스승을 찾아 중국으로 가던 중 몇날 며칠을 걷다가 산속에서 잠을 자게 되었다. 잠결에 목이 말라 달빛에 비친 바가지에 담긴 물을 발견하고는 단숨에 들이마셨다. 심한 갈증 상태에서 그 물맛은 꿀맛 같았다. 다음 날 아침 그는 일어나 다시 갈증을 느껴 어제 마셨던 바가지를 찾았다. 스님은 옆에 놓인 바가지를 본 순간 구역질을 하며 토했다. 그가 어제 마신 꿀맛 같았던 물은 해골 바가지에 고인 썩은 물이었다. 그순간 원효스님은 세상사의 모든 일은 마음으로부터 나온다(제법일체유심조)라는 도리를 깨우쳤다.

참고: 화랑은 신라 576년에 국가와 백성의 수호를 이념으로 하여 왕과 귀족의 자제로 이루어진 청소년 무사의 심신 수련 조직이다.

자식이 트럭에 깔려 있는 것을 본 어머니가 트럭을 들어 올려 자식을 구했다는 얘기가 있다. 자식을 구하겠다는 간절하고 절실한 마음이 정신력으로 이어져 상상 이상의 힘이 표출된 것이다.

두 번째, 기는 힘이라고도 표현하는데 크게 호흡과 근육의 상관관계. 호흡법은 횡격막의 수축운동이다. 기본적으로 숨을 내뱉을 때는 이산화탄소와 그 밖의 노폐물을 배출하고 들이마실 때는 산소를 받아들여 내장의 운동과 혈행을 촉진한다. 숨을 내쉴 때 릴랙스하는 부교감신경이 긴장해서 근육의 억제력을 생기게 하고 신근과 관계한다. 숨을 들이마실 때 흥분하는 교감신경이 긴장해서 근육 활동을 하게 하여 굴근과 관계한다. 구부러지지 않는 부위의 근육을 신근이라 한다(팔은 밖으로 발은 안으로). 구부러지는 부위의 근육을 굴근이라한다(팔은 안으로 발은 밖으로).

우선 굴근을 강화하려면 숨을 들이마시고 신근을 강화하려면 숨을 내쉰다. 예를 들어 아령을 들고 위로 들어 올릴 때와 팔굽혀펴기에서 팔을 굽힐 때는 숨을 들이마신다. 반대로 아령을 든 팔을 내릴 때와 팔굽혀펴기에서 팔을 뻗을 때는 숨을 내쉰다. 스트레칭을 할 때 상체를 세우고 다리를 뻗고 앉은 자세에서 숨을 들이마신다. 상체를 다리 쪽으로 숙이면서 숨을 내쉰다. 만일 숨을 들이마시면서 상체를 숙이면 근육이 긴장되어 앞으로 숙이기 쉽지 않다. 그러나 숨을 내쉬면서 앞으로 숙이면 근육이 릴랙스해져 앞으로 더 많이 숙인다. 구체적으로 스포츠나 무도에 접목해 표현한다면 순간적인 힘을 나타내야 하는 타격의 힘과 표출되는 힘은 부교감신경이 긴장하여 나타나는 근육의 억제력을 생기게 하여 나타내는 신근과 관계한다.

상대를 공격할 때와 공격당했을 때의 호흡법을 알아야 한다. 상대를 가격할 때 상대의 호흡을 읽을 수 있어야 한다. 상대가 호흡을 내뱉고 들이마시는 순간이 가격해야 할 기회다. 그때가 근육이 긴장된 상태이고 가격을 당했을 때 횡격막의 근육이 움츠러들면서 호흡을 할 수 없게 된다. 또한 긴장된 상태에서는 바로 공격하거나 방어할 수가 없다. 반대로 공격을 당했을 때 타격의 충격을 최소화하려면 타격을 받는 순간 호흡을 내뱉으면서 근육을 긴장시켜 호흡을 빨리 멈춘다. 야구공을 받을 때와 같은 원리다.

유도에서 상대를 잡고 엎어치기를 할 때 무릎을 굽힌 상태에서 다리를 최대한 뻗어주며 던지기를 한다. 호흡 또한 순간적으로 멈추고 던진다. 권투도 코로 숨을 내뱉으면서 주먹을 내지르며 때리는 순간 호흡을 멈추고 오른팔의 신근을 최대한 펼치면서 가격함으로써 최대 효과를 얻을 수 있다. 검도도 죽도로 가격하는 순간 기합을 지르면서 호흡을 멈추며 팔의 신근이 최대한 뻗었을 때 강력한 위력을 발휘할 수 있다.

세 번째, 체에 대해 말하면 자세부터 살펴야 한다. 자세는 앞서기, 뒷굽이 등 많은 자세가 있지만 이러한 동작은 상황에 따라 순간적으로 이동해야 하기 때문에 체중 이동의 균형과 더불어 힘의 안배가 중요하다. 따라서 순간적이고 빠른 이동을 위해 발바닥 전체가 바닥에 밀착되면 속도를 낼 수가 없다. 일반적인 걸음은 뒤꿈치가 먼저 바닥에 닿게 하여 전체 발바닥이 닿으면서 앞축으로 밀어주면서 앞으로 내딛는 것이 일반적인 걸음이다. 하지만 빠른 속도를 내야 하는 운동은 순간적인 움직임을 바탕으로 해야 힘을 얻는다. 따라서 뒤꿈치를 든 상태에서 앞축을 중심으로 이동해야 한다. 발차기를 할 때 발바닥 전체를 바닥에 붙일 때 늦은 속도는 물론 무릎관절까지 무리가 온다.

발을 전환할 때는 팽이를 돌리듯 가능한 한 앞축으로만 지면에 대고 움직여야 빠른 속도를 낼 수 있다. 태권도 겨루기를 할 때 양발 뒤꿈치를 들고 바운스를 하는데 빠른 공격을 하기 위해서다. 검도 또한 앞으로 빨리 내딛어 순간적으로 가격하기 위해서는 양발 뒤꿈치를 들고 앞축으로 지면을 밀면서 빠르게 내딛어야 속도를 낼 수가 있다. 단거리 육상 선수들은 짧은 거리를 최대한 빨리 달려야 하기 때문에 뒤꿈치가 들린 상태로 상체를 앞으로 약간 숙이고 달리기를 한다. 체중 이동에서 필요한 것은 몸이 경직되어서는 안 되고 힘을 빼고 자연스럽게 안정된 자세를 취한다. 부드러움을 통한 유연한 하체의 움직임에 빠른 속도의 가속을 도와줘 허리의 뒤틀림 속에 타격을 함으로써 큰 파괴력을 가져온다.

제자: 많은 연습을 통해 느끼고 깨우치겠습니다. 심, 기, 체의 조화를 간단히 설명해주실 수 있을까요.

사범 김용석: 우리가 운동을 통해 힘의 효과를 내려면 근육과 자율신경 그리고 호흡과의 조화가 이루어져야 한다. 숨을 내뱉으면서 근육을 릴랙스하는 부교감신경을 통해 신근이 작용을 하며 부드러운 근육을 통해 속도를 높일 수 있다. 계속해서 숨을 멈추면서 흥분하는 교감신경을 통해 굴근이 작용을 한다. 근육을 순간적으로 긴장시켜 가격을 했을 때 타격 부위 힘의 효과는 관성의 법칙에 의한 순간적인 근육의 멈춤으로 더 커질 수밖에 없다. 즉 무도에서의 힘의 표출 또한 할 수 있다는 긍정적인 마음과 근육의 신근과 굴근의 변화 속에서 호흡법과 함께 리듬, 타이밍, 밸런스의 올바른 조화가 힘의 완벽한 표현이 된다.

제자: 옛말에 백 번 듣는 것보다 한 번 보는 것이 낫고, 백 번 보는 것보다 한 번 행하는 것이 났다고 했습니다. 말씀해주신 원리를 통해 더욱 열심히 정진하겠습니다. 감사합니다

영춘권의 대가 엽문 (이소령의 스승)이 말했다. "힘으로 다투지 말고 그대로 받아들이며, 부드럽게 상대와 화합하면서 그 힘을 이용하라. 다가오는 것을 받아들이고, 물러설 때와 나아갈 때를 보면서 손을 부드럽게 하라. 팔의 움직임을 스프링같이 사용하고 상대의 기운을 받아들여 다시 되돌려주도록 하라. 상대에게 가장 빨리 다가 갈 수 있는 것은 직선으로 때리는 것이다. 겨루기의 자세는 자연스럽게 걷는 것처럼 해야 한다. 움직임을 절약하면서 최소한의 노력으로 최대한 짧은 시간에 가장 많은 타격을 해야 한다."

Discípulo: He oído que el aspecto más importante en las artes marciales es la armonía de la mente, la energía y el cuerpo. ¡Deseo saber más acerca de esto, Señor!

Maestro Young Seok Kim: Primero, hablemos de la Mente. Una mente sin preparación es inestable, produce una actitud de miedo y desesperanza, que conduce a la derrota. La mente preparada crea una actitud que se caracteriza por la autoconfianza y la positividad, que conducen al éxito.

La mente es la herramienta más poderosa que tenemos a nuestra disposición. Nos ayuda a pensar, aprender, visualizar, imaginar, recordar, etc. Si se usa correctamente, la mente puede abrir puertas a lo desconocido. Desafortunadamente, si no se usa correctamente, la mente puede convertirse en nuestro peor enemigo. En la mayoría de los casos, ella está trabajando en contra nuestra y ni siquiera nos percatamos de ello. A través del entrenamiento correcto y la enseñanza adecuada, los estudiantes de artes marciales aprenden cómo controlar y utilizar mejor el potencial completo de la mente. A continuación contaré un par de historias que ilustran el poder de la mente.

La siguiente historia es acerca de un famoso monje llamado Wonhyo, quien popularizó las enseñanzas de Buda a través de sus simples explicaciones. Wonhyo era un Hwarang* de Silla con un futuro prometedor como joven guerrero. Siempre regresaba a casa desde el campo de batalla con una victoria y era bañado en elogios por la gente de su ciudad natal. Sin embargo, esto cambió luego de ser devastado por una derrota en batalla, que le costó la vida a su mejor amigo. Enterró a su amigo con gran dolor y juró venganza por su muerte. Al reflexionar sobre su dolor, repentinamente se le ocurrió un pensamiento. Cuando llegaba a casa después de ganar batallas, compartía su alegría y orgullo con su amigo. Por el contrario, cuando experimentaba la derrota y la tristeza, los enemigos brindaban con alegría y victoria. A través de este pensamiento, se dió cuenta de que todo en la vida era relativo. Descubrió que era inútil ser egocéntrico, ya que la misma situación puede traer tristeza y alegría al mismo tiempo. A partir de ese momento, Wonhyo abandonó el camino del éxito material y la gloria, se afeitó la cabeza y se convirtió en monje.

Wonhyo viajó a China en busca de un buen Maestro para obtener la iluminación. Después de unos días de caminar, se durmió en la montaña. Se despertó con sed y se levantó para buscar agua. Encontró un cuenco de agua bajo la luz de la luna y se lo bebió todo de una vez. El agua sabía a miel que satisfizo su sed severa. A la mañana siguiente, despertó nuevamente debido a la sed y vió el mismo recipiente con agua a su lado. Tan pronto como lo bebió, sintió náuseas y vomitó. El aguamiel de ayer ahora sabía podrido. También notó que el agua estaba contenida en un cráneo. En ese momento, Wonhyo fue iluminado con la verdad de que todo en el mundo proviene de nuestra percepción mental.

Referencia: Hwarang fue una organización que entrenaba a jóvenes guerreros para que fueran física y mentalmente élite. Fue liderado por el rey y formado por hombres de la nobleza. Protegieron a la nación y su gente durante el período Silla de 576.

Hay una leyenda sobre una madre que vio a su hijo atrapado debajo de un camión. Levantó el camión con sus propias manos para salvar la vida de su hijo. Su deseo matenal profundo y desesperado de salvar a su hijo, la condujo a la convicción de que podía levantar el camión y desplegó un poder físico más allá de lo imaginable.

En segundo lugar, hablemos de la Energía, que puede ser expresada a través de la fuerza muscular. La correlación entre la respiración y los músculos es muy grande. La respiración involucra la acción del diafragma y los músculos intercostales. Cuando exhalas, el dióxido de carbono y otros desechos se liberan. Cuando inhalas, el oxígeno es absorbido y promueve el adecuado movimiento de la energía, la sangre y los líquidos corporales dentro de sus órganos internos y canales de acupuntura. El sistema nervioso parasimpático es estimulado cuando se exhala, causando relajamiento corporal y predominio de los músculos extensores. Cuando usted inhala, se activa el sistema nervioso simpático, haciendo que el cuerpo se tensione y se activen los músculos flexores. Los músculos que estiran las extremidades se llaman extensores (en los codos están en la cara posterior del cuerpo y en las rodillas en la cara anterior. Y son Yang). Los músculos que doblan las extremidades se llaman flexores (en los codos están en la cara anterior del cuerpo y en las rodillas en la cara posterior. Y son Yin).

Activas los músculos flexores cuando inhalas y los extensores cuando exhalas. Por ejemplo, inhala cuando trabajas bíceps con mancuernas y flexionas los brazos. Y exhala, cuando bajes las mancuerdas y extiendas nuevamente los brazos. Al contrario, exhala cuando estés estirando la parte posterior de tus piernas, inhala cuando te sientes con la espalda y las piernas rectas. Exhala cuando flexiones tu tronco. Si inhalas cuando doblas tu tronco, tus músculos posteriores se tensan y será muy difícil estirarse. Sin embargo, si exhalas cuando flexionas el tronco, tus músculos posteriores se relajan y tu cuerpo se hará más flexible. Específicamente, cuando estos conceptos se usan en cualquier deporte, incluyendo las artes marciales, la fuerza final del impacto estará relacionada con la relajación de los músculos extensores, que activan, al mismo tiempo el sistema nervioso parasimpático.

Debes manejar tu respiración cuando estés atacando y controlando a un oponente. Cuando lo golpees, debes leer su respiración. Si él exhaló y empieza una nueva inhalación, es la oportunidad ideal para golpearlo. En este momento, sus músculos están tensos y su diafragma contraído, y no puede respirar. También, durante este estado de tensión, tu oponente no puede atacar o defenderse. De otro lado, si estás siendo atacado, para minimizar el impacto de un golpe, exhala cuando te golpeen y deja de respirar momentáneamente, mientras relajas los músculos. Cuando quieras lanzar a un oponente en Judo, debes agarrarlo, desequilibrarlo, dejar de respirar por un momento, abrir tus piernas lo más posible, flexionar tus rodillas, halarlo y lanzarlo.

En boxeo, también puedes lograr el máximo efecto de tu golpe con una respiración adecuada. Inspira por tus fosas nasales cuando estés preparando tu golpe hacia tu objetivo. Luego para tu respiración y extiende rápida y relajadamente el codo del brazo que ataca. En Kumdo (espada coreana), el momento ideal para golpear con la espada de bambú es cuando gritas, y detienes tu respiración, al tiempo que los músculos extensores de tus antebrazos alcanzan el máximo rango de movimiento y tu máximo poder de acción.

En tercer lugar, hablemos acerca de la postura del cuerpo en relación a las artes marciales. Existen muchos tipos de posturas corporales (acostado, sentado y de pie, estáticas y dinámicas, cortas, medias y largas / longitud / , altas, medias y bajas / altura / , en línea, adelantadas, y atrasadas, sobre uno o dos pies, etc.), que se utilizan dependiendo de la situación en que nos encontremos. En general, para mantener un adecuado equilibrio corporal y movernos rápida y contundentemente, debemos controlar el apoyo de los pies en el piso (sobre la punta), semiflexionar las rodillas, equilibrar la pelvis (centrar el cuerpo: el corel), mantener la columna vertebral recta (como un bambú, fuerte y flexible), alinear la cabeza (mirada fija, mentón atrás, orejas alineadas con los hombros) y movernos como un todo, una Unidad que controla en todo momento tu peso corporal y lo proyecta a través del movimiento, que se inicia en los pies (raíces), lo pasamos a la pelvis (el centro, el tronco) y de allí a las extremidades (las ramas), para realizar la acción deseada.

Normalmente, al dar un paso primero se apoya el talón en el piso y luego apoyando el resto del pie hasta llegar a la punta de él. Sin embargo, para aumentar la velocidad de tu marcha, es necesario desplazarse al frente apoyando primero la punta del pie. Por ejemplo, al patear hacia delante, si apoyas todo el pie en el piso, en vez de solo la base del antepie, aumenta la fricción, se sobrecarga la rodilla y disminuye la velocidad de acción, pudiéndose lesionar la rodilla.

Otro ejemplo, es cuando pateas en Taekwondo, que se para, desplaza y gira en la base anterior del antepie con los talones levemente elevados. Es una postura óptima para ataques efectivos y rápidos, al estar la punta de sus pies girando como la cabeza de una clavija (para disminuir su fricción) y tus talones como apoyados en un par de resortes (para aprovechar toda la energía potencial transmitida por el piso y acumulada en los tendones). Esta técnica de desplazamiento también es utilizada en Kumdo para golpear o cortar rápidamente hacia delante. Los atletas velocistas deben moverse tan rápido como sea posible en el menor tiempo posible. Por lo cual, utilizan el mismo principio al correr, apoyando la base del antepie, elevando los talones e inclinando el tronco hacia delante. Una postura flexible y fuerte con una zona central estable que le imprime un gran poder.

Discípulo: Quiero despertar mi cuerpo a través del ejercicio. ¿Podría explicar brevemente el principio de armonía de la mente, la energía y el cuerpo, Señor?

Maestro Young Seok Kim: Durante el ejercicio, si deseo obtener armonía en mis músculos y mi sistema nervioso autónomo, debo respirar adecuadamente. Por lo cual, mi respiración activará el sistema nervioso autónomo, el cual a su vez actuará sobre los músculos esqueléticos para aumentar su poder. Cuando los músculos se tensan momentáneamente durante un impacto, la fuerza sobre el área de impacto aumenta, debido a la ley de inercia del movimiento. En otras palabras, la expresión de poder en las artes marciales se puede ver como la relación de armonía entre mi respiración, mi sistema nervioso y mi sistema osteomuscular.

Discípulo: Un antiguo refrán dice que es mejor ver algo una vez que escuchar cien veces cómo se hace. También, hacerlo una vez es mejor que verlo hacer cien veces. Practicaré más duro teniendo en cuenta los principios que usted me ha enseñado. ¡Gracias, Señor!

El experto de Wing Chun, Yipman (El Maestro de Bruce Lee), dijo una vez "No luches con la fuerza, absórbela, fluye con y en ella, y úsala. Recibe lo que viene, ve cuando se retira y continúa cuando la mano es liberada. Haz que tus brazos funcionen como resortes, absorbiendo y devolviendo la energía que reciben. La forma más rápida de llegar al adversario es a través del golpe recto. La posición de combate debe ser tan natural como caminar. Economiza tus movimientos, ataca la mayor cantidad de veces en el menor tiempo posible y con el mínimo esfuerzo."

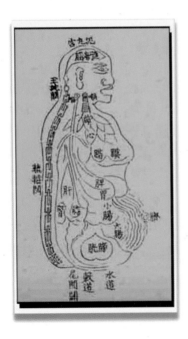

"The eternal truth is a world without beginning, and without end. It is a world of freedom where there is no bondage and no discipline causation. To make life is to control life. " / "영원한 진리란 시작도 없으며 끝도 없는 세계다. 그곳은 일체의 속박도 없고 인과의 규율도 없는 자유의 세계다. 생명을 만들어내는 것은 생명을 지배하는 것이기도 하다." / "La verdad eterna es un mundo sin principio ni fin. Es un mundo de libertad, donde no existe servidumbre ni causa de disciplina. Hacer vida es controlar la vida."

ADVANCED SELF-DEFENSE TECHNIQUES / 상급 호신술 / TÉCNICAS DE DEFENSA PERSONAL AVANZADAS

1. DEFENSE AGAINST A BAT OR POLE / 막대기나 몽둥이에 대한 방어 / DEFENSA CONTRA UN BATE O PALO MEDIO

Skill 1 / 기술 1 / Técnica 1:

When swinging to the head or chest: step outside, block and strike the ribs, grab the opponent's hand and with the opposite hand make the opponent bend the elbow, step in, and twist the elbow / 머리나 가슴을 쳐올 때: 상대 손을 막으면서 밤주먹으로 갈비뼈를 치면서 상대 팔을 감아 잡아 손바닥으로 상대 팔굽을 눌러 내리면서 제압하기 / Cuando lo tratan de golpear a la cabeza o al pecho: de un paso hacia fuera, bloquee y golpee a las costillas, agárrele la mano al oponente y con la otra mano, dóblele el codo, de un paso hacia delante, y hágale llave al codo.

Skill 2 / 기술 2 / Técnica 2:

When swinging to the head or chest: step forward, strike the jaw with the heel of your hand, grab the back of the opponent's knee with the other hand, and throw backwards (push and pull) / 머리나

가슴을 쳐올 때: 앞으로 내딛으며 왼손으로 턱 올려 치면서 상대 무릎 뒤를 잡아당겨 뒤로 넘기기.

Cuando lo tratan de golpear a la cabeza o al pecho: de un paso hacia el frente; con la otra mano, golpee la mandíbula con la base de su mano; agárrele la cara posterior de la rodilla; y láncelo hacia atrás (empuja y hala).

Skill 3 / 기술 3 / Técnica 3:

When swinging to the head or chest: step inside, block and strike the ribs, grab the opponent's hand and with the opposite hand make the opponent bend the elbow, step inside, and pull the arms at the same time that you kick to the knee throwing him forward / 머리나 가슴을 쳐 올 때: 안으로 들어가면서 왼손으로 막으면서 갈비뼈를 치고, 상대 팔굽을 밀면서 상대 무릎을 차 넣어 넘기기. / Cuando lo tratan de golpear a la cabeza o al pecho: de un paso hacia dentro, bloquee y golpee a las costillas, agárrele la mano al oponente y con la mano opuesta doblelé el codo, de un paso hacia dentro, hálele los brazos al tiempo que patea la cara anterior de la rodilla y lo lanza hacia delante.

2. DEFENSE AGAINT PUNCH / 주먹을 질러올 때 / DEFENSA CONTRA PUÑO

Skill 1 / 기술 1 / Técnica 1:

Block and punch the face; grab the opponent's hand and bring it downwards; strike the face with your fingers of the other arm; using the same arm, pass it over the opponent's arm and twist the wrist and elbow; release the arm in the top, go backwards with it, and hit the face with the elbow; wrap it around the opponent's neck; and bend your knees, lean him against your knee at the same time that you inmobilize him.

왼손으로 올려 막으면서 오른 주먹 세워 얼굴 지르고 돌려내려 오른손으로 바꿔 잡고 왼손가락으로 눈 때리고 왼손으로 상대 오른 팔굽을 감아잡아 팔굽 꺾어올리고, 왼팔굽으로 얼굴 때리고 왼팔로 상대 목을 감아잡아 제압하기.

Bloquee y puño a la cara; agárrele la mano al oponente y bájela; golpee la cara con los dedos de su otra mano; usando el mismo brazo, páselo por encima del brazo del oponente, y hágale llave a la muñeca y el codo; suelte el brazo de encima, llévelo hacia atrás, y golpee con el codo la cara; envuélvale el cuello; y flexione las rodillas, apoyándolo sobre ellas, al tiempo que lo inmobiliza.

Skill 2 / 기술 2 / Técnica 2:

Step outside, block and strike the ribs, grab the opponent's hand, bring the arm down circularly, twist the elbow with your body, make him bend the elbow, pass the other arm under, and twist the arm / 왼발 왼쪽 옆으로 빠지며 오른손으로 상대가 공격해온 손을 감아 잡으면서 왼 주먹으로 갈비뼈 치고 오른손으로 돌려 내려 감아 잡고 어깨로 상대 팔굽 꺾어 내리고, 팔만으로 손을 밀어넣어 왼손날로 어깨 눌러 꺾어내리기 / De un paso hacia fuera, bloquee y golpee las costillas, agárrele la mano al oponente, bájela circular-mente, hágale llave al codo con el cuerpo, doblele el codo, pase el otro brazo por debajo del brazo del oponente, y hágale llave.

Skill 3 / 기술 3 / Técnica 3:

Block with the opposite arm and strike the eyes with your fingers of the same side arm, step forward and step on the opponent's front foot, and strike with the heels of your palms to the chest, throwing him backwards / 막아 올리며 동시에 눈 때리고 상대 발등을 밟으면서 양 손바닥으로 상대 가슴 치며 밀어 던지기 / Bloquee con el brazo contralateral y golpee a los ojos con los dedos del brazo ipsilateral, de un paso hacia delante y písele el pie delantero del oponente, al tiempo que le golpea el pecho con la base de sus palmas, y lo lanza hacia atrás.

Skill 4 / 기술 4 / Técnica 4:

Step outside and block, grab the opponent's hand, bring the opponent's arm downwards and backwards with the help of your other hand, slide the arm that you used to block under the opponent's arm as you turn around backwards, grab your other hand, and twist the arm with the forearm.

왼손으로 막고 오른손을 밖으로 하여 돌려 막아 내리면서, 상대 손을 감아 잡으며 오른손으로 팔굽혀 잡아당기며 왼손으로 상대 팔 안으로 집어넣어 왼손날로 어깨 눌러 내려 뒤로 돌면서 눌러내리기.

De un paso hacia fuera y bloquee, agárrele la mano al oponente, bájela y llévela hacia atrás con la ayuda de su otra mano, deslice el brazo con el que bloqueó debajo del brazo del oponente al tiempo que se gira por detrás, agárrese la otra mano, y hágale llave al brazo con el antebrazo.

Skill 5 / 기술 5 / Técnica 5:

When grabbing one of the arms and punching with the other: block, step inside, and sweep.

손을 잡아당기며 주먹을 질러올 때: 주먹을 막고 내딛으며 다리 걸어 던지기.

Cuando le agarran uno de los brazos y lo golpean con el otro: bloquee con su mano trasera, de un paso hacia dentro, y bárralo con la pierna trasera.

Skill 6 / 기술 6 / Técnica 6:

When grabbing one of the arms and punching with the other: strike the eyes with the fingers, grab the opponent's hand with both hands, step in and pass under the opponent's arm, turn around, twist the wrist upwards, straighten the arm, and twist the elbow downwards / 손을 잡아당기며 주먹을 질러올 때: 손가락으로 눈을 때리고 상대 손을 잡아 상대 팔 밑으로 들어가 돌면서 손목 꺾어 올리고, 계속해서 팔굽 눌러 내려 제압하기 / Cuando le agarran uno de los brazos y lo golpean con el otro: golpee a los ojos con los dedos de la mano trasera, agarre con ambas manos la mano trasera del oponente, de un paso hacia delante y pase por debajo del brazo del oponente, gírese, llave a la muñeca hacia arriba, enderécele el codo, y hágale llave al codo hacia abajo.

  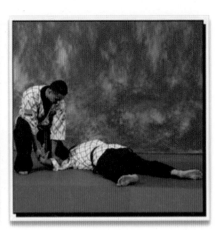

Skill 7 / 기술 7 / Técnica 7:

When grabbing one of the arms and punching with the other: strike the eyes with the fingers; grab the opponent's hand, turn around backwards, and pas the elbow over the opponent's arm with your other arm; twist the wrist; straighten the opponent's arm; and twist the elbow downwards / 손을 잡아당기며 주먹을 질러올 때: 손가락으로 눈을 때리고 팔굽으로 상대 손목 감아 꺾어내리기 / Cuando le agarran uno de los brazos y lo golpean con el otro: golpee a los ojos con los dedos de su mano trasera; agárrele la mano al oponente, gírese por detrás, y pase su codo por encima del brazo del oponente; hágale llave a la muñeca; enderécele el codo; y hágale llave al codo hacia abajo.

Skill 8 / 기술 8 / Técnica 8:

When grabbing one of the arms and punching with the other: strike the eyes with the fingers; grab the opponent's hand, turn around backwards, and pass the elbow over the opponent's arm with your other arm; and twist the elbow with your underarm / 손을 잡아당기며 주먹을 질러올 때: 왼손으로 눈 때리고 양손으로 상대 왼손목 잡아 올려 상대 팔굽을 겨드랑이에 끼워 꺾어내리기 / Cuando le agarran uno de los brazos y lo golpean con el otro: golpee a los ojos con los dedos de la mano trasera; agárrele la mano al oponente, gírese por detrás, y pase su codo por encima del brazo del oponente; y hágale llave al codo con la axila.

Skill 9 / 기술 9 / Técnica 9:

When grabbing one of the arms and punching with the other: strike the eyes with the fingers; with the same hand, grab the opponent's hand; with the other hand, make the opponent bend the arm; twist the wrist; and strike the chest with the two heels of your hands, throwing him backwards. / 손을 잡아당기며 주먹을 질러올 때: 손가락으로 눈을 때리고 왼손으로 상대의 손목을 잡고 오른 손가락으로 곡지혈 잡아당겨 내리며 손목 눌러 내려 꺾고 상대의 팔로 안면을 치면서 밀어 던지기 / Cuando le agarran uno de los brazos y lo golpean con el otro: golpee a los ojos con los dedos de la mano trasera; con la misma mano, agárrele la mano al oponente; con la otra mano, hágale doblar el codo al oponente; hágale llave a muñeca; y golpee al pecho con la base de las palmas.

3. DEFENSE AGAINST SIDE KICK / 옆차기로 공격해올 때 / DEFENSA CONTRA PATADA DE LADO

Skill 1 / 기술 1 / Técnica 1:

Step back and hit with the elbow or back fist the foot, step behind the opponent, and grab the opponent's collar and pull backwards at the same time you kick the back knee, throwing him backwards / 뒤로 빠지며 등주먹으로 상대 발등 내려치고, 상대 뒤로 들어가면서 옆차기로 상대 무릎 뒤를 차 넣어 넘겨 제압하기 / De un paso atrás y golpee al empeine con el codo o la parte posterior del puño delantero, de un paso detrás del oponente, y agárrele el cuello de la chaqueta y hálelo hacia atrás, al tiempo que lo patea a la cara posterior de la rodilla, lanzándolo hacia atrás.

Skill 2 / 기술 2 / Técnica 2:

Crossed block and turn hook kick in the ground, sweeping the opponent.

엇걸어 막고 앉아 회전차기.

Bloquee con los brazos cruzados en tijera y barralo por detrás con patada desde el piso; en gacho girando por detrás.

Skill 3 / 기술 3 / Técnica 3:

Block with your knee and jump round house kick to the face with the other leg / 앞발 무릎 들어 올려 막고 뛰어올라 반대 발로 돌려차기 / Bloquee al frente con su rodilla delantera y golpeelo a la cara con su pierna trasera; saltando con patada de frente en espiral.

4. SELF-DEFENSE WITH AN UMBRELLA, POLE, MAGAZINE, ETC. / 우산, 몽둥이, 잡지로 막기 / DEFENSA PERSONAL CON UNA SOMBRILLA, PALO, REVISTA, ETC.

Skill 1 / 기술 1 / Técnica 1:

Defense against punch: block with the free arm, slide in with the front foot and strike the face with the tip of the umbrella going upwards, step in and sweep at the same time that you strike the neck with the handle of the umbrella, throwing him / 주먹을 질러올 때: 왼손으로 막으면서 우산 끝으로 턱을 올려 치고, 상대 손을 잡아 내리면서 우산 끝으로 가슴을 찔어 내리며 발걸어 던지기 / Defensa contra puño: bloquee con el brazo libre, deslícese hacia delante con el pie del frente y golpee la cara con la punta de la sombrilla llevándola hacia arriba, de un paso hacia delante y barra al mismo tiempo que lo golpea con el mango de la sombrilla, lanzándolo.

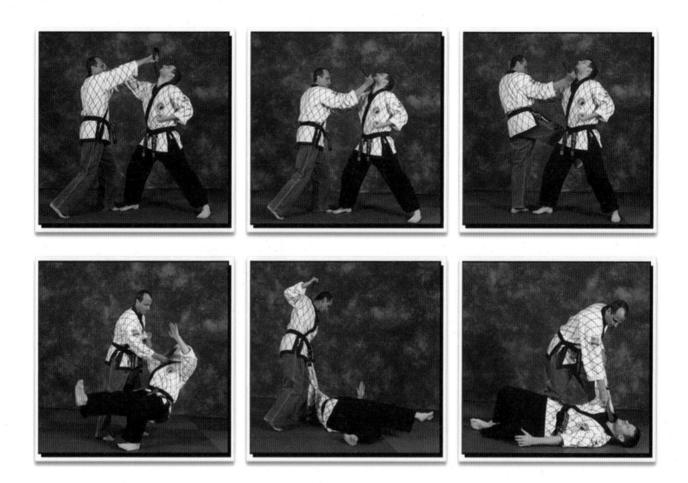

Skill 2 / 기술 2 / Técnica 2:

When trying to grab you from the chest with two hands: block with the free arm and stub the neck with the tip of the umbrella, pass your umbrella arm under the opponent's arm, turn around backwards, and twist the arm with the umbrella.

양손으로 가슴을 잡으려 할 때: 왼손으로 올려 막으며 우산 끝으로 목을 찌르고, 상대 오른팔 안으로 우산을 밀어 넣어 어깨에 상대 팔을 걸고 우산으로 팔굽을 눌러 꺾어내리기.

Cuando lo tratan de agarrar del pecho con ambas manos: bloquee con la mano libre y chuce al cuello con la punta de la sombrilla, pase la mano con la sombrilla por debajo del brazo del oponente, gírese por detrás, y hágale llave al brazo con la sombrilla.

Skill 3 / 기술 3 / Técnica 3:

Defense against punch: block with the free arm, pass the umbrella over the opponent's arm from the outside toward the inside, grab the umbrella with both hands, step backwards, and twist the arm by bringing the umbrella downwards and backwards / 주먹을 질러올 때: 왼손으로 올려 막고 동시에 우산으로 위로 치켜올려 상대 손을 엇걸어 우산으로 손목을 감아 잡아 뒤로 빠지면서 꺾어 내리기. / Defensa contra puño: bloquee con el brazo libre, pase la sombrilla por encima del brazo del oponente de afuera hacia dentro, agarre la sombrilla con las dos manos, de un paso hacia atrás, y hágale llave al brazo llevando la sombrilla hacia abajo y atrás.

Skill 4 / 기술 4 / Técnica 4:

When trying to grab you from the chest with one hand: block with the free arm and stub the neck with the tip of the umbrella, grab the opponent's hand with your free hand and turn it around (back hand), bend his wrist and put pressure with the umbrella's handle, turn around backwards, and twist the wrist at the same time that you hit the neck with the umbrella, throwing him

한 손으로 가슴을 잡으려 할 때 왼손으로 막으면서 우산 끝으로 목을 찌르고 왼손으로 상대 오른손을 잡아 돌려 내렸다 위로 올려 우산 끝으로 상대 오른 손등을 눌러 내리는 동시에 뒤로 돌면서 우산으로 목을 때리며 던지기.

Cuando lo tratan de agarrar del pecho con una mano: bloquee con la mano libre y chuce al cuello con la punta de la sombrilla, agárrele la mano al oponente con su mano libre, gírele la mano y póngale presión en la cara posterior de la mano con el mango de la sombrilla, gírese por detrás, y golpee al cuello al mismo tiempo que le hace llave a la muñeca, lanzándolo.

Skill 5 / 기술 5 / Técnica 5:

For any type of grab or attack: raise the umbrella with the tip toward the neck of the opponent and open it in front of the attacker, front kick to the groin, and downward kick to the back of the neck.

상대가 다가올 때 우산을 상대 얼굴로 펼치며 앞차기로 낭심 차고 앞찍기 내려차기.

Para cualquier tipo de agarre o ataque: levante la sombrilla con la punta hacia el cuello del oponente y ábrala en frente de él, patee los genitales, y luego patee hacia abajo a la cara posterior del cuello.

Skill 6 / 기술 6 / Técnica 6:

For any type of grab or attack: raise the umbrella with the tip toward the neck of the opponent, open it in front of the attacker, and side kick / 상대가 다가올 때 상대 얼굴로 우산을 펼치고 옆차기 / Para cualquier tipo de agarre o ataque: levante la sombrilla con la punta hacia el cuello del oponente, ábrala en frente de él, y patee de lado.

5. COUNTER-ATTACKS / 되꺾기 / CONTRA ATAQUES

Skill 1 / 기술 1 / Técnica 1:

When twisting your wrist in front of you (first 4 photos): slide in and straighten your arm, step in the opponent's front foot, and push the opponent with your free hand, throwing him.

손목을 꺾을 때: 왼발로 상대 오른 발등을 밟고 상대를 밀어 치면서 뒤로 넘기기.

Cuando le están haciendo llave a la muñeca en frente suyo (4 primeras fotos): des-lícese y enderece su brazo, párece en el pie delantero del oponente, y empújelo en el hombro con su mano libre, lanzándolo.

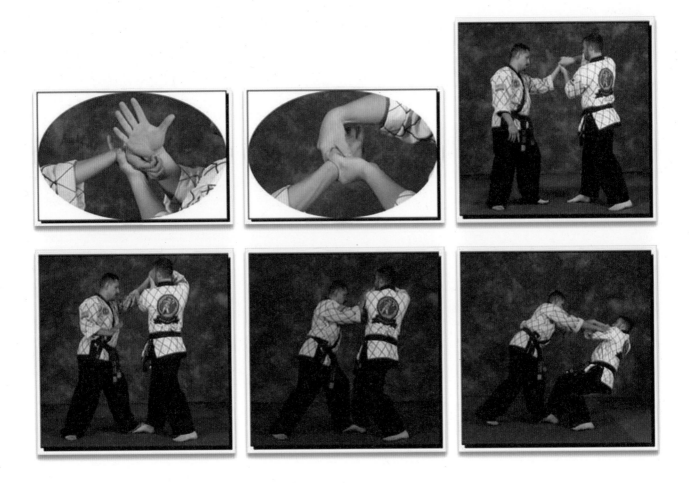

Skill 2 / 기술 2 / Técnica 2:

When trying to twist your wrist in front of you: grab the opponent's fingers and twist them backwards and downwards.

상대가 손을 치켜올렸을 때 손가락을 잡아 꺾어내리기.

Cuando le tratan de hacer llave a la muñeca en frente suyo: agárrele los dedos de la mano mano al oponente y hágale llave a los dedos hacia abajo y atrás.

Skill 3 / 기술 3 / Técnica 3:

When trying to twist your wrist in front of you: grab the opponent's hand and pull it to force the opponent to extend the arm, pass your elbow above the opponent's arm, and twist the elbow with the underarm.

상대가 손목을 꺾을 때 상대 오른손을 잡아당겨 내리면서 왼 겨드랑이에 상대 팔굽을 끼워 꺾어내리기.

Cuando le tratan de hacer llave a la muñeca en frente suyo: agárrele la mano al oponente y hálela para forzar al oponente a extender el brazo, pase su codo por encima de su brazo, y hágale llave al codo con la axila.

Skill 4 / 기술 4 / Técnica 4:

When trying to twist your elbow using the underarm: grab the opponent's hand and pull it to force the opponent to extend the arm, pass your elbow above the arm, and twist the elbow with the underarm / 상대가 겨드랑이에 팔굽을 끼워 꺾으려 할 때 오른손으로 상대 오른손을 잡아당겨 내려 겨드랑이에 팔굽을 끼워 꺾기 / Cuando le tratan de hacer llave al codo usando la axila: agárrele la mano al oponente y hálela para forzar al oponente a extender el brazo, pase su codo por encima del brazo, y hágale llave al codo con la axila.

Skill 5 / 기술 5 / Técnica 5:

When trying to twist your elbow using the underarm: grab the opponent's hand and pull it to force the opponent to extend the arm, and side kick the back knee / 상대가 겨드랑이에 팔꿉을 끼워 꺾으려 할 때 상대 오른손을 잡아당겨 내리며 옆차기로 무릎 뒤 차넣기 / Cuando le tratan de hacer llave al codo usando la axila: agárrele la mano al oponente y hálela para forzar al oponente a extender el brazo, y patee de lado a la cara posterior de la rodilla.

Skill 6 / 기술 6 / Técnica 6:

When trying to twist your wrist by going under your arm and turning around: raise your arm and pull backwards, turn around backwards, and strike the opponent's neck with your forearm, throwing him.

상대가 손목 잡아 돌면서 손목을 꺾으려 할 때 돌아서면서 오른 내척대로 상대 얼굴 쳐돌리면서 뒤로 넘기기.

Cuando le tratan de hacer llave a la muñeca pasando por debajo de su brazo y girándose: levante su brazo y hálelo hacia atrás, gírese por detrás, y golpee el cuello del oponente con su antebrazo, lanzándolo.

Skill 7 / 기술 7 / Técnica 7:

When trying to throw you forward using the hips: bend your knees low and strike the opponent in the hips with the heels of your hands, throwing him forward / 엎어치기로 던지려 할 때 양손바닥으로 옆구리 밀어치기 / Cuando lo tratan de lanzar hacia el frente usando las caderas: flexione bastante sus rodillas y golpee la cadera del oponente con la base de sus manos, lanzándolo hacia delante.

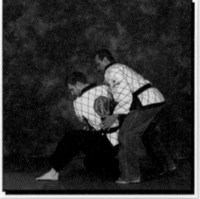

Skill 8 / 기술 8 / Técnica 8:

When trying to throw you forward using the hips: bend your knees low and strike the opponent in the hips with your elbow, grab the opponent's hair or head with the same arm and the jaw with the other, and turn around backwards at the same time that you turn the opponent's head, throwing him / 상대가 엎어치기로 던지려 할 때 왼 팔굽으로 옆구리 밀어치고 돌아서면서 머리와 턱을 감아쥐고 목 꺾어 던지기 / Cuando lo tratan de lanzar hacia el frente usando las caderas: flexione bastante sus rodillas y golpee la cadera del oponente con el codo, agárrele el pelo o la cabeza con la misma mano y la mandíbula con la otra, y gírese por detrás, al tiempo que le gira la cabeza, lanzándolo.

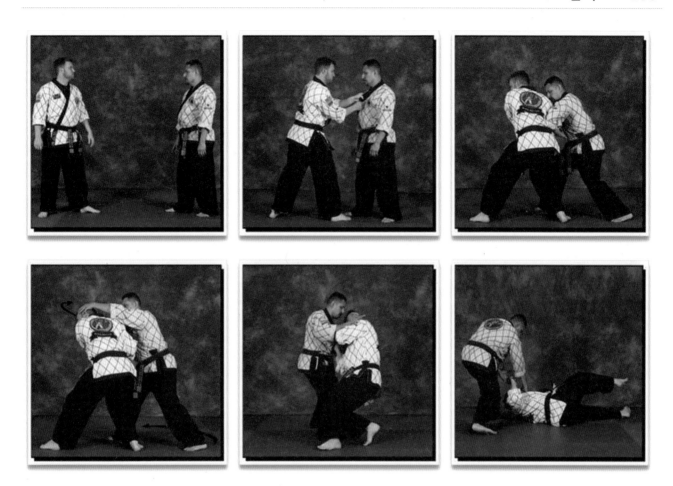

Skill 9 / 기술 9 / Técnica 9:

When throwing you forward using the hips (Judo style): place your front arm between the opponent's legs and grab one of the legs; when he throws you, roll when you fall making the opponent fall; and in the floor, immobilize the opponent by squeezing one of the opponent's knee against his head / 상대가 엎어치기로 던지러 들어올 때 같이 구르면서 오른손으로 상대 가랑이로 집어넣어 엎드리면서 목과 다리를 감아쥐고 제압하기 / Cuando lo lanzan hacia el frente usando las caderas (estilo Judo): ponga su brazo delantero entre las piernas del oponente y agárrele una pierna; cuando lo lancen, caiga rodando, haciendo caer al oponente; y en el piso, inmovilícelo apretando una de sus rodillas contra la cabeza del oponente.

6. FIRST ATTACK / 선수 / PRIMER ATAQUE

Skill 1 / 기술 1 / Técnica 1:

Step in and strike the eyes with the front hand fingers, step inside with the other leg and strike the opponent's neck with the forearm of the opposite arm, grab the opponent's jaw with both hands, turn around backwards, and turn his head, throwing him / 내딛으며 손가락으로 눈 때리고, 계속해서 안으로 들어가면서 목 치고 양손으로 얼굴 잡아 뒤로 돌면서 목 꺾어 던지기 / Deslice un pie adelante y afuera, al tiempo que golpea a los ojos con los dedos de la mano idem, de un paso hacia delante con la pierna trasera y golpee la cara lateral del cuello del oponente con el antebrazo idem, agárrele la mandíbula con las dos manos, gírese por detrás, y gírele la cabeza, lanzándolo.

Skill 2 / 기술 2 / Técnica 2:

Step in, strike the eyes with the front hand fingers, and grab the opponent's back neck with the same hand; grab the opponent's hand with the opposite arm; step outside and kick the opponent's knee with your knee; and turn around backwards and bring the arm upwards at the same time that you pressure the neck downwards, throwing him / 내딛으며 손가락으로 눈 때리고, 무릎으로 상대 무릎 차고; 뒤돌면서 손을 잡아 뒤로 향해 치켜올리면서 목 뒤 급소를 눌러 내리며 던지기 / Deslice su pie delantero adelante y afuera, al tiempo que golpea a los ojos del oponente con los dedos de la mano idem y le agarra la muñeca delantera con la otra mano. Avance un poco su pie trasero; al tiempo que agarra la nuca del oponente con la mano que golpeó a los ojos y le pegan rodillazo a la cara interna del muslo. Gírese por detrás, al tiempo que le baja el cuello y le sube el brazo; lanzándolo al frente.

Skill 3 / 기술 3 / Técnica 3:

Step outside, strike the eyes with the front hand fingers, and grab the opponent's hand with the opposite hand; twist the elbow with your forearm; and make the opponent bend the arm, rotate his arm, turn around backwards, and twist the wrist, throwing him

내딛으며 손가락으로 눈 때리고 상대방의 반대 손을 잡아 왼손으로 팔굽을 눌러 내려 꺾으며 계속해서 곡지혈을 잡아 뒤로 돌면서 팔굽을 젖혀 올리면서 손목 꺾어 던지기.

De un paso hacia delante y afuera con su pie trasero, al tiempo que da golpe cruzado a los ojos con los dedos de su delantera y agarra cruzado la muñeca delantera del oponente con la otra mano. Gire por detrás su pie traserro. Hágale llave al codo con el antebrazo y hágale doblar el codo, gírele el brazo, avance el pie trasero y gírese por detrás, al tiempo que le hace una llave a la muñeca y lo lanza.

Skill 4 / 기술 4 / Técnica 4:

Step forward, place one of your hands behind the opponent's back, and strike the jaw with the other hand pushing the opponent backwards, throwing him backwards / 내딛으며, 한 손으로는 상대방의 허리를 잡고, 다른 손으로 턱을 밀어 치면서 뒤로 넘기기 / Deslice el pie delantero adelante y afuera, al tiempo que coloca su mano idem detrás de la espalda del oponente, y con la otra mano le golpea la mandíbula y lo empuja hacia atrás; lanzándolo.

Skill 5 / 기술 5 / Técnica 5:

Step forward, strike the eyes with the front hand fingers, and grab the opponent's opposite hand with the opposite hand; raise and step under the opponent's arm, turn around, and twist the wrist upwards; straighten the opponent's arm and twist the elbow / 내딛으며 손가락으로 눈 때리고 오른손으로 상대방의 왼손을 잡고 상대의 왼팔 밑으로 들어가 돌아서면서 손목을 꺾어 올리고 팔굽을 눌러 내려 제압하기 / De un paso hacia delante con el pie trasero, al tiempo que golpea cruzado a los ojos con la mano ídem y agarra la muñeca opuesta al oponente con la otra mano. levántele y de un paso por debajo de su brazo, gírese, y hágale llave a la muñeca hacia arriba; enderécele el brazo y hágale llave al codo.

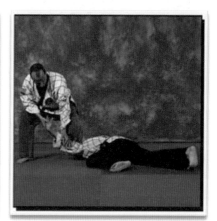

7. SELF-DEFENSE WITH BELT / 띠 호신술 / DEFENSA PERSONAL CON CINTURÓN

Skill 1 / 기술 1 / Técnica 1:

Defense against punch: step outside and block with the belt, wrap the belt around the opponent's arm, bring the arm toward his own face making him bend the arm, wrap the belt around the neck, kick the back knee, bring the opponent down, lean him against one of your knees, and immobilize him / 주먹막기: 옆으로 빠지면서 띠로 올려 막고 계속해서 손을 돌려 감으며, 목을 감아 팔과 함께 감아쥐고 무릎 뒤를 차 넣어 주저앉혀 제압하기 / Defensa contra puño: Deslice el pie delantero adelante y afuera, al tiempo que bloquea con el cinturón el borde externo del antebrazo que ataca; envuélvalo alrededor del antebrazo del oponente, llévele el antebrazo hacia su propia cara haciéndoselo doblar, envuelva el cinturón alrededor de su cuello, patee la cara posterior de la rodilla, llevándolo hacia abajo, apóyelo contra una de sus rodillas, e inmobilícelo.

Skill 2 / 기술 2 / Técnica 2:

Defense against punch: step outside and block with the belt, wrap the belt around the opponent's arm, bring the arm toward his own face making him bend the arm, wrap the belt around the neck, step

forward, and throw him / 주먹막기: 옆으로 빠지며 띠로 올려 막으며, 손을 돌려 감아 앞으로 당기며 목을 감아 잡으면서 앞으로 내딛으며 던지기 / Defensa contra puño: Deslice el pie delan-tero adelante y afuera,al tiempo que bloquea con el cinturón el borde externo del antebrazo que ataca; envuélvalo alrededor del antebrazo del oponente, llévele el antebrazo hacia su propia cara haciéndoselo doblar, envuelva el cinturón alrededor de su cuello, de un paso hacia delante y láncelo.

Skill 3 / 기술 3 / Técnica 3:

Defense against punch: snap the tip of the belt like a wip against the opponent's face and side kick / 주먹막기: 띠로 상대방의 얼굴을 후려치고 옆차기 / Defensa contra puño: golpee con la punta del cinturón a la cara del oponente (como un latigazo), y patee de lado con el pie trasero.

8. WOMEN SELF-DEFENSE / 여자 호신술 / DEFENSA PERSONAL PARA MUJERES

Skill 1 / 기술 1 / Técnica 1:

When there are two women and the attacker tries to grab one of the women: the other woman pushes away the woman being attacked / 여자와 같이 있을 때 공격자가 여자를 잡으려 할 때 여자를 옆으로 밀기 / Cuando hay dos mujeres y el atacante trata de agarrar una de ellas: la otra mujer empuja la que está siendo atacada, alejándola.

Skill 2 / 기술 2 / Técnica 2:

When there are two women and the attacker tries to grab one of the women: the other woman blocks the attack, strikes the opponent in the jaw with the heel of her hand, steps outside, and sweeps him.

여자와 같이 있을 때 상대가 잡으며 주먹으로 공격할 때 오른손으로 상대 팔굽을 밀어 치며 왼 손날등으로 상대 팔 밑으로 하여 목을 치고 왼발로 상대 왼발 걸어 던지기.

Cuando hay dos mujeres y el atacante trata de agarrar una de ellas: la otra bloquea el ataque, golpea al oponente en la mandíbula con la base de la mano, da un paso hacia fuera, y lo barre.

Skill 3 / 기술 3 / Técnica 3:

When there is a couple and the attacker tries to grab the woman: the man pushes the opponent away.

여자와 같이 있을 때 공격자가 여자를 잡으려 할 때: 공격자를 옆으로 밀어젖히기.

Cuando hay una pareja y el atacante trata de agarrar la mujer: el hombre empuja al oponente, alejándolo.

Skill 4 / 기술 4 / Técnica 4:

When there is a couple and the attacker tries to grab the woman: the man blocks and grabs the opponent's hand at the same time that strikes the opponent in the jaw with the heel of his hand, brings the same arm over the oponent's arm, and twists the wrist / 여자와 같이 있을 때 공격자가 여자를 잡으려 할 때: 왼손으로 상대 왼손을 잡고 오른손으로 상대 팔 밑으로 하여 손바닥으로 공격자의 턱을 때리고 오른

손날로 상대 팔을 칼넣기 하며 뒤로 넘기기. / Cuando hay una pareja y el atacante trata de agarrar a la mujer: el hombre bloquea y agarra la mano del oponente al tiempo que lo golpea en la mandíbula con la base de la mano, lleva la misma mano por encima de su brazo, y le hace llave a la muñeca.

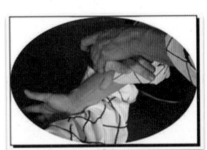

Skill 5 / 기술 5 / Técnica 5:

When the attacker tries to strangle you with one hand from behind: turn your head, strike the groin, grab the opponent's arm, step backwards and pass under the opponent's arm, front kick the chest, and twist the elbow downwards / 공격자가 뒤에서 한 손으로 목 조를 때: 머리를 옆으로 돌리고, 메주먹으로

낭심 때리고, 상대 팔을 잡고, 뒤로 빠지면서 상대 팔 밑으로 하여 돌아 빠져, 앞차기로 상대 가슴 차고, 팔굽 꺾기.

Cuando el atacante trata de estrangularte por detrás con una mano: gire la cabeza, golpee los genitales, agárrele el brazo, gírese por detrás pasando por debajo del brazo, patee de frente al pecho, y hágale llave al codo hacia abajo.

 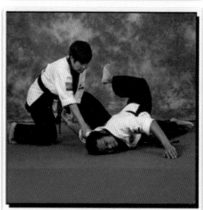 

9. WOMEN SELF-DEFENSE WITH A CELL PHONE / 휴대전화 호신술 / DEFENSA PERSONAL PARA MUJERES CON TELÉFONO CELULAR

Skill 1 / 기술 1 / Técnica 1:

When the attacker tries to take the cell phone: block with your free arm and strike the neck with the cell phone / 공격자가 휴대전화를 뺏으려 할 때: 상대 손을 막으며 휴대전화로 목치기 / Cuando el atacante trata de agarrar el teléfono celular: bloquee con el brazo libre y golpee con el celular a la cara anterior del cuello.

Skill 2 / 기술 2 / Técnica 2:

When the attacker takes your cell phone: step behind the opponent, grab the opponent's back collar, pull it back at the same time that you kick the back knee throwing him backwards, and strike the neck with the cell phone / 공격자가 휴대전화를 빼앗아 도망갈 때, 돌아서면서 상대 뒷덜미를 잡고 계속해서 뒤로 당기면서, 무릎 뒤를 차 넣어 뒤로 넘기고 휴대전화로 목치기 / Cuando el atacante le quita el teléfono celular: de un paso detrás de él, agárrelo de la parte posterior del cuello, hálelo hacia atrás al mismo tiempo que lo patea en la cara posterior de la rodilla, lanzándolo al piso, y con el celular la cara anterior del cuello.

Skill 3 / 기술 3 / Técnica 3:

When the attacker takes your cell phone: step behind the opponent, grab the opponent's back collar, and front kick the groin; grab one of the opponent's hands, pass under the opponent's arm, turn around, and twist the wrist upwards; and straighten the arm and twist the elbow downwards / 공격자가 휴대전화를 뺏으려 할 때: 상대 뒤에서 앞차기로 낭심 차고; 계속해서 상대 손을 잡아, 상대 팔 밑으로 들어가 돌면서 손목을 꺾어 올리고; 계속해서 팔굽 눌러 내려 제압하기.

Cuando el atacante le quita el teléfono celular: de un paso detrás de él, agárrelo de la parte posterior del cuello, y patee de frente los genitales; agárrele una de las manos, pase por debajo del brazo, gírese, y hágale llave a la muñeca hacia arriba; y enderécele el codo y hágale llave al codo hacia abajo.

  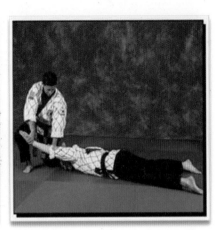

Skill 4 / 기술 4 / Técnica 4:

When grabbing one wrist from behind: turn around and strike the neck with the cell phone, grab the opponent's hand and twist the forearm with the cell phone putting pressure downwards, step inside and strike with the cell phone to the temple at the same time that you sweep him

뒤에서손을 잡을 때: 돌아서면서 휴대전화로 목 치고, 안으로 들어가면서 휴대전화로 얼굴 치면서 발 걸어 던지기.

Cuando le agarran una muñeca por detrás: gírese por delante y con el teléfono celular; golpee la cara anterior del cuello, luego le hace presión descendente en el antebrazo, da un paso hacia dentro, y le golpee la sien al tiempo que lo barre.

  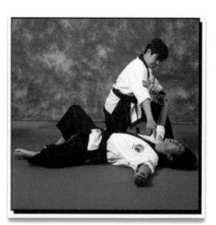

10. WOMEN HAND BAG SELF DEFENSE / 여자 손가방 호신술 / DEFENSA PERSONAL PARA MUJERES CON BOLSO

Skill 1 / 기술 1 / Técnica 1:

When the attacker tries to take the purse from behind: turn around, front kick the groin, grab his head with your two hands and bring it down at the same time that you knee kick the face / 뒤에서 손가방을 빼앗을 때: 뒤로 돌면서 앞차기로 낭심 차고, 양손으로 상대 머리를 잡아 내리며 무릎으로 얼굴차기 / Cuando el atacante trata de agarrar el bolso por detrás: gírese, patee de frente los genitales, agárrele la cabeza con las dos manos, y hálela hacia abajo al mismo tiempo que golpea la cara con la rodilla.

Skill 2 / 기술 2 / Técnica 2:

When the attacker tries to take the purse from behind: turn around and strike the opponent face with the purse, side kick to the front knee making the oponent bend, and strike the back neck with the purse / 뒤에서 공격자가 손가방을 뺏을 때 뒤로 돌면서 손가방으로 얼굴을 때리고, 계속해서 옆차기로 무릎 차고, 손가방으로 상대 뒷머리 내려치기. / Cuando el atacante trata de agarrar el bolso por detrás: gírese y golpeelo en la cara con el bolso, pateelo de lado la parte anterior de la rodilla con el pie delantero, haciéndolo agachar, y golpéelo con el bolso en la parte posterior del cuello.

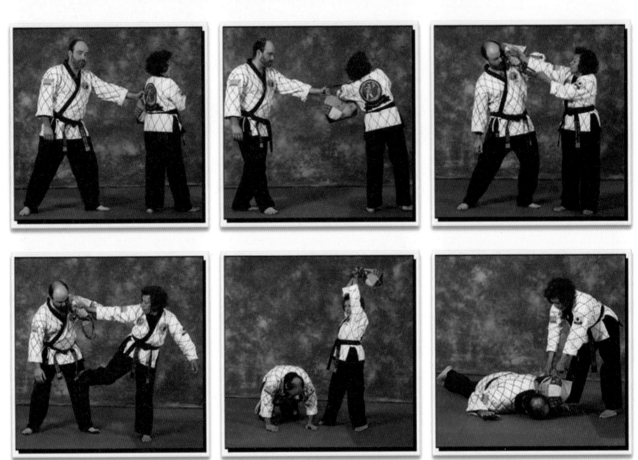

Skill 3 / 기술 3 / Técnica 3:

When the attacker takes the purse from the front: turn around and grab the opponent from the back collar at the same time that you strike the front neck with your other forearm; grab the opponent's hand, pass under the arm, turn around, and twist the wrist upwards; and straighten the arm and twist the elbow downwards / 공격자가 앞에서 손가방을 빼앗아 도망갈 때, 뒤로 돌면서 상대 뒷덜미를 잡으며 동시에 반대 손으로 상대 목을 치고, 상대 손을 잡아 팔 밑으로 들어가 돌아서면서 손목 꺾어 올리고, 계속해서 상대 팔굽을 눌러 내려 꺾어 제압하기.

Cuando el atacante toma el bolso por el frente: gírese y agárrelo de la parte posterior del brazo, al mismo tiempo que lo golpea en la parte anterior del cuello con el antebrazo libre; agárrele la mano al oponente, pase por debajo del brazo, gírese, y hágale llave a la muñeca hacia arriba; y enderécele el codo y hágale llave al codo hacia abajo.

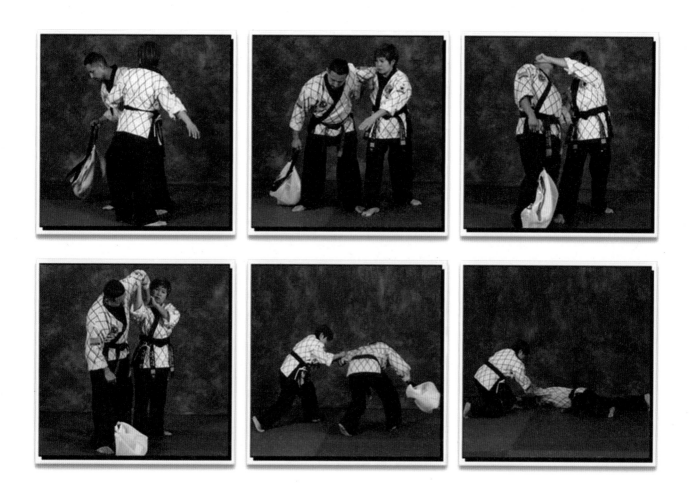

Skill 4 / 기술 4 / Técnica 4:

When the attacker tries to take the purse from the front: turn and front kick the groin, wrap the purse's straps around the opponent's neck, turn the opponent around, lean him against your knee, and immobilize him.

공격자가 앞에서 손가방을 뺏으려 할 때, 앞차기로 상대 낭심을 차고 손가방 끈으로 목을 감아 조르면서 뒤로 젖혀 무릎으로 상대 등을 밀면서 제압하기.

Cuando el atacante trata de agarrar el bolso por el frente: gírese y patee de frente los genitales, envuélvale el cuello al oponente con la correa del bolso, gírelo, apóyelo en la rodilla e inmobilícelo.

Skill 5 / 기술 5 / Técnica 5:

When the attacker tries to take the purse from the front: turn and grab the opponent's hand, make him bend the elbow, step backwards straightening the opponent's arm, and twist the elbow downwards .

앞에서 공격자가 손가방을 빼앗아 도망갈 때, 돌아서면서 상대 손을 잡고 상대 팔굽을 젖혀 올리고, 계속해서 뒤로 돌아 빠지면서 상대 팔굽을 눌러 내려 꺾어 제압하기.

Cuando el atacante trata de agarrar el bolso por el frente: gírese y agárrele la mano, hágale doblar el codo, de un paso hacia atrás enderezándole el codo, y hágale llave al codo hacia abajo.

11.DEFENSE AGAINT PUNCH / 주먹을 질러올 때 / DEFENSA CONTRA PUÑO

Skill 1 / 기술 1 / Técnica 1:

Block with the opposite arm, strike the eyes with the fingers with of the other hand, and punch the chest; using the same arm you punched with, block the opponent's arm upwards circularly and grab it; turn backwards, pulling the opponent, and strike the neck with the forearm / 상대 팔을 막으며 왼손가락으로 눈 때리고, 오른 주먹으로 명치 지르고, 상대 오른팔 밖으로 하여 오른손으로 돌려 감아 내리며 왼손가락으로 뒷목을 눌러 내리면서 뒤로 돌며, 오른 내척대로 목 치며 뒤로 넘기기 / Bloquee con el brazo contralateral, golpee los ojos con los dedos de la otra mano, y puño al pecho; usando el brazo con que golpeó el puño, bloquee circularmente y hacia arriba el brazo del oponente, y agárrelo; gírese por detras y hálelo, y golpee el cuello con el antebrazo.

Skill 2 / 기술 2 / Técnica 2:

Block with the opposite arm, strike the eyes with the fingers of the other hand, and punch the chest; using the same arm you punched with, block the opponent's arm upwards circularly, turn backwards, pass your arm above the opponent's arm, and grab the hand, pulling the opponent; and step forward and twist the wrist, throwing him / 반대 손으로 막으며 손가락으로 눈 때리고, 주먹으로 명치 지르기 하고; 상대의 주먹을 질러온 손을 돌려 잡아 내려, 오른발 뒤로 돌면서 상대 손목을 감아 잡고, 오른발 내딛으며 계속해서 왼발 뒤로 빠져 돌면서 손목 꺾어 던지기 / Bloquee con el brazo contralateral, golpee a los ojos con los dedos de la otra mano, y puño al pecho; usando el brazo con que golpeó el puño, bloquee circularmente y hacia arriba el brazo del oponente, gírese por detrás, pase su brazo por encima del brazo del oponente, agárrele la mano, y hálando; de un paso hacia delante y hágale llave a la muñeca; lanzándolo.

  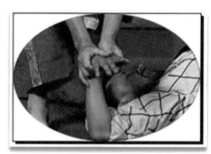

Skill 3 / 기술 3 / Técnica 3:

Block with the opposite arm, strike the eyes with the fingers of the other hand, and punch the chest; using the same arm you punched with, block the opponent's arm upwards circularly, grab it, twist the elbow, and then twist the wrist, throwing him / 상대 팔을 막으며 손가락으로 상대 눈을 때리고, 주먹으로 명치 지르고, 상대가 질러온 팔을 잡아 돌려 내리며 팔굽 곡지혈을 잡고 동시에 손목 잡아 계속해서 손목 꺾어 던지기. / Bloquee con el brazo contralateral, golpee los ojos con los dedos de la otra mano, y puño al pecho; usando el brazo con que golpeó el puño, bloquee circularmente y hacia arriba el brazo del oponente; agárrelo, y hágale llave al codo y luego a la muñeca; lanzándolo.

12.DEFENSE AGAINST ROUND HOUSE KICK AND PUNCH / 돌려차기 하고 주먹을 질러올 때 / DEFENSA CONTRA PATADA DE FRENTE EN ESPIRAL Y PUÑO

Skill 1 / 기술 1 / Técnica 1:

Block the kick with the same side arm, block the punch with the opposite arm, and strike the eyes with the fingers with the same side hand; using the same arm you striked the eyes with, block the opponent's arm outwards circularly, grab it, step inside, and place the elbow in your shoulder, twisting the elbow; and throw him with the hips / 왼손으로 발차기를 막고, 오른손으로 주먹을 막으며 손가락으로 상대 눈을 때리고, 상대 오른손 잡아 돌려 내려 왼어깨에 상대 팔굽을 올려 꺾으면서 던지기 / Bloquee la patada con el brazo ipsilateral, bloquee el golpe con la otra mano, y golpee los ojos con los dedos de la mano ipsilateral; usando el brazo con que golpeó los ojos, bloquee circularmente y hacia fuera-dentro el brazo del oponente, agárrelo, de un paso hacia dentro y colóquele el codo sobre su hombro, haciéndole llave al codo; y lanzándolo con las caderas.

13.DEFENSE AGAINST SIDE KICK / 옆차기로 공격해올 때 / DEFENSA CONTRA PATADA DE LADO

Skill 1 / 기술 1 / Técnica 1:

Crossed block the kick, wrap the arm behind the opponent's leg around the leg, bring the leg circularly toward the outside making the opponent fall, and step in the opponent's other leg at the same time that you twist his leg with your forearm / 양손으로 엇걸어 내려 막으며 오른손 내척대로 상대 발 내척대를 돌려 감아 눌러 내리며 왼발 뒤로 돌면서 넘기고, 상대 반대 발 내척대를 발로 눌러 내리면서 내척대로 상대 발 꺾어 제압하기. / Bloquee la patada con los brazos cruzados en tijeras, envuélvale la pierna

con la mano que esta detrás, llévele la pierna circularmente hacia fuera, haciéndolo caer, y párese en la pierna del oponente al tiempo que le hace llave con su antebrazo a la otra pierna.

Skill 2 / 기술 2 / Técnica 2:

Slide forward, low block, and hook the opponent's leg with your arm at the same time that you sweep the opponent up / 미끄러져 들어가면서 아래막기 하고 동시에 감아 올려 잡으며 발 걸어 던지기 / Deslícese hacia delante, bloquee abajo, y enlácele la pierna al oponente con su brazo al mismo tiempo que lo barre.

14.WHEN TRYING TO GRAB THE CHEST WITH TWO HANDS / 잡으러 들어올 때 / CUANDO LO TRATAN DE AGARRAR DEL PECHO CON LAS DOS MANOS

Skill 1 / 기술 1 / Técnica 1:

Grab one of the opponent's hand fingers and twist the fingers backwards and downwards, turn the twist around and twist the wrist upwards, straighten the opponent's arm, and twist to the elbow.

오른손으로 상대의 손을 올려 잡고 왼손으로 상대의 손가락을 감아 잡아 꺾어 내리고, 꺾은 손을 들어 올려 손목을 꺾어 올리고, 계속해서 왼손으로 팔굽을 눌러 내려 제압하기.

Agárrele los dedos de una de las manos al oponente y hágale llave a la dedos hacia atrás y abajo, cambie la dirección de la llave y hágale llave a la muñeca hacia arriba, enderécele el codo, y hágale llave al codo.

15. DEFENSE AGAINST A POLE WHEN SWINGING TO THE HEAD OR CHEST / 몽둥이로 공격해올 때 머리나 가슴을 쳐올 때 / DEFENSA CONTRA PALO MEDIO CUANDO LO TRATAN DE GOLPEAR A LA CABEZA O AL PECHO

Skill 1 / 기술 1 / Técnica 1:

Step in, block with both arms stopping the strike, and strike the neck or jaw with the opposite hand; using the same arm you blocked with, bring the opponent's arms outwards circularly, grab them, step inside, and place the opponent's elbows in your shoulder, twisting the elbows; and throw the opponent with the hips / 왼손으로 치켜올려 막으면서 오른 손바닥으로 상대 턱을 올려 친다. 계속해서 상대 양손을 감아 잡아 돌려 내리면서 어깨에 상대 팔굽을 걸어 꺾으면서 던지기. /

De un paso hacia delante, bloquee el ataque con ambas manos, y golpee al cuello o la mandíbula con la mano contralateral; usando el brazo con que bloqueó, lleve los brazos del oponente hacia fuera y circularmente, agárrelo, de un paso hacia dentro y colóquele los codos sobre su hombro, haciéndole llave a los codos; y láncelo con las caderas.

Skill 2 / 기술 2 / Técnica 2:

Step in, block with the same side arm, and turn around backwards at the same time you strike the neck with the opposite hand using a knife hand, throwing him / 왼손으로 올려막으며 왼발이 뒤로 돌면서 오른 손날로 목 치면서 던지기 / De un paso hacia delante, bloquee con el brazo ipsilateral, y gírese por detrás al tiempo que lo golpea al cuello con la mano de sable contralateral, lanzándolo.

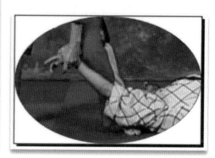

Skill 3 / 기술 3 / Técnica 3:

Step in, block with the same side arm, and strike the neck with a hand knife; step back and bring the opponent's arm outwards circularly, grab it, continue the circle, and twist the wrist, throwing him / 밖으로 하여 올려 막으며 오른손날로 목치고, 왼손으로 상대 손목 돌려 감아 잡아 올리고, 계속해서 돌면서 오른손으로 손목 꺾어 던지기 /

De un paso hacia delante, bloquee con el brazo ipsila- teral, y golpe de sable al cuello con la otra mano; de un paso hacia atrás y llévele el brazo del oponente cir- cularmente hacia fuera, agá- rrelo, continúe el círculo, y hágale llave a la muñeca, lanzándolo.

  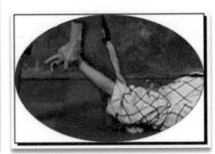

Skill 4 / 기술 4 / Técnica 4:

Step inside, block and strike the neck, grab the opponent's free hand with your two hands, step in under the opponent's arm and turn around, and twist the wrist up, pull his arm downwards and straighten it, and twist the elbow / 치켜올려 막으면서 목을 치고, 상대 왼손을 양손으로 잡아 들어 올리며 팔 밑으로 들어가 돌아서면서 손목을 꺾어 올리고, 계속해서 뒤로 빠지면서 팔굽 눌러 내려 제압하기. / De un paso hacia delante, bloquee y golpee el cuello, agárrele la mano libre al oponente con sus dos manos, de un paso hacia delante, pase por debajo del brazo del oponente y gírese, hágale llave a la muñeca hacia arriba, hálele el brazo hacia abajo y enderécelo, y hágale llave al codo.

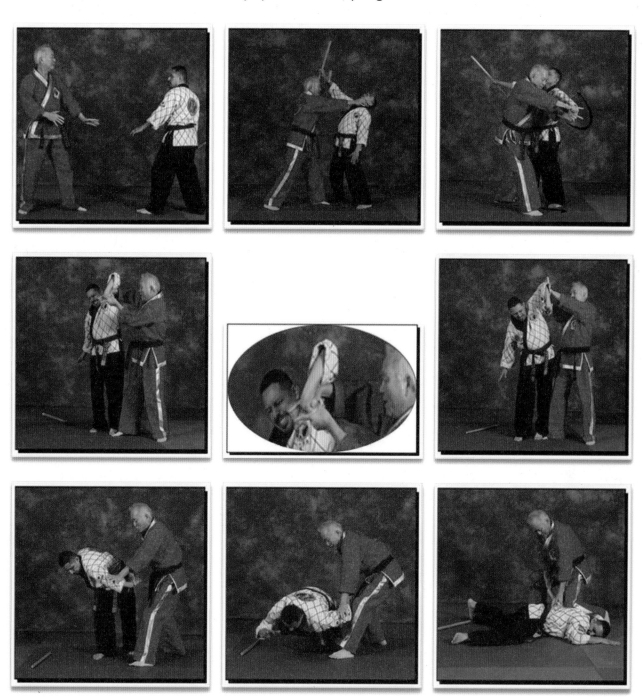

Skill 5 / 기술 5 / Técnica 5:

Step inside, block and strike the neck, grab the opponent's hand with the pole and bring it down, grab it with the two hands, step in under the arm and turn around, and twist the wrist, throwing him / 치켜올려 막으면서 목을 치고, 밑으로 돌려 내려 양손으로 상대 손목을 감아 잡아 상대 팔 밑으로 들어가 돌면서 손목 꺾어 던지기. / De un paso hacia delante, bloquee y golpee el cuello, agárrele la mano que tiene el palo y bájela, agárrela con sus dos manos, de un paso hacia delante por debajo del brazo y gírese, y hágale llave a la muñeca, lanzándolo.

Skill 6 / 기술 6 / Técnica 6:

Step inside, block and strike the eyes with the fingers, grab the opponent's hand with the pole and bring it down, grab it with your two hands, step in under the arm and turn around, twist the wrist up, and throw him forward / 안으로 들어가면서 왼손으로 막고 동시에 손가락으로 눈 찌르고, 양손으로 상대 손과 봉을 감아 잡으면서 당겨 내려 팔 밑으로 들어가 돌면서 손목 치켜올려 꺾어 던지기 / De un paso hacia delante, bloquee y golpee a los ojos con los dedos, agárrele la mano al oponente que tiene el palo con sus dos manos y bájela, de un paso hacia delante por debajo del brazo y gírese, y hágale llave a la muñeca, lanzándolo.

16.DEFENSE WITH AN UMBRELLA WHEN SWINGING TO THE HEAD OR CHEST / 머리나 가슴을 때릴 때 우산으로 막기 / DEFENSA CON SOMBRILLA CUANDO LO TRATAN DE GOLPEAR A LA CABEZA O AL PECHO

Skill 1 / 기술 1 / Técnica 1:

Block with the umbrella at the same time that you block with the other arm, strike the face with the umbrella, pass the umbrella under the opponent's free arm, turn around backwards, and twist to the elbow / 우산과 함께 상대 공격을 막고, 우산으로 얼굴 때리고 상대 반대 팔 밑으로 우산을 밀어 넣어 뒤로 돌면서 팔굽 꺾어 내려 제압하기 / Bloquee con la sombrilla y con la otra mano al mismo tiempo, golpee la cara con la sombrilla, pase la sombrilla por debajo del brazo libre del oponente, gírese por detrás, y hágale llave al codo.

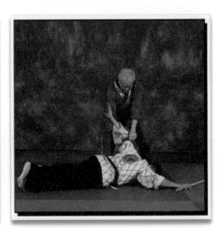

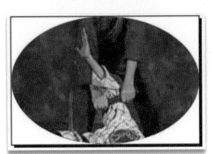
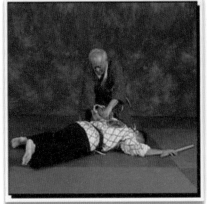

Skill 2 / 기술 2 / Técnica 2:

Block with the free hand and grab the opponent's hand, and strike the wrist with the umbrella at the same time that you step and turn around, throwing him / 왼손으로 올려 막아 잡아 내리면서, 왼발 뒤로 돌아서면서 우산으로 상대 손목을 쳐 내리면서 던지기 / Bloquee con la mano libre y agárrele la mano al oponente, y golpee la muñeca con la sombrilla al tiempo que se da un paso al frente y se gira, lanzándolo.

Skill 3 / 기술 3 / Técnica 3:

Block with your free arm at the same time that you stab the neck with the umbrella, grab the opponent's hand, turn around backwards passing your elbow above the opponent's arm, and twist the elbow with your underarm / 왼손으로 상대 공격을 올려 막으며 동시에 우산 끝으로 목을 찌르고 뒤로 돌면서 겨드랑이에 상대 팔굽을 끼워 꺾어 내려 제압하기 / Bloquee con el brazo libre al tiempo que chuza el cuello con la sombrilla, agárrele la mano al oponente, gírese por detrás pasando el codo por encima del brazo del oponente, y hágale llave al codo con la axila.

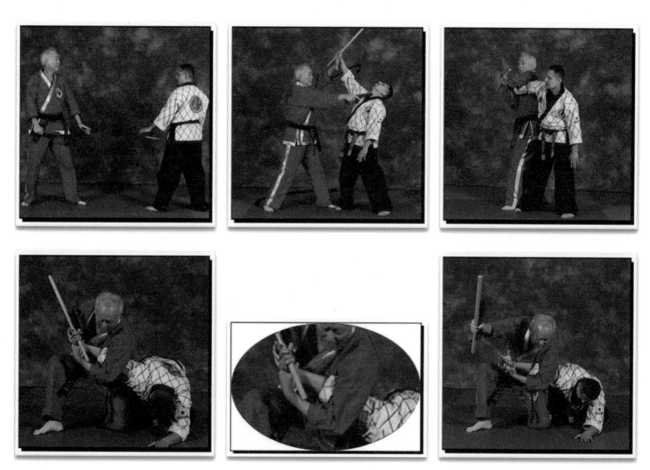

17. WHEN GRABBING BOTH WRISTS, EACH ATTACKER USING ONE HAND / 양쪽에서 두 사람이 각각 한 손으로 손목을 잡았을 때 / CUANDO LE AGARRAN AMBAS MUÑECAS, CADA ATACANTE USANDO UNA MANO

Skill 1 / 기술 1 / Técnica 1:

Front kick to one of the attackers, back kick to the other attacker, grab the hand of the second attacker with your two hands, step in and turn around, and twist the wrist, throwing the attacker against the first attacker.

왼쪽 상대 앞 돌려차기로 낭심 차고 오른쪽 상대 뒤차기로 복부 차고, 오른쪽 상대방의 손을 양손으로 잡아 팔 밑으로 들어가 돌아 앉으며 손목을 꺾어 반대쪽 상대방을 향해 던지기. / Patada de frente a uno de los atacantes, patada trásera al otro, agárrele la mano al segundo atacante con sus dos manos, de un paso al frente y gírese, y hágale llave a la muñeca lanzándolo contra el primer atacante.

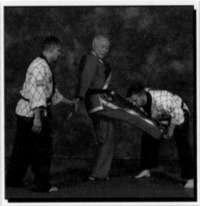

Skill 2 / 기술 2 / Técnica 2:

Bring your arms front and then back quickly grabbing the attackers hands, lift up their arms twisting their wrists, step forward in between and turn around pulling their arms against you making them clash against each other, step forward in between them again and turn around pulling their arms against you making them clash against each other, and release their arms and grab their shirts from the neck pulling them backwards.

양손을 앞으로 내밀었다가 재빨리 뒤로 당기면서 위로 치켜올려 상대 손목을 감아 잡는다. 계속해서 내딛으며 돌아서면서 양손을 엇걸어 당겨 상대가 서로 마주 보며 부딪치게 하고, 내딛으며 돌아서면서 상대 손을 당겨 서로 부딪치게 하면서 양손으로 상대 뒷덜미를 잡아 뒤로 당겨 내리기.

Lleve sus brazos hacia delante y regréselos hacia atrás rápidamente, agarrándoles las manos a los atacantes; levánteles las manos, haciéndoles llave en las muñecas; de un paso hacia delante en medio de ellos y gírese hálando sus brazos hacia usted, y haciéndolos chocar el uno contra el otro; de un paso hacia delante en medio de ellos otra vez y gírese hálando sus brazos hacia usted, haciéndolos chocar el uno contra el otro; y suélteles las manos, agárrelos de la parte posterior del cuello, y hálelos hacia el piso.

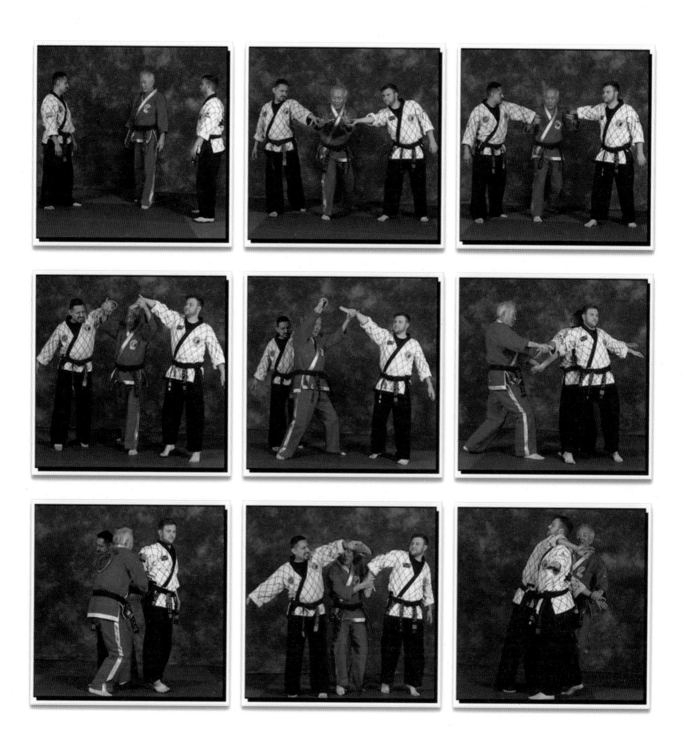

Skill 3 / 기술 3 / Técnica 3:

Bring your arms front and then back quickly grabbing the attackers hands, lift up their arms twisting their wrists, and throw them forward.

양손을 앞으로 내밀었다가 재빨리 뒤로 당기면서 치켜올려 상대 손목의 급소를 감아 잡아 꺾어 올리고, 앞으로 던지기.

Lleve sus brazos hacia delante y regréselos hacia atrás rápidamente, agarrándoles las manos a los atacantes; levánteles las manos, haciéndoles llave en las muñecas; y láncelos hacia delante.

Skill 4 / 기술 4 / Técnica 4:

When grabbing both arms, each attacker using one hand to grab the wrist and one arm to grab the arm around: bring your arms front and then back quickly bringing your arms to their backs making them clash against each other, and grab their shirts from the back neck pulling them backwards.

양쪽에서 손과 팔을 감아 잡았을 때 양손을 앞으로 내밀었다가 재빨리 뒤로 당겨 빼면서 위로 치켜올리면서 안으로 밀어 상대끼리 부딪치게 하고, 상대방의 뒷덜미를 잡아당겨 내리기.

Cuando le agarran ambos brazos, cada atacante usando una mano para agarrarle la muñeca y un brazo para agarrarle alrededor de su brazo: lleve sus brazos hacia delante y regréselos hacia atrás rápidamente, llevándolos detrás de sus espaldas; hágalos chocar el uno contra el otro; agárrelos de la parte posterior del cuello, y hálelos hacia el piso.

"Suffering in life is a journey toward Hope, but Hope is stronger than despair. We must rejoice knowing that we have all that we need." / *"삶의 고난은 희망을 향한 여정이다. 희망은 어떤 절망보다 강하다. 우리는 우리에게 필요한 모든 것을 가지고 있다는 것을 알고 만족해야 한다."* / *"El sufrimiento en la vida es un viaje hacia la Esperanza, pero la Esperanza es más fuerte que la desesperación. Debemos regocijarnos sabiendo que tenemos todo lo que necesitamos."*

CHAPTER 3. JOONG DO RYU / 3 장. 중도류/ CAPITULO 3. JOONG DO RYU

"A great warrior does not fight with his sword, but with his heart. The path to righteousness is his only worthy fight!" / *"위대한 무사는 칼로 싸우지 않고, 스스로의 마음으로 싸운다. 의로움은 그의 유일한 싸움이다."* / *"Un gran guerrero no lucha con su espada, pero con su corazón. El camino a la rectitud es su única lucha meritoria."*

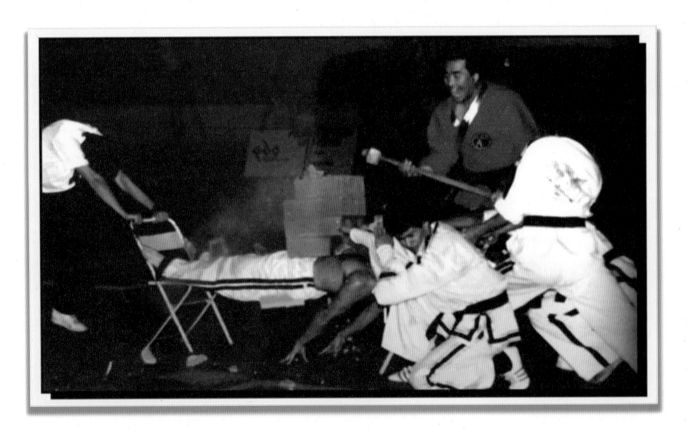

Demonstrations by Grand Master Young S. Kim: bending a row iron with his neck and breaking bricks on a student supported only by chairs at the far end of his body / 사범 김용석, 철근을 목에 대고 구부리는 시범 그리고 사범 마우리시오 꼬르레아, 머리와 발끝으로만 의자에 눕고 배 위에 벽돌 올려 망치로 격파 시범 / Demostraciones del Gran Maestro Young S. Kim: doblando una varilla de hierro con el cuello y rompiendo ladrillos encima de un alumno que solo esta soportado por dos sillas en los extremos de su cuerpo.

Demonstrations by Grand Master Young S. Kim: sliding the hand through a sword's blade against the bare abdomen without cutting or stabbing himself and nailing a nail on a piece of piece of wood with his forehead and pulling the nail out with his teeth / 사범 김용석, 손에 칼을 쥐고 묶은 상태에서 배에다 칼끝을 대고 손으로 칼을 밀어 올려 칼을 뽑아내는 시범과 이마로 나무에 못을 박고 이로 못을 뽑아내는 시범 / Demostraciones del Gran Maestro Young S. Kim: resbalando la mano a través de la cuchilla de un sable apoyado en su abdomen desnudo sin cortarse o chuzarce y martillando un clavo en un pedazo de madera con la frente y sacándolo con los dientes.

Demonstrations by Grand Masters Young S. Kim and Maurice Correa: stopping a running fan with his fingers, crunching glass with his bare hand, breaking rocks with knife hand, and performing a long staff form / 사범 김용석, 돌아가는 선풍기를 손가락으로 잡는 시범, 유리 조각을 손에 놓고 부수는 시범, 차돌을 손날로 격파하는 시범, 사범 마우리시오 꼬르레아, 장봉형 시범 / Demostraciones de los Gran Maestros Young S. Kim y Mauricio Correa: parando un ventilador con sus dedos, triturando vidrio con su mano desnuda, rompiendo rocas con mano de sable, y ejecutando una fórmula con palo largo.

Demonstrations by Grand Masters Young S. Kim and Maurice Correa: self-defense with cane and long staff sparring / 사범 김용석과 사범 마우리시오 꼬르레아 사범의 지팡이 호신술과 장봉 대련 시범 / Demostraciones de los Gran Maestros Young S. Kim y Mauricio Correa: defensa personal con bastón y combate con palo largo.

Demonstrations by Grand Master Young S. Kim: self-defense with a fan. Jumping kicks by GM Maurice Correa / 사범 김용석 부채 호신술과, 사범 마우리시오 꼬르레아 점프 발차기 시범 / Demostraciones del Gran Maestro Young S. Kim: defensa personal con abánico. Patadas saltando del GM Mauricio Correa.

Demonstrations by Grand Masters Young S. Kim and Maurice Correa: belt self-defense and long jump flip over 8 people /
사범 김용석 띠로 호신술 시범, 사범 마우리시오 꼬르레아 8명을 뛰어넘는 낙법 시범 / Demostraciones de los Gran Maestros
Young S. Kim y Mauricio Correa: defensa personal con cinturón y saltando con caída sobre 8 personas.

Demonstrations by Grand Master Young S. Kim: self-defense against two opponents and against grabbing one hand / 사범 김용석의 이인투 호신술과 맨손 호신술 시범 / Demostraciones del Gran Maestro Young S. Kim: defensa personal contra dos oponentes y contra cuando lo agarran de una mano.

JOONG DO RYU (中道流) MEANING / 중도류(中道流)의 의미 / SIGNIFICADO DEL JOONG DO RYU (中道流)

"Joong Do Ryu is impartiality and independence; neither abun-dance nor absence. It is to follow heaven's truth, and thereby to have a basic direction to follow in the world." / *"중도류란 어느 쪽으로도 치우치지 않고 부족하지 않은 차별적인 것을 초월하여 절대적이고 평등한 진리를 나타내는 가르침과 자연의 진리에 따르는 천하의 대본을 말한다."* / *"Joong Do Ryu es imparcialidad e independencia; ni abun-dancia ni ausencia. Es seguir la verdad del Cielo, y mediante ésta, tener una dirección básica para seguir en el mundo."*

JOONG (중 / 中): CENTER, BALANCE

Disciple: Master, what does Joong ideogram mean?

Master Young Seok Kim: This ideograph symbolizes the Center, Mid-point, Balance, Harmony.

JOONG REPRESENTS:
The Earth in our Universe and its balanced relationship with the five elements. It is a meeting point between the human being and the elements of nature (water, wood, fire, metal). It also represents the spleen and stomach in the human being: two internal organs which regulate feeding.

Disciple: Master, what is the philosophical meaning of "Joong" in relation to Joong Do Ryu?

Master Young Seok Kim: It is based on the way of the balance (Joong Do) doctrine. "Whatever is not diverted, altered of its course, is called the Center (Joong); what is not unstable is called Persistent. The disciple of JDR follows the Buddhist practice of non-extremism, in which enlightenment is reached through moderation (escape from extremes) along with wisdom and morality.

Disciple: Master, what is the relationship between J.D.R techniques, Taekwondo and Hapkido?

Master Young Seok Kim: Joong Do Ryu is situated in the Center of External (Yang) and Internal (Yin) martial arts, or Taekwondo (Hard style) and Hap Ki Do (Soft style). Its movements lie on either end of these two poles. The strong and straight movements (Yang) and the circular and soft ones (Yin) maintain a permanent interrelation that does not cease for even a moment. In the Center, Joong Do Ryu techniques are developed.

DO (도 / 道): PATH, DIRECTION

Disciple: Master, what is Do?

Master Young Seok Kim: It is a Korean term stemming from Do (pronounced Tao) and means: Path, Road, Route, Direction and it is formed by two Chinese characters: 首 (shǒu): Head, 辶 (辵 chuò): Go, March.

The superior part represents head and the inferior part represents a human being walking. This combination means "Walking in Harmony with the Sky."

The German sinologist, theologist and missionary Richard Wilhelm, provided the most accurate translation of Do: "Direction". To achieve the right direction, humans must achieve harmony at three levels: Thoughts, Feelings, and Actions.

Disciple: Master, what is the philosophical meaning of Do in relation to Joong Do Ryu?

Master Young Seok Kim: Do represents a path of martial arts Life that we must follow.
1. Sensory Organs: These organs are considered the windows of our spirit.
2. Feelings: We must be attuned to our feelings to maintain the harmony of our spirit.
3. Life's direction: The path (Do) humans are destined to follow.

RYU (류 / 流): STYLE, SCHOOL

Disciple: Master, what is Ryu?

Master Young Seok Kim: This is based on the Chinese character Pái / Liu and it means: Style, Way, Shape, and Flow. Style would be the most accurate translation, or more specifically, a "Martial Art Style".

Disciple: Master, I have heard the expression "Flow towards the fountain." What does that mean in relation to Ryu?"

Master Young Seok Kim: Ryu is a generic term that expresses the flow of water. Many of the origins of martial arts were designed based on divine revelations. Their founders developed broader knowledge through trainings and battles that tested their mental and physical limits.

They travelled to sacred places (Altars and Temples), some even to the mountain tops. These trainings had the goal of piercing through the superficial layer of the physical world in order to reach the center of the spiritual one. After reaching physical limitations, the door of consciousness opened and the martial artist who had reached physical exhaustion obtained a spiritually new and illuminated understanding.

During this period of intense praying, fasting and training, a vision may appear to provide enlightenment to his skills. This disclosure was known as "The Knowledge given by the Sky". This knowledge was received from the celestial consciousness, or from the divinity to the incarnated. It is from this knowledge that the term, "Ryu", originates. Divine inspiration is the source of the flow that channels into the enlightened martial artist.

Disciple: Master, what is Ryu in relation to martial arts?

Master Young Seok Kim: In the past, the success on the battlefield depended on survivor warriors who lived long enough to learn and evaluate the acquired experiences. Warriors gathered together, organized, shared and improved their martial arts abilities. This gave rise to the term Ryu in martial arts, or a particular style in weaponry, fighting techniques and behavior learned in and outside of the battlefield. In the East, when the Word Ryu is added to a school name, it represents a particular style of martial art practiced by that martial arts school.

Disciple: Master, what is Ryu in relation to Joong Do Ryu?

Master Young Seok Kim: The Ryu of Joong Do Ryu is the transmission of atemporal (that does not change with time) and universal (that does not change with space) celestial concepts. Its flow is not part of the present; it is from the past and aims toward the future, without dependence on or rejection of actual and approaching events. It is like a river that is always flowing and can soothe our needed thirst.

The Ryu of Joong Do Ryu does not exist as an independent entity. Without an abundance and steady supply of love, it will soon evaporate. Maintaining its existence is our responsibility. The best virtue is like water.

"JOONG DO RYU IS THE SCHOOL OF THE WAY OF BALANCE THAT GUIDES OUR LIVES TO ACHIEVE BETTERMENT SO THAT WE MAY BE OF SERVICE TO CREATION AND ACHIEVE HARMONY WITH HEAVEN."

중(中): 중앙, 균형

제자: 사범님 , 한자로 중은 무엇을 상징합니까?

사범 김용석: 이 표의문자는 중앙, 중간 지점, 균형, 조화를 상징한다.

중은 다음을 상징한다:
우주 안에서의 지구와 5요소와의 균형을 이룬 관계다. 그것은 인간과 자연의 요소(물, 나무, 불, 금속) 간의 접점이다. 또한 그것은 음식 섭취를 관장하는 두 개의 내장기관인 비장과 위장을 상징한다.

제자: 사범님, 중도류에 관련하여 ' 중'의 철학적 의미는 무엇입니까?

사범 김용석: 그것은 균형의 길(중도, 中道)이라는 교리에 근거한다. 그 과정에서 바뀌거나 변하지 않은 것은 무엇이든지 중이라고 일컫는다. 즉 불안정하지 않은 것은 없어지지 않고 지속되는 것(용)이라 일컫는다. 중도류 의 제자는 양극단을 배격하는 불교도의 수행을 따르며, 지혜와 도덕률과 더불어 절제(양극단으로부터의 회피)를 통하여 깨달음에 도달한다.

제자: 사범님, 중도류의 기법과 태권도 그리고 합기도는 무슨 연관이 있습니까?

사범 김용석: 중도류는 외적(양) 무도와 내적(음) 무도, 즉 태권도(강권)와 합기도(유권)의 중앙에 자리한다. 그것의 동작들은 양극점의 어느 끝 쪽에도 자리한다. 강하고 곧은 동작(양)과 원형의 부드러운 동작(음)은 단 한 순간도 멈추지 않는 영원한 내적 관계를 유지한다. 그 중심에서 중도류의 기법이 성장하고 발전한다.

도(道): 길, 방향

제자: 사범님, 도가 무엇입니까?

사범 김용석: 그것은 도(타오라고 발음됨)에 근거한 한글 용어로 길, 도로, 노선, 또는방향을 의미하며, 두 개의 한자로 구성되어 있다. 首 (shǒu): 머리 辶 (辵 chuò): 가다, 행진하다.

윗부분은 머리를 상징하고, 아랫부분은 인간의 걸음을 상징한다. 이 조합은 '하늘과 조화를 이룬 걸음'이라는 의미다.

중국 연구가이자 신학자이며 선교사인 독일인 리하르트 빌헬름은 도에 대한 가장 정확한 정의를 '방향'이라고 제시했다. 올바른 방향을 얻기 위해 인간은 사상, 감정 그리고 행동이란 3가지 수준에서 조화를 성취해야 한다.

제자: 사범님, 중도 에 관련하여 도의 철학적 의미는 무엇입니까?

사범 김용석: 도란 우리가 따라야만 하는 무도 생활의 길을 상징한다.
1. 감각기관: 이 기관들은 우리 영혼의 창문이라고 생각한다.
2. 감정: 영혼의 조화를 유지하기 위하여, 우리의 감정은 조율해야 한다.
3. 삶의 방향: 인간이 필연적으로 좇아야 할 길(도)다.

류(流):   학파, 스타일

제자: 사범님, 류는 무엇입니까?

사범 김용석: 한자 Pái / Liu 에 근거하고, 그것은 스타일, 길 또는 형태를 의미한다. 또한 그것은 흐름이나 과정을 뜻하기도 한다. '스타일'이 가장 정확한 표현이겠으나, 좀 더 구체적으로는 '무도의 스타일'이다.

제자: 사범님, '원천으로 향한 물줄기'라는 표현을 들어본 적이 있는데, 류에 관련하여 그것이 무엇을 뜻합니까?

사범 김용석: 류는 물의 흐름을 표현하는 포괄적인 용어다. 무도의 수많은 기원이 신성한 신의 계시에 기초하여 설계되었다. 그 설립자들은 그들의 정신적, 신체적 한계를 시험하는 훈련과 전투를 통하여 좀 더 폭넓은 지식을 개발했다.

그들은 신성한 장소(제단과 사원들)를 순례하고, 심지어 몇몇은 산 정상까지 오르기도 했다. 이런 훈련들은 정신세계의 중심부에 도달하기 위해 신체적 세계의 피상적인 층을 꿰뚫는다는 목표를 가졌다. 신체적 한계에 도달한 후 의식의 문이 열리고, 신체적 고갈에 도달한 무도인은 영적으로 새롭고 빛나는 깨달음을 성취했다.

강도 높은 기도, 금식과 훈련 기간 중 그의 기술을 혁신시킬 시야가 펼쳐지기도 한다. 이렇게 드러난 사실이 '하늘이 내린 비법'이라고 알려졌다. 이런 지식은 신성한 의식으로부터 또는 인간의 모습으로 구현된 자에게 하늘로부터 전달되었다. '류'란 용어도 바로 이러한 지식에서 유래한다. 신령한 영감은 깨달음을 얻은 무도인과 연결된 흐름의 원천이다.

제자: 사범님, 무도와 관련하여 류는 무엇입니까?

사범 김용석: 과거 전쟁터에서의 승리는 전쟁에서 살아남아 생존 기술을 익히고 경험을 축적한 생존 전사에게 달렸었다. 전사들은 함께 모여서 무술 능력을 형성, 공유, 개선했다. 이것이 무도에서 또는 병기류의 특수 형태로서 전장 안팎에서 학습된 전투 기술과 행동에서, 류라는 용어가 파생되었다. 동양에서 류는 단어가 학파 이름에 사용될 때, 그것은 각 무도학파에서 행해지던 그들 고유의 무도 스타일을 의미한다.

제자: 사범님, 중도류와 관련하여 류는 무엇입니까?

사범 김용석: 중도류에서 류는 시간을 초월한(시간에 따라 변하지 않는), 우주적인(공간에 따라 변하지 않는) 신성한 개념이란 전달 장치다. 그것의 흐름은 현재의 일부가 아니다; 즉 그것은 실제로 다가오는 사건에 의존하거나 배격하지 않고, 과거로부터 존재하여 미래를 지향한다. 그것은 마치 강과 같아서 항상 흐르고 있으며, 우리의 부족한 갈증을 진정시켜 준다. 가장 훌륭한 덕은 물과 같다.

중도류의 류는 독립적인 실제로 존재하지 않는다. 사랑의 풍부함과 꾸준한 공급이 없으면, 그것은 곧 증발할 것이다. 그것의 존재를 유지시키는 것이 우리의 의무다.

> **"중도류는 우리의 삶을 보다 나은 방향으로 인도하는 균형의 길을 지향하는 학파로서, 새로움을 창조하는 데 도움이 되고, 하늘과 더불어 조화를 이루게 될 것이다."**

JOONG (중 / 中): EL CENTRO, EL EQUILIBRAR

Discípulo: Maestro, ¿Qué significa el ideograma Joong?

Maestro Young Seok Kim: Este ideograma representa: El Centro, El Punto Medio, El Equilibrar, la Armonía.

JOONG REPRESENTA:

La Tierra en el Universo y En Los Cinco Elementos. Un punto de encuentro del Ser Humano y los demás elementos (Agua, Madera, Fuego y Metal). El Bazo y el Estómago en el Ser Humano. Dos órganos internos de quienes depende la alimentación.

Discípulo: Maestro, ¿Cuál es la filosofía de Joong dentro del Joong Do Ryu?

Maestro Young Seok Kim: Se basa en La Doctrina El Camino del Equilibrio (Joong Do): "Lo que no está desviado hacia ningún extremo se llama Centro (Joong), lo que no es voluble se llama Perseverante. Los discípulos de la Joong Do Ryu ponen en práctica los principios budistas del No Extremismo, en el cual la iluminación es alcanzada a través de la moderación (la huida de los extremos), junto con la sabiduría y la moralidad.

Discípulo: Maestro, ¿Cuál es la relación de Joong con las técnicas del Joong Do Ryu Taekwondo y Hapkido?

Maestro Young Seok Kim: El Joong Do Ryu está situado en el Centro de las artes marciales Externas (Yang) e Internas (Yin); Taekwondo (Estilo duró) y Hapkido (Estilo suave). Sus movimientos transcurren entre esos 2 polos: los movimientos rectos y fuertes (Yang) y suaves y circulares (Yin) mantienen una permanente interrelación, que no cesa ni un instante. En medio de ello se desarrollan las técnicas de la Joong Do Ryu.

DO (도 / 道): CAMINO, SENTIDO

Discípulo: Maestro, ¿Qué es Do?

Maestro Young Seok Kim: Un término coreano proveniente del ideograma chino Dao (Que se lee Tao) y significa: Camino, Vía, Ruta, Sentido y está conformado por 2 ideogramas: 首 (shǒu): Cabeza, 辶 (辵 chuò): Ir, Marchar. La parte superior representa una cabeza y la inferior a un ser humano caminando, que en conjunto significan: Caminar en Armonía con el Cielo.

El sinólogo, teólogo y misionero alemán Richard Wilhelm, hace la mejor traducción del Do: Sentido. Tener un sentido: armonía de los 3 niveles del Ser Humano: Pensamiento, Sentimiento y Acción.

Discípulo: Maestro, ¿Cuál es la filosofía del Do dentro del Joong Do Ryu?

Maestro Young Seok Kim: El Do dentro del Joong Do Ryu representa un Camino de Vida Marcial que educa nuestros Sentidos como:
1. Organos de Los Sentidos: Órganos considerados las ventanas de nuestro espíritu.
2. Sentimientos: Debemos calmar nuestros sentimientos, para mantener en armonía nuestro espíritu.
3. Dirección de Vida: El camino (Do) que los seres humanos estamos destinados a seguir.

RYU (류 / 流): ESTILO, ESCUELA

Discípulo: Maestro, ¿Qué es Ryu?

Maestro Young Seok Kim: Un término coreano proveniente del ideograma chino Pái / Liu y significa: Estilo, Modo, Forma, Fluir estilo puede ser la mejor traducción, o más específicamente; Estilo de arte marcial.

Discípulo: Maestro, he oído la expresión; "Fluir hacia la fuente", ¿Qué significa esto con relación al Ryu?

Maestro Young Seok Kim: Ryu es un término genérico que expresa el flujo de agua. Muchas artes marciales fueron diseñadas a partir de revelaciones divinas. Sus fundadores desarrollaron un amplio conocimiento técnico a través del entrenamiento y las batallas, que los llevó a evaluar sus límites mentales y físicos.

Viajaban a lugares sagrados (altares y templos) o se ocultaban en la cima de una montaña. Estos entrenamientos tenían como objetivo penetrar la capa superficial del mundo físico y llegar al centro del universo espiritual. Después de llegar a la fatiga física, se abrían las puertas de la consciencia y el artista marcial que se había llegado a este estado, obtenía un nuevo e iluminado entendimiento.

Durante este periodo de intensa oración, ayuno y entrenamiento, podía aparecer una visión que iluminaba sus habilidades. Este descubrimiento fue conocido como "El Conocimiento Concedido Por El Cielo". Un conocimiento dado a los encarnados a través de una consciencia celeste o divinidad. De ahí, se origina el término Ryu como la fuente que ilumina a los artistas marciales.

Discípulo: Maestro, ¿Qué es el Ryu dentro de las artes marciales?

Maestro Young Seok Kim: En el pasado, el éxito en el campo de batalla dependía de que un guerrero sobreviviera lo suficiente para aprender y evaluar la experiencia adquirida. Con el paso del tiempo, se agruparon, organizaron, compartieron y perfeccionaron sus habilidades marciales. Dando origen al Ryu en las artes marciales o un estilo particular en su vestuario, armas, técnicas de combate y comportamiento dentro y fuera del campo de batalla. En Oriente, cuando la palabra Ryu es adicionada al nombre de una escuela, representa un estilo particular de arte marcial que es puesta en practica por dicha escuela.

Discípulo: Maestro, ¿Qué es el Ryu dentro del Joong Do Ryu?

Maestro Young Seok Kim: El Ryu del Joong Do Ryu es la transmisión de conceptos celestes Atemporales (No cambian con el tiempo) y Universales (No cambian con el espacio). Que su flujo no es del presente, es del pasado y se dirige al futuro, sin depender ni rechazar los acontecimientos actuales y venideros. Un río que siempre está fluyendo y en el cual podemos calmar nuestra sed.

El Ryu del Joong Do Ryu no existe como entidad autónoma. Sin un suministro estricto y amoroso, pronto se estancará y evaporará. Mantenerlo vivo y fresco, es nuestra responsabilidad. La mejor virtud es como el agua.

"EL JOONG DO RYU ES LA ESCUELA DEL CAMINO DEL EQUILIBRIO, QUE GUÍA NUESTRAS VIDAS, PARA SER MEJORES SERES HUMANOS, AL SERVICIO DE LA CREACIÓN Y EN ARMONÍA CON EL CIELO."

PHILOSOPHY OF JOONG DO RYU / 중도류 철학 / FILOSOFÍA DEL JOONG DO RYU

"To be separated from each other is to be changed, and to be changed assumes to not conform to the truth. It is the purpose of training in martial arts to achieve the constant pursuit of what it wants to do and achieve the way (Do)." /

"서로 구분된다는 것은 변화한다는 것이고, 변화한다는 것은 도리에 순응하는 것을 전제로 한다. 그것이 자신이 하고자 하는 것을 끊임없이 추구하는 도를 이룰 수 있는 무도 수련의 목적이 되어야 하기 때문이다." /

"Estar separado uno del otro es ser cambiado, y el ser cambiado no se ajusta a la verdad. Esto se debe a que éste es el propósito del entrenamiento de las artes marciales, que permite alcanzar la búsqueda constante de lo que se quiere hacer y lograr en el camino (Do)."

INTRODUCTION TO JOONG DO RYU

Martial arts is not to teach how to prevent a fight (moral), nor how to learn the techniques of controlling the fight (self-defense). It is rather to learn the truth, to express the truth so learned, and through such enlightenment, not to be involved in an unnecessary fight. Joong Do Ryu is impartiality and independence, neither abundance nor absence. It is to follow heaven's truth, and thereby to have a basic direction to follow in the world. Martial arts is the Heavens (positive), Joong Do Ryu is the Earth (negative). Martial arts is the Father (+), and Joong Do Ryu is the Mother (-). Heaven and Earth create and control the universe; Father and Mother create and control the family.

Heaven (father) covers everything without being biased; Earth (mother) receives everything without discarding anything. The harmony of the heaven, earth, and human is the harmony and truth of great nature, which brings about the harmony of martial arts and Joong Do (Midway). This is why we call it "Joong Do Ryu".

THEORY OF JOONG DO RYU

Joong Do Ryu (henceforth referred to as J.D.R.) is a systematic martial art. The internal components forces consist of the basic principles of martial arts, the development of skills, and the faithfulness to the principle of healthy life, which is the ultimate goal of martial arts. The belief is not to go against the truth of harmony with nature, but to follow the principles, the way, the circle and the harmony of J.D.R.; that is, to be as soft as the flow of a stream, to be as round as a pearl and to be one with your opponent. Joong Do Ryu, as a martial arts, is the path based on the truth of nature, that leads to the highest level that can be achieved. Joong Do Ryu was created and founded by Grand Master Young Seok Kim as the culmination of his many years of experience, teaching and training in the martial arts.

CONDUCT OF JOONG DO RYU

Everything in our lives (martial arts life) must have order and must be conducted with that order.

If everything is conducted with that order, this will enable everything (martial arts) to be achieved.

TEACHING OF JOONG DO RYU
Learning without thinking will not lead to enlightenment,
Thinking without effort will not lead to improvement,
Effort without will, will not lead to righteousness,
Will without discipline will not lead to strength,
Discipline without goals will not lead to achievement.

中而正立 至人之道: **"It is the way (Do) to live righteously as the sage, without being partial to any instance."**

중도류의 소개
　　무도란 싸움을 멈추게 하는 가르침에 따르는 것만도 아니요(도덕), 싸움을 제압하는 기술을 익히는 것만도 아니다(무술). 진리로서 자각하여 진리로서 자각한 마음으로 나타내어 깨달음의 경지에 이르러 싸움에 이끌리지 않게 하는 어진 무도인의 자세를 보이는 것이다. 중도란 어느 쪽으로도 치치지 않고 부족하지 않은 차별적인 것을 초월하여 절대적이고 평등한 진리를 나타내는 가르침과 자연의 진리에 따르는 천하의 대본을 말한다. 무도는 하늘이고(+), 중도는 땅이다(-). 무도는 아버지고(+), 중도는 어머니다(-).

　　천지는 우주를 창조하고 다스리며, 부모는 가정을 창조하고 다스린다. 하늘(아버지)은 모든 것을 덮어주고 어느 것에도 치우치지 않고, 땅(어머니)은 모든 것을 받아들여 어느 것 하나 버리는 것이 없다. 천, 지, 인의 조화가 대자연의 조화이며 진리인지라 무도와 중도의 조화를 칭하여 중도류라고 한다.

중도류의 이론
　　중도류는 체계화된 무도다. 안으로는 무도의 기본 원리와 경험, 훈련에 입각하여 몸과 마음의 올바른 자세와 기술의 발전을 통해 반영함으로써 무도의 최종 목표인 건강한 삶의 원리에 충실한다. 밖으로는 자연을 통한 조화의 진리를 거스르지 아니하고 유, 원, 화의 원리에 따름으로써 흐르는 물과 같이 부드럽게, 구슬과 같이 둥글게 자연과 화합하는 경지를 터득하는 것이다. 따라서 자연의 진리에 일치될 수 있는 무도로서 도달할 수 있는 최고의 경지에 이르는 길을 중도류라고 한다. 중도류는 사범 김용석이 오랜 세월 동안 무도의 경험과 지도 그리고 수련을 통해 창안한 것이다.

중도류의 행
　　모든 것은(무도) 순서가 있어야 하고 그 순서에 따라서 행해야 한다. 행하는 순서가 그릇되지 아니하면 모든 것이(무도) 이루어진다.

중도류의 가르침
가르침이 있어도 생각이 약하면 깨닫지 못하고,
생각이 있어도 노력이 약하면 지속하지 못하고,
노력이 있어도 뜻이 약하면 바르지 못하고,
뜻이 있어도 의지가 약하면 강하지 못하고,
의지가 있어도 목적이 약하면 이루지 못한다.

중이정립 지인지도 / 中而正立 至人之道: "어느 곳에도 치우치지 아니하고 항상 바르게 살아가는 것이 현명한 이가 나아가야 할 길(도)이다."

INTRODUCCIÓN AL JOONG DO RYU

Las artes marciales no enseñan a evitar una pelea (moral), ni como aprender las técnicas de control de la pelea (autodefensa). Es más bien, aprender la verdad, para expresar la verdad así aprendida, y a través de dicho entendimiento, no involucrarse en peleas innecesarias. Joong Do Ryu es imparcialidad e independencia; ni abundancia ni ausencia. Es seguir la verdad del Cielo, y mediante ésta, tener una dirección básica para seguir en el mundo. Las artes marciales son el Cielo (positivo) y el Joong Do Ryu es la Tierra (negativo). Las artes marciales son el Padre (positivo) y el Joong Do Ryu es la Madre (negativo). El Cielo y la Tierra crean y controlan el universo; el Padre y la Madre crean y controlan la familia.

El Cielo (Padre) lo cubre todo sin desviarse, la Tierra (Madre) lo recibe todo sin descartar nada. La armonía del Cielo, la Tierra y el Ser Humano, es la armonía y la verdad de la Gran Naturaleza, que trae consigo la armonía de las artes marciales y el Joong Do Ryu (El Camino Medio). Por eso lo llamamos "Joong Do Ryu".

TEORÍA DEL JOONG DO RYU

Joong Do Ryu (que de aquí en adelante lo denominaremos J.D.R.), es un arte marcial sistemático. Las fuerzas de los componentes internos consisten en los principios básicos de las artes marciales, el desarrollo de habilidades y el cultivo de la vida sana, que es el objetivo final de las artes marciales. La creencia no es ir en contra de la verdad de la armonía de la naturaleza, sino seguir los principios; el camino, el círculo y la armonía del J.D.R.; es decir, ser tan suave como el flujo de un arroyo, tan redondo como una perla y uno con su oponente. El J.D.R., como arte marcial, es el camino basado en la verdad de la naturaleza, que conduce al nivel más alto que puede ser alcanzado. El J.D.R. fue creado y fundado por el Gran Maestro Young Seok Kim como la culminación de muchos años de entrenamiento, enseñanza y experiencia en las artes marciales.

CONDUCTA DEL JOONG DO RYU

Cada cosa en nuestras vidas (Vida de artista marcial), tiene un orden y debe ser conducido con ese orden. Si cada cosa es conducida con ese orden, esto permitirá que todo se logre (artes marciales).

ENSEÑANZA DEL JOONG DO RYU

Aprender sin pensar, no conducirá al entendimiento,
Pensar sin esfuerzo, no conducirá a la mejoría,
Esfuerzo sin voluntad, no conducirá a la rectitud,
Voluntad sin disciplina, no conducirá al fortalecimiento,
Disciplina sin metas, no conducirá a la realización.

中而正立 至人之道: "Es el camino (Do) para vivir correctamente como el sabio; sin parcializarse con ninguna instancia"

THE ENLIGHTENMENT OF THE MARTIAL ARTIST / 무도인의 깨달음에 대하여 / ACERCA DE LA ILUMINACIÓN DEL ARTISTA MARCIAL

"Enlightenment is not something outside of you that you search for, acquire, and achieve. To the contrary, it is inside of you. It is a state of being, a realm, a dimension. It is self-revealing and all prevailing." / *"깨달음이란 당신이 얻어내고 성취하기 위해 찾아 헤매는 어떤 밖에서 찾을 수 있는 것이 아니다. 반대로 당신 안에 있는것이다. 깨달음은 존재의 영역 차원이다. 스스로를 드러내며 모든 것을 압도하는 것이다."* / *"La iluminación no es algo que buscas, adquieres y logras fuera de ti. Por el contrario, está dentro de ti. Es un estado de ser, un reino, una dimensión. Se auto revela y prevalece sobre todo."*

Disciple: I want to know about enlightenment as a martial artist.

Master Young Kim: Enlightenment is called awakening, spiritual enlightenment, or consciousness. It is a self-awakening. A person is born with doubt and dies with doubt. This is always an eternal task in life. So real enlightenment of true martial arts must be accomplished on its own. One cannot be awakened to everything on his own. The master cannot teach everything to the disciple. Through harsh training one may open up the path (Do) of enlightenment with his heart. However, the martial arts that is awakened cannot convey everything to others.

It is hard to express the sweetness of sugar in words, but you can experience the taste of sugar yourself. Likewise, the study of the martial arts and the achievement of enlightenment must be personally experienced through training. The body and mind can be awoken and we must keep our devotion to enlightenment.

Disciple: I can hear but I cannot feel it in my heart. I would like it explained more easily.

Master Young Seok Kim: Saint Dharma, who had begun to spread meditation for the first time in China from India, sat in meditation towards a wall for nine years. During this meditation he got a 2nd generation of monks to join him. This is the story of Hyega and it is the origin of the catechism of meditation.

At that time, Hyega came to visit. Hyega came and was waiting for Dharma's answer outside the cave. He knew that he could not express his heart waiting for the teaching of Dharma. He waited outside for three days and three nights. He felt it lacked a sense of urgency about his eagerness to learn, and so he cut his left arm. In the desire of Hyega to gain enlightenment through the teachings of Dharma, he thought that his arm was just a stale and incompetent limb of his body, like a rotten piece of meat. At that time, Dharma asked what have you came for? Hyega answered, "I am not comfortable with my heart." Dharma stretched out his hand and asked him, "Bring me your uncomfortable mind." Hyega answered, "I tried to get into my mind, but there is no way to get it." Dharma replied, "Why are you trying to get into a mind that you cannot get? I have already comforted your heart." Hyega was then greatly awakened.

By the end, the master had guided the disciple towards the road of Do. Understanding of the Truth cannot be received from other people. You forget the body when you seek the Truth and your determination will lead you to what you desire. Therefore, it is a way (Do) for the martial artist to go on constantly towards the big road without a gate. He will then no longer be the same and conforms to the truth of nature.

Disciple: So I heard that some martial artist and monks of Shaolin Temple would bow with one hand in front of their chest. It is indeed like a Great Master and his Disciples.

Master Young Seok Kim: Buddhist scriptures say that in the Sutra, one must be able to communicate with the heart, not to speak in word and to reach a high level of mutual understanding and enlightenment. In the Emperor's bore, Yin - Yang is the road of heaven and earth and the rule that controls all the things in nature. This is where life and death emerge as an expression of change. In the martial arts, defense (Yin) and attack (Yang) are the roads of martial arts and the rule that controls all the techniques. This is where life and death emerge as an expression of change.

제자: 무도인으로서 깨달음에 대해 알고 싶습니다.

사범 김용석: 깨달음이란 깨우치는것, 오도 혹은 자각이라고 한다. 자기 스스로 깨우친다는 뜻이다. 사람은 의혹 속에서 태어나 의혹 속에서 죽어간다. 이것은 인생에 주어진 스스로 풀어야 할 영원한 과제다. 따라서 진정한 무도의 깨우침 또한 스스로 이루어내야 한다. 스승이 제자에게 가르친다고 모든 것을 깨우칠 수 있는 것이 아니다. 혹독한 수련을 통해서 스스로 느끼고 마음으로 깨우침의 길을(도) 열 수 있어야 한다. 자신이 깨우친 무도 또한 남에게 모든 것을 전할 수는 없다.

설탕의 단맛을 말로는 표현하기 어려우나 스스로 맛을 보아 설탕이 무엇인지 느낄 수 있는 것이다. 마찬가지로 무도의 공부도 스스로의 느낌을 통해 깨달음을 얻어내야 한다. 수련을 통해 몸과 마음으로 깨우치고 계속 정진해나가야 한다.

제자: 말로는 알아듣겠는데 마음으로는 느낄 수가 없군요. 좀 더 쉽게 설명해주십시요.

사범 김용석: 인도에서 중국으로 건너가 처음으로 선을 전파한 달마대사가 면벽 9년 동안 선을 하면서 2대 혜가를 얻은 얘기가 선의 공안으로 쓰게 된 첫 기원이 됐는데 도움이 됐으면 한다.

달마대사가 동굴 속에서 벽을 향해 앉아 선을 9년째 하고 있었다. 그때 혜가라는 중이 찾아왔다. 가르침을 받으러 온 혜가는 동굴 밖에서 달마의 대답을 기다리고 있었다. 사흘 낮밤을 밖에서 달마의 가르침인 기다림을 마음으로 전할 수 없음을 알고 자신의 근기와 배움에 대한 절박감이 부족하다고 느껴 스스로 자신의 왼팔을 잘랐다. 달마의 가르침을 통해 깨우침을 얻기 위한 혜가의 절실함에 자신의 팔은 고깃덩어리에 불과하고, 마음이 바르지 못한 몸뚱아리는 썩은 고기를 지닌 것과 같다고 생각했다. 그때 달마는 뒤를 돌아보면서 무엇 하러 왔느냐고 물었다. 혜가는 마음이 편치 못해서 왔다고 말했다. 달마는 손을 내밀며 편치 못한 마음을 가져오라고 했다. 혜가가 마음을 구하려 해도 구할 길이 없다고 하자, 달마는 "구할 수 없는 마음을 왜 구하려 하는가, 나는 벌써 네 마음을 편하게 하였느니라" 하고 말했다. 이 말에 혜가는 크게 깨우쳤다.

있지도 않은 편안하지 않은 마음에 매달렸던 것은 스스로의 마음이었던 것이다. 그러한 고민을 달마에게 호소하여 한두 마디 오가며 스스로 느끼고 깨우치게 한 것이다. 결국 스승은 말로 표현하기 어려운 이치를 스스로 깨우칠 수 있게 방향을 제시하여 제자가 가는길(도)에 도움을 줄 수밖에 없는 것이다. 자신이 깨우친 길(도) 또한 그대로 전달할 방법이 없었다. 따라서 깨우침은 같을 수도 없으며 대자연의 진리에 순응하면서 도리에 어긋나지 않게 문이 없는 큰길을 향해(대도무문) 끊임없이 정진해나가야 하는것이 무도인이 나아가야 할 길(도)이다.

제자: 그래서 일부 무도인들과 소림사 스님들이 한 손을 가슴 앞에 놓고 인사를 한다고 들었습니다. 참으로 훌륭한 스승과 제자인 것 같군요.

사범 김용석: 불교 경전 <금강경>에서, 마음으로 전할 수 있는 것이지 말로는 얻을 수 있는 것이 아니라고 하였듯이 서로 마음으로 전하고 깨우친 높은 경지에 오른 것이다. <황제내경>에서 음양이란 천지의 길이고, 삼라만상을 통제하는 규칙이라고 했다. 변화를 일으키는 주체로서 살리고 죽이는 것이 여기서 나온다고 하였다. 무도에서 방어(음)와 공격(양)이란 무도의 길이고, 모든 술기를 통제하는 규칙이다. 변화를 일으키는 주체로서 살리고 죽이는 것이 여기서 나온다.

Discípulo: Quiero saber acerca de la iluminación como artista marcial.

Maestro Young Seok Kim: La iluminación es llamada el despertar, iluminación espiritual o consciencia. Es un autodespertar. Una persona nace dudando y muere con duda. Ésta es una tarea eterna en la vida. Así que la verdadera iluminación de las verdaderas artes marciales debe obtenerse por sí misma. Uno no puede despertar todo por su cuenta, el maestro no puede enseñarle todo al discípulo. A través de un duro entrenamiento se puede abrir el camino (Do) de la iluminación en su corazón. Sin embargo, la arte marcial que ha sido activada no puede ser transmitida a los demás.

Es difícil expresar en palabras la dulzura del azúcar, pero puedes experimentar su sabor. De manera similar, el estudio de las artes marciales y la conquista de la iluminación deben ser experimentados personalmente a través del entrenamiento. El cuerpo y la mente pueden ser despertados y debemos mantener nuestra dedicación a la iluminación.

Discípulo: Puedo escucharlo, pero no puedo sentirlo en mi corazón. Quisiera que me lo explicara de una manera más sencilla.

Maestro Young Seok Kim: El Santísimo Dharma, quien había comenzado a difundir la meditación por primera vez en China de la India, se sentó a meditar mirando una pared por unos nueve años. Durante esta meditación logró que los monjes de una segunda generación del templo Shaolín se le unieran. Esta es la historia de Hyega y el origen del catecismo de meditación.

En ese tiempo, Hyega vino a visitarlo y estuvo esperando fuera de la cueva la respuesta de Dharma. Sabía que no podía expresar las ansias de su corazón, mientras esperaba las enseñanzas de Dharma. Esperó tres días y tres noches. Sintió que no tenía urgencia acerca de su ánimo por aprender, entonces se cortó su brazo izquierdo. En su deseo por obtener la iluminación a través de las enseñanzas de

Dharma, pensó que su brazo era solo una protuberancia vieja e inservible que su cuerpo poseía, como carne podrida. En este momento, Dharma le preguntó: ¿por qué has venido? Hyega le respondió: "No me siento cómodo con mi corazón". Dharma le estrechó su mano y le dijo: "Tráeme tu mente incómoda". Hyega le respondió: "Traté de entrar en mi mente, pero no hay manera de hacerlo". Dharma replicó, "¿Por qué estás tratando de entrar en una mente que no puedes obtener? Ya he consolado tu corazón". Entonces Hyega despertó vastamente.

Al final, el maestro había guiado a su discípulo hacia el camino (Do). La comprensión de la Verdad no puede obtenerse de otras personas. Olvidas tu propia carne cuando buscas la Verdad y tu determinación te guiará a lo que desees. Por lo tanto, hay un camino (Do) para que el artista marcial marche constantemente hacia el gran camino sin una puerta. Entonces ya no será el mismo y se ajustará a la verdad de la naturaleza.

Discípulo: He escuchado que algunos artistas marciales y monjes del Templo Shaolín hacían la reverencia con una mano delante de su pecho. De hecho, es como un Gran Maestro y sus Discípulos.

Maestro Young Seok Kim: Las escrituras budistas (Sutras), dicen que uno debe de ser capaz de comunicarse con el corazón, no hablar con palabras y alcanzar un alto nivel de entendimiento e iluminación mutua. En la dimensión del Emperador, el Yin - Yang es el camino del Cielo y la Tierra y la regla que controla todas las cosas en la naturaleza. Es aquí donde surgen la vida y la muerte como expresión del cambio. En las artes marciales, la defensa (Yin) y el ataque (Yang) son expresiones de los caminos de las artes marciales y la regla que controla todas las técnicas. Es aquí donde surgen la vida y la muerte como expresión del cambio.

THE WAY (DO) THE MASTER SHOULD GO / 사범이 나아가야 할 길(도)에 대하여 / ACERCA DE LA VÍA (DO) QUE EL MAESTRO DEBE SEGUIR

"A Master should take initiative with pure words and actions that coincide with a loving and generous attitude." / *"사범은 사랑과 너그러운 자세로 순수한 뜻을 품고 언행을 일치할 수 있도록 솔선수범해야 한다."* / *"Un Maestro debe tomar la iniciativa con palabras y acciones puras que coincidan con una actitud amorosa y generosa."*

Disciple: Tell me about the way (Do) to go as a Master.

Master Young Seok Kim: "Do" is the way a person should live as a human being. A Master must be a martial artist who cultivates human beings, knowing how to pull out the weeds and how to care the plants to grow well.

A Master should have a clean mind, like the soil that purifies the air. In addition, a master should also take initiative with pure words and actions that coincide with a loved and generous attitude.

If the Masters are able to teach and correct their students' lacking and wrongs correctly, there will be no shortcoming as the Master knows how to correct improper expressions of his students.

Therefore, the attitude of the Master should be same as a parent. The mother is expressed in the Earth (negative) and the father is expressed in the heaven (positive). The earth makes the purpose of living by rooting life and heaven makes the motivation to live by cultivating life.

So, Earth (mother) receives everything (mercy) without discarding anything, Heaven (father) covers everything (love) without being partial. Mother's mercy is generous and yet strict (soft and yet strong) and the Father's mercy is strict and yet loving (strong and yet soft). Mercy and a loving heart should not be considered as a shy person who just thinks, but as a person who leads the way in nurturing active practice, and it is a force who causes a human being to act.

In order to do this, we must develop self-discipline by cultivating inner self-empowerment through external impulses. Cultivation occurs through the physical phenomena and by matching internal impulse (spiritual) with external factors (skills). Because people cannot be as fast as tigers or as strong as bulls, people strive to pursue the way (Do).

Disciple: I have to devote myself harder with a new heart. Thank you, Sir. Long ago, martial artists cherished honor, name, faith and respect, which for a Master was also absolute.

Master Young Seok Kim: That is right. The martial artist should value their name. Honor and loyalty are the basic attitude of the martial artist. The martial artist, who follows the tradition, believed it was an obligation and right that should be obeyed beyond death. There is true courage to act on ritual disembowelment without hesitation, when commended by a Master. This cannot be accomplished if one does not have honor and loyalty to protect one's family name.

Patriots who sacrifice their lives for the country without hesitation can come out of such a spirit. In Bruce Lee's movie, Fist of Fury, (need to italicize movie titles) I was impressed by his death since it preserved the names and honor of his Master and alumni.

Disciple: It seems like a novel and movie story that I cannot remember. It is like the life of a wonderful martial artist who wants to live in that age. On the other hand, it seems that people now are shameful and stubborn. Like a bean plant grows from a bean, I must become a shameless martial artist by learning and awakening under a great master.

Master Young Seok Kim: The path of a martial artist is no different from my own personal life history. At first, I was learning superficially with my mind, without completely investing in the learning and without testing my ability through challenges. While focusing only on self-interest of arrogance and selfishness, I felt my limitations over time and fell into weakness of failure and giving up. When I began to feel the vanity of martial arts and my inner fears surfacing, I began to feel humility and saw the limits of my physical ability.

It is human instinct to fight until the last moment of death. I learned that I cannot win the truths of the law of nature in the survival competition of life. I know I have to fight while doing my best (Living). Eventually you realize that you have to focus on the laws of nature to reach the end (Death). In order to reach the highest level of the martial arts, one must be able to be enlightened with the principle and truths of the law of nature.

If we do our best to keep honor, faith and dignity in the transcendence of life, and keep infinite devotion to gain enlightenment, the essence of being does not occur nor does it disappear. It only changes because it lives in void. There is no cleanliness and no contamination. The void has no substance and it is no different from the Buddha who greatly realized the eternal truth; there is nothing to add to it or subtract from it.

In other words, the eternal truth is a world without beginning, and without end. It is a world of freedom where there is no bondage and no discipline causation. To make life is to control life. If we see the source of life as the sun (father), it is the moon that creates life (mother). I stand right on the body of the earth. I am confronted with the body of life, and I must finally be able to face the source.

The path a martial artist should take is the same as the Buddha. He explained the truth and expressed the truth of enlightenment to his disciple, Gaseob, who had only broken and lifted the lotus with a smile. This was noted in a parable about the moon where he raised his finger to explain the truth.

Disciple: I feel that the righteousness of the martial artist must be achieved not only through physical skills, but also correct mental enlightenment. Thank you, Sir.

제자: 사범으로서 가야 할 길에 대해 말씀해주십시요.

사범 김용석: 도란 사람을 인간답게 살아갈 수 있도록 만드는 길이다. 사범은 인간을 농사짓는 사람으로서 잡초를 뽑아버리고 모를 잘 키워줄 줄 아는 무도인이 되어야 한다.

사범은 냄새 나는 것을 덮어주고 그 냄새를 정화해주는 흙과 같은 청정한 마음을 품어야 한다. 또한 사랑과 너그러운 자세로 지도자로서 순수한 뜻을 품고 언행을 일치할 수 있도록 솔선수범해야 한다.

제자들의 부족함과 잘못을 바르게 지도하여 정화해줄 수 있다면, 때 묻은 표현 발산을 깨끗이 빨아줄 줄 아는 사범으로서 부족함이 없을 것이다.

그래서 사범의 마음가짐은 부모와 같아야 한다. 어머니는 땅이요(음), 아버지는 하늘로(양) 칭함은 땅은 생명의 뿌리를 박게 하여 살아가는 목적을 만들어주고, 하늘은 생명을 가꾸게 하여 살아가는 동기를 만들어준다.

따라서 땅은 모든 것을 받아들여(자비) 내버리는 것이 없고, 하늘은 모든 것을 덮어주고(사랑) 치우치는 것이 없다. 어머니의 자비는 자애스러우면서 엄하고(유중강), 아버지의 사랑은 엄하면서도 사랑스러움(강중유)이 있다. 이러한 자비와 사랑스러운 마음을 갖고 생각만으로 그치는 소심한 사람으로 만들지 말고 행동하는 인간이 될 수 있는 대범하고 적극적인 실천력을 키워주는 데 앞장서야 한다.

그러려면 물리적 현상에서의 모든 생활을 행동철학화해 내적 충동과(정신력) 외적 요인(기술)을 일치시켜 외적 충동으로 인한 내적 자신력을 키워 용기를 심어주고, 의연한 자세를 길러줌으로써 자립 정신을 키워줘야 한다. 이러한 모든 것이 빠르기는 호랑이만 못하고 힘은 황소만 못하는 인간이 왜 도를 추구하는가의 이유가 되지 않는가 한다.

제자: 새로운 마음을 갖고 더 열심히 정진하겠습니다. 감사합니다. 옛날 무도인들은 명예와 이름을 소중히 여기고 스승님에 대한 믿음과 존경심 또한 절대적이었다고 합니다.

사범 김용석: 맞는 말이다. 무도인은 이름을 소중히 여겨야 한다. 명예와 신의를 지키는 것이 무도인의 기본자세다. 따라서 전통을 지키는 무도인은 죽음을 넘어선 무도인이 지켜야 할 도리와 의무라고 생각했다. 그렇기에 스승이 명한 할복 행위를 순간의 망설임도 없이 행함으로써 가문의 이름을 지켜낸다는 것은 명예와 신의가 없이는 이루어질 수 없는 의연한 용기다.

나라를 위해 자신의 목숨을 주저하지 않고 희생한 애국자들이 그러한 숭고한 정신에서 나올 수 있는것이다. 이소령 영화 <정무문>에서 내가 감동 깊게 본 것은 죽음으로써 스승과 동문의 명예와 이름을 지킨 장면이다.

제자: 지금은 생각할 수 없는 소설과 영화 같은 이야기인 것 같습니다. 그 시대에 살고 싶은 멋있는 무도인의 인생 같습니다. 마음 한편으로 부끄러우면서도 뜨끔한 일침인 것 같습니다. 콩 심은 데서 콩이 난다고 했듯이 훌륭한 스승 밑에서 바르게 배우고 깨우쳐 부끄럽지 않은 무도인이 되겠습니다.

사범 김용석: 무도인 이 가야할 길(도) 또한 생로병사와 다르지 않다. 처음에는 두려움 없이 배움에 빠져 정신없이 수련을 하면서 도전을 통한 자신의 능력을 시험하고 오만함과 이기심의 자아도취에 머무는 동안 시간이 흐르면서 자신의 한계를 느끼고 실패로 인해 나약함에 빠져 포기하는 이도 생기고 무도에 대한 허무함도 느끼기도 한다. 허무함과 뒤처지는 것에 두려움을 느끼기 시작할 때는 육체의 능력에 한계를 느끼면서 비로소 자신을 볼 수 있는 겸손함이 시작되는 것이다.

죽음이라는 최후와 싸우는 것은 인간의 본능이다. 삶의 생존 경쟁에서 자연의 법칙이라는 진리를 이길 수 없음을 배우고(수명), 그래도 최선을 다하면서 싸워야 함을 알면(인생) 결국 자연의 화살을 맞고 최후를 맞이해야 하는 것을 깨우치게 되는 것이다(죽음). 따라서 무도인의 최고 경지에 이르려면 자연 법칙의 이치와 진리를 깨우쳐야 한다.

생명의 초월함 속에 명예, 신의 그리고 이름을 지키는 데 최선을 다하고 그것을 통한 깨달음을 얻기 위해 무한히 정진한다면 존재의 본질은 생기는 것도, 사라지는 것도 아니며 다만 변할 뿐 아니라 공하기 때문에 깨끗함도, 더러움도 없다. 어떤 실체가 없는 것이 바로 공인데 거기에는 무엇을 더하거나 뺄 수 있는 것 자체가 없다는 영원한 진리를 크게 깨달은 부처와 다르지 않을 것이다.

즉 영원한 진리란 시작도 없으며 끝도 없는 세계다. 거기엔 일체의 속박도 없고 인과의 규율도 없는 자유의 세계인 것이다. 생명을 만들어 내는 것은 생명을 지배하는 것이기도 하다. 그 생명의 근원을 태양으로 본다면 (아버지) 생명을 창조하는 것은 달이다(어머니). 지구의 본체에 서 있는 내가 바로 본체다.

그 생명의 본체와 대결하고 있는 나는 결국 그 근원과 맞설 수 있어야 한다. 따라서 무도인이 가야 할 길(도)은, 부처가 진리를 설명하면서 손가락을 치켜들어 달을 향한 비유법에 그의 제자 중 가섭만이 연꽃을 꺾어 들며 미소로 화답했다는 깨우침의 진리를 마음으로 전하였듯이 서로 다르지 않을 것이다.

제자: 무도인의 바른길은 육체적인 기술뿐만 아니라 정신적인 올바른 깨우침을 통해 이루어져야 한다는 것을 새삼 느끼게 됩니다. 감사합니다.

Discípulo: Habléme de la vía (Do) para ir como un Maestro.

Maestro Young Seok Kim: El Do es el camino en el que una persona debería vivir como ser humano. Un Maestro debe ser un artista marcial que cultive seres humanos, sabiendo como extraer sus malezas y cuidarlos para que crezcan bien.

Un Maestro debe tener una mente limpia, como el suelo que purifica el aire. Y debe tomar la iniciativa con palabras y acciones puras que coincidan con una actitud amorosa y generosa. Si el Maestro puede corregir correctamente las faltas y equivocaciones de sus discípulos, no habrá deficiencias, pues corregirá sus expresiones incorrectas. Por lo tanto, la actitud del Maestro debe ser igual a la de un padre.

La madre está expresada en la Tierra (negativo) y el padre en el Cielo (positivo). La Tierra tiene el propósito de vivir arraigando la vida y el Cielo tiene la motivación de vivir cultivando la vida.

Así que, la Tierra (madre) recibe todo (misericordia), sin descartar nada. El Cielo (padre), lo cubre todo (amor), sin ser parcial. La misericordia de la madre es generosa pero estricta (dulce pero fuerte), y el amor del padre es estricto pero cariñoso (fuerte pero suave). Una persona con corazón misericordioso y amoroso no debe ser considerada tímida que solo piensa, sino como alguien que guía el camino en una práctica activa y propicia, y es la fuerza que hace que el ser humano actúe.

Para poder hacer esto, debemos desarrollar la auto-disciplina, cultivando el auto empoderamiento a través de los impulsos externos. El cultivo ocurre a través del fenómeno físico, al ajustar el impulso interno (espiritual) con los factores externos (habilidades). Ya que las personas no pueden ser tan rápidas como tigres o tan fuertes como toros, se esfuerzan para seguir el camino (Do).

Discípulo: Debo dedicarme más a cultivar un nuevo corazón. ¡Gracias, Señor! Hace mucho tiempo, los artistas marciales atesoraban honor, nombre, fe y respeto, lo que para un Maestro también era absoluto.

Maestro Young Seok Kim: Eso es correcto. El artista marcial debe valorar su nombre. Honor y lealtad son sus actitudes básicas. El artista marcial que sigue la tradición, creía que ésta es una obligación y derecho que debería obedecerse más allá de la muerte.

Se requiere verdadero coraje para participar sin vacilación en un ritual de destripamiento, cuando se es encomendado por un Maestro. Esto no se puede lograr si uno no tiene el honor y la lealtad de proteger el nombre de su propia familia.

Los patriotas que sacrifican sus vidas por su país sin vacilación manifiestan ese espíritu. En la película de Bruce Lee, *Puños de furia*, su muerte me impresionó porque ésta preservaba el nombre y el honor de su Maestro y discípulos.

Discípulo: Se parece a una novela y película que no puedo recordar. Es como la vida de un maravilloso artista marcial que quiere vivir en esa época. Por otro lado, parece que ahora la gente es infame y obstinada. Una planta de frijol crece de un fríjol, debo convertirme en un artista marcial atrevido, despertando y aprendiendo bajo un gran maestro.

Maestro Young Seok Kim: El camino que un artista marcial deberá tomar no difiere del de la historia de mi vida. Al principio, yo estaba aprendiendo superficialmente con la mente, sin dedicarme por completo al aprendizaje y sin probar mi capacidad a través de los retos. Mientras me enfocaba en interés propio de la arrogancia y el egoísmo, con el tiempo percibí mis limitaciones y me entregué a la debilidad del fracaso y el renunciamiento. Cuando empecé a sentir la vanidad de las artes marciales y mis miedos internos surgiendo, empecé a sentir humildad y percibí los límites de mi capacidad física.

Es un instinto humano luchar hasta la muerte. Aprendí que no puedo ganar las verdades de la ley de la naturaleza en la competencia de sobrevivencia de la vida. Sé que tengo que luchar mientras hago lo posible (Vivir). Eventualmente te darás cuenta de que tienes enfocarte en las leyes de la naturaleza y llegar hasta el final (Muerte). Con el fin de alcanzar el más alto nivel de las artes marciales, uno debe ser capaz de ser iluminado por el principio y las verdades de la ley de la naturaleza.

Si hacemos lo mejor para mantener el honor, la fe y la dignidad en la trascendencia de la vida, y mantenemos una infinita devoción para obtener la iluminación, la esencia del ser no ocurre ni desaparece. Solo ocurrirán los cambios cuando estemos vacíos, sin limpieza ni contaminación. El vacío no tiene sustancia, no es diferente del Buda que se percata de la verdad eterna, que no hay nada que añadir o quitar de ella.

En otras palabras, la verdad eterna es un mundo sin principio ni fin. Es un mundo de libertad, donde no existe esclavitud ni causalidad de disciplina. Hacer vida es controlar la vida. Si vemos la fuente de vida como el sol (padre), es la luna la que crea la vida (madre). Me pongo de pie sobre el cuerpo de la tierra. Me enfrento con el cuerpo de la vida, y finalmente debo ser capaz de enfrentar la fuente.

El camino de un artista marcial debe ser el mismo que el de Buda. Cuando explicó la verdad y expresó la verdad de la iluminación a su discípulo, Gaseob, quien había roto y alzando el loto sólo con una sonrisa, como estaba escrito en la parábola sobre la luna, levantando su dedo para explicar la verdad.

Discípulo: Siento que la virtud del artista marcial debe alcanzarse no sólo a través de las habilidades físicas, sino también a través de la correcta iluminación mental. ¡Gracias, Señor!

A MASTER IS NOT CLOSE TO DANGER / 사범은 위험에 가까이하지 않는다 / UN MAESTRO NO SE ACERCA AL PELIGRO

"Anyone can be a martial arts Master, but few are Masters in life. Our total efforts should be focused on bettering ourselves and not our skills." / "누구든지 무도 사범이 될 수있다. 그러나 몇몇만이 인생의 사범이다. 우리의 모든 노력은 술기가 아니라 우리 자신을 개선하는 데서 이루어져야 한다." / "Cualquiera puede ser un Maestro de artes marciales, pero pocos son Maestros en la vida. Nuestro máximo esfuerzo debe enfocarse en mejorarnos a nosotros mismos y no a nuestras habilidades."

Disciple: I think there are a lot of things to keep up as a Master.

Master Young Seok Kim: First you must start by understanding the meaning of the word Master. A Master is a leader, a teacher, an educator and an example to others. In other words, all the actions, knowledge and virtues one has are exemplified when one is a Master of others. A leader in the military would be stationed on a hill, identified by posted flags. In the old days, this leader would receive commands from flag signals and drum beats in order to direct the army to the battlefield. To be a leader was to learn from the chief of people and so the meaning has changed to Master. Therefore, the purpose of a Master should be to develop a positive personality as well as physical skills so that they can live a successful life. A Master prepares himself by polishing his own ability, values, purpose and actions.

Teaching is a difficult and valuable mission, therefore, a Master has important responsibilities. A master must be able to plan the life and safety of his students. A master must also be mindful of how he can affect the course and value of the lives of those he teaches. The Master should be able to train on useful techniques, develop them into effective techniques and improve the morals, intellect, value and health of others. A master should always be a role model and of humble mind. The master makes sacrifices much like a candle burning itself into a bright light and guiding others by illuminating the dark night.

Take for example the story of a Master who is an expert of martial arts and is over 80 years old. The Master was resting in an acquaintance's house, when he saw a rotten persimmon tree in the garden. Stretching out, he climbed the persimmon tree with a saw in hand in order to cut off the rotten twig. As he climbed the tree, the master moved onto a branch extending past the wall of the house. Suddenly, the branch that the Master was stepping on broke, and the Master and branch fell outside of the wall. The next day someone came to this house looking for the Master. The landlord, who was the Master's acquaintance, guided this visitor to the Master. The visitor knelt before the Master and asked to be taught.

"How can you perform such a miraculous feat given your age?", said the visitor. "I came to seek your teaching." The landlord asked the visitor what happened. The visitor was walking on the road outside the wall and happened to see an old man trying to cut a branch on a tree. At that moment, as the branch broke, the old man fell off of the tree. I was impressed by how miraculously he rolled once, then sat down and lightly stood back up. He then walked into the house as if nothing happened. The landlord was proud of him and said, "I knew you were an expert Master". Then the Master said, "No, I have not reached the realm of the expert yet. If I were a true expert, I would not have placed myself so near to danger. What I did was foolish and embarrassing, knowing well that the persimmon tree would break. After hearing this, the landlord and the visitor bowed their heads again.

Whether an action is right or wrong, depends on the motive behind it. Nevertheless, the outcome of the action is still important. The Grandmaster is the symbolic past of a school as he is the head. Masters will be teaching students directly on the front lines. I also try hard not to be ashamed as a Master. I always like to say, "The path to becoming a wise man is to stand right without bias or partiality". This is the way (Do) the martial artist should go.

Disciple: I will work hard to become a useful, respected, and exemplary Master. Thank you, Sir!

제자: 사범으로서 지켜야 할 그리고 갖춰야 할 것이 많을 것 같습니다.

사범 김용석: 우선 사범이라는 뜻부터 풀이하자면 사(師)는 스승이고 범(範)은 모범이다. 즉 모든 행동과 학덕이 다른 사람의 스승이 될 만한 모범을 뜻한다. 사의 뜻은 원래 깃발이 꽂혀 있는 언덕 위에 주둔하는 군대를 뜻하는 글자다. 옛날에는 깃발이나 북으로 지휘하였기 때문에 사는 군대의 우두머리를 뜻하기도 했고 이런 우두머리에게 배울 것이 많다는 의미에서 스승이라는 뜻으로 바뀐 것이다. 사범의 목적은 육체적인 기술뿐만 아니라 긍정적인 인격체로 성장시켜 성공적인 인생을 살아갈 수 있도록 도와줘야 한다. 따라서 사범의 능력, 가치, 목적 그리고 행동을 토대로 스스로 갈고닦아 항상 준비된 자세로 임해야 한다.

가르치는 일은 그 무엇보다도 어렵고 가치 있는 임무다. 사범은 수련생의 생명과 안전을 도모할 수 있어야 하며 나아가서는 인생의 진로와 가치관까지 영향을 끼칠 수 있기 때문이다. 그러기에 사범은 유용한 기술을 훈련시키고 효과적인 기술로 발전시켜 책임질 수 있는 건강한 체력과 함께 도덕적, 지적 덕목을 길러줄 수 있어야 한다. 사범은 언제나 모범이 되어야 하고 겸허한 마음으로 자신을 태우면서(희생) 어두운 밤을 비춰주는 밝은 빛의 촛불 같은 안내자가 되어야 한다.

80세가 넘은 무도의 명인인 사범의 이야기를 하려 한다. 가까운 지인의 집에서 휴식을 취하던 사범은 정원에 있는 썩은 감나뭇가지가 밖으로 뻗어 있는 것을 보고 그 썩은 가지를 잘라주기 위해 톱을 들고 감나무에 올라가 담 밖까지 뻗어 있는 가지 위로 내딛는 순간 가지는 부러졌고 가지와 함께 사범은 담 밖으로 떨어졌다. 다음 날 한 사람이 찾아와 사범을 뵙기를 청했다. 사범의 지인인 집주인은 방문객을 사범에게 안내했다. 방문객은 사범 앞에 무릎을 꿇고 앉아 가르침을 청했다.

"선생님은 고령이신데도 불구하고 어떻게 그런 신기한 묘기를 행하실 수 있으십니까. 가르침을 받고자 하여 찾아왔습니다"라고 하자, 집주인은 "무슨 일이 있으셨습니까" 하며 방문객에게 물었다. 방문객이 담 밖의 길가에서 걸어오고 있었는데 노인 한 분이 나무 위에서 나뭇가지를 자르려고 하는 것을 우연히 보게 됐다. 그 순간 나뭇가지가 꺾이면서 노인도 함께 떨어졌는데 한 바퀴 돌아 바닥에 사뿐히 내려앉고서 그대로 집 안으로 유유히 들어가는 것을 보고 그 신기에 감탄했다. 그는 "집주인은 역시 명인이십니다" 하며 자랑스러워했다. 그러자 사범은 "아니야 나는 아직 명인의 영역에 도달하지 못했네. 명인이라면 위험에 가까이하지 않아야 하네. 나는 감나무가 잘 부러지는 줄 알면서도 올라간 어리석고 부끄러운 짓을 했네." 이 말을 들은 두 사람은 다시 고개를 숙였다.

행위의 옳고 그름이 동기에 달렸다고는 하지만 행위의 결과 또한 중요하다. 그래서 나는 관장님이라고 불리는 것보다 사범이라고 불리기를 원한다. 관장님은 한 도장의 주인으로서 상징적인 과거형인 것 같기 때문이다. 사범은 일선에서 학생들을 직접 지도하는 현재 진행형이다. 나 또한 사범으로서 부끄럽지 않기 위해 더욱 열심히 노력하려 한다. '중이정립지인지도' 즉 '어느 곳에도 치우치지 않고 항상 바르게 살아가는 것이 현명한 이가 나아가야 할 길이다'라는 말을 나는 좋아한다. 그것이 바로 무도인이 나아가야 할 길(도)이다.

제자: 쓰임이 될 수 있고 존경받는 그리고 모범을 보이는 사범이 되도록 열심히 노력하겠습니다. 감사합니다.

Discípulo: Pienso que hay muchas cosas para ser un Maestro.

Maestro Young Seok Kim: Primero se debe empezar por entender el significado de la palabra Maestro. Un Maestro es un líder, un profesor, un educador y un ejemplo para los demás. En otras palabras, todas las acciones, conocimiento y virtudes que uno tiene están ejemplificadas cuando se es un Maestro de los demás. Un líder en las fuerzas militares estaría estacionado en una colina, identificado banderas. Antaño, este líder recibía órdenes por medio de señales con banderas y sonidos de tambor para dirigir al ejército al campo de batalla. Ser un líder era aprender a dirigir a la gente, y con el tiempo, su significado fue cambiado a Maestro. Por lo tanto, el propósito de un Maestro debería ser desarrollar una personalidad positiva y grandes habilidades físicas, que le permitan llevar una vida exitosa. Un Maestro se prepara a sí mismo, perfeccionando sus habilidades, valores, propósitos y acciones.

El enseñar es una misión difícil y valiosa, por lo tanto, un Maestro tiene importantes responsabilidades. Un Maestro debe ser capaz de planear la vida y cuidar la seguridad de sus discípulos. Un Maestro también debe ser consciente de la manera en que él puede afectar el curso y la calidad de las vidas de aquellos a quienes enseña. Por lo tanto, él deberá ser capaz de entrenar con técnicas efectivas y mejorar la moral, intelecto, valor y salud de los demás. Un Maestro siempre debe ser de mente humilde y un modelo a seguir. Muestra sacrificio, similar a una vela quemándose, para producir luz y de esta manera guiar iluminando a otros a través de la noche oscura.

Toma como ejemplo la historia de un Maestro de arte marcial de más de 80 años de edad. Él estaba descansando en casa de un conocido, cuando vio en el jardín un árbol de caqui con una rama podrida. Estirándose, se subió al árbol con una sierra en la mano, con el fin de cortar la rama podrida. Al subirse, se subió a una rama que se extendía fuera de la cerca de la casa. De repente, esta rama se rompió, y el Maestro y la rama cayeron afuera de la cerca. Al día siguiente alguien vino a la casa en busca del Maestro. El casero, que era el conocido del Maestro, lo llevó ante él. El visitante se arrodilló ante el Maestro y le pidió que le enseñara.

"¿Cómo pudo realizar esa milagrosa hazaña a su edad?" Dijo el visitante. "Vine a buscar sus enseñanzas". El casero le preguntó al visitante qué había pasado. El visitante estaba caminando por la calle fuera de la cerca y vio a un hombre mayor tratando de cortar una rama sobre un árbol. En el momento en que la rama en que estaba parado se quebraba, el viejo cayó al piso, y fue impresionante la manera milagrosa en la que él fácilmente rodó, se sentó y se puso de pie. Y luego volvió caminando a la casa como si nada hubiera sucedido. El casero estaba orgulloso de él y le dijo, "sabía que usted era un Maestro experto". Entonces el Maestro le dijo: "No, realmente aún no he alcanzado la maestría, si yo fuera un verdadero experto, no me hubiera expuesto tanto al peligro. Lo que hice fue estúpido y vergonzoso, sabiendo bien que la rama podrida del árbol se podría quebrar". Después de escuchar esto, el casero y el visitante le hicieron otra reverencia.

El que una acción sea correcta o incorrecta depende del motivo que la impulsó. De todas maneras, su consecuencia es aún trascendente. El Gran Maestro es el simbólico pasado de una escuela de la cual él es el líder. Los Maestros les enseñan a sus discípulos directamente en el campo de batalla. Me esfuerzo mucho para no avergonzarme como Maestro. Me gusta decir: "El camino para convertirse en un hombre sabio es tener una postura sin prejuicios o parcialidades". Este es el camino (Do) en que el artista marcial debe ir.

Discípulo: Trabajaré duro para convertirme en un Maestro útil, respetado y ejemplar. ¡Gracias, Señor!

NATURE AND ME / 자연과 나에 대하여 / LA NATURALEZA Y YO

"When we are born, we take in the universal energy of nature that exists throughout the universe. We live and die within the cycle of nature. So too, the structure of our body is often in harmony with nature." / *"우리는 우주의 정기(오운육기)를 받아 부모로부터 태어나서 우주라는 자연 속에서 살다가 자연 속에서 죽어간다. 그래서 우리 몸의 구조는 자연과 일치하는 것이 많다."* / *"Cuando nacemos de nuestros padres, tomamos la energía universal de la naturaleza que existe a través del universo. Vivimos y morimos dentro del ciclo de la naturaleza. Por lo cual, la estructura y función de nuestro cuerpo está frecuentemente en armonía con la naturaleza y la energía del universo."*

Disciple: I believe the relationship between nature and me is relevant. I want to know about life and nature.

Master Young Seok Kim: In the SAM IL SHIN GO, it is reported that a man has three truths: nature, life and soul from the universe. From the beginning of life on earth, the mind, energy and the flesh are rooted to each other. They work together to create change when we feel, breathe and touch.

When we are born from our parents, we take in the universal energy of nature that exists throughout the universe. And we live and die within the cycle of nature. So too, the structure of our body is often in harmony with nature.

The Earth has five oceans and six continents. Our body also has five visceral organs and six organs of entrails. The Earth is composed of 60-70% water. Similarly, our body is composed of 60-70% water. The ebb and flow of the tide are effects of the centrifugal forces of the Moon and Earth. In other words, as the Moon and Earth rotate, the ebb is caused by the force of the moon moving away from the earth. At the same time, the water levels on the opposite side of the Earth swell up due to the centrifugal force. This is known as the tide.

The moon calendar shows a full moon every 28 days and sea life reproduce when the tide is high. Women also start ovulation when the full moon has ended and the menstrual cycle begins at 28 days, which is also when the moon is fully tilted. The full moon is linked to the symbol of life creation. A women's reproductive ability is also influenced by the full moon, as such children are often born around full moon. Therefore, on the full moon, the senses are sensitive and it is easy for one to be tempted. When the moon is full, energy is strengthened and flesh becomes hard. When the moon is tilted, energy is weakened and flesh becomes soft.

Changes in the moon can also affect a person's time of death. Most deaths of patients who are suffering from chronic illness and senility occur at low tide. This is when the sea level is low. Conversely, patients dying of cerebral hemorrhage occur during high tide, which is when the sea level is high. Pulmonary tuberculosis, hemorrhaging and digestive system bleeding also occur around full moon. We are not irrelevant to the laws of the Yin Yang Five Elements and the Law of nature. We are divided into female (Yin) and male (Yang) by the laws of the five elements, which consists of the five visceral organs, (liver, heart, spleen, lung and kidney), the five descriptions of taste, (sour, bitter, sweet, spicy and salty), the five expressions of emotions (anger, joy, reflection, sadness and fear), and the five structures of our body (muscle, veins, flesh, skin, and bones).

Both the hands and feet have 5 fingers and toes. A man has 10 holes in his body, symbolic of the decimal system and of creation through science. A woman has 12 holes in her body, representative of the 12 months, nature and creation of life. To be clear, additional holes with in a women are the nipples which are used for breastfeeding. Our fingers are made of 3 sections each, which total 12 sections. Our thumb is made of 2 sections. The sections of the thumb can be seen as the sun and the moon, or as the mother and father. The 4 fingers can be as the 4 seasons; each being made of 3 months each. The 4 fingers also represent heaven and the 4 columns of time: year, month, day, time and hour. As such, we are born with an unchangeable fate that the heaven gave us through our parents. However, within our palm exists the destiny line. Just as the Earth receives energy from Heaven, and all things are created and changed, I can change my destiny according to my efforts. Destiny is more important than unchangeable fate as I am capable of changing my life on my own.

The fate of my life depends on me. Take a look at my own destiny. I learned Taekwondo and Hapkido because I was weak. I was born in a rural village called Cheon An and I grew up in Seoul. How could I have imagined that I would go to Medellin, Colombia, which is a city in South America to teach Taekwondo and Hapkido, a place I had never thought or nor knew anything about? Never did I think I would move to New Orleans, Louisiana and then to San Diego, California to build my schools. How would I have known that my life would be complete with a wife, two daughters, two son-in-laws and four grandchildren? I could not imagine the relationships I have formed with my students, as well as the tens of thousands of martial artists and their families I have met over the decades. This is the reason why the relationship between master and disciple is so important. Even though our body comes from our parents, it is the correction of the mind and the obtainment of true enlightenment that requires true teaching and a true master.

I have seen today that I cannot be denied of my absolute fate of conforming to the laws of nature, which is truth, and I am expecting my new destiny, which I have sowed, to bring the experience of what I reap as tomorrow's experience. The techniques of defense (Yin) and attack (Yang) of the martial arts cannot be categorized. It is not right to distinguish between defense (Yin) and attack (Yang). Defense is implicated in attack; attack is also implied in defense.

To be separated from each other is to be changed, and to be changed assumes to not conform to the truth. It is the purpose of training in martial arts to achieve the constant pursuit of what it wants to do and achieve the way (Do). It is a (the) fate of martial arts to experience the process of inquiry, according to the situation mutually separated by means and purpose.

The conclusion is that everything that exists in this world is related to make one perfect. Completion can only occur through achieving harmony. This harmony of attack and defense techniques has led to the creation of martial arts, and the battle of completion has been achieved through hands and feet.

The harmony of water and fire creates energy and the combination of negative and positive atoms creates electrical energy. Through the love of parents, a combination of positive and negative energies, we are born. This harmony between nature and my being can make me complete. It is the way (Do) that I must come to follow this reasoning by conforming to the truth through unity without being denied.

Disciple: I am afraid that I cannot contradict the truth of the sublime nature. I will rightly become enlightened and devote myself to the teachings of the Master in accordance with the truth.

제자: 자연과 나와의 상관관계는 무관하지 않다고 봅니다. 자연과의 삶에 대해 알고 싶습니다.

사범 김용석: <삼일신고>에서 이르기를 "사람은 세 가지의 참된 것(성품, 목숨, 정기)을 우주로부터 지니고, 지상의 삶이 시작하는 때로부터 마음과 기운 그리고 육신이 뿌리를 내리므로 그러한 것들이 서로 작용하여 느낌과 호흡, 촉감의 변화 작용을 짓게 된다"고 했다. 우리는 우주의 정기(오운육기)를 받아 부모로부터 태어나서 우주라는 자연 속에서 살다가 자연 속에서 죽어간다. 그래서 우리 몸의 구조는 자연과 일치하는 것이 많다.

지구에는 오대양 육대주가 있고 우리 몸에는 오장 육부가있다. 지구의 60~70%는 물이고, 우리 몸 또한 60~70%의 물로 구성되어 있다. 밀물과 썰물은 달과 지구의 원심력 즉 달과 지구가 돌 때 달이 지구로부터 달아나려는 힘에 의해서 발생한다. 달 쪽을 향한 바닷물이 달을 끌어당기는 힘에 의해서 부풀어 오를 때 반대편 지구의 바닷물은 원심력에 의해 부풀어 오른다. 이것이 밀물이다.

달력은 28일을 주기로 보름달이 떠오르고 해양 생물은 밀물일 때 짝짓기를 한다. 여성 또한 보름달일 때 배란을 하고 달이 완전히 기울 때 월경이 28일을 주기로 시작된다. 보름달은 생명 창조의 상징으로 연결되어 있어 여성의 수태 능력 또한 보름달의 영향을 받는다고 하여 만월 전후에 출산하는 경우가 많다. 그래서 보름달에는 감수성이 예민하여 유혹에 넘어가기 쉽다고 했다. 만월이 되면 기력이 충만해지고 기육이 단단해진다. 달이 기울

어지면 기력이 약해지고 기육이 감퇴된다. 달의 변화는 사망 시간과도 관계가 있다. 만성병과 노쇠로 사망한 환자 대부분이 썰물 때 즉 해수면이 낮아질 때 발생한다. 반대로 뇌출혈 환자는 밀물 때 즉 해수면이 높을 때 발생한다. 이때 상처가 있을 때 출혈량이 많아지기 때문이다. 폐결핵, 각혈, 소화기 계통 출혈도 만월 전후에 많이 발생한다.

음양오행(陰陽五行)의 법칙 그리고 자연의 법칙과 우리는 무관하지 않다. 여성(음)과 남성(양)으로 구분되어 있는 우리는 오행의 법칙에 따라 간장·심장·비장·폐·신장(오장)과 신맛·쓴맛·단맛·매운맛·짠맛(오미), 눈· 혀·입·코·귀(오관), 분노·기쁨·생각·우수·공포(감정), 근육·핏줄·살·살갗·뼈(신체)로 구성되어 있다.

양손 양발에는 각각 5개의 손가락과 발가락이 있다. 남자는 몸에 10개의 구멍이 있고(10진법-과학창조) 여자에게는 몸에 12개의 구멍이 있다(12개월-생명창조). 여자에게는 모유를 하기 위한 유두의 2개 구멍이 더 있다. 손에서 엄지손가락은 두 마디로 되어 있고, 나머지 네 손가락은 세 마디씩 열두 마디로 되어 있다. 자연으로 표현하면 엄지의 두 마디는 달과 해다. 네 손가락은 사계절로 각각 3개월씩 열두 달로 자연의 생명을 조화시킨다. 나로 표현하면 엄지손가락 두 마디는 어머니와 아버지다. 네 손가락(하늘)은 생년, 생월, 생일, 생시의 사주다. 부모를 통해 하늘이 부여해준 변할 수 없는 숙명이다. 손바닥(땅)의 손금은 운명이다. 땅이 하늘의 기운을 받아 모든 만물이 생성하고 변화하는 것과 같이 나의 운명 또한 노력에 따라 운명을 바꿀 수가 있다. 숙명보다 운명이 중요한 것은 내 인생을 스스로 바꿀 수 있기 때문이다.

내 인생의 운명은 나 하기에 달렸다는 것이다. 지금까지 살아온 내 운명을 보면 천안이라는 시골에서 태어나 서울에서 자라고 몸이 약해 배운 것이 태권도와 합기도다. 생각하지도 알지도 못했던 남미 콜롬비아 메데진이라는 도시에 가서 태권도와 합기도를 가르칠 줄 어떻게 알았겠는가?

그리고 미국 뉴올리언스에서 샌디에이고까지 와서 도장을 하며 살게 될 줄은 몰랐던 것이다. 아내를 만나 두 딸을 낳고 두 사위를 맞아 4명의 손주를 갖게 될 줄 어떻게 알았겠는가? 또한 수십 년 동안 나와 함께한 제자들과 수만 명이 넘는 무도인, 그들의 가족들과 인연을 맺을 줄 전혀 생각하지 못한 것이다. 스승과 제자의 인연이 귀한 이유는 육신은 부모로부터 받지만 마음을 바로잡고 진정한 깨우침을 얻는 것은 참된 스승의 올바른 가르침이 필요하기 때문이다.

진리라는 자연의 법칙에 순응해야 하는 절대적 운명에 거부할 수 없는 오늘을 보았기에 뿌린 대로 거둔다는 진리를 되새기며 내일 경험할 새로운 나의 운명이 기대된다. 무도의 방어(음)와 공격(양) 또한 이 범주에서 벗어날 수 없다. 방어(음)와 공격(양)을 따로 구분하는 것이 옳다고는 볼 수 없다. 방어(음)가 공격(양) 과 내포되어 있고 공격(양) 또한 방어(음)에 내포되어 있기 때문이다.

서로 구분된다는 것은 변화한다는 것이고, 변화한다는 것은 도리에 순응하는 것을 전제로 한다. 그것이 자신이 하고자 하는 것을 끊임없이 추구하는 도를 이룰 수 있는 무도 수련의 목적이 되어야 하기 때문이다. 상호 간의 수단과 목적에 의해 구분되면서 상황에 따라 조화를 통해 완성되는 과정이 무도 인연을 통한 운명이다.

결론은 이 세상에 존재하는 모든 것은 상대적이라는 것이다. 하나의 완벽한 완성체를 만들기 위해서는 조화를 통해서만 이루어질 수 있다. 공격과 방어의 조화가 무도를 이루었고 손과 발을 통해 완성의 겨루기를 이룬 것이다.

물과 불의 조화가 에너지를 만들고 음전기 양전기의 결합이 전기에너지를 만들었다. 우리는 부모의 사랑을 통해 태어났다. 이러한 자연과 나의 조화가 비로소 나를 완성시킬 수 있는 것이다. 거스르지 아니하고 화합을 통해 진리에 순응하며 도리를 따르는 것이 내가 나아가야 할 길(도)이다.

제자: 참으로 오묘한 자연의 진리에 거스를 수 없는 두려움을 느낍니다. 바르게 익히고 진리에 순응하며 스승님의 가르침에 열심히 정진하겠습니다. 감사합니다.

Discípulo: Creo que la relación entre mi ser y la naturaleza es relevante. Quiero saber acerca de la vida y la naturaleza.

Maestro Young Seok Kim: El SAM IL SHIN GO dice que el hombre posee tres verdades: la naturaleza, la vida y el alma del universo. Desde el principio de la vida en la tierra, la mente, la energía y la carne están entrelazados entre sí. Trabajan juntos para producir cambio cuando respiramos, sentimos y tocamos.

Cuando nacemos de nuestros padres, tomamos la energía universal de la naturaleza que existe a través del universo. Vivimos y morimos dentro del ciclo de la naturaleza. Por lo cual la estructura y función de nuestro cuerpo destá frecuentemente en armonía con la naturaleza y la energía del universo.

La tierra tiene cinco océanos y seis continentes, nuestro cuerpo tiene cinco órganos viscerales y seis órganos de entrañas. La tierra está compuesta de agua entre el 60 al 70%, como también lo está nuestro cuerpo. La bajamar y pleamar son efectos de fuerzas centrífugas de la luna y la tierra. En otras palabras, a medida que la luna y la tierra rotan, la bajamar es producida por la fuerza de la luna alejándose de la tierra. Al mismo tiempo, los niveles del agua en el lado opuesto de la tierra crecen debido a la fuerza centrífuga. Esto se conoce como marea.

El calendario lunar muestra la luna llena cada 28 días y la vida marina se reproduce cuando la marea está alta. La ovulación empieza en la mujer cuando la luna llena ha terminado y el ciclo menstrual empieza a los 28 días, cuando estamos en luna nueva. La luna llena está ligada a la creación de vida. La capacidad reproductiva de la mujer también está influenciada por la luna llena, por esto, los hijos usualmente nacen alrededor de la luna llena. Así que durante la luna llena nuestros sentidos son más sensibles y es más fácil sentirse tentado. Cuando la luna está llena, la energía se fortalece y la carne se vuelve dura. Cuando la luna es nueva, la energía se debilita y la carne se vuelve suave.

Los cambios en la luna también pueden afectar la hora de la muerte de una persona. La mayoría de las muertes de los pacientes que sufren de enfermedades crónicas y senilidad en la marea baja. Que es cuando el nivel del mar está bajo. En cambio, los pacientes con hemorragia cerebral mueren durante la marea alta, que es cuando el nivel del mar está alto. La tuberculosis pulmonar, hemorragias y sangrado del sistema digestivo también ocurren alrededor de la luna llena.

Estamos conectados a las leyes de los Cinco Elementos del Yin-Yang (la ley de la naturaleza). Nos dividimos en femenino (Yin) y masculino (Yang) por la ley de los Cinco Elementos, que consta de cinco órganos internos (hígado, corazón, bazo, pulmón y riñón), cinco sabores, (ácido, amargo, dulce, picante y salado), cinco emociones (ira, alegría, preocupación, tristeza y miedo) y cinco estructuras corporales (músculo, venas, carne, piel y huesos).

Tanto las manos como los pies tienen 5 dedos. Un hombre tiene 10 orificios en su cuerpo, símbolo del sistema decimal y de la creación a través de la ciencia. Una mujer tiene 12 orificios en su cuerpo, representativo de los 12 meses, la naturaleza y la creación de la vida. Los orificios adicionales que tiene una mujer son los pezones que son usados para la lactancia. Cuatro de nuestros dedos están conformados por 3 secciones cada uno, que totalizan 12 secciones. Nuestro dedo pulgar está conformado por 2 secciones. Las secciones del dedo pulgar representan el sol y la luna y / o la madre y el padre. Los 4 dedos representan las 4 estaciones, cada una con tres 3 meses. Los 4 dedos también representan el cielo y las 4 columnas del tiempo, año, mes, día y hora. Como tal, nacemos con un destino inalterable que el Cielo nos dio a través de nuestros padres. Sin embargo, en nuestra palma existe la línea del destino. Justo como la tierra recibe energía del cielo, y todas las cosas son creadas y cambiadas, puedo cambiar mi destino de si me esfuerzo en ello. El destino es más importante que mi sino inalterable ya que soy capaz de cambiar mi propia vida.

El sino de mi vida depende de mí. He tenido una larga vida buscando mi destino. Aprendí Taekwondo y Hapkido debido a que era débil. Nací en un pueblo rural llamado Cheon An y crecí en Seúl, Corea del Sur. Cómo hubiera podido imaginarme que iría a Medellín, Colombia, que es una ciudad en Sudamérica, a enseñar Taekwondo y Hapkido, en un lugar en el que nunca pensé y del cual no sabía nada. Nunca pensé que me trasladaría a Nueva Orleans, Luisiana, y luego a San Diego, California, a construir mis escuelas. ¿Cómo hubiera sabido que mi vida estaría completa con una esposa, dos hijas, dos yernos y cuatro nietos? No podría imaginar las relaciones que he formado con mis discípulos, así como también con miles de artistas marciales y sus familias, que he conocido a lo largo de varias décadas.

Esta es la razón porque la relación entre el Maestro y el discípulo es tan importante. Aunque nuestro cuerpo venga de nuestros padres, es la corrección de la mente y la obtención de la verdadera iluminación que requieren una verdadera enseñanza y un verdadero Maestro. Hoy he visto que no puedo negar mi destino absoluto de ajustarme a las leyes de la naturaleza, que son verdad, y estoy esperando mi nuevo destino, el cual he sembrado, para traer la experiencia que voy a cosechar como vivencia del mañana. Las técnicas de defensa (Yin) y ataque (Yang) de las artes marciales no pueden categorizarse. No es correcto distinguir entre defensa (Yin) y ataque (Yang). La defensa está implicada en el ataque, en el ataque está implicado en la defensa.

Estar separado uno del otro es cambiar, y el ser cambiado implica no someterse a la verdad. El propósito del entrenamiento en las artes marciales es la búsqueda constante de lo que se quiere hacer y lograr en el camino (Do). Es el destino de las artes marciales experimentar el proceso de investigación, de acuerdo a la situación mutuamente separada por los medios y el propósito.

La conclusión es que todo lo que existe en este mundo está relacionado con hacer uno perfecto. La consumación sólo puede lograrse alcanzando la armonía. De esta armonía entre las técnicas de ataque y defensa surgió la creación de las artes marciales y la batalla de su consecución ha sido lograda a través de las manos y los pies.

La armonía entre el agua y el fuego, crea energía, y la combinación de átomos negativos y positivos crea la energía eléctrica. A través del amor de los padres, una combinación de energías positivas y negativas, nacemos. Esta armonía entre naturaleza y mi ser puede completarme. Este es el camino (Do) que yo debo seguir para seguir este razonamiento ajustándome a la verdad a través de la unidad sin ser rechazado.

Discípulo: Temo no poder contradecir la verdad de la naturaleza sublime. Me dedicaré a alcanzar la iluminación y a las enseñanzas del Maestro de acuerdo con la verdad.

A JOURNEY THROUGH MY MARTIAL ARTS LIFE / 나의 무도 인생에 대하여 / UN VIAJE A TRAVÉS DE MI VIDA EN LAS ARTES MARCIALES

"Man can view the world in three stages: with his eyes, with his heart, and with his spiritual mind (enlightenment). When he first sees only with his eyes, he reacts only with emotion: loves the positive moments and hate the negative moments in life. However, when he sees with his heart, he understands the blessings that come from all moments in life: our success and failures, our joys and grief. When we have finally grasped enlightenment, we live with gratitude and humility and see the world as a beautiful life encompassing love and understanding." /
"인간은 세 단계로 세상을 바라볼 수 있다. 눈으로, 마음으로 그리고 영적(깨달음) 눈으로 보는 세상을 통해 살아간다. 눈으로만 볼 때는 감정으로 반응하게 된다. 삶의 긍정적인 순간들을 사랑하고, 삶의 부정적인 순간들은 증오한다. 그러나 마음의 눈으로 바라볼 때 우리의 성공과 실패, 기쁨과 슬픔도 삶의 일부라는 것을 알게 되고 인생의 모든 것에서 오는 축복을 이해하게 된다. 마침내 깨달음을 얻었을 때 보는 세상을 통해 감사와 겸손으로 살아가며 사랑과 이해를 망라하는 아름다운 삶의 세상을 보게 되는 것이다." /
"El hombre puede ver el mundo en tres etapas: con sus ojos, su corazón y su mente espiritual (iluminación). Cuando solo ve a través de sus ojos, solo reacciona con emoción: ama los momentos positivos y odia los momentos negativos en la vida. Sin embargo, cuando ve con su corazón, comprende las bendi-ciones que provienen de todos los momentos de la vida: nuestros éxitos y fracasos, nuestras alegrías y dolor. Cuando finalmente logramos alcan-zar la iluminación, vivimos con gratitud y humildad y vemos el mundo como una vida hermosa que abarca el amor y la comprensión."

Disciple: Master, please share with us the story of your journey in your martial arts life. I would like to know about your martial arts life. I believe you have much to share based on a lifetime of experiences teaching Taekwondo and Hapkido and establishing several branch studios in South Korea, Colombia, México, and the United States.

Master Young Seok Kim: I feel as if Taekwondo and Hapkido have always been a part of my life. I am still amazed at how time has passed by so quickly in my martial arts journey, and yet, I have managed to establish over a dozen branch studios throughout South Korea, Colombia, Mexico, and the United States.

It all began six decades ago with a concerned father who wanted his weak, shy son to toughen up with Hap Ki Do lessons. Then, I met two of my seniors, Grandmaster Moo Young Kang and Grandmaster Nam Jai Kim who would continue to be in my martial arts journey throughout my life. Since the 1970's, Grandmaster Moo Young Kang and I have trained and taught with other Taekwondo Masters because of our passion for martial arts and our desire to spread our knowledge beyond our country. We obtained our Taekwondo Master Instructor Certification, International Master Instructor Certification, and International Tribunal Qualification. Part of our training required us to train abroad. Grandmaster Kang eventually established his roots in San Diego, California, where I subsequently followed.

By the end of the late 1960s, Grandmaster Nam Jae, Kim met with me and other Hapkido Masters to train and establish a system of Hapkido. In 1969, I opened my first martial arts school in Seoul, Korea. At the same time, I was a university student and I was training in Kum Do at the police station next to the university. This occupied much of my time and so I had asked Grandmaster Kim to teach at my studio to help unburden my load. My two senior colleagues have continued to support my martial arts journey since then by leading seminars in Colombia and other branch studios and contributing greatly to the publication of this martial arts book.

Soon after I married my wife in 1974, we moved to the mountains of Sam Mak Temple in Seoul, where I could be devoted to my training alongside four other Masters. We formed our own club and hung a special plaque at our training site called "Taegeuk Do Won". A rumor was spreading among the villagers that there were Masters flying over the mountains and training with fire. Soon we had audience watching us regularly as we trained.

As we practiced our jumps early in the morning, it seemed from far away, that we were flying over mountain peaks. I also regularly used sand and fire in a caldron as part of my hand training, which gave the illusion I was immersed in fire.

I have a deep sense of gratitude for my wife, who endured hardship during our newlywed phase, as she cooked meals daily for five Masters with only a camp-style fire and no electricity. In the evenings, my wife would fearfully travel a long distance with only a lit candle to an old fashioned bathroom pit. I will always remember and be eternally grateful for her sacrifice and dedication without complaints. After an unexpected accident that occurred in the mountains, we had to re-locate back to civilization.

In 1976, I decided to leave South Korea and head for Colombia. I had the same big dream to share my knowledge and passion for the martial arts worldwide. Of course, there were other good offers that I could have pursued. Colombia was a dangerous and poor country at that time and martial arts was unfamiliar in this territory. I wanted to change this.

I traveled to Colombia with a one-way ticket to the country and applied for a tourist visa at the Colombian consulate in Japan, as there was none in Korea at that time. I joined in a group partnership with four other Masters with plans to open a martial arts studio and business that was proposed by two Korean brothers within the group. We would each put in $5000 in this investment plan. We were to meet a Korean Master, who was already living in Colombia and would help us in our business venture. The hope I felt when I arrived in the city of Cali, Colombia was short lived with his empty promises and nonexistent business.

I ended up spending my days teaching Taekwondo in a studio in exchange for a bowl of rice, and spent my nights on the cold, cement floor of a car garage. Banana was a cheap staple in Colombia, which filled me for most of my days. I will never forget the time I ate platanos, which looked similar to a banana, but could only be eaten cooked. Unknowingly, I ate them raw and had severe diarrhea for a week.

The future was uncertain without the promise of tomorrow. Life began on the cement of a car garage. In the meantime, the two brothers ran away with my money to purchase a one-way ticket back to Korea. I was told that I needed to give monetary compensation to the Korean Master and police in order to get their assistance. Because we were all in a difficult situation, I split the little money I had with the five people remaining and was told they would pay me back. To this day I have not received any form of payment back from any of them. This time of hardship gave proof to the spiritual truth of karma. Indeed, the action of an individual affects the future of that individual. I have noticed that those who live untruthful lives and hurt others never became successful or happy in their own lives. While I was living like a beggar in Colombia, a Colombian Master offered to accommodate me. He was teaching in Medellin, the largest drug-infested industrial city in Colombia. I was also given an opportunity to teach Taekwondo at two universities in Medellin, where I was the only Korean Master. I thought this would be a good move as there were already five Korean Masters who had settled in the capital city of Bogota long before I arrived. During this difficult period of my life, I had to travel to Venezuela, the country next to Colombia, to extend my tourist visa every 3 months.

In October 1977, the 3rd World Taekwondo Championship was being held in Chicago, USA. An opportunity finally came to me. Medellin is a city in Antioquia, which is a state in Colombia that never produced any medal winners from a National Taekwondo Championship. This prevented them from being able to participate in international competitions. I was given an enticing offer by the President of the Antioquia State Sport Association. If any of my students from Medellin wins a gold medal in the National Taekwondo competition in Colombia, I would be offered a permanent residence visa. The competition was only a few months away and I had no other option, but to make sure to produce a gold medal winner. My pride would not allow me to go back to Korea as a failure so I trained my students two hours a day, having them use me as a punching bag as I sparred with them. Having no knowledge of Spanish, I was only able to show the techniques with my body as a way of communication. My whole body was bruised every day from training the students at two universities. Every night I would just crash with fatigue. The moment finally came after months of hard training. Five of my students won gold medals out of the eight medal standings in the National Taekwondo Championship, and we were eligible to participate in the World Taekwondo Championships in Chicago. My miracle finally came and I was given permanent residence status and selected as the Head Coach of the Colombian Team at the World Championships. I was ready to invite my wife and baby daughter, who were living in Korea at that time, for a financially stable life in Colombia.

With this newly formed recognition, I was able to form another Taekwondo Association and the first Hapkido Association in the City of Medellin, Colombia. I had finally established my life in Colombia, teaching Taekwondo in the morning at the university and Taekwondo and Hapkido in my own studio. In addition to teaching, I was also regularly publishing a martial arts magazine.

As I began to socially and economically grow, I felt the evil envy of the other people, and had even received death threats on myself and my family's life. I had no choice but to abandon all that I had achieved, which was an astonishing enrollment of 800 students in my studio, in order to protect the safety of my family. My wife and two daughters were terrified and frightened by the threatening calls to kill everyone in the family. At that time in Colombia, it was not uncommon to kidnap and kill people for a ransom of a few hundred dollars.

In the 1980's, with an opportunity introduced by Grandmaster Moo Young Kang, I became employed by a Korean Taekwondo master in the city of New Orleans, USA. I was offered a teaching job in exchange for permanent residency, accommodations, and covered living expenses. I had no choice. I had spent my own money earned in Colombia on my living expenses, apartment rent, lawyer fees, and insurance premiums. I had reluctantly sought financial help from my parents in Korea. Meanwhile, my wife was terribly homesick for Korea and my spirits were also wearing down.

During that time, I was driving an old 1960's Buick Riviera. The car had no air conditioning or seat belts, but it was as tough as a tank. New Orleans was famously known for its heat and humidity. I even recalled a joke that you can live without a wife, but can't live without air conditioning in New Orleans. One day, I was driving back to my apartment with my windows opened after teaching a class. I was distracted in my own thoughts when suddenly another car rammed the side of my car at an intersection. As soon as it happened, I only remembered standing straight up on the street without a scratch on me. People at the nearby Burger King called 911 and the ambulance and police arrived. I saw my car flipped upside down next to a street lamp while the hood of the other car was demolished with steam spewing out of a busted radiator. The driver of the other car was angrily screaming that I had run a red light. People around me were in disbelief that I came away completely unharmed. I also was stunned at how I was able to jump out of my car after being thrusted to the passenger's side window without the restraint of a seat belt. At that moment, I was so grateful for having acquired the Hapkido skills of flipping. After many years of training, I was able to apply my skills in that instantaneous life and death situation. Because of that experience, the police who arrived at the scene invited me to teach self-defense to the officers at the local police station. I was offered assistance in my process of applying for permanent residence status in the United States.

I had disposed of my car as it was completely demolished. In the meantime, my stress under employment of the Korean Master was mounting. He threw insults and degrading comments. I really wanted give up and go back to Korea, but there was more uncertainty of what my future would be like there. At this time, the unkind Master offered me a proposal. I would have his permission to open up my own studio if I promised him I would move to a distant city once I received my green card.

Due to economic reasons, all I could afford was a 700 square foot studio for teaching and I lived in a one bedroom, cockroach-infested apartment with my wife and two young daughters. It was a two-hour walk from the studio to our apartment and I still did not have a car. My wife and I cleaned, repaired, and painted my small run down studio. I also supplemented my income washing windows in a high rise building. I got paid well since it was considered a dangerous and risky job. The money I received from washing the windows was several hundred dollars. I would come home often so sore that my wife had to spoon feed me while she wept. With this extra income, I was able to create flyers for my new studio and I would put flyers around the neighborhood homes and cars as part of my running exercise. After that, my studio filled up with students and I was able to afford to purchase a used car. Also during that time, one of my best pupils from Colombia, Mauricio Correa, came to live with us. Together, we were becoming well-known in the martial arts world, especially in the southern portion of the United States. Our demonstrations and his success in competitions were gaining recognition. I also appeared on the front cover of a Taekwondo magazine that was published by Grandmaster Dong Won Kang.

In 1983, I finally received my green card after a long wait. I left New Orleans, as promised, and I moved to San Diego. Despite what had gone on with the Master in New Orleans, I am still grateful for his help in my path towards the permanent residency status and the learning experience he provided to me in overcoming difficult challenges.

I eventually opened a studio in San Diego, near the Mexican border, and another one in Tijuana, Mexico. At that time, I had a motorcycle, so I could quickly maneuver the long border lines each day. I had to go through a few hardships in Colombia and America, but I had a firm belief that I will succeed despite my difficulties. With the help of my two grown daughters and Master Mauricio, we became focused on operating a proper martial arts school. We visited successful schools in other parts of the country and diligently studied their techniques. We also attended martial arts seminars to understand what it takes to establish a successful martial arts business. In combination with my knowledge of martial arts techniques, Master Mauricio Correa and my daughters' keen organizational skills, and applying what we had learned from the outside, we finally reached a point of tremendous success and growth. We taught close to ten classes a day, with close to 500 students enrolled. Our school was growing mainly through referrals and I was experiencing a sense of financial stability that I had never imagined before. Several Masters from other cities came to seek our secret of success as the word of our growth was spreading.

My desire for martial arts, that stemmed from the beginning, led to my stable current life. I am grateful to have finally fulfilled the American Dream in my retirement age enjoying a home in both beautiful San Diego and Hawaii. I realized that when you live in truth and harmony, you will ultimately reach success in life. I am thankful for all of my difficult experiences and encounters with people as they have all been learning experiences that have enhanced my life.

I humbly accept, without rejection, the fate and destiny given to me, and today I try hard to spread the seeds of new martial artists, and cultivate them with care. My martial arts seeds have been growing so well in Colombia, Mexico, and the United States, and I am very proud, feel rewarded, and am thankful for the many fruits of my labor.

I hope that the seeds of the fruit will continue to be planted through other martial artists who share the same mind, and will grow to bring forth the rich fruits of life. My physical body will disappear someday, but I want my name to be remembered as a martial artist who lived a life that made a positive impact on the history of martial arts.

I have published this book to share all my knowledge in martial arts based on a culmination of six decades in three countries. I am thankful to Master Mauricio Correa in USA and Master Roberto Hernandez, in Colombia, who have dedicated themselves to the development of Joong Do Ryu martial arts for about 40 years now and have greatly contributed to the publication of this book. I would like to give unlimited thanks to the following people who helped with the translation of this book: from Korean into English: Mr. Dong Chul Kim and Kim Joo Youn, and from English into Spanish: Ms. Heliana Restrepo Llano and Mr. Julian Restrepo Tamayo. I also want to thank my two daughters, Shin and Min, Master Guillermo Gonzalez, and Master Jenelle How for proof-reading, editing, and providing input; and Mr. Gary Tucker, for taking thousands of photos of all the techniques included in this book. I hope these truths that I shared regarding martial arts and the story of my personal life ignite passion in other martial artists as much as it has ignited me.

Disciple: I can see you had to overcome many difficult hardships in life not experienced by many others. I will strive to do my best to pass on the seeds of your valuable teachings and bear fruit to other martial artists who seek the true practice of Taekwondo and Hapkido. Thank you, Sir.

제자: 사범님의 무도 인생에 대해 알고 싶습니다. 한국은 물론 콜롬비아, 멕시코 그리고 미국에 수십 개의 지관을 두시고 태권도와 합기도를 평생 동안 지도해오셨는데 하실 말씀이 많을 것 같습니다.

사범 김용석: 태권도와 합기도는 내 인생의 전부였다. 내 무도 인생의 여정이 어느덧 이렇게 빠르게 흘러간 것에 스스로 놀라울 뿐이다. 한국에서 시작해 콜롬비아, 멕시코, 미국까지 수십 개의 지관을 설립해 지도했으니 말이다.

어언 60여 년이 지난 나의 어린 시절, 그저 나약했던 나를 강인한 소년으로 만들고 싶은 아버지의 손길에 이끌려 시작했던 운동이 합기도다. 그때 알게 된 선배가 강무영 관장님과 김남제 관장님이다. 강무영 관장님 과는 1970년부터 다른 태권도 사범들과 함께 외국에 나가기 위해 태권도와 다른 무술 훈련을 함께하면서 태권도 사범 자격증, 국제 사범 자격증, 국제 심판 자격증 등을 취득하기도 했다. 그 당시 태권도 사범으로 외국에 나가기 위해서는 자격증이 필요했기 때문이다. 무도를 통한 우리의 열정은 한국을 넘어 우리의 지식을 널리 알리기 위한 열망이 있었기 때문이다. 강무영 관장님은 그때부터 지금까지 미국 샌디에이고에 살면서 학생들을 지도하고 있다.

김남제 관장님은 나와 더불어 1960년대 말에 다른 합기도 사범님들과 함께 모여 합기도의 술기를 훈련하고 정립하여 체계화했다. 1969년, 내가 서울에서 처음 도장을 열었을 때 사범님으로 초청해 학생들을 지도해주었다. 사실 그때 나는 대학교에서 공부를 하면서 대학 옆에 있는 경찰서에서 검도를 할 때이기도 해서 가르칠 시간이 부족했기 때문이다. 지금도 두 선배님은 콜롬비아와 지부 도장 세미나에 참석해 많은 도움을 주실 뿐 아니라 무도 책 발간에도 동참해주셨다.

1974년, 결혼하자마자 신혼살림을 꾸리고 아내와 함께 서울 삼막사 암자에 4명의 다른 무술 사범들과 함께 한국 무술을 정립하고자 입산을 했다. 태극도원이라는 현판을 걸고 하루 종일 무술 훈련에만 전념했다. 그때 마을 사람들은 우리를 보고 도사들이 나타나 산을 날아다니고 불 속에 들어가 수련을 한다고 소문이 나서 구경하러 오기도 했다.

아침 일찍 산봉우리를 뛰어다니는 것을 멀리서 보니 날아다니는 것 같았고, 가마솥에 모래를 넣고 불을 피워 손을 단련할 때 불이 위로 타오르는 것을 멀리서 보면 불 속에 있는 것같이 보였던 것이다. 특히 아내에게는 항상 고마운 마음이다. 결혼하자마자 아무 불평 없이 전기도 없는 산속에서 5명의 식사를 장작불을 피워 요리를 해주었다. 저녁에는 멀리 있는 나무판만 걸쳐놓은 재래식 화장실에 촛불을 들고 다녀야 하는 불편함과 두려움에 떨면서도 참고 견디며 내조해준 아내가 참으로 고마웠고 그 헌신이 오랜 추억으로 남는다. 그런 가운데 생각지도 못한 일이 일어나 산을 내려올 수밖에 없었다.

1976년, 한국에서 사는 것보다 좀 더 큰 꿈을 안고 한국을 떠나기로 마음을 먹고 선택한 곳이 남미 콜롬비아였다. 물론 다른 좋은 조건도 있었지만 젊은 혈기로 무도의 불모지였던 곳으로 가서 새로운 무도를 통한 지식과 열정을 갖고 세계적으로 알리고자 간 콜롬비아는 너무나도 가난하고 위험한 나라였다. 그러나 그곳에서의 무도는 제대로 알려지지 않았고 나는 그것을 바꾸고 싶었다.

콜롬비아로 가기 위해 편도 비행기표를 구입해 일본에 있는 영사관에 가서 여행 비자를 신청했다. 그때는 한국에 콜롬비아 영사관이 없었다. 4명의 사범과 함께 가서 도장도 하고 사업도 하자며 형제 사범이 소개해 합류하게 된 것이다. 한국에 있는 사기꾼에게 속아 콜롬비아에 가면 그곳에 있는 한국 사범이 모든 것을 도와줄 것이라 하여 커미션을 주고 무작정 출발한 것이다. 투자 목적으로 각자 5,000달러를 가져가기로 했다. 일본에 있는 영사관에서는 왕복 비행기표가 있어야 여행 비자를 줄 수 있다고 했다. 그러나 5,000달러를 가지고 간 사람은 나 혼자였다. 콜롬비아에 가면 벌어서 갚겠다는 일행의 말을 믿고 5명의 비행기표를 구입해 콜롬비아로 간 것이다. 콜롬비아 칼리라는 도시에 도착하자 공항에서 회사 지사장이라는 한국 사범이 우리를 기다리고 있었다. 반가움도 잠시였다. 한국 사범은 한국 본사에서 돈을 보낸다고 약속했다며 돈을 요구했다. 우리가 꿈을 안고 기대에 부풀어 찾아온 회사는 가짜 유령회사였던 것이다. 외국에서의 처음 시작은 한국인의 사기였고 자동차 차고 시멘트 바닥에서의 생활이었다. 한국 사범이 운영하는 도장에서 한 번 가르쳐주면 밥 한 끼를 얻어먹는 생활도 했다. 콜롬비아는 바나나값이 저렴해서 바나나로 끼니를 때운 적이 많았다. 바나나와 비슷한 플라타노라는 것이 있는데 기름에 튀겨 먹어야 하는 것을 모르고 그냥 먹었다가 며칠간 설사를 한 적도 있었다.

오지도 가지도 못하는 암담한 상황 가운데 내일의 기약도 없이 자동차 차고 시멘트 바닥에서의 거지 같은 생활이 시작되었다. 그런 와중에 같이 갔던 형제 사범 둘이서 내 돈을 가지고 도망간 배신과 실망이 너무나도 컸던 황당한 사건도 있었다. 편도 비행기값을 환불받은 돈을 형제 사범이 가지고 도망간 것이다. 커미션을 주겠다는 조건으로 한국 사범과 경찰의 도움으로 형제 사범을 붙잡았지만 어찌하겠는가. 우리 모두가 힘든 상황이기에 나중에 돈 벌면 갚으라 하고 5명이서 똑같이 돈을 나눴다. 물론 아직까지 그 돈을 돌려받지 못했다. 지금까지 내가 살아오면서 배우고 경험한 진실은 인과응보라는 것이다. 남을 가슴 아프게 하고 진실되지 못한 삶을 살아온 이들의 인생은 결코 행복하지도 성공된 삶도 이룰 수 없다. 그런 거지 같은 생활을 하던 중 콜롬비아의 산업도시이자 마약의 최대 본거지인 메데진이라는 도시에서 태권도를 가르치는 콜롬비아 사범이 나의 시범을 보고 먹여주고 재워주는 조건으로 초청해 무작정 그를 따라나섰다. 여행 비자로 간 나는 옆에 있는 나라 베네수엘라에 가서 3개월마다 여행 비자를 발급받아야 하는 힘든 나날을 보내면서, 두 대학에서 태권도를 가르치기 시작했다. 그 당시 내가 있던 메데진은 한국 사범이 나 혼자였다. 콜롬비아 수도 보고타에서는 5명의 한국 사범이 도장을 운영하고 있었다.

1977년 10월 미국 시카고에서 제3회 세계태권도대회를 주최했다. 드디어 나에게 기회가 찾아왔다. 내가 살고 있는 안티오키아주의 메데진시에서는 지금까지 한 번도 태권도대회에서 학생들이 메달을 받은 적이 없었다. 그래서 국제대회에 한 번도 참가한 적이 없었던 것이다. 세계태권도대회에 참가하려면 콜롬비아 전국태권도대회 선발전에서 금메달을 따야 했다. 안티오키아주 체육회장이 나에게 조건을 걸었다. 만일 메데진에서 학생이 금메달 하나라도 딴다면 영주권을 신청해주겠다고 했다. 나에게 주어진 시간은 몇 개월이었다. 선택권이 없는 절대적으로 필요한 조건이었다. 나의 실패로 한국으로 돌아가기에는 자존심이 허락하지 않았기 때문이다. 해야만 한다는 절박한 심정으로 매일 2시간씩 훈련을 시작했다. 학생들과의 대련으로 온몸은 멍들고 저녁이면 지치고 힘들어 쓰러지곤 했다. 두 대학에서 태권도를 가르치면서 선수들을 훈련시키는 것이 더욱 힘들었던 것은, 당시에 스페인어를 몰랐던 나는 모든 것을 몸으로만 가르쳐야 했기 때문이다. 마침내 몇 달간의 힘든 훈련을 끝낸 순간이었다. 세계태권도대회 전국 선발전에서 8명을 선발하는데 그중에 내 제자 5명이 금메달을 땄다. 나에게 기적이 일어난 것이다. 당연히 영주권을 취득했고 콜롬비아 팀 코치로 세계태권도대회에 참가하게 된 것이다. 한국에 있는 아내와 어린 딸도 초청할 수 있었다.

메데진시에 정식으로 태권도협회와 합기도협회를 조직할 수도 있었다. 합기도협회는 콜롬비아에서 처음으로 보급하기 시작해 지금까지 이어오고 있다. 오전에는 대학에서 태권도를 가르치면서 태권도, 합기도 도장도 열고 사업도 하면서 무도 잡지까지 발간했다. 사회적으로나 경제적으로 성장하기 시작하자 외국인의 급격한 경제성장과 도장에서 800여 명의 수련생을 지도하는 놀라운 성장에 시기심을 가진 사람들의 협박에 그동안 이뤄낸 모든 것을 포기하고 콜롬비아를 떠날 수밖에 없었다. 아내와 두 딸은 가족 모두를 죽이겠다는 협박 전화 탓에 공포와 두려움에 시달렸다. 그때는 콜롬비아에서 몇백 달러를 주면 납치나 죽이는 것은 어렵지 않았다. 치안이 아주 안 좋을 때였다.

1980년, 강무영 관장님 소개로 미국 뉴올리언스에 있는 한국 사범 태권도 도장에 취직하게 되었다. 영주권을 신청해주는 조건으로 무료로 도장에서 지도를 해주고 모든 숙식비와 생활비는 내가 부담하는 조건이었다. 역시 나에게는 선택권이 없었다. 콜롬비아에서 번 돈으로 생활비, 아파트 월세, 변호사비, 보험료 등을 내다 보니 돈은 바닥이 났고 결국 한국에 계신 부모님께 의지해야 했다. 그런 가운데 아내는 한국으로 돌아가자고 했고 나도 서서히 지쳐가기 시작했다.

그 당시 나는 1960년대 중고차 뷰익 리비에라는 차를 탔다. 그 차는 너무 오래돼 에어컨도 없었고 안전벨트도 없었던 탱크 같은 단단한 차였다. 뉴올리언스는 미국에서도 덥고 습하기로 유명한 도시다. '부인 없이는 살아도 에어컨 없이는 못 산다'고 농담을 할 정도다. 내 차는 에어컨이 없어 항상 창문을 열고 다녀야 했다. 그날도 운동을 끝내고 아파트로 가고 있었다. 운전하면서 이 생각 저 생각하던 중 사거리에서 내 왼쪽 운전석 쪽을 한 흑인 차가 그대로 받아버렸다. 받친 순간 나는 길 위에 서 있었다. 길 옆에 있는 버거킹 햄버거 가게에 있던 사람들이 뛰어나와 나를 보면서 괜찮냐고 물으며 119에 전화를 걸었고 구급차와 경찰차들이 달려왔다. 내 차는 뒤집어져 길 옆 가로등에 부딪쳐 있었고 흑인 차 앞부분이 부숴져 라디에이터가 터져 수증기가 뿜어져 나오고 있었다.

흑인은 나를 보면서 빨간불에 달려온 미친놈이라고 고함을 질러댔다. 놀란 것은 받친 순간 나는 안전벨트를 안 했기에 반대쪽 창문으로 튕겨 나갔고 순간적으로 낙법을 해 길에 서 있던 것이다. 사람들 또한 나에게 어떻게 상처 하나 입지 않고 이렇게 서 있을 수 있느냐며 기적이라고 했다. 오랜 세월 합기도 수련을 통해 낙법을 배운 것에 가장 감사했던 삶과 죽음의 갈림길에서 내 목숨을 구해준 순간이었다. 그 후에 사고 현장에 있었던 경찰관의 추천으로 경찰서에서 호신술을 가르쳐 달라고 요청해 지도를 하게 되었고, 영주권 신청 과정에 경찰서에서 도움도 주었다.

어쨌든 내 차는 운전석 안까지 부숴졌기 때문에 폐차했다. 그 사건 이후 나에게 모욕과 치욕의 황당한 일이 사범으로부터 있었다. 결국 모든 것을 포기하고 가족들의 바람대로 한국으로 돌아가기로 마음먹고 사범에게 통보했다. 그러자 사범이 제안했다. 영주권을 받으면 다른 도시로 멀리 떠난다는 조건으로 영주권을 받을 때까지 근처 다른 도시에 도장을 열어도 된다고 허락을 해준 것이다.

경제적 사정에 맞춰 조그마한 700스퀘어피트(약 20평) 크기의 도장을 얻었다. 개미와 바퀴벌레가 넘나드는 단칸방 아파트에서 살아가기 시작했다. 도장 수리와 페인트칠까지 아내와 둘이서 해가며 차가 없어 2시간 거리의 아파트를 걸어다니기도 했다. 미국에서 내 평생 처음으로 새로 지은 고층 건물 밖에 매달려 한 달 동안 유리 창을 닦은 적도 있었다. 밖에서 매달려 해야 하는 위험한 일이기에 위험수당으로 돈을 더 준다는 말에 그 일을 한 것이다. 그때 유리창을 닦으며 받은 돈이 몇백 달러였다. 쓰지 않았던 근육을 썼더니 숟가락질도 제대로 못해 아내가 먹여주며 눈물을 흘린 일도 있었다. 그 돈으로 도장 전단지를 만들었다. 매일 아침 운동도 할 겸 뛰어다니면서 동네 집과 자동차에 전단지를 붙이면서 시작한 도장은 학생들로 가득 찼다. 중고차도 살 수 있게 되었다. 그런 가운데 콜롬비아에서 제자 마우리시오가 와서 같이 살면서 미국 남부 지역에 시합, 시범 등을 다니며 알려지기 시작했고 강동원 관장님이 발간하던 태권도 잡지 표지에 실리기도 했다.

1983년, 그토록 기다렸던 영주권을 받았다. 약속대로 뉴올리언스를 떠나 샌디에이고에 정착해 지금까지 살고 있다. 지금도 그 사범에게 감사하고 있다. 영주권을 받는 데 도움을 주었고, 그곳에서의 생활이 나를 더 성숙하게 해주었을 뿐 아니라 어려움을 통해 근기와 인내를 배울 수 있었기 때문이다.

샌디에이고(미국과 멕시코의 국경도시)에서 도장도 열었고, 멕시코 국경도시 티후아나에도 도장을 열어 오토바이를 타고 다니면서 멕시코와 미국을 오가며 운동을 가르치기도 했다. 오토바이는 자동차에 비해 국경을 다니기가 빨랐기 때문이다. 콜롬비아와 미국에서 몇 번의 죽을 고비도 넘겼고, 수많은 어려움을 겪으면서도 할 수 있다는 굳은 신념을 갖고 두 딸과 사범 마우리시오의 도움으로 도장 운영에 더욱 열심히 노력했다. 도장 운영의 비법을 알기 위해 우리 가족이 몇 주일간 미국에서 잘된다는 도장을 찾아다니며 견학을 통해 많은 배움을 얻었다. 차 속에서 자면서 밤을 지새우기도 했다. 또한 미국인들의 세미나를 통해 성공적인 무도 사업을 이루어내는 데 필요한 것을 터득했다. 무술 기술에 대한 지식을 사범 마우리시오와 두 딸과 함께 예리한 조직 기술을 갖추고 외부에서 배운 것을 결합해 마침내 엄청난 성장과 성공을 할 수 있게 된 것이다. 하루 10 클래스를 통해 500여 명의 학생을 등록시켰다. 도장은 주로 소개를 통해 성장했고, 이전에는 결코 상상조차 할 수 없었던 재정적인 안정을 경험하게 되었다. 다른 도시의 사범들은 등록된 학생들이 많다는 것을 알고 성공 비결을 알고 싶어 찾아오기도 했다.

그동안 키워온 무도의 염원이 지금의 안정적이고 보람 있는 삶과 여유 있는 은퇴 생활을 할 수 있는 밑거름이 된 것이다. 지금은 아름다운 샌디에이고와 하와이에서 은퇴의 삶을 즐길 수 있으니 고마울 뿐이다. 무도 인생의 보람과 행복의 궁극적인 성공한 삶은 꾸준한 노력과 진실한 가르침을 통해 이루어질 수 있다는 것을 깨우치게 된 것이다. 살아오면서 고마웠던 사람들, 나를 힘들게 한 사람들 모두 나에게는 감사해야 할 소중한 사람들이다. 그들을 통해 많은 경험을 했고 나의 긍정적인 삶의 원동력이 되었기 때문이다. 따라서 나에게 주어진 숙명과 운명을 거부하지 않고 겸허히 받아들여 오늘도 열심히 새로운 무도의 씨앗을 뿌려 정성스럽게 가꾸면서 살아가려 한다. 지금까지 뿌려오고 있는 나의 무도 씨앗들이 콜롬비아와 멕시코에서 그리고 미국에서 꾸준히 잘 자라줘 수많은 열매를 맺어주고 있으니 참으로 자랑스럽고 보람을 느끼며 고마워하고 있다.

그 열매의 씨앗들이 뜻을 같이하는 또 다른 무도인들을 통해 계속해서 심어지고 자라서 풍성한 열매를 맺어주기를 기대한다. 언젠가는 없어질 육신이지만 사범 김용석이라는 한 무도인이 그래도 무도계의 역사에 조금이라도 도움이 되는 삶을 살았다고 기억해주는 이름으로 남고 싶다.

시간과 공간을 초월한 운명 속에 살아가는 삶이기에, 상생상극(相生相剋)의 공존과 함께 균형을 잃지 않는 조화로움이(중도) 바람직한 인생의 여정이 될 것이다.

지금도 콜롬비아, 멕시코 그리고 미국에서 몇십 년을 함께하며 제자 양성을 위해 열심히 지도하고 있는 사범들에게 다시 한번 감사하고 찬사를 보낸다. 특히 지난 40여 년간 중도류 무도 발전에 헌신을 하고 책 발간에 많은 도움을 준 미국에 있는 사범 마우리시오 꼬르레아와 콜롬비아에 있는 사범 로베르토 에르난데즈에게 감사를 표한다. 김동철 선생님과 김주연 님께 한글을 영어로 번역해준 것과 헬리아나 레스트레포와 쥴리안 레스트레포에게 영어를 스페인어로 번역해준 것에 무한한 감사를 드린다. 또한 영어 교정을 위해 도움을 준 딸들 신영, 민영 그리고 사범 기제르모 곤잘레즈와 사범 제넬 하우에게 감사를 드린다. 그리고 모든 술기의 사진 촬영을 해준 개리 턱커에게도 감사를 드린다. 지나온 나의 60여 년 무도 인생의 경험들이 나에게는 값진 밑거름이 되었고 나를 성장시켜 주었기에 그러한 경험과 지식을 무도인들에게 조금이라도 도움이 되었으면 하는 마음에 책을 발간하게 된 것이다.

제자: 살아오면서 많은 사람이 겪지 못한 힘들고 어려웠던 일을 극복해오셨다는 것을 알겠습니다. 사범님의 값진 가르침의 씨앗을 전수하고 태권도와 합기도를 추구하는 다른 무도인들에게도 열매를 맺게 하기 위해 최선을 다하겠습니다. 감사합니다

Discípulo: Maestro, por favor, comparta con nosotros la historia de su viaje a través de su vida en las artes marciales. Quisiera saber acerca de su vida en las artes marciales. Creo que tiene mucho que compartir basado en una experiencia enseñando Taekwondo y Hapkido a lo largo de su vida, estableciendo varios talleres de estudio en Corea del Sur, Colombia, México y los Estados Unidos.

Maestro Young Seok Kim: Siento que el Taekwondo y el Hapkido han sido siempre una parte de mi vida. Aún estoy asombrado de la manera como el tiempo ha pasado tan rápido en mi ruta por las artes marciales y, aún así, he podido establecer más de una docena de talleres de estudio por todo Corea del Sur, Colombia, México y los Estados Unidos.

Todo esto empezó hace seis décadas con un padre preocupado que quería que su débil y tímido hijo se fortaleciera con lecciones de Hapkido. Entonces, conocí a dos de mis Grandes Maestros: Moo Young Kang y Nam Jae Kim quienes permanecieron en mi jornada en las artes marciales a lo largo de mi vida. Desde los años 70 el Gran Maestro Moo Young Kang y yo, entrenamos y enseñamos Taekwondo con otros Maestros, debido a nuestra pasión por las artes marciales y nuestro deseo de expandir nuestro conocimiento más allá de nuestro país. Obtuvimos nuestra Certificación de Maestro Instructor de Taekwondo, Certificación Internacional de Maestro Instructor y Calificación como Árbitro Internacional. Parte de nuestro entrenamiento requería que nos entrenáramos en un país extranjero. El Gran Maestro Kang eventualmente estableció sus raíces en San Diego, California, adonde me trasladé posteriormente.

Al final de los años 60, el Gran Maestro Nam Jae Kim se reunió conmigo y con otros maestros de Hapkido para entrenar y establecer un sistema de Hapkido. En 1969, abrí mi primera escuela de artes marciales en Seúl, Corea del Sur. Al mismo tiempo, estudiaba en la universidad y entrenaba KumDo en la estación de policía cerca a la universidad. Esto ocupó mucho de mi tiempo y tuve que pedirle al Gran Maestro Kim que enseñara en mi estudio para ayudarme a aliviar mi carga. Mis dos colegas más antiguos (los Grandes Maestros Kim y Kang), han continuado ayudando en mi viaje en las artes marciales desde entonces, liderando seminarios en Colombia y otras filiales de estudios, contribu-yendo en gran medida a la publicación de este libro de artes marciales.

Poco después de casarme en 1974, con mi esposa, nos mudamos a las montañas al templo Sam Mak en Seúl, donde podía dedicarme al entrenamiento, junto a otros cuatro Maestros. Formamos nuestro propio club y colgamos una placa especial en nuestro lugar de entrenamiento que decía "Taegeuk Do Won". Se difundió un rumor entre los habitantes del pueblo que había Maestros que volaban sobre las montañas y entrenaban con fuego, y pronto tuvimos espectadores regulares observándonos mientras entrenábamos.

Como practicábamos nuestros saltos temprano en la mañana, desde lejos parecía como si estuviéramos volando sobre los picos de la montaña. Como parte de mi entrenamiento con las manos, usaba regularmente arena y fuego en un caldero, lo que daba la ilusión de que estaba inmerso en el fuego.

Siento una gratitud especial hacia mi esposa, quien soportó múltiples dificultades durante nuestra fase de recién casados, ya que cocinaba diariamente para cinco Maestros, solamente con leña, sin electricidad, al estilo campamento. Al atardecer, mi esposa recorría preocupada una gran distancia, con sólo una vela encendida, hacia un antiguo foso de baño. Siempre recordaré y estaré eternamente agradecido por su sacrificio y dedicación sin quejas. Luego de un accidente inesperado que ocurrió en las montañas, tuvimos que reubicarnos y volver a la civilización.

En 1976, decidí salir de Corea del Sur y dirigirme a Colombia. Siguiendo mi sueño de compartir mi conocimiento y pasión por las artes marciales a nivel mundial. Por supuesto, hubo otras buenas ofertas que hubiera podido aceptar, pero Colombia en ese momento era todavía un país peligroso y pobre, y las artes marciales no eran conocidas en este territorio. Quería cambiar esto.

Viajé a Colombia con un pasaje de ida y solicité una visa de turista en el consulado colombiano en Japón, debido a que no había consulado en Corea en ese momento. Me uní a una sociedad con un grupo de otros cuatro Maestros con planes de abrir un estudio y negocio de artes marciales propuesto por dos hermanos coreanos del grupo. Cada uno aportaría $5.000 en este plan de inversión. Íbamos a conocer a un Maestro coreano que ya vivía en Colombia y nos ayudaría en nuestro emprendimiento de negocios. La esperanza que sentía cuando llegué a la ciudad de Cali, Colombia duró poco con sus promesas vacías y sus negocios inexistentes.

Terminé empleando mis días enseñando Taekwondo en un estudio a cambio de una taza de arroz, y gasté mis noches en el piso frío de cemento de un garaje de autos. Las bananas eran baratas en Colombia, y llenaban mi estomago durante la mayor parte de mis días. Nunca olvidaré el momento en que comí plátanos, que lucen similares al banano, pero sólo se los puede comer cocidos. Sin saber esto, me los comí crudos y sufrí una diarrea severa durante una semana.

El futuro era incierto sin la promesa del mañana, la vida empezó en el cemento de un garaje de autos. Mientras tanto, los dos hermanos se escaparon con mi dinero para pagar un pasaje de regreso a Corea. Me dijeron que yo debía compensar monetariamente al Maestro coreano y a la policía con el fin de obtener su ayuda. Debido a que todos estábamos en una difícil situación, dividí el poco dinero que tenía con las cinco personas restantes, quienes me dijeron que me pagarían. Hasta hoy no he recibido ninguna forma pago de ninguno de ellos. Este tiempo de dificultad comprobó la verdad espiritual del karma. En efecto, la acción de una persona afecta el futuro de esta. Me he percatado que aquellos que estafan y lastiman a los demás nunca serán exitosos o felices en sus propias vidas. Mientras estaba viviendo como un mendigo en Colombia, un Maestro colombiano ofreció albergarme. Él estaba enseñando en Medellín, la ciudad de Colombia con mayor industria de drogas. También me dieron una oportunidad de enseñar Taekwondo en dos universidades en Medellín, en donde yo era el único Maestro coreano. Pensé que esta sería una buena maniobra ya que había ya cinco Maestros coreanos que se habían radicado en la capital, Bogotá, mucho antes de que yo llegara. Durante este tiempo de dificultad, había tenido que viajar a Venezuela, país vecino a Colombia, para extender la visa de turista cada 3 meses.

En octubre de 1977, el 3er Campeonato Mundial de Taekwondo se iba a celebrar en la ciudad de Chicago, Estados Unidos. Finalmente me llegó una oportunidad. Medellín es una ciudad de Antioquia, un departamento colombiano que nunca había obtenido un medallista de oro en un campeonato nacional de Taekwondo. Esto les impedía poder participar en competencias internacionales. El presidente de la Asociación de Deportes del Departamento de Antioquia me hizo una atractiva oferta: si cualquiera de mis discípulos de Medellín ganaba una medalla de oro en el Campeonato Nacional de Taekwondo, me darían una visa de residencia permanente en Colombia.

La competencia era solo unos meses después y no tuve otra opción que producir un medallista de oro entre mis discípulos. Mi orgullo no me permitía regresar a Corea como un perdedor, así que entrené a mis discípulos dos horas al día, haciendo que me usaran como un saco de arena mientras entrenaba con ellos. Sin saber nada de español, solo podía mostrar las técnicas con mi cuerpo como medio de comunicación. Con el entrenamiento diario de mis discípulos de dos universidades de Medellín, todo mi cuerpo estaba lleno de moretones y cada noche me derrumbaba muerto de fatiga. Después de meses de duro entrenamiento, finalmente llegó el momento. Cinco de mis discípulos obtuvieron el primer puesto entre las ocho categorías en disputa, ganando cinco medallas de oro de este Campeonato Nacional de Taekwondo. Y por lo tanto, la selección de Antioquia fue elegida como la base de la selección colombiana de Taekwondo que iba a participar en el 3er Campeonato Mundial de Taekwondo, en Chicago. Mi milagro finalmente se produjo y me concedieron la visa de residente permanente y fui seleccionado como el entrenador principal del equipo colombiano en este Campeonato Mundial. Estaba listo para traer a mi esposa y a mi pequeña hija, que vivían en Corea en ese momento, a una vida financieramente estable en Colombia.

Con este nuevo reconocimiento, pude ayudar a fundar, en la ciudad de Medellín, Colombia, la Liga Antioqueña de Taekwondo (1977) y la Liga Antioqueña de Hapkido (1979). Finalmente me había establecido en Colombia, enseñando Taekwondo durante la mañana en la universidad, y Taekwondo y Hapkido en mi propia academia. Además de enseñar, también publicaba regularmente una revista de artes marciales. A medida que empezaba a crecer social y económicamente, sentía la vil envidia de otras personas, y recibía amenazas de muerte sobre mi vida y la de mi familia. No tuve otra opción que abandonar todo lo que había logrado (la increíble cantidad de 800 discípulos inscritos en mi academia) con el fin de proteger la seguridad de mi familia. Mi esposa y mis dos hijas estaban aterrorizadas por las llamadas de amenaza de muerte a toda mi familia. En ese momento, en Colombia era común secuestrar y asesinar personas por un rescate de algunos cientos de dólares.

En los años 80, gracias a una oportunidad que me dio el Gran Maestro Moo Young Kang, conseguí un empleo con un Maestro coreano de Taekwondo, en la ciudad de Nueva Orleans, Estados Unidos. Se me ofreció enseñar a cambio de una residencia permanente, alojamiento y cobertura de mis gastos de subsistencia. No tuve opción. Había gastado el dinero ganado en Colombia en mis gastos diarios, alquiler de apartamento, honorarios de abogados y primas de seguros. Había buscado a regañadientes la ayuda financiera de mis padres en Corea. Mientras tanto, mi esposa estaba muy nostálgica de Corea y mi espíritu también se estaba agotando.

Durante este tiempo, yo manejaba un viejo Buick Riviera modelo 60. El carro no tenía aire acondicionado o cinturones de seguridad, pero era tan fuerte como un tanque. Nueva Orleans era famosa por su calor y humedad, y aún recuerdo el chiste que puedes vivir sin esposa, pero no sin aire acondicionado en Nueva Orleans.

Un día, después de dictar una clase, regresaba a mi apartamento en el carro con las ventanas abiertas. Estaba distraído en mis propios pensamientos cuando de repente otro carro me embistió de un lado en una intersección. Tan pronto como esto sucedió, yo solo recuerdo estar de pie en la calle, sin ningún rasguño. Personas dentro de un Burger King cercano, llamaron al 911 (número de emergencia en los EE.UU.), y llegaron la ambulancia y la policía. Vi mi carro volteado cerca de un poste de la luz de la calle, mientras que la capota del otro carro estaba destruida y salía vapor por el radiador roto. El conductor del otro carro estaba gritando airadamente que yo me había pasado un semáforo en rojo. Las personas a mi alrededor no podían creer que yo hubiera salido completamente ileso. Yo también estaba atónito de cómo fui capaz de saltar de mi carro después de que fui propulsado por la ventana del lado del pasajero sin la contención de un cinturón de seguridad. En este momento, me sentí muy agradecido de haber adquirido las habilidades de las caídas de Hapkido. Después de muchos años de entrenamiento, pude aplicar mis habilidades en estas situaciones instantáneas de vida y muerte. Debido a esta experiencia, la policía que llegó a la escena me invitó a enseñarles autodefensa a los oficiales de la estación local de policía. Luego me ofrecieron ayuda en mi proceso de solicitar el estatus de residencia permanente en los Estados Unidos.

Me deshice de mi carro, debido a que quedó completamente destruido. Mientras tanto, mi estrés bajo el empleo del Maestro coreano iba creciendo. Me insultaba y hacía comentarios degradantes. Realmente, yo quería renunciar y volver a Corea, pero sentía mucha incertidumbre acerca de mi futuro allí. En ese momento, el poco amistoso Maestro me hizo una propuesta: obtendría su permiso para abrir mi propia academia, si le prometía mudarme a una ciudad remota, una vez que recibiera la tarjeta de residencia permanente.

Por razones económicas, todo lo que pude pagar fue un estudio de 65 metros cuadrados para enseñar y viví en un apartamento de un cuarto, infestado de cucarachas, con mi esposa y mis dos pequeñas hijas. La academia quedaba a dos horas de camino de nuestro apartamento y aún no tenía un carro. Mi esposa y yo, limpiamos, reparamos y pintamos mi nueva y pequeña academia.

También complementé mis ingresos económicos lavando ventanas de un edificio de muchos pisos. Me pagaron bien debido a que era considerado un trabajo con factor alto de riesgo. El dinero que recibí por lavar ventanas eran varios cientos de dólares. Con frecuencia volvía tan cansado a casa que mi esposa tenía que darme la comida en la boca mientras lloraba. Con este ingreso extra, pude hacer unos volantes para promocionar mi nueva academia, que colocaría en las casas y los carros del vecindario como parte de mi trote diario de entrenamiento. Gracias a esto, mi academia se llenó de discípulos y pude comprarme un carro usado. También durante este tiempo, uno de mis mejores discípulos de Colombia, el Maestro Mauricio Correa R., se vino a vivir con nosotros. Juntos, empezamos a ser reconocidos en el mundo de las artes marciales de los Estados Unidos, especialmente en la parte sur. Nuestras exhibiciones y su éxito en las competencias fueron ganando reconocimiento. También aparecí en la portada de una revista de Taekwondo publicada por el Gran Maestro Dong Won Kang en 1982.

En 1983, después de una larga espera, finalmente recibí mi tarjeta de residencia. Salí de Nueva Orleans, tal como lo prometí, y me mudé a San Diego, California. A pesar de lo que había pasado con el Maestro en Nueva Orleans, aún estoy agradecido por su ayuda en mi camino hacia el estatus de residencia permanente y la experiencia de aprendizaje que me brindó para superar muchos retos difíciles.

Eventualmente abrí una academia en San Diego, cerca de la frontera con México, y otra en

Tijuana, México. En ese momento tenía una moto, así que podía manejar cada día en las largas filas de la frontera. Pasé por algunos tiempos difíciles en Colombia y Estados Unidos, pero creía firmemente que tendría éxito a pesar de las dificultades. Con la ayuda de mis dos hijas y el Maestro Mauricio, nos enfocamos en manejar una escuela de artes marciales apropiadamente. Visitamos escuelas exitosas en otras partes del país y estudiamos diligentemente sus técnicas. También asistimos a seminarios de artes marciales para entender que es lo que se necesita para lograr el éxito en una academia. Con la combinación de mi conocimiento de técnicas de artes marciales, del conocimiento en administración y computadores del Maestro Mauricio Correa y las excelentes habilidades organizacionales de mis dos hijas, y aplicando lo que habíamos aprendido afuera, finalmente logramos un tremendo éxito y crecimiento. Impartíamos cerca de diez clases al día, con cerca de 500 discípulos matriculados. Nuestra academia estaba creciendo principalmente a través de referencias personales y yo estaba gozando de una gran estabilidad financiera que nunca antes había imaginado. Varios Maestros de otras ciudades venían a aprender el secreto de nuestro éxito, ya que la noticia de nuestro crecimiento se divulgaba.

Mi amor y lucha por las artes marciales, que desarrollé desde el principio, me ha permitido sentar las bases para mi vida actual. Estoy agradecido de haber logrado finalmente el Sueño Americano a la edad de jubilación, disfrutando de un hogar en los hermosos San Diego y Hawai. Me doy cuenta de que cuando vives en la verdad y la armonía, al final alcanzarás el éxito en la vida. Estoy agradecido por todas mis duras experiencias y encuentros con diferentes personas ya que fueron experiencias de aprendizaje que me ayudaron a mejorar mi vida. Acepto humildemente, sin rechazar, la suerte y el destino que me han sido dados. Y hoy me esfuerzo por esparcir las semillas de los nuevos artistas marciales, y cultivarlas con cuidado. Mis semillas de artes marciales han estado creciendo muy bien en Colombia, México y los Estados Unidos, y me siento muy orgulloso, recompensado y agradecido por tantos frutos de mi labor.

Espero que las semillas de estos frutos continúen plantándose a través de otros artistas marciales, que compartan la misma mentalidad, que crezcan, produciendo ricos frutos de vida. Mi cuerpo físico desaparecerá algún día, pero deseo que mi nombre sea recordado como un artista marcial, el Gran Maestro Young Seok Kim, que vivió una vida de servicio a la sociedad y construcción y desarrollo en la historia de las artes marciales.

He publicado este libro con el fin de compartir todo mi conocimiento de las artes marciales basado en seis décadas de entrenamiento y enseñanza en cuatro países. Estoy muy agradecido con el Maestro Mauricio Correa de EE.UU. y el Maestro Roberto Hernández de Colombia, quienes se han dedicado al desarrollo de las artes marciales Joong Do Ryu por alrededor de 40 años y han contribuido, en gran parte, a la publicación de este libro. Quisiera dar gracias infinitas a las siguientes personas que ayudaron con la traducción de este libro del coreano al inglés, Dong Chul Kim y Kim Joo Youn, y del inglés al español, Heliana Restrepo Llano y Julián Restrepo Tamayo. También quiero agradecer a mis dos hijas, Shin y Min (Melinda), al Maestro Guillermo González y a la Maestra Jenelle How por ayudarme con la corrección, edición y comentarios del libro; y al Sr. Gary Tucker, por tomar miles de fotos de las técnicas incluídas en este libro.

Espero que estas verdades que he compartido acerca de las artes marciales y mi historia personal, enciendan la pasión en otros artistas marciales tanto como la encendieron en mí.

Discípulo: Puedo ver que usted ha superado muchas grandes dificultades en su vida, que no han sido experimentadas por muchos otros. Haré lo mejor para transmitir las semillas de sus valiosas enseñanzas y darles el fruto a otros artistas marciales que buscan la verdadera práctica del Taekwondo y el Hapkido Joong Do Ryu. ¡Gracias, Señor!

JOONG DO RYU'S EMBLEMS / 중도류 상징 / LOS EMBLEMAS DE JOONG DO RYU

"A Life without meaning is not worth living. In the same way, a martial arts without meaning is not worth practicing! Starting with the emblems and spreading throughout the teachings, the Joong Do Ryu style looks to answer and give meaning to the life of its students." / "의미 없는 삶이 살 만한 가치가 없는 것처럼, 의미 없는 무도는 실천할 가치가 없다. 중도류 스타일은 상징을 시작으로 하여 가르침이 퍼져 나가면서 수련생의 삶에 답하고 의미를 부여하는 것이다." / "¡De la misma manera que una Vida sin significado no vale la pena vivir, no vale la pena practicar un arte marcial sin significado! Comenzando con los emblemas y difundiéndose a través de las enseñanzas, el estilo Joong Do Ryu busca responder y dar sentido a la vida de sus estudiantes."

MUGEUK / 무극

MUGEUK is a Taoist concept that represents The Emptiness; it is the first state of the Universe before substance formation, from which two opposite and complementary forces appeared (Yin – Yang). This corresponds to Taegeuk, or The Essential Principle. The philosophical concept of "Emptiness" is not the same as the concept of "Nothing". It includes at the same time the nonexistent and existent, the potential and the real.

무극은 공허감을 나타내는 도교주의 개념이다. 그것은 물질 형성 이전 우주의 첫 번째 상태이며, 거기에서 반대적이며 상호 보완적인 두 개의 힘(음-양)이 나타난다. 이것은 태극 또는 필수 조건에 해당한다. '공허함'의 철학적 개념은 '아무것도 없음'의 개념과 동일하지는 않다. 그것은 비존재와 존재하는 잠재와 실체를 동시에 포함한다.

MUGEUK es un concepto taoísta que representa El Vacío; el estado inicial del Universo antes de la formación de la materia, y a partir del cual aparecen las dos fuerzas opuestas y complementarias (Yin – Yang), correspondientes a Taegeuk o El Principio Primordial. El concepto filosófico del vacío no es el de la "Nada". Abarca a la vez lo inexistente y lo existente; lo potencial y lo real.

THE CIRCLE / 원 / EL CÍRCULO

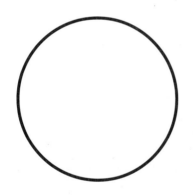

The circle is a continuous cycle and the endless symbol of nature. The seed that is buried in winter sprouts in spring and continues to grow until it blossoms in summer. In fall this seed bears fruits and collects new seeds that will once again begin a new cycle in winter. The cycle is an infinite process, a movement without a beginning or an end.

원은 자연의 끝이 없는 상징인 연속적인 순환의 끝이다. 자연의 겨울에 묻혀 있는 씨앗은 봄이 되면 싹이 나고 여름에 꽃이 피기까지 계속 자란다. 이 씨앗은 가을에 열매를 맺고 새로운 씨앗을 갖게 된다. 그것은 다시 한번 겨울에 새로운 순환을 시작할 것이다. 이러한 순환은 무한한 과정의 연속이며 시작과 끝이 없는 오랜 세월의 운동이다.

El círculo es el símbolo del ciclo continuo y sin fin de la naturaleza. La semilla que es enterrada en invierno, brota en la primavera y continúa su crecimiento hasta su florecimiento, en verano. En átono da sus frutos y almacena las nuevas semillas que empezarán un nuevo ciclo en invierno, a la espera de la primavera. El círculo es un proceso infinito, un movimiento en el tiempo, sin principio ni fin.

THE CIRCLE WITH A RED BACKGROUND / 빨간색의 원 / EL CÍRCULO CON UN FONDO ROJO

The circle with a red background represents Fire (the maximum Yang);Light and Life of Power. It embodies an intense energy, similar to that of the "human spirit", which encompasses the mind, the emotions and the intellect. It is a metaphor of the light energy of the sun, which sustains almost all forms of life on Earth. Its light expands vital energy, like a positive leader who provides guidance and clarity to the followers.

빨간색 배경의 원은 불(최대의 양)을 나타낸다. 빛과 생명의 힘, 그것은 마음, 감정 및 지성을 포괄하는 '인간정신'과 비슷한 강렬한 에너지를 구현한다. 태양의 빛나는 에너지를 은유적으로 표현한 것이다. 지구상의 거의 모든 형태의 삶을 지원한다. 그 빛은 추종자에게 지침과 명확성을 제공하는 긍적적인 지도자처럼 중요한 생명 에너지다.

El círculo con fondo rojo representa El Fuego (El t Yang): Luz y Poder de la Vida. Encarna a una intensa energía; similar a la del "espíritu humano", la cual incluye la mente, las emociones y el intelecto. Es una metáfora de la energía lumínica del sol; que sustenta casi todas las formas de vida en la Tierra. Su luz expande energía vital, como un líder positivo que proporciona guía y claridad a sus dirigidos.

TAEGEUK / 태극

The circle, divided in two equal halves (Red and Blue) by a horizontal S, represents Two. It displays two faces on the same coin, which is a symbol in Korea known as taegeuk. "Tae" means Grandness and "GEUK" means Eternity. Taegeuk is the integration of two opposite and complementary universal forces: Yin / Blue and Yang / Red. It is like a sea wave that pierces a cliff (The Water: The Great Yin) and a volcano lava which descends along its hillside (The Fire: The Great Yang). The horizontal S represents Earth, controlling, regulating, harmonizing and distributing Water and Fire.

In Oriental philosophy, everything that exists is part of Tae, from the tiniest particle up to the biggest expansion of universe. Nothing remaining outside of its existence. In order to preserve this Unity, both opposing and complementary forces have to maintain a harmonizing relationship. Every one of us plays a vital role in this Universe and we have influence on everything we have contact with.

두 개의 동등한 반쪽(빨간색과 파란색)으로 수평선 S 로 구분된 원은 2를 나타낸다. 태극이라고 알려진 한국의 상징으로서 동전과 같이 양면성을 드러낸다. 태(太)는 거대함을 뜻하고 극(極)은 영원을 뜻한다. 태극(太極)

은 서로 반대적이며 상호 보완적인 힘, 즉 음(파란색)과 양(빨간색)의 통합이다. 절벽(물-음중음)과 언덕(불-양중양) 중 하나에 의해 내려오는 화산 용암을 관통하는 바다의 파도와 같다. 수평선 S 는 물과 불의 통제, 규제, 조화 및 분배를 나타내는 지구를 나타낸다.

동양철학에서 존재하는 모든 작은 입자부터 우주의 가장 큰 팽창에 이르기까지 태의 일부다. 존재의 외부에 남아 있는 것은 아무것도 없다. 이러한 단결을 유지하기 위해 상호 간에 반대적이며 보완적인 것에 조화로운 관계를 유지해야 한다. 우리 모두는 우주에서 중요한 역할을 하며, 우리가 접촉하는 모든 것에 영향을 미친다.

Un círculo dividido en dos mitades iguales (Roja y Azul), por una S horizontal, representa el Dos; las dos caras de una misma moneda; un símbolo conocido en Corea como Taegeuk. Que literalmente significa: Tae; Grandeza y Geuk; Eternidad. Taegeuk es la integración de dos fuerzas universales, opuestas y complementarias: Yin / Azul – Yang / Roja. Es como una ola del mar que penetra un acantilado (El Agua: El Gran Yin) y la lava de un volcán que desciende por una de sus laderas (El Fuego: El Gran Yang). La S horizontal representa la Tierra, que controla, regula, armoniza y distribuye el Agua y el Fuego.

En la Tradición Oriental, todo lo que existe hace parte de Taegeuk, desde la partícula más pequeña hasta la expansión más grande del universo. No existe nada que se quede por fuera de él. Para preservar esta Unidad, ambas fuerzas deben mantener una relación armoniosa. Cada uno de nosotros desempeña un papel vital en este Universo e influenciamos todas las cosas con las que entramos en contacto.

THE YELLOW EDGE / 노랑색 가장자리 / EL BORDE AMARILLO

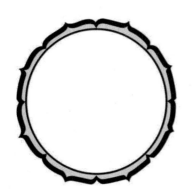

The yellow border that surrounds the emblem's circle represents Earth, which receives everything. The Earth has a role like the Mother in a family: warm, patient and generous.

심벌 마크의 원을 둘러싸고 있는 노란색 테두리는 지구를 나타내며 배제하지 않고 모든 것을 받아들인다. 지구는 가족의 어머니와 같은 역할을 한다. 따뜻하고 참을성이 많으며 관대하다.

El borde amarillo que rodea los círculos de los emblemas representa la Tierra; que recibe todo sin descartar nada. La Tierra representa a la Madre en la familia; acogedora, paciente y generosa.

DIVINITY / PAL GUE 팔괘 / DIVINIDAD, STRAIGHTNESS / PAL JUNG DO 팔정도 / RECTITUD

Pal Gue and Pal Jung Do correspond to eight (8) external (Yang) and internal (Yin) points that are surrounding the yellow border of the emblems. The eight (8) external points represent PAL GUE, or the Eight Trigrams For The Divinity. This is represented by different combinations of three lines that express every Yin – Yang's possible combination in the physical world. Those trigrams were created prior to written language and passed down orally by ancient oriental sages.

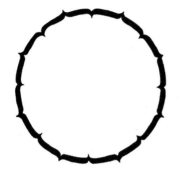

팔괘와 팔정도는 심벌 마크의 노란색 테두리를 둘러싼 8개의 외부(양) 및 내부(음) 지점에 해당한다. 여덟 개의 외부 포인트는 팔괘 또는 팔괘의 신성함을 나타낸다. 이것은 실제 세계에서 모든 음과 양의 가능한 조합을 표현하는 세 줄의 서로 다른 조합으로 표현한다. 그러한 괘들은 서면 언어에 앞서 만들어졌고 동양 현자들에 의해 구두로 전해 왔다.

Pal Gue y Pal Jung Do corresponden a las ocho (8) puntas externas (Yang) e internas (Yin) que están rodeando el borde amarillo de los emblemas.Las ocho (8) puntas externas representan a PAL GUE o Los Ocho Trigramas Para La Divinidad. Este es representado por diferentes combinaciones de tres líneas, que expresan todas las posibles combinaciones del Yin – Yang en el mundo físico. Estos trigramas son anteriores al lenguaje escrito y fueron transmitidos oralmente por antiguos sabios orientales.

HEAVEN	LAKE	FIRE	THUNDER	WIND	WATER	MOUNTAIN	EARTH
☰	☱	☲	☳	☴	☵	☶	☷
하늘	호수	불	번개	바람	물	산	땅
CIELO	LAGO	FUEGO	TRUENO	VIENTO	AGUA	MONTAÑA	TIERRA

The eight (8) internal points represent PAL JUNG DO, or The Noble Eightfold Path. Buddha once said: "If you really want to liberate yourself, you must practice The Noble Eightfold Path. As long as you follow it, joy, peace and clear vision will be present and there will be cessation of suffering".

Eight components are:
1. The Correct Vision
2. The Correct Thinking
3. The Correct Speaking
4. The Correct Action
5. The Correct Life
6. The Correct Effort
7. The Correct Attitude
8. The Correct Understanding

여덟 개의 내부점은 팔정도 또는 고귀한 팔중의 길을 나타낸다. 부처가 말했다. "네가 정말로 해탈하기를 원한다면 너는 고귀한 팔중의 길로 가야 한다. 네가 그 길을 따른다면 기쁨과 평화의 분명한 개안을 얻을 것이며 고통이 멈출 것이다."

8가지 바른길의 구성 요소:
1. 정견: 옳게 보는 것
2. 정사: 옳게 생각하는 것
5. 정명: 옳게 생활하는 것
6. 정진: 옳게 노력하는 것

3. 정어: 옳게 말하는 것

4. 정업: 옳게 행동하는 것

7. 정념: 옳은 마음가짐을 갖는 것

8. 정정: 옳게 깨달음을 얻는것

Las ocho (8) puntas internas representan a PAL JUNG DO o El Noble Camino Óctuple. Buda dijo: "Si realmente quieres liberate, debes practicar El Noble Camino Óctuple. Siempre que lo sigas; la alegría, la paz y la visión clara estarán presentes y podrá cesar el sufrimiento".

Sus ocho componentes son:

1. La Visión Correcta
2. El Pensamiento Correcto
3. El Hablar Correcto
4. La Acción Correcta

5. La Vida Correcta
6. El Correcto Esfuerzo
7. La Actitud Correcta
8. El Entendimiento Correcto

HAPKIDO THROW AND FALL / 합기도 던지기와 낙법 / HAPKIDO TIRAR Y CAER

These central figures involved in throwing (Yang) and falling (Yin) represent traditional Hapkido. It symbolizes "The Union of the Energy Path". I launch my adversary, harnessing his energy and unifying it with mine (Taegeuk: Yin - Yang). The basic principle of Hapkido's union and harmony can be described in this way: "When you push me, I pull you; When you pull me, I push you." Therefore, the Hapkido's Joong Do Ryu World Federation emblem represents the Path (Do) to Straightness through Union (Hap) with the Universe's Energy (Ki).

던지는 양(yang)과 떨어지는 음(yin)과 관련된 중심인물은 전통적인 합기도를 대표한다. 그것은 에너지 경로의 조화를 상징한다. 상대와의 힘을 이용해 나와 상대의 조화를 이루어낸다(태극: 음과 양). 합기도의 화합과 조화의 기본 원칙은 밀면 당겨라, 당기면 밀어라다. 그러므로 중도류 세계합기도연맹의 상징은 조화(합)를 통한 우주 에너지(기) 의 진로인 길(도)을 나타낸다.

Esta figura central que contiene un lanzamiento (Yang) y una caída (Yin), representa el Hapkido tradicional. Simboliza "El Camino de la Unión de la Energía". Yo lanzo a mi oponente, combinando su energía con la mía; convirtiéndonos en una Unidad (Taegeuk: Yin - Yang). El principio básico de unión y armonía del Hapkido se puede describir así: Cuando me empujas; yo te halo, cuando me halas; yo te empujo. Por lo tanto, el emblema de La Federación Mundial de Hapkido Joong Do Ryu representa el Camino (Do) para alcanzar la Rectitud a través de mi Unión (Hap) con la Energía del Universo (Ki).

JUMPING DOUBLE SIDE KICK / 뛰어 이단 옆차기 / SALTAR DOBLE PATADA LATERAL

The double jump side kick represents the positive side of martial arts (Yang). It symbolizes the external side of martial arts. It is the activity, or the positive force, expressing the physical nature of martial arts. It is the harmonizing contrast of Taegeuk, which is the philosophical side of martial arts

(Yin: Negative), and the physical force (Yang: Positive) that express the principle of harmony of our school.

뛰어 두발모아 옆차기는 무도의 (양) 긍정적 측면을 대표한다. 그것은 무도의 외적 측면을 상징하는 것이다. 무도의 물리적 본질을 표현하는 활동 또는 긍정적인 힘이다. 무도의 (yin: 음) 철학적 측면이자 우리 도장의 조화의 원칙을 표현하는 물리적 힘(yang: 양)이 태극과 조화로운 대조를 이룬다.

La patada doble de lado saltando, representa el lado positivo de las artes marciales (Yang). Simboliza El lado Externo del arte marcial. Es la actividad o la fuerza positiva que expresa la naturaleza física de las artes marciales. Taegeuk; el lado filosófico de las artes marciales (Yin: Negativo), es el contraste armonizador con la fuerza física (Yang: Positivo), que expresan el principio de armonía de nuestra Escuela.

RANKS AND BELTS SYSTEM OF JOONG DO RYU TAEKWONDO – HAPKIDO / 중도류 태권도 - 합기도의 유급자와 유단자의 띠 체계 / EL SISTEMA DE RANGOS Y CINTURONES DEL JOONG DO RYU TAEKWONDO - HAPKIDO

"The most important outcome of training is self-improvement (the teaching of Do). The purpose of Joong Do Ryu is to help its practitioners transform themselves into better people and to have happier lives, and thus contribute to the betterment of society." / "수련 과정에서 가장 중요한 것은 더 나은 인간(도의 가르침)이 되는 데 도움이 되어야 하는 것이다. 결국 중도류의 목적은 수련생이 보다 나은 사람으로 변화하고 더 행복한 삶을 살 수 있도록 도와줌으로써 더 나은 세상을 건설하는 데 기여하는 것이다." / "El resultado más importante del entrenamiento es la superación personal (la enseñanza de Do). El propósito de Joong Do Ryu es ayudar a sus practicantes a transformarse en mejores personas y tener vidas más felices, y así contribuir al mejoramiento de la sociedad."

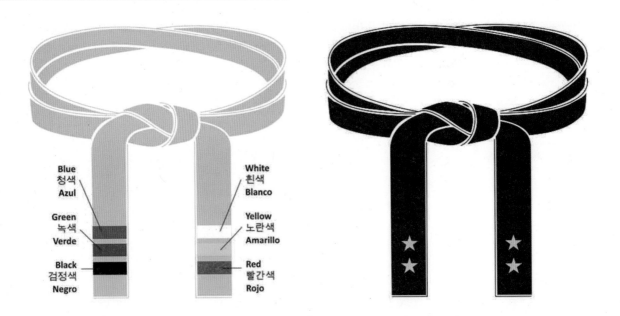

1. INTRODUCTION

Belts are a relatively recent development, and symbolize the different technical levels in martial arts in the world, in countries such as Korea, Japan, and among others. This development is based on the philosophy of Yin - Yang (Negative and Positive), the Five Elements (Water, Wood, Fire, Earth and Metal) and I Ching (Book of Changes), which are teachings of the Eastern Tradition.

The general population thinks that the owner of a belt is a person who is cultivating himself or herself to be a kind of superhero with great powers; a dangerous person. If we bear in mind that this perception has been influenced by the media and martial arts movies that focused on spectacular actions, then it is only natural for people to think this way.

In the martial arts world, the belt is a sign of respect. Those who practice any martial arts know that to deserve a belt it is necessary to achieve and perfect some physical, technical, energetic, mental and philosophical standards.

The belt's relevance in martial arts has been greatly reduced in recent years, due to some organizations that have lowered their quality of standards or issue qualification certificates based only on economic considerations. Some of them even sell belt certificates online. The media has made the public aware of this situation, but, unfortunately, this has had a negative effect on all martial arts organizations' credibility.

In order to manage this situation, we in Joong Do Ryu (J.D.R.) are communicating, educating and being consistent with our principles. In front of both the martial arts community and general public, we explain the true meaning of the belts system, and we also cultivate these principles among all our disciples and instructors.

To deserve any belt in J.D.R. Taekwondo and Hapkido (black or any color), the disciple must know and internalize theory, and develop physical conditioning and specific techniques according to his rank. A belt is not given just for training time or for having attended a number of classes or sessions.

Obtaining color belts in J.D.R. could be compared with the training level for a good mountaineer: internalizing of mountain climbing theory, putting techniques into practice, an appropriate physical conditioning and all the necessary equipment. When black belt is reached, you go to the next level; you install your base camp and prepare the access path to that mountain peak of your martial art.

Every disciple is a world on its own, with his own strengths and weaknesses. The disciple must overcome his weaknesses and increase his strengths by studying and training his belt's specific techniques, and integrating this into his own life. Thus, even when we insist on the use of the right techniques, we also acknowledge that the performance can be affected by other special circumstances. We also know that the most important issue in this training process is that it helps the disciple to be a better human being (the teaching of Do). After all, the purpose of J.D.R. is to help its practitioners to transform themselves into better people and to have a happier life, and thus contri-bute to the building of a better world.

1. 소개

띠는 비교적 최근에 발달한 것으로 한국, 일본 등 무도를 수련하는 나라에 존재하는 무도 세계에서 서로 다른 수준을 표현하며 동양 전통의 가르침인 주역과 음양오행에 근거하여 발달했다.

보통 사람들의 생각에 따르면, 띠의 소유자는 초능력을 지닌 일종의 위험 인물인 초고수가 되도록 자신을 개발한 사람이다. 이 개념이 화려한 동작에 초점을 맞춘 대중 전달 매체와 무술영화에 영향을 받았다는 사실을 명심한다면 사람들이 그러한 방식으로 생각하는 것이 지극히 당연하다.

무술 세계에서 띠는 존경의 표시다. 어떠한 무도건 수련한 사람들은 띠의 자격을 갖추기 위하여 몇몇 신체적, 기술적, 역동적, 정신적인 면과 더불어 철학적인 수준을 성취하고 완성해야 할 필요가 있다.

무도에서 띠의 신뢰성이 최근 몇 년 사이 크게 감소했는데, 이는 질적 수준을 떨어뜨리거나 경제성만을 근거하여 단증이나 자격증을 발부하는 몇몇 기관들 때문이다. 그중 몇몇은 온라인으로 단증과 자격증을 팔기도 한다. 언론 매체는 이런 상황을 공개적으로 경고했지만 불행하게도 이것이 무도 단체의 신뢰성에 부정적 영향을 끼쳤다.

이런 상황을 통제하기 위해 중도류는 의사소통과 교육을 통해 원칙에 대하여 일관성을 유지하고 있다. 무도계와 일반 대중 앞에서 띠 체계의 진정한 의미를 설명하고 모든 수련생과 사범 간에 이러한 원칙을 개발하기도 한다.

중도류, 태권도와 합기도에서 어떤 띠(유급자와 유단자)의 자격을 갖추기 위하여 수련생은 내면화된 이론을 배워서 소화해야 하며, 등급에 따라 신체 조건과 구체적인 술기를 개발해야 한다. 띠는 수련 기간이나 많은 수업에 참가했다고 해서 주어지는 것이 아니다.

중도류에서 유급자 띠의 획득은 훌륭한 등산가를 위한 훈련 단계와 비교할 수 있다. 내재된 등산 이론을 소화하고, 기술을 실행하고, 적절한 신체 상태 조절과 모든 필요한 장비를 갖추는 것이다. 유단자가 된 뒤에는 다음 단계로 가야 하는데 당신의 무도에 해당하는 산 정상에 쉽게 도달하기 위해 임시 수련장을 설치해야 한다.

모든 수련생은 고유의 장점과 약점을 지닌 그 나름의 세계다. 수련생은 띠 특유의 기술을 습득하고, 수련할 때 그러한 것들을 자신의 생활에 집중시킴으로써 약점을 극복하고 힘을 키워야 한다. 따라서 올바른 기술 활용을 주장할 때조차 시연하는데 특수한 환경의 영향을 받을 수 있다는 것을 깨닫고, 또한 이런 수련 과정에서 가장 중요한 핵심은 그것이 수련생들로 하여금 보다 나은 인간이 되도록 도움을 준다는 것(도의 가르침)을 우리는 알고 있다. 결국 중도류의 목적은 수련생을 보다 나은 사람으로 변화시키고 보다 행복한 삶을 살아서 더 나은 세계를 건설하는 데 기여하도록 돕는 데 있다.

1. INTRODUCCIÓN

El cinturón es un desarrollo relativamente reciente en el mundo de las artes marciales en diferentes países, tales como Corea y Japón, entre otros. Este desarrollo se basa en la filosofía del Yin - Yang (Negativo y Positivo), Los Cinco Elementos (Agua, Madera, Fuego, Tierra y Metal) y el I Ching (El Libro de las Mutaciones); enseñanzas de la Tradición Oriental.

La comunidad general piensa que el portador de un cinturón es una persona que se está cultivando para convertirse en una especie de súper héroe, con grandes poderes; una persona peligrosa. Si tenemos en mente que esta percepción ha sido influenciada por los medios de comunicación y las películas de artes marciales enfocadas en acciones espectaculares, por lo cual; es natural que piensen de ese modo.

En el mundo de las artes marciales, el cinturón es un símbolo de respeto. Quienes practican algún arte marcial saben que para ganárselo, se debe alcanzar y perfeccionar ciertos estándares físicos, técnicos, energéticos, mentales y filosóficos.

En los últimos años, la importancia de los cinturones en las artes marciales se ha desvalorizado mucho, debido a que varias organizaciones han bajado sus estándares de calidad o expiden certificados basadas en criterios económicos, y hasta llegan a venderlos a través de la red. Los medios de comunicación han advertido al público sobre esta situación, lo que, desafortunadamente, ha tenido un efecto negativo sobre la credibilidad de todas las organizaciones de arte marcial.

Para manejar esta situación, en la Joong Do Ryu (J.D.R.) estamos comunicando, educando y siendo consecuentes con nuestros principios. Explicándoles a la comunidad marcial y general, el verdadero significado de los cinturones y cultivando estos principios con todos nuestros discípulos e instructores.

Para obtener cualquier cinturón en el J.D.R. Taekwondo y Hapkido (De color o negro), el discípulo debe adquirir e interiorizar la teoría, una condición física y unas técnicas específicas para su grado. Un cinturón no es otorgado simplemente por el entrenamiento a través del tiempo de un cierto número de clases o sesiones.

Obtener los cinturones de color en la J.D.R. puede ser comparado con el nivel de preparación para ser un buen alpinista: Interiorización de la teoría de ascenso de montañas, práctica de las técnicas, adquisición de una condición física adecuada y de todo el equipo necesario. Al llegar a cinturón negro, pasas al siguiente nivel; instalas un campamento base en el camino de ascenso hacia el pico de la montaña de tu arte marcial.

Cada discípulo es un mundo diferente; con sus propias fortalezas y debilidades. Él debe vencer sus debilidades y acrecentar sus fortalezas, a través del estudio y entrenamiento de las técnicas específicas de su cinturón e integrar todo esto a su vida. Por lo tanto, a pesar de que insistimos en que las técnicas deben ser correctas, reconocemos que el desempeño puede estar afectado por circunstancias especiales, y sabemos que lo más importante es que este entrenamiento le ayude a ser mejor Ser Humano (Enseñanza del Do). Después de todo, el propósito de la J.D.R. es ayudar a sus practicantes a transformarse en mejores personas y a tener una vida más feliz, y así contribuir a la construcción de un mundo mejor.

2. PHILOSOPHY

The hierarchy system of J.D.R. Taekwondo and Hapkido practitioners is established by a series of black and colored belts, which are the following:

BELT

In Oriental tradition, belts represent the Tae Mo (Waist Channel): It is the only acupuncture circular channel in the human body. It comes from the kidneys and surrounds the waist, confining and regulating all ascendant and descendant channels (Yin - Yang) that pass through this zone, like in an hour glass. In the West this is a symbol for the protection of the body, which represents a person's moral virtues.

For Joong Do Ryu Taekwondo - Hapkido, the belt is a symbol of "The harmony between Heavenly and Earthly energies in the Human Being".

COLORS

Anthropological, linguistic, psychological and sociological studies have proven that color could have different meanings depending on the context. Symbolism of colors is well known and used in different cultures and human activities. Optics and experimental psychology divides colors in two groups: Warm Colors (Yang), which correspond to processes of activity and intensity (red, orange, yellow and, by association, white) and Cold Colors (Yin), which correspond to processes of passivity and tranquility (blue, purple and, by association, black). Green, as a color of transition and communication between the two groups, is placed in the middle. In Oriental tradition its symbolism comes from: The relation between colors and planets. The relation between colors and each of the Five Elements (Water: Black; Wood: Green – Blue; Fire: Red; Earth: Yellow; Metal: White). Emblems of rank and authority: For J.D.R., the color of the belt symbolizes: "Rank, power, authority, responsibility, and service".

NUMBER TEN

Numbers are not just quantitative expressions. They are ideas, with forces that characterize each one of them. All come from the number One (The Unity, the Unmanifest). Tradition says that the first 10 numbers are entities, symbols which belong to the spirit. Every other number comes from its combination. The better known meanings of number ten (10) are: The return to the Unity and spiritual realization. For the J.D.R. it symbolizes Perfection (the One "1": the Unity, the Absolute, along with zero "0": the Void).

TEN CELESTIAL TRUNKS (TCT)

China has its origin in the basin of the Huang Ho River. The river, along with its numerous tributaries, irrigated both riverbanks. There, the ancestors hunted, sowed and grazed. Those lands and its settlers had a leader: Huang Di (The Yellow Emperor), the founder, who excelled because of his intelligence and his skills for warfare. Given that at that time there were not numbers or time divisions, people only knew that seasons passed from cold to warm and from warm to cold, and so on. They also knew that their lives passed from birth to youth and from youth to old age.

To divide time, Huang Di invented The 10 Celestial Trunks and The 12 Earthly Branches, which he combined to create the first calendar for Chinese people. The 10 Celestial Trunks (TCT), are the ancient cyclic characters, better known as: the 10 mothers, the 10 venerable characters, the 10 days of Heaven. This decimal place is for days, months and years. TCT collect the earthly events. The 10 evolutionary phases of a plant, from germination of the planted seed to its return to the ground to give origin to a new plant: **Seed - Germination - Sprout - Stem - Sprig - Leaf - Flower - Fruitage - Fruit – Seed.**

TREE

The tree takes its time to drink life in drops solemnly and unhurriedly. It's long and quiet life makes it wise; thus, it represents the image and the guarantee of stability for environment it lives in. It is, after all, our deepest and highest sister. It is a symbol of time and space.
The tree represents the mother goddess, with its functions of protection and nutrition. It is deeply rooted in the soil, seeking with its diversified roots, taking water from the ground, trying to reach the sky and eternity, acting as a world axis.

The expression and beginning of this cycle is the tree because of a unique property of the wood element. Wood is the only element that carries life among the five elements (Wood, Fire, Earth, Metal, Water). Therefore the tree is representative of a student's progress.

In oriental tradition, the tree gathers in itself the Five Elements;
1. Water that flows into its veins
2. Air (the Wood Wind) that it breathes and moves towards
3. Fire that comes from its wood
4. Earth in which it is rooted and from which it feeds on
5. Metal in its biochemical composition

In the tree there are different realities, and in all planes, its desire for immortality. It represents the essence of life in our planet, between material and spiritual, between devine and human. It passes and crosses the paths that allow us to reach infinity of realities and universes.

A tree is an intermediary between Heaven and Earth, because it's roots enter the Earth and its branches rise to the Heaven. It is the fusion of two forces. It joins Yin (Earth) and Yang (Heaven), crossing the Female (Yin) and Male (Yang) principles.

2. 철학

중도류에서 태권도와 합기도 수련생의 수준 체계는 다음과 같은 일련의 유단자와 유급자의 띠에 의해 수립된다.

띠

동양 전통에서 띠는 대모(허리띠)를 상징하는데 그것은 신체의 유일한 경혈 회로다. 신장으로부터 나와서 허리를 휘감고 해시계처럼 이 지역을 통과하는 모든 상체와 하체의 회로(음-양)를 제한하고 규제한다. 서양에서 이것은 신체 보호의 상징으로 인간의 도덕적 고결함을 대표한다.

중도류 태권도 합기도에서 띠는 '천상과 지상 그리고 인간(천지인) 기운의 조화'라는 상징이다.

색깔

인류학적, 언어학적, 심리학적, 사회학적 연구에서 색깔이 상황에 따라 다른 의미를 지닐 수 있음을 증명했다. 색깔의 상징성은 다른 문화와 인간 활동에서 널리 알려지고 이용되었다. 광학과 실험 심리학에서는 다음 두 가지로 색깔을 나눈다. 따뜻한 색(양): 활동과 강렬함에 해당하는 빨간색, 주황색, 노란색 그리고 대체로 흰색 계통. 차가운 색(음): 수동성과 냉정에 해당하는 청색, 자주색 그리고 대체로 검정 계통. 녹색은 변화와 소통의 색깔로 두 색상 사이의 중간에 자리한다. 동양 전통에서 그것의 상징성은 다음에서 유래한다. 색깔과 행성 간의 관계: 색깔과 5행의 관계(물-검정, 나무-녹색·청색, 불-빨간색, 땅-노란색, 금속-흰색) 지위와 권위의 상징: 중도류에서 띠의 색깔은 지위, 힘, 권위, 책임, 봉사를 상징한다.

숫자 10

숫자는 단지 양적 표현만은 아니다. 그것은 그들 각각을 특성화하는 힘을 지닌 개념이다. 모든 것은 1(통일, 원형)이란 숫자에서 유래한다. 전통에 따르면 처음 10개의 숫자들은 본질 즉 정신계에 속하는 상징 이라고 한다. 모든 다른 숫자는 그것의 조합에서부터 나온다. 10이란 숫자에서 더 잘알려진 의미는 통일의 귀환과 영적인 실현이다. 중도류에서 그것은 완전함을 상징한다. (하나, 통일, 절대성; 0과 더불어 공허)

10개의 신성한 본체

중국은 황하 유역에서 근원한다. 그 강은 수많은 지류를 따라 양만에 물을 댔다. 조상들은 거기서 사냥하고 씨 뿌리고 추수했다. 그 땅의 거주자들은 황제라는 지도자를 가졌는데 그는 지혜와 전쟁 기술이 탁월했다. 그 당시에는 숫자나 시간 구분이 존재하지 않아 추위에서 더위로, 더위에서 추위로 계절이 지남을 알고 있을 뿐이었다. 그들의 삶이 출생에서 청춘, 청춘에서 노령으로 흘러가는 것도 알고 있다.

따라서 시간을 구분하기 위해 십간과 십이지(10개의 신성한 본체와 12개의 땅의 가지)를 발명하여 그것을 조합해 중국인을 위한 최초의 달력을 창조했다. 10개의 신성한 본체는 고대의 순환 주기를 표현하는 문자로 10개의 어머니, 10개의 존엄한 문자, 10개의 하늘의 날로 더 잘 알려졌다. 이 십진법은 날짜, 달과 연을 위하여 존재한다. 10개의 신성한 본체는 대지의 상황을 취한다. 새로운 식물의 근원을 제공하기 위해 숨겨진 씨앗의 발아로부터 땅에 귀환하기까지 식물의 10가지 진화의 상황들은: **씨앗 - 발아 - 싹 - 줄기 - 가지 -잎사귀 - 꽃 - 결실 - 열매 - 씨앗으로 귀환한다.**

나무

나무는 해방을 향한 열린 문으로 시간 개념에서 유래한다. 그것은 시간이 느긋하게 흐르고 물방울 상태로 생명을 마시고, 엄숙하면서도 서두름 없이 그것을 음미한다. 길고 오묘한 삶은 그것을 현명하게 하여 그 이미지와 그것이 살고 있는 환경의 안정 상태 보장을 상징한다. 결국 그것은 우리의 가장 심오하고 고매한 형제다. 그것은 시간과 공간의 상징이다.

나무는 보호와 영양 공급 기능을 발휘하는 어머니 여신을 상징한다. 그것은 땅속 깊이 뿌리내려 다양한 뿌리를 뻗어 내려 땅에서 물을 흡수하고 하늘과 영원에 도달하려고 노력하는 세상의 축 역할을 한다.

이 순환의 표현과 시작은 나무다. 나무의 독특한 속성 때문이다. 나무는 5행(나무, 불, 흙, 금속, 물) 가운데 생명을 운반하는 유일한 요소다. 그러므로 나무는 수련생의 진보를 대표한다.

동양 전통에서 나무는 그 자체로 5행을 취합한다.
1.   잎맥으로 흘러 들어가는 물
2.   목재에서 나오는 불
3.   뿌리 박아 영양을 빨아들이는 흙
4.   호흡하며 지나가는 공기(나무의 바람)
5.   생화학적 구성 상태의 금속

나무에는 서로 다른 실체들이 있으며, 모든 면에서 불멸을 향한 욕망이 있다. 그것은 우리 세상에서 물질과 정신 사이, 신성과 인간 사이에 생명의 본질을 상징한다. 또한 우리에게 무한한 실체와 우주로 다가가도록 해주는, 가로세로로 엮어주는 통로다.

나무는 뿌리가 땅으로 들어가고 가지가 하늘로 솟기 때문에 천상과 지상 사이의 매개체다. 그것은 두 세력의 혼합으로, 음(대지)과 양(하늘)을 묶어주고 여성(음)과 남성(양)의 조화를 엮어준다.

2. FILOSOFÍA

El sistema de jerarquización de los practicantes del J.D.R. Taekwondo y Hapkido, se hace a través de cinturones de colores y negro, los cuales están compuestos por:

EL CINTURÓN

Para la Tradición Oriental, éste representa al Tae Mo (Canal de la Cintura): El único canal de acupuntura circular del cuerpo humano, que sale de los riñones y rodea la cintura, encerrando y regulando todos los canales ascendentes y descendentes (Yin - Yang) que pasan por esta zona; como un reloj de arena. En Occidente es un símbolo de protección del cuerpo, que representa las virtudes morales de la persona.

> **Para el Joong Do Ryu Taekwondo - Hapkido, el cinturón simboliza: "La armonía entre las energías del Cielo y de la Tierra en el Ser Humano".**

LOS COLORES

Los estudios antropológicos, lingüísticos, psicológicos y sociológicos han demostrado que el color puede tener diferentes significados en función de su contexto. El simbolismo de los colores es muy conocido y utilizado en diversas culturas y actividades humanas. Desde la división en 2 grupos, establecida por la óptica y la psicología experimental: Colores Cálidos (Yang), que corresponden a procesos de actividad e intensidad (rojo, naranja, amarillo y, por extensión, el blanco), y Colores Fríos (Yin), que corresponden a procesos de pasividad y tranquilidad (azul, púrpura y, por extensión, el negro); situándose en medio el verde como color de transición y comunicación entre los dos grupos. Para la Tradición Oriental, su simbolismo procede de: La relación entre los colores y los planetas: La relación de los colores y cada uno de los Cinco Elementos (El Agua: Negro. La Madera: Verde - Azul. El Fuego: Rojo. La Tierra: Amarillo. El Metal: Blanco). Emblemas de rango y autoridad: Para la J.D.R., el color del cinturón simboliza: "Rango, poder, autoridad, responsabilidad, servicio".

EL NÚMERO DIEZ

Los números no sólo son expresiones cuantitativas. Son ideas; fuerzas que los caracterizan a cada uno de ellos. Todos proceden del número Uno (La Unidad, lo no manifestado). En la Tradición, los 10 primeros números son entidades, símbolos, que pertenecen al espíritu. Los demás números resultan de su combinación. Los significados más conocidos para el número diez (10) son: El Retorno a la Unidad y la realización espiritual. Para la J.D.R., simboliza; La Perfección (El Uno "1"; la Unidad, lo absoluto, junto con el Cero "0": el vacío).

LOS DIEZ TRONCOS CELESTES (DTC)

La nación China tuvo su origen en la cuenca del río Huang He. El río, junto con sus numerosos afluentes, irrigaba ambas riberas de tierras. Y allí, sus antepasados se dedicaban a la caza, la agricultura y la ganadería. Aquellas tierras y sus moradores tenían como su líder a Huang Di (El Emperador Amarillo); su fundador, quien sobresalía por su inteligencia y habilidad para la guerra. Como en aquella época no existían los números ni la división del tiempo. La gente sólo sabía que el tiempo pasaba del frío al calor, del calor al frío, y así sucesivamente. Que su vida transcurría del nacimiento a la juventud y de la juventud a la vejez.

Para enumerar el tiempo, Huang Di inventó Los 10 Troncos Celestes y Las 12 Ramas Terrestres, los cuales combinó y dio origen al primer calendario del pueblo Chino. Los 10 Troncos Celestes (DTC), son los caracteres cíclicos antiguos más conocidos con diferentes nombres, como: Las 10 madres, los 10 caracteres venerables, los 10 días del Cielo. Este ritmo denario se aplica a los días, los meses y los años.

Los DTC recogen los acontecimientos terrestres. Las 10 fases evolutivas de una planta desde la germinación de la semilla enterrada hasta su retorno a la tierra para dar origen a una nueva planta: **Semilla - Germinación - Brote - Vástago - Puntilla - Hoja - Flor - Frutaje - Fruta – Semilla.**

EL ÁRBOL

El árbol se toma su tiempo para beber la vida a sorbos y saborearla. Su larga y sosegada vida lo hace sabio, y así representa la imagen y la garantía de estabilidad para el medio en el que habita. No en vano, es nuestro hermano más alto y más profundo. Un símbolo de tiempo y espacio.

El árbol con sus funciones de protección y nutrición, representa la diosa madre. Profundamente arraigado a la tierra; auscultando con sus raíces diversificadas, extrayendo el agua del suelo, tratando de alcanzar el cielo y la eternidad, actuando como un eje del mundo.

La expresión y el inicio de este ciclo es el árbol dado las propiedades únicas del elemento de madera. Entre los cinco elementos (Agua, Madera, Fuego, Tierra y Metal), la Madera es el único elemento que tiene vida. Así, que el árbol es la representación del progreso del discípulo.

Según la Tradición Oriental, el árbol reúne en sí los Cinco Elementos;
1. El Agua que fluye por sus venas
2. El aire (El Viento de la Madera), al que se dirige y respira
3. El Fuego que proviene de su madera
4. La Tierra en que se sumerge y de la cual se nutre
5. El Metal en su composición bioquímica

En él se encuentran las diferentes realidades, y en todos los planos, su aspiración y continuación de ser inmortal. Se encuentra representada la esencia de la vida del planeta, entre lo material y lo espiritual, entre lo divino y lo humano. A través de él pasan y se cruzan los senderos que nos permiten alcanzar infinidad de realidades y universos.

Un intermediario entre el Cielo y la Tierra, ya que sus raíces traspasan la Tierra y sus ramas se elevan hacia el Cielo. Es la fucion de las fuerzas, uniendo el Yin (La Tierra) con el Yang (El Cielo), cruzando los principios femeninos (Yin) y masculinos (Yang).

3. ORGANIZATION

The belt system of Joong Do Ryu Taekwondo - Hapkido is organized as follows:

Color Belts: There are 10 ranks, distributed in the following groups:
(*Gup: A Korean word that indicates the rank of each color belt.)

Beginner: White (10 Gup), Yellow (9 Gup), and Orange (8 Gup).
Intermediate: Purple (7 Gup), Green (6 Gup), and Blue (5 Gup).
Advanced: Red (4 Gup), Red black stripe (3 Gup), Brown (2 Gup), and Brown black stripe (1 Gup).

Black Belts: There are ten ranks, distributed in the following groups:
(*Dan: A Korean word that indicates the ranks of each black belt.)
(*Poom: A Korean word that indicates the ranks of each underage in black belt.)

Instructor: 1st and 2nd Dan/Poom; Master Assistant: 3rd Dan; Master: 4th and 5th Dan; Senior Master: 6th and 7th Dan; Grand Master: 8th and 9th Dan; and Posthumous: 10th Dan.

3. 조직

중도류 태권도 합기도 내부에서 띠는 다음과 같이 구성되어 있다.

유급자 띠: 10개의 등급이 있으며 다음 그룹으로 분류된다.
*급: 유급자의 계급을 표시하는 한국어

초보자: 흰색 띠(10급), 노란색 띠(9급), 주황색 띠(8급)
중급자: 자주색 띠(7급), 녹색 띠(6급), 청색 띠(5급)
상급자: 빨간색 띠(4급), 빨간색 띠에 검정 줄(3급), 갈색 띠(2급), 갈색 띠에 검정 줄(1급)

유단자 띠: 10개의 등급이 있으며 다음 그룹으로 분류된다
*단: 유단자의 계급을 표시하는 한국어, 품: 유단자로서 미성년의 계급을 표시하는 한국어
조교:1-2단 / 품, 부사범: 3단 / 품, 사범: 4-5단, 총사범: 6-7단, 관장: 8-9단, 사후 수여: 10단.

3. ORGANIZACIÓN

Dentro del Joong Do Ryu Taekwondo - Hapkido, sus cinturones están organizados de la siguiente forma:

Cinturones de Colores: Constan de 10 grados, distribuidos en los siguientes grupos:
*Gup: Palabra coreana que designa los grados de los cinturones de color.

Principiantes: Blanco (10 Gup), Amarillo (9 Gup), y Naranja (8 Gup).

Intermedio: Púrpura (7 Gup), Verde (6 Gup), and Azul (5 Gup).
Avanzado: Rojo (4 Gup), Rojo Raya Negra (3 Gup), Marrón (2 Gup), and Marrón Raya Negra (1 Gup).

Cinturones Negros: Constan de 10 grados, distribuidos en los siguientes grupos:
*Dan: Palabra coreana que designa los grados de los cinturones negros.
*Pum: Palabra coreana que designa los grados de los menores de edad en los cinturones negros.

Instructor: 1ro and 2do Dan/Pum; Asistente de Maestro: 3rd Dan; Maestro: 4th and 5th Dan; Maestro Senior: 6th and 7th Dan; Gran Maestro: 8th and 9th Dan; y Postumo: 10th Dan.

4. MEANING
The meaning of Joong Do Ryu Taekwondo - Hapkido belts is associated with the evolution of different stages in the practitioners' physical, energetic, mental and spiritual development. This evolution takes place through studying and training J.D.R. Martial Arts, in the same way as:

A plant grows to become a beautiful and leafy tree. Starting with a germinating seed (white belt), it continues to grow until the cycle ends. A hibernating seed (brown black stripe belt) develops, which will give origin to a new being and this starts again a new cycle at another level: the black belt.

The Human Being, as an entity of light, which comes from the Original Source (White color), perfects itself in its journey through different stages (yellow, orange, purple, green, blue, red and brown) and reaches the void (black color) to take its way back to the origin: perfection (10th Dan), the white one

4. 의미
중도류 태권도 - 합기도 띠의 의미는 수련생의 신체적, 열정적, 정신적, 영적 발달의 서로 다른 단계로의 진화와 관련되어 있다. 이 진화는 중도류 무도를 공부하고 수련하는 과정을 통해 다음과 같은 방식으로 이루어진다.

식물: 아름답고 잎이 무성한 나무가 되기까지의 단계, 발아하는 씨앗(흰색 띠)에서 시작해 순환의 끝까지 지속한다. 동면하는 씨앗(갈색 띠에 검정 줄)이 발달하는데 그곳은 새로운 존재에게 근원을 제공하고 또 다른 수준의 새로운 순환으로 다시 시작한다(검정색 띠).

인간: 빛의 존재로서 고유한 근원(흰색)에서 유래하여 서로 다른 단계(노란색, 주황색, 자주색, 녹색, 청색, 갈색)를 거쳐 자신을 완성하여 근원 즉 완성(10단, 흰색)의 길로 되돌아가기 위해 공허(검정색)에 도달한다.

4. SIGNIFICADO
l significado de los cinturones del Joong Do Ryu Taekwondo - Hapkido está asociado a la evolución de las diferentes etapas de desarrollo físico, energético, mental y espiritual de sus

practicantes. Su Evolución, a través del estudio y entrenamiento de las J.D.R. artes marciales, del mismo modo que lo hace:

Una Planta, hasta convertirse en un hermoso y frondoso árbol. Partiendo de la semilla en germinación (Cinturón blanco), hasta la culminación en un nuevo ciclo; de la semilla en hibernación (Cinturón marrón raya negra), que darán origen a un nuevo ser que iniciara un nuevo ciclo a otro nivel; el cinturón negro.

El Ser Humano, como entidad de luz, que viene de la Fuente Original (El blanco), se perfecciona en su viaje a través de los diferentes estadios (Amarillo, naranja, púrpura, verde, azul, rojo y marrón), llega al vacío (El negro), para iniciar su camino de retorno al origen; la perfección (El 10mo Dan; el blanco).

5. COLOR BELT

WHITE BELT 10TH GUP: It represents the newly planted seed of life.

The seed is under the ground and it waits to meet the soil, absorbing water and essential minerals for its growth and development. It is in a dormant state, with MAXIMUM POTENTIAL and minimum expression which, under the appropriate conditions, will germinate and become a new tree. According to ancient Oriental concepts about color, white color represents brightness. It is the color of a paper on which nobody has written. It is the non-action. You do not have knowledge of J.D.R. Taekwondo and Hapkido, but you have begun to follow its path. "White belt signifies PURITY. The disciple has no knowledge of JDR Taekwondo and Hapkido."

YELLOW BELT 9th GUP: It represents Germination, the seed that breaks its coat.

The color of a seed that continues its growth underground. It swells, breaks the coat and the first sprout emerges and points downwards, deep into the soil and becomes its embryonic root. According to ancient Oriental concepts about color, yellow color symbolizes the color of the Earth, the color of the Sun and the color of the flower which reflects the energy it receives from the Sun. You are beginning to have knowledge, understanding and practice of the basic principles of J.D.R. Taekwondo and Hapkido. "Yellow belt signifies CAUTION. The disciple begins to have knowledge of JDR Taekwondo and Hapkido."

ORANGE BELT 8th GUP: It represents the seed's stable sprout that grows toward the earth and the sky.

The seed keeps on its growth and development with strength. Its roots go deeper into the earth and a sprout emerges to the Surface. The seed is strengthening and projecting itself toward the sunlight in the sky. Orange is a cheerful and stimulating color. You begin to improve the movements and techniques of J.D.R. Taekwondo and Hapkido. "Orange belt signifies AMBITION. The disciple has an enthusiastic desire to learn JDR Taekwondo and Hapkido."

PURPLE BELT 7th GUP: It represents the stem which is full of life.

The seed becomes a plant which begins its development; its roots go deeper, and its stem grows and becomes stronger. Purple is the color of power and beneficial forces, associated with the spiritual realm. You receive your first dark belt in the J.D.R. Taekwondo and Hapkido, and you strengthen yourself in the mastering of your techniques. "Purple belt signifies POWER. The disciple has the ability to perform with strength."

GREEN BELT 6th GUP: It represents the branches of vitality.

The plant shows a great growth through development and expansion of its branches into the air. Green is the color of nature, sedative in both physical and psychological aspects: tranquility, hope, freshness, and fertility. According to ancient Oriental concepts about color, green color symbolizes spring time, when everything flows with force and vitality. You have reached a higher level in concentration, focus and coordination in the J.D.R. Taekwondo and Hapkido techniques. "Green belt signifies CENTER. The disciple has reached an intermediate level."

BLUE BELT 5th GUP: It represents the richness of the leaves.

The plant that becomes a tall vigorous tree, with large branches, plenty of mature leaves, and with sprouts where the flowers will blossom. It is a primary, cold color. Blue is the color of the sky. It represents tranquility and stability. According to ancient Oriental concepts about color, blue color, like the green color, is related with spring time, when everything flows with force and vitality. The internalization of your knowledge of J.D.R. Taekwondo and Hapkido is proven through accurate and clear techniques. "Blue belt signifies MATURITY. The disciple demonstrates knowledge through clear and precise techniques."

RED BELT 4th GUP: It represents flowers of satisfaction.

The blossoms of a beautiful tree which begins to sprout in gorgeous, gleaming flowers, full of seeds, with shining colors and a sweet scent. It is a warm, primary color that transmits vitality. Red is the color of fire, passion and energy. It symbolizes POWER that is associated with vitality. Red color also provides confidence, courage and optimism towards life. According to ancient Oriental concepts about color, red color symbolizes good fortune and joy, and represents summer. Your techniques in the J.D.R. Taekwondo and Hapkido have plasticity, power, confidence and grace. "Red belt signifies DYNAMISM. The disciple exhibits passionate performance."

RED BELT WITH BLACK STRIPE 3rd GUP: It represents the fruit's mature culmination.

It is the flower of a beautiful tree that produces an immature fruit, which begins to develop to get its definitive shape and size. Harvesting of life begins when the fruit is mature enough to be reaped or to fall to the ground. It is the color of the dying fire which is turning into ashes (Earth). You begin to perform your techniques of J.D.R. Taekwondo and Hapkido in an elegant and fluid way. "Red belt with a black stripe belt signifies PASSION. The disciple shows power with strength."

BROWN BELT 2nd GUP: It represents the complete ripened fruit.

This is the moment when the tree's fruits begin decomposition by fermentation, and drops the mature seeds. Brown is the color of Earth and vegetation. You express your knowledge of J.D.R. Taekwondo and Hapkido by performing fluid and powerful techniques. "Brown belt signifies NEUTRALITY. The disciple executes techniques combining skill and concentration."

BROWN BELT WITH BLACK STRIPE 1st GUP: It represents the fruit fallen to the ground which becomes a new seed of leadership.

This is the time when the hardened seeds fall from the tree and wait for the activation of the mechanisms that originate its germination. A new life cycle begins, and a new and better tree is born. This time is known as the power stage, the stage of VOID. It is the color of the Earth. You have achieved the successful combination of appropriate behavior and techniques of J.D.R. Taekwondo and Hapkido. "Brown belt with black stripe belt signifies HARMONY. The disciple successfully combines a high level of skill, perseverance, and self-control."

Characteristics of the Color Belt
The Joong Do Ryu's color belt has the following characteristics:
LENGTH: At minimum, the belt must reach the wearer's mid-thigh.
WIDTH: One and half inches (4cm)

The Stripes System
The ends of the belt will be fitted with the J.D.R. Color Belts Stripe System. The first stripe on both sides is three (3) centimeters from each end, and there is one (1) centimeter between each stripe. This is followed by three (3) stripes on each side. On the left side: black, green and blue stripes will be placed. On the right side: red, yellow and white stripes will be placed. Each color of the stripes represents one of the Five Elements. Black represents Water; Green and Blue represents Wood, Red represents Fire, Yellow represents Earth and White represents Metal.

All together they represent The Generational Cycle:
— Water nourishes the root of plants, which give rise to the Madera,
— Dry wood gives rise to Fire,
— Fire ashes give rise to Earth,
— Earth hardens and gives rise to the Metal,
— Rocks (Metal) give rise to the spring (Water).

Each side of the belt represents a trigram. The left side represents Water. In the Chinese character, it goes in the downward direction and signifies a bottomless pit. The right side represents Fire. In the Chinese character, it goes in the upward direction and is all encompassing. Both sides represent the Axis of Life for human beings; we are beings of Water and Fire. Our health and life depend on their balance. These two trigrams (Water and Fire), in turn, give rise to the last hexagram of the I Ching (Book of Changes), Wei Chi. (Before completing the time of transition, change is being prepared, but still things do not take place). It is representing the student who has all stripes and waits for the next belt promotion in consideration.

The following stripes represent completion of specific techniques for each respective color belt:
— **Black Stripe (Water):** The student has learned and can demonstrate the skills required to handle martial arts weapons.
— **Green Stripe (Wood):** The student knows half the forms required, and has achieved an intermediate level with the help of their teacher.
— **Blue Stripe (Wood):** The student has full understanding of the forms required and is able to prove it.
— **Red Stripe (Fire):** The student has learned and can demonstrate the skills required to successfully perform kicks and combat techniques.
— **Yellow Stripe (Earth):** The student has learned and can demonstrate the skills required for falling and self-defense.
— **White Stripe (Metal):** The student, according to their degree, has already learned and internalized the fundamental theoretical aspects of the J.D.R. Taekwondo and Hapkido. In addition, the student has the discipline and mental maturity to advance to the next belt.

The stripes represent the color belt student's journey through both the physical and mental aspects of martial arts training. In order to pass and receive a stripe, the color belt student has to attend classes twice a week and test every two weeks for the skills he has learned to earn the respective stripes. When the students have five (5) stripes, and possess the mental maturity to advance to the next belt, he is ready for the white stripe assessment. When approved, he is ready to take the test for the next belt color. In addition to the mentioned skills, during the belt test, the student must demonstrate breaking techniques.

5. 유급자 띠

하얀색 띠 (10급): 그것은 새롭게 심겨진 생명의 씨앗을 상징한다.

씨앗은 땅 밑에서 토양을 만나기 위해 대기하다가, 성장과 발달을 하기 위해 물과 필수 광물을 흡수한다. 그것은 적절한 상황에서 발아하여 새로운 나무가 될 최대의 잠재력과 최소 표현의 휴면 상태다. 색깔에 대한 고대 동양의 개념에 따르면 흰색은 밝음을 나타낸다. 흰색은 아무도 쓴 적이 없는 종이의 색깔이다. 그것은 비 활동 상태다. 당신은 중도류 태권도와 합기도의 지식은 없지만 그 무도의 길을 따르기 시작했다. "하얀색 띠는 순수함을 표현한다. 수련생은 중도류 태권도와 합기도의 지식을 갖추지 못했다."

노란색 띠 (9급): 그것은 껍질을 깨고 탄생하는 씨앗의 발아를 상징한다.

땅 밑에서 성장을 계속하는 씨앗의 색깔, 그것은 부풀어서 껍질을 깨부수고 처음으로 새싹이 돋아 토양 깊숙이 아래쪽을 향한 발달이 덜 된 뿌리가 형성된다. 색깔에 대한 고대 동양의 개념에 따르면 노란색은 대지, 태양 그리고 태양으로부터 빨아들이는 기운을 반영하는 꽃의 색깔을 상징한다. 당신은 배움이 시작되어 중도류 태권도와 합기도의 기본 원리를 수련하고 이해하기 시작했다. "노란색 띠는 신중함을 의미한다. 수련생은 중도류 태권도와 합기도에 대한 지식을 갖기 시작했다."

주황색 띠 (8급): 대지와 하늘로 향해 성장하는 씨앗의 안정적인 싹을 상징한다.

씨앗은 성장을 계속하여 힘 있게 발달한다. 뿌리는 땅 밑으로 좀 더 깊숙이 내려가고 떡잎은 땅 위로 솟아오른다. 씨앗은 하늘에 있는 태양을 향해 힘차게 움직인다. 주황색은 유쾌하고 활력을 주는 색깍이다. 당신은 중도류 태권도와 합기도의 동작, 기술을 향상시키기 시작했다. "주황색 띠는 야망을 의미한다. 수련생은 중도류 태권도와 합기도를 배우려는 열망을 보여야 한다."

보라색 띠 (7급): 그것은 생명으로 가득 찬 줄기를 상징한다.

씨앗이 발달을 시작하는 식물이 된다. 즉 뿌리는 더욱 깊어지고 줄기는 자라서 더욱 강해진다. 보라색은 정신적 영역에 관한 한 강렬하고 유익한 힘의 색깔이다. 당신은 중도류 태권도와 합기도에서 처음으로 어두운 색깔을 받아 기술을 전문화하는 과정에서 자신을 더욱 강하게 하였다. "보라색은 힘을 의미한다. 수련생은 힘을 통해 수련해야 한다."

초록색 띠 (6급): 그것은 역동적인 가지를 상징한다.

식물은 공중에 가지의 발달과 확장을 통해 큰 성장을 보인다. 녹색은 신체적, 심리적 분야에서 진정시켜 주는 속성을 가진 색깔로 평온, 희망, 신선, 비옥을 뜻한다. 색깔에 대한 고대 동양의 개념에 따르면 녹색은 힘차고 활기로 넘쳐나는 봄을 상징한다. 당신은 중도류 태권도와 합기도 기술로부터 집중력, 주의력, 공동 협력을 통해 보다 높은 수준에 도달했다. "초록색 띠는 중앙을 의미한다. 수련생이 중간 수준에 도달한 것이다."

파란색 띠 (5급): 그것은 풍성한 잎사귀를 상징한다.

큰 가지와 풍성하게 자란 잎사귀들과 피어날 꽃봉오리를 가진 키 크고 활력 넘치는 나무로 성장하는 식물이다. 그것은 원색으로 차가운 색깔이다. 청색은 하늘의 색깔이다. 그것은 침착함과 안정됨을 상징한다.

색깔에 대한 고대 동양의 개념에 따르면 녹색처럼 청색은 만물이 힘차고 활기 넘치는 봄과 연관된다. 중도류 태권도와 합기도에 대한 당신의 지식 내면화는 정확하고 분명한 기술을 통해 증명되었다. "파란색 띠는 성숙을 의미한다. 수련생은 명확하고 정확한 기술을 통해 배움을 입증해야 한다."

빨간색 띠(4급): 그것은 만족스러운 꽃을 상징한다.

화려하게 번쩍이는 꽃으로 벌어지기 시작해 번쩍이는 색깔과 달콤한 향기를 지닌 씨앗으로 가득 찬 아름다운 나무에 만발한 꽃이다. 그것은 활력을 주는 따뜻한 원색이다. 빨간색은 불, 열정, 활력의 색깔이다. 그것은 활력과 연관되는 힘을 상징한다. 또한 빨간색은 자부심, 용기, 삶에 대한 낙천성을 상징한다. 색깔에 대한 고대 동양의 개념에 따르면 빨간색은 좋은 행운과 기쁨을 상징하고 여름을 대표한다. 중도류 태권도와 합기도에서 당신의 기술은 적응성, 힘, 자신감, 품위를 지니게 되었다. "빨간색 띠는 역동성을 의미한다. 수련생은 열정적인 배움을 보여줘야 한다."

빨간색 띠에 검정 줄(3급): 그것은 성숙의 정점에 도달한 결실을 상징한다.

그것은 덜 익은 열매를 맺어주는 아름다운 나무의 꽃이며, 그 덜 익은 열매는 완전한 형태와 크기를 갖도록 발달하기 시작한다. 열매가 충분히 익거나 땅에 떨어질 만큼 성숙할 때 생명의 수확이 시작된다. 그것은 재(흙)로 변해 가는, 꺼져 가는 불의 색깔이다. 당신은 우아하고 유연한 방법으로 중도류 태권도와 합기도의 기법을 펼치기 시작했다. "빨간색 띠에 검정 줄은 열정을 의미한다. 수련생은 정확한 힘을 보여줘야 한다."

갈색색 띠(2급): 그것은 완전히 잘 익은 열매를 상징한다.

이것은 나무에 있는 열매가 발효되어 부패하기 시작해 성숙한 씨앗이 떨어질 때의 동작이다. 갈색은 흙과 초목의 색깔이다. 당신은 부드러움과 강력한 기술을 조절함으로써 중도류 태권도와 합기도의 기술을 습득했다. "갈색 띠는 중립성을 의미한다. 수련생은 기술과 집중력을 결합한 기술을 시행해야 한다."

갈색 띠에 검정 줄(1급): 그것은 지도력을 지닌 새로운 씨앗으로 거듭 나려는, 땅에 떨어진 열매를 상징한다.

이것은 단단해진 씨앗이 나무에서 떨어져 발아를 시작하는 구조의 활동을 기다리는 시기이다. 이 시기는 힘의 단계, 빈 공간의 단계라고 알고 있다. 그것은 흙의 색깔이다. 당신은 중도류 태권도와 합기도를 통해 적절한 행동과 기술의 성공적인 조화를 성취하였다. "갈색 띠에 검정 줄은 조화를 의미한다. 수련생은 수준 높은 기술과 인내 그리고 자제력을 성공적으로 화합해야 한다."

유급자 띠의 특징: 중도류 태권도 - 합기도의 유급자 띠는 다음과 같은 특징을 갖는다.

길이: 최소한 양쪽 띠의 끝은 매는 사람의 중간 대퇴부에 도달해야 한다. 띠의 넓이: 1.5인치(4cm). 줄무늬 체계: 띠의 양 끝은 중도류 태권도와 합기도의 유급자 띠 줄무늬 체계에 맞아야 한다. 양 끝의 첫째 줄무늬는 각각의 끝에서 3cm이며 각 줄무늬 사이는 1cm다. 이것은 양쪽 띠에 3개의 줄무늬가 이어진다. 왼쪽 띠에는 검정색, 녹색, 청색 줄무늬가 자리한다. 오른쪽 띠에는 빨간색, 황색, 흰색 줄무늬가 자리한다.

줄무늬 각각의 색깔은 5행 중 하나를 대표한다.
- 검정색은 물
- 녹색과 청색은 나무
- 빨강은 불
- 노랑은 흙

- 흰색은 금속을 대표한다

그들 모두는 세대 순환을 상징하는데 물은 식물의 뿌리에 영양을 공급해 나무라는 생태계를 생기게 하는데, 마른 숲은 불을일으키고, 불에 탄 재는 흙을 생겨나게 하고, 흙은 단단해져 금속을 생겨나게 하고, 암석(금속)은 샘(물)을 생겨나게 한다.

띠의 양옆은 쾌를 상징한다. 왼쪽은 물을 대표한다. 중국 문자에서 그것은 아래쪽을 향하여 끝없이 깊음을 상징한다. 오른쪽은 불을 대표한다. 중국 문자에서 그것은 위쪽으로 향하여 모든 것을 에워싼다. 양쪽은 인간의 생명축을 대표한다. 즉 우리는 물과 불로 이루어진 존재다. 우리의 건강과 생명은 그들의 균형에 달려 있다. 이 두 개의 쾌(물과 불)는 차례로 주역(변화의 책)에 있는 최후의 육각 별 모양, 즉 완성의 직전 단계로(변화의 시간, 변화가 준비되어 있으나 아직 어떤 것도 발생하지 않은) 생겨나도록 한다. 그것은 승급을 생각하면서 모든 줄무늬를 받고 다음의 띠를 기다리는 수련생을 상징한다.

다음의 줄무늬는 각각의 유급자 띠를 위한 구체적인 기술의 완성을 상징한다.
- **검정색 줄무늬(물):** 수련생은 배움을 통해 무기 술기의 활용을 시연해야 한다.
- **녹색 줄무늬(나무):** 수련생은 적용되는 품새의 절반을 알고 사범님에게 도움을 받아 전체의 품새를 중간 정도 수준으로 시연해야 한다.
- **청색 줄무늬(나무):** 수련생은 품새를 완전히 이해하여 자기 스스로 고유의 품새를 시연해야 한다.
- **빨간색 줄무늬(불):** 수련생은 배움을 통해 요구하는 발차기와 겨루기 술기를 성공적으로 시행하는 데 필요한 기술을 시연해야 한다.
- **노란색 줄무늬(흙):** 수련생은 배움을 통하여 낙법과 호신술을 시연해야 한다.
- **흰색 줄무늬(금속):** 수련생은 이미 중도류 태권도와 합기도의 이론 분야를 배워서, 다음 띠로 나갈수 있도록 규율과 정신적인 성숙함을 보여주어야 한다.

줄무늬는 무도 훈련의 신체적, 정신적 단계를 거치는 수련생의 유급자 띠의 여정을 대표한다. 심사를 통과하여 줄무늬를 받기 위해 유급자 수련생은 매주 두 번이나 그 이상 수업에 참가하고 각각의 줄무늬를 따기 위해 배운 술기 심사를 2주일마다 치른다. 수련생이 5개의 줄무늬를 받고 다음 띠로 나갈수 있는 정신적인 성숙도를 지닐 때, 최종적으로 흰색 줄무늬 심사를 신청할 수 있다. 승인을 받으면 다음 단계의 띠를 위한 심사를 볼 수 있는 자격이 주어진다. 이미 언급한 술기에 덧붙여, 수련생은 띠 심사 중에 그에 맞는 특별한 술기를 시연해야 한다.

5. LOS CINTURÓN ES DE COLOR
EL CINTURÓN BLANCO 10mo GUP: Representa la semilla de vida recién plantada.
El grano que está bajo la tierra, y espera para relacionarse con ella; absorbiendo agua y minerales esenciales para su crecimiento y desarrollo. Un estado latente, con EL MÁXIMO POTENCIAL y la mínima expresión, que en condiciones adecuadas, germinará y dará origen a un nuevo árbol. De acuerdo a los antiguos conceptos orientales del color; el blanco representa el resplandor. El color del papel en el que nadie ha escrito. La pizarra limpia y pura. La no acción. No tienes conocimiento del J.D.R. Taekwondo y Hapkido, pero has iniciado su camino. "El cinturón Blanco significa PUREZA. El discípulo no tiene conocimiento del JDR Taekwondo y Hapkido."

EL CINTURÓN AMARILLO 9no GUP: Representa La Germinación: la semilla que rompe su cubierta.

El color del grano que continúa su crecimiento dentro de la tierra. Se hincha, rompe su cubierta y emerge su primer brote que apunta hacia abajo, hacia la profundidad de la tierra y se convierte en su raíz embrionaria. De acuerdo a los antiguos conceptos orientales del color; el amarillo simboliza el color de la tierra. El color del sol y el girasol que refleja la energía recibida de éste. Inicias el conocimiento, la comprensión y práctica de los principios básicos del J.D.R. Taekwondo y Hapkido. "El cinturón Amarillo significa PRECAUCIÓN. El disciplo empieza a conocer el JDR Taekwondo y Hapkido."

EL CINTURÓN NARANJA 8vo GUP: Representa los brotes estables de la semilla, que crecen hacia la tierra y el cielo.

El grano que continúa con fuerza su crecimiento y desarrollo. Profundizando sus raíces hacia la tierra y emergiendo un brote hacia la superficie. La semilla del árbol se afianza en la tierra y se proyecta hacia la luz del sol en el cielo. El naranja es un color cálido, alegre y estimulante. Empiezas a pulir los movimientos de las técnicas del J.D.R. Taekwondo y Hapkido. "El cinturón Naranja significa AMBICIÓN. El discípulo tiene un enthusiasta deseo de aprender JDR Taekwondo y Hapkido."

EL CINTURÓN PÚRPURA 7mo GUP: Representa el tallo que está lleno de vida.

Representa el tallo que está lleno de vida. La semilla que se convierte en una planta que inicia su desarrollo, continuando con la profundización de sus raíces y el crecimiento y fortalecimiento de su tallo. El púrpura es un color del poder y las fuerzas beneficiosas, asociadas a la esfera espiritual. Recibes tu primer cinturón oscuro dentro del J.D.R. Taekwondo y Hapkido, fortaleciéndote en el dominio de tus técnicas. "El cinturón Púrpura significa PODER. El discípulo tiene la habilidad de actuar con fuerza."

EL CINTURÓN VERDE 6to GUP: Representa las ramas de la vitalidad.

La planta exhibe un gran crecimiento a través del desarrollo y la expansión de sus ramas en el cielo. El verde es un color de la naturaleza, sedante tanto en el aspecto físico como psicológico: Tranquilidad, esperanza, frescura, fertilidad. De acuerdo a los antiguos conceptos orientales del color; el verde simboliza la primavera, cuando todo rebosa de vigor y vitalidad. Has alcanzado un nivel más alto de concentración, foco y coordinación en las técnicas del J.D.R. Taekwondo y Hapkido. "El cinturón Verde significa CENTRO. El discípulo ha alcanzado un nivel intermedio."

EL CINTURÓN AZUL 5to GUP: Representa la riqueza de las hojas.

La planta que se convierte en un alto y vigoroso árbol; con grandes ramas, abundantes hojas maduras y la aparición de los brotes donde se desarrollarán sus flores. Color primario frío. El color del cielo. Representa tranquilidad y estabilidad. De acuerdo a los antiguos conceptos orientales del color, el azul, al igual que el verde, está relacionado con la primavera; cuando todo rebosa de vigor y vitalidad. La interiorización de tu conocimiento del J.D.R. Taekwondo y Hapkido, es demostrada a través de unas técnicas claras y precisas. "El cinturón Azul significa MADUREZ. El discípulo demuestra a través de unas técnicas claras y precisas."

EL CINTURÓN ROJO 4to GUP: Representa la satisfacción de las flores.

Los capullos de un hermoso árbol que empiezan a brotar en bellas y luminosas flores, repletas de semillas, con radiantes colores y dulce fragancia. Color primario cálido que transmite vitalidad. El color del fuego, la pasión y la energía. Simboliza el PODER que se asocia con la vitalidad. También aporta confianza, coraje y optimismo ante la vida. De acuerdo a los antiguos conceptos orientales del color, el rojo simboliza buena fortuna y alegría, y representa el verano. Tus técnicas del J.D.R. Taekwondo y Hapkido, poseen plasticidad, potencia, seguridad y gracia. "El cinturón Rojo significa DINAMISMO. El discípulo exhibe un desempeño apasionado."

EL CINTURÓN ROJO RAYA NEGRA 3er GUP: Representa la culminación de la madurez de los frutos.

La flor de un bello árbol que da origen a un fruto inmaduro que empieza a desarrollarse hasta obtener su tamaño y forma definitiva. El recogimiento de la vida comienza cuando el fruto está ya maduro para ser cosechado o caer a la tierra. El color del Fuego que se apaga y se va convirtiendo en cenizas (Tierra). Empiezas a ejecutar tus técnicas del J.D.R. Taekwondo y Hapkido, de una forma fluida y elegante. "El cinturón Roja raya negra significa PASIÓN. El discípulo muestra poder con seguridad."

EL CINTURÓN MARRÓN 2do GUP: Representa el fruto que madura completamente.

Es el momento en que los frutos del árbol comienzan su proceso de descomposición por fermentación, para después dejar caer las semillas maduras. El color de la Tierra y la vegetación. Expre-sas tu conocimiento del J.D.R. Taekwondo y Hapkido, a través de la ejecución de técnicas fluidas y potentes. "El cinturón Marrón significa NEUTRALIDAD. El discípulo ejecuta las técnica combinando su habilidad y concentración."

EL CINTURÓN MARRÓN RAYA NEGRA 1er GUP: Representa el fruto que ha caído a la tierra y se convierte en una nueva semilla de liderazgo.

El período en el cual del árbol caen a la Tierra las semillas endurecidas y quedan a la espera de la activación de los mecanismos que dan origen a su germinación, para dar inicio a un nuevo ciclo de vida y un futuro nuevo y mejor árbol. Se conoce como la etapa del poder, del VACIO. El marrón es el color de la Tierra. Has logrado la exitosa combinación de técnica y conducta adecuadas del J.D.R. Taekwondo y Hapkido. "El cinturón Marron con raya negra significada ARMONÍA. El discípulo combina exitosa-mente un alto nivel de habilidad perseverancia y autocontrol."

Caracteristicas del Cinturón de Color

El cinturón de color de la Joong Do Ryu tiene las siguientes características:
LARGO: Mínimo; debe llegar a la mitad del muslo de su portador
ANCHO: Uno y medio pulgadas (4cm)

El Sistema de Franjas

Las puntas del cinturón pueden ser llenadas con el Sistema de Franjas de los Cinturones de Color de la J.D.R. La primera franja se coloca a tres (3) centímetro de cada punta y las otras a un (1) centímetro entre cada una de ellas. Éste está compuesto por tres (3) franjas en cada lado. En el lado izquierdo: se colocan las franjas negra, verde y azul. En el lado derecho: se colocan las franjas roja, amarilla y blanca. Cada color de las franjas representa uno de los Cinco Elementos. La Negra representa El Agua, la Verde y Azul representan La Madera, la Roja representa El Fuego, la Amarilla representa La Tierra y la Blanca representa El Metal.

Todas en conjunto, representan el Ciclo Generacional:
- El Agua nutre la raíz de las plantas, que darán origen a la Madera,
- La Madera seca da origen al Fuego,
- Las cenizas del Fuego dan origen a la Tierra,
- La Tierra se endurece y da origen al Metal,
- Las rocas (Metal), dan origen al manantial (Agua).

Cada lado del cinturón representa un trigrama. El lado izquierdo representa El Agua. En el pictograma chino, ésta va hacia abajo y significa lo que no tiene fondo. El lado derecho representa El Fuego. En el pictograma chino, éste va hacia arriba y significa lo que abarca todo. Estos dos trigramas (Agua y Fuego), a su vez, dan origen al último hexagrama del I Ching (El Libro de los Cambios), Wei Chi:

Antes De Completar (Época de transición. El cambio está preparado, pero aún las cosas no ocupan su lugar). Que representa al estudiante que tiene todas sus franjas y espera por el cambio de cinturón en su examen de ascenso.

Las siguientes franjas representan el conocimiento y dominio de las técnicas específicas de cada cinturón de color:

- **Franja Negra (Agua):** El estudiante ha aprendido y puede demostrar las habilidades requeridas para manejar armas orientales.
- **Franja Verde (Madera):** El estudiante conoce la mitad de la(s) formula(s) que le corresponden, y las maneja a un nivel intermedio con la ayuda de su profesor.
- **Franja Azul (Madera):** El estudiante tiene total entendimiento de la(s) formula(s) que le corresponden y es capaz de demostrarlo por sí solo.
- **Franja Roja (Fuego):** El estudiante ha aprendido y puede demostrar las habilidades requeridas para hacer patadas y técnicas de combate.
- **Franja Amarilla (Tierra):** El estudiante ha aprendido y puede demostrar las habilidades requeridas para hacer caídas y defensa personal.
- **Franja Blanca (Metal):** El estudiante, de acuerdo a su grado, ya ha aprendido e interiorizado los aspectos teóricos fundamentales de las artes marciales de la J.D.R. Además, ya posee la disciplina y madurez mental para avanzar al siguiente cinturón.

Las franjas representan la jornada de entrenamiento de los aspectos mentales y físicos del arte marcial de los estudiantes de cinturones de color. Con el fin de presentar y recibir una franja, el estudiante de cinturón de color debe asistir a clase, dos veces a la semana, y cada dos semanas evaluar las habilidades que ha aprendido para ganarse su respectiva franja. Cuando el estudiante tenga las cinco (5) franjas, y posea la madurez mental para avanzar al siguiente cinturón; está listo para la evaluación de la franja blanca. Una vez aprobada ésta; está listo para tomar el examen de ascenso de cinturón. Además de las habilidades mencionadas, durante el examen de ascenso, el estudiante debe realizar técnicas de rompimiento.

6. BLACK BELT

When all colors across the spectrum are united and no object reflects them, this is the absence of color, and we call this Black. Black color is created when all the other colors across the solar spectrum are absorbed by an object. This object has "taken control" over all colors and has retained them.

Symbolism: In Joong Do Ryu Taekwondo - Hapkido the black belt represents: A reward for the Modern Knight who has spent many hours in training and discipline to "sculpt" his mind and body. The beginning of a new cycle of mastership. The color of disciplined, positive and perseverant people who don't turn away from study and training.

Responsibility: You are already a role model to your students and partners, and you must stand out for your nobleness, leadership and spirit of service.

Knowledge: You have proven to have learned all the teachings and can help others find the sense of universe (Do). Great mental and physical activity, good judgment, leadership, manners and respect.

Humility: Not boastful or complaining of hard work. The transformation of white belt into black belt was due to years of training and studying as the belt was never washed in former times.

This point begins the true learning path. Until now you have learned things that were taught to you. From now on your duty is to challenge that and to ask why and what for. The color of pure coal, simple and quiet. It is a rock formed from every existing thing on Earth; a rock formed by nature through millions of years to become a splendid diamond.

After a long and hard journey, you have mastered J.D.R. Gups. You have "absorbed" all the knowledge of color ranks, and you have overcome its mental, technical and physical demands. You have deserved this "honorable rank", which represents a new cycle in J.D.R. Taekwondo and Hapkido.

BLACK COLOR IN ORIENTAL CULTURE

The color black corresponds to the element Water, the source of life. In the I Ching, black was regarded as the color of the Heaven. Therefore, it was regarded as the king of all colors in the ancient orient. In the Tai Ji symbol, they used white and black to represent the unity of Yin and Yang, and the Creativity of the Heaven.

The color black is a carrier of the force that provides us spirit: Ki. Without it, we would be just flesh and bone. At the moment of conception, the spirit enters the uterus of the woman giving the spark of life. Ki flows in the body of the child by determining the physical characteristics, intelligence, movements, behavior, and mental state. That is why within the womb of his mother, the baby is formed in an aqueous and dark environment, and then goes out to an airy and bright medium. Black is the beginning of everything, the mix of all the colors and the force as a whole that this represents. For the oriental psychology of color, black is the return to the source, the ordinary moment before all things, and the drive to create, feel or remember an extraordinary moment.

BLACK COLOR IN WESTERN CULTURE

The black color belongs to the group of 8 basic colors the eye perceives (black, red, green, yellow, blue, cyan, magenta and white). In turn, it is the absence of light and any of the 3 primary colors: yellow, blue and red. It is also said to represent the absence of light. It can have a positive symbolism that denotes elegance, formality, power, reliability, strength, authority, mystery, prestige and perfection; such as the black Mercedes or black tuxedo.

PARABLE OF THE BLACK BELT

The disciple kneels before his master, in hopes of his well-earned black belt. After years of hard training, he has reached the top in his martial art. "Before handing you this belt, you must go through another test", says his Master. "Yes Sir, I am ready", the disciple replies, expecting a final proof of his capabilities. "You must answer the essential question: What is the true meaning of the black belt?" "The end of the road", answers the disciple. "A well-deserved reward for all that I have worked". The Master waits more as he is clearly not satisfied. At the end he spoke: "You are not ready for this degree yet, return in one year".

The following year, the disciple kneels again before his Master, and the Master asks again: "What is the true meaning of the black belt?" It is a symbol of distinction of the highest realization in our art", said the disciple. The Master stays silent for a few minutes, as he is clearly still not satisfied. And he says: "You are not ready for this degree yet, come back in one year". A year later, the disciple is once again on his knees before his Master, who repeats the same question: "What is the true meaning of the black belt?" "The black belt represents the beginning, the beginning of an unending journey of training, study, discipline, work and the search for increasingly higher ideals", answered the aspirant. "Yes. Now you are prepared to receive the black belt and to begin this new phase in your martial arts life".

CHARACTERISTICS OF JOONG DO RYU TAEKWONDO - HAPKIDO BLACK BELTS: Joong Do Ryu black belts are like farmers

Many people start training J.D.R martial arts, but less than 10% of them reach black belt. And from those who reach black belt, less than 1% become Masters. This is a very important degree, which must be at the service of others, for the improvement of the family of J.D.R. and society in general. All this stems from the teaching by our Founder, Grand Master Young Seok Kim (Founder and Director of J.D.R.).

FIRST AND SECOND DAN: INSTRUCTOR

After overcoming the difficult cycle of the color belts, they have just been born to the true J.D.R. Taekwondo and Hapkido. These black belts are always interested in learning new techniques, without a definite purpose. They are only interested in learning more every day. They are like a farmer who gets his own piece of land. He is very happy and dreams of having the best crops in the region, but he does not know what or how to cultivate; he only has the desire to succeed. It is therefore necessary to guide him, to teach him how to cultivate. He is just the seed of this new cycle of J.D.R. Taekwondo and Hapkido. They need to have humility and spirit of apprenticeship, as they have much more to learn and master in the J.D.R. Taekwondo and Hapkido.

THIRD DAN: MASTER ASSISTANT

Now the black belt is at a stage in which he compares and demonstrates his techniques with those of his peers and superiors of J.D.R. and other martial arts. He begins to emulate others. He wants to refine his techniques; he wants to improve. It is like the farmer who compares his crops with those of his neighbor, and tries to sow and cultivate all those species he sees in his region, in order to improve his production and profits. It is also a stage where, through trial and error, disappointment can appear. Similar to an adolescent, who ceases to be a child and wants to be an adult. At this stage the person faces the duality of continuing or abandoning their martial art path. They are like a plant that is out of the ground and is projected toward the sky; they can feel and experience the true J.D.R. Taekwondo and Hapkido. They need to compare, test and refine their techniques to improve their martial art, but with a lot of patience and perseverance not to falter in the effort.

FOURTH AND FIFTH DAN: MASTER

These black belts already know what is best for them. They have great confidence in their training, which allow them to concentrate on their techniques, and thus be able to reach their maximum development. Their fruits in training and teaching the J.D.R. Taekwondo and Hapkido are reflected in excellent techniques and in the harvest of their own groups of advanced students, who are characterized by their good physical-technical condition and martial spirit. Their pay is the happiness and pride of contributing to this great martial arts family. Their commitment is to continue guiding and supporting their students to become black belts and Masters. Their dream is, day by day, to become better people and Masters. They are like a farmer, who already knows what and how to grow, to obtain the best fruits of their harvest. And lovingly he is teaching to all his descendants the art of agriculture, ensuring a future more secure and happy. They are like a tree that has already started to produce its first fruits, bringing happiness and pride to the J.D.R. family. They need to persevere on the path of mastery, holding the hand of all their students, colleagues and training centers, in order to become worthy representatives of the family of J.D.R.

SIXTH AND SEVENTH DAN: SENIOR MASTER

These black belts are in the time of intensification and assimilation of their study and training of the J.D.R. Taekwondo and Hapkido, in order to better support their work and to be able to help themselves and others. They are responsible for the construction of their own philosophy of education and training, taking as a basis the Joong Do Ryu; the Middle Way. Their commitment is to selflessly help everyone (their students, colleagues and superiors of J.D.R. and other martial artists who wish so). Their dream is to become Grand Masters of J.D.R. They are like a farmer who is concerned not only for cultivating to extract the maximum benefit from the earth. They are concerned about the well-being of the earth, the animals, the environment and their neighbors. And they put all their knowledge and products in the service of the others. They are like a great adult tree, which gives protection and shade to anybody who wishes so, bringing prosperity to the J.D.R. family. They need to build their own philosophy of teaching the J.D.R., going along the Middle Way (Joong) and taking perseverance (yong).

EIGHTH AND NINTH DAN: GRAND MASTER

They need to arrange their life, to put it in the service of J.D.R. They must permanently cultivate their body, energy and spirit; delve into the study and practice of their philosophy of life, taking as a basis the Joong Do Ryu, the Middle Way, in order to refine and develop more each day the J.D.R. Taekwondo and Hapkido. They must be put to the test every day, and give luster to his martial arts life, obtaining great fruits, leaving their mark and very good seeds for the present and future generations of black belts (farmers). They will continue cultivating and developing the legacy of J.D.R. They are like a beautiful old tree, which after giving it all, leaves his wood to the present and future generations of the J.D.R. family. They need to develop their own philosophy of life on the basis of the Middle Way (Joong Do Ryu), magnifying what has been learned, to leave as an example their life footprint and seeds, to the present and future generations of J.D.R.

TENTH DAN: POSTHUMOUS

This degree is given in recognition of a lifetime dedicated to J.D.R. Taekwondo and Hapkido. It is conferred for a life of study, training, culture and physical, energetic, spiritual transformation, in the service of the J.D.R. family and of society in general. They become Diamonds: symbols of clarity, radiation, perfection and brightness. The diamond is mature; the coal is immature. It is the pinnacle of maturity. It is the symbol of the unalterable, of the invincible spiritual power, of the universal sovereignty, of the incorruptibility, of the absolute reality. 10th Dan Black Belts in J.D.R. Taekwondo and Hapkido: It is the Light that permanently guides and clarifies our life and martial arts ways. This cycle of black belts is equivalent to the baby out of the womb of his mother passing from the intrauterine environment to the extrauterine environment. For this reason, it is assigned the color black; because it comes from an aqueous, dark and closed environment to an open air environment, in search of the light. Already in his extrauterine life the baby grows and develops, becoming a child, a teenager, an adult, an old man, until he reaches his death; a return of his body to the Earth and its spirit to Heaven.

CHARACTERISTICS OF THE BLACK BELT: The Black Belt of Joong Do Ryu Taekwondo - Hapkido has the following characteristics:

Length: At minimum, it must reach the wearer's mid-thigh.
Width: Two inches (5 cm)
Space: Two inches (5 cm) on each end of the belt
Stripes: The Dan / Poom stripes display the black belt rank. For example, three stripes indicate a 3rd Dan / Poom black belt. The distance between the stripes should be 3 / 8inch (1 cm)
Stars: One inch (2.5 cm) in circumference. The four five-pointed stars of the J.D.R. system represent the 4 seasons through which the year flows.

LEFT SIDE: Anterior, Horizontally

At the top: Grand Master Young Seok Kim
At the bottom: J.D.R. Taekwondo - Hapkido

POSTERIOR

The Black Belt Star System is used to track and assess a black belt students' progress. Each star represents a stage of development within the journey of growth through each black belt degree, much like the cycles of life found within nature. Each degree acts as a foundation for the next degree that is earned. Much like each season within a year acts as a foundation for the next season. And in turn, each year acts as a foundation for the next year. In this sense, the black belt stars represent a season and the black belt degree represents a year. Each black belt student must earn four stars, showing his advancement in martial arts, mental and physical skills. Each star has its own connotation and characteristics.

First Star

Represents Heaven and the origins of life. It is associated with the cardinal direction of East, as the sun rises in the East and starts each day. Spring is the season represented by this star, as spring brings the flowering of plants and the start of new life within the yearly cycle. At this stage, the black belt student is learning new techniques for his newly acquired degree. A new beginning within the students' studies has begun. The characteristic of a first star student is that of being pure and virtuous.

Second Star

This star represents the element of Fire and the Sun. It is associated with the cardinal direction of South and the season of summer. Summer brings the blossoming of plants and color within nature; the second star shows a student blossoming and understanding techniques and skills. It is a station of growth development, much like nature that takes its time to grow during summer. The characteristic of a second star student is that of being courteous.

RIGHT SIDE: Anterior, Horizontally
At the top: Full name of the student in Korean
At the bottom: Full name in the official language as it is registered in his / her identification document.

POSTERIOR
Third Star

This star represents the element of Earth as well as the planet Earth. It is associated with the cardinal direction of West and the season of fall. Fall brings the harvest of crops planted during spring and the reaping of the benefits that these crops bestow. At this stage, the black belt student begins to reap the benefits of the skills he has learned during his second star. Much like separating the wheat from the chaff, the student is able to separate the skills that are beneficial and will nourish his ability in martial arts. Skills are polished in order to achieve the best expression of martial arts. The characteristic of a third star student is that of being righteous.

Fourth Star

This star represents the element of Water as well as the Moon. It is associated with the cardinal direction of North and the season of winter. Winter is a time when nature retreats and prepares itself for the oncoming spring. Plants are preparing their roots in order to blossom and bear fruit. People and animals retreat from the storm to reflect on the past year while looking forward to the challenges that lie ahead. During this star, the black belt student is preparing to end the cycle of the present degree. The student must contemplate and internalize the skills he has learned as he prepares for his next degree. The student has attained the physical skills to complete his current degree, but must also reflect on how these skills are the principles from which his next degree will be based on. The characteristic of a fourth star student is that of being wise.

These four divisions of the black belt degree represent the cyclical nature of all things in the universe. The season's cycle through each other, each one connected to the other within the intrinsic patterns of birth, growth, harvest and storage. These seasons are contained within our planet Earth and are also part of the universal cycle that is balanced by heaven, the sun, the moon and the earth. Each one having its own individual characteristics while still being interdependent on the other. Each star within the black belt system is not only a specific point of knowledge for the student, but also part of a system. The techniques of each star build upon each other, they reinforce past learning and provide insight into future paths of enlightenment.

In order for the black belt student to be ready to test and receive a star, he has to attend classes two or more times a week to learn the skills required for the star test, which is conducted every six months. To pass and receive the first, second or third star, the black belt student has to demonstrate different J.D.R. Taekwondo and Hapkido forms, kicks, weapon forms, flips, self-defense, sparring and breaking techniques, for the respective star being tested. The test for the fourth star will be a review of all the skills related to the first, second and third stars. When the student has four stars, he will then prepare for the test to advance to the next Black Belt degree.

**"We are beings from Heaven grounded on Earth.
Heavenly seeds of love, planted in the Earth, with the purpose of evolving through learning and service."**

6. 검정색 띠(유단자)

넓은 범위의 모든 색깔이 결합되어, 어떠한 대상도 그것을 반영하지 못하면 이것이 부재 상태로 되는데 우리는 이것을 검정이라고 부른다. 태양계에 걸쳐 있는 모든 다른 색깔이 한 물체로 흡수될 때 검정색이 된다. 이 물체는 모든 색깔을 지배하고 계속해서 함유해왔다.

상징성: 중도류 태권도 - 합기도에서 검정색 띠(유단자)는 다음을 상징한다. 힘든 일이 성취되었다. 마음과 몸을 단련하기 위한 수양과 수련에 많은 시간을 보낸 수행자에 대한 보상이다. 새로운 순환의 시작 단계, 이것은 바로 기본을 알고 배움과 수련을 심화하기 시작했음을 의미한다. 배움과 수련을 떠나지 않은 수양과 단련 그리고 인내력 있는 사람의 색깔이다.

책임감: 수련생들과 동료들과의 생활이 지도자 시점에 이미 도달되어 고매함, 지도력 그리고 협조 정신이 뛰어나야 한다.

지식: 당신은 모든 가르침을 배웠음을 증명했고, 다른 사람들로 하여금 우주(도)에 대한 통찰력을 지킬 수 있도록 도와줄 수 있다. 위대한 정신적·신체적 활동, 정확한 판단, 지도력, 예절과 존경심을 지닌다.

겸손: 항상 최선을 다하면서 수련하는 데 우쭐하지도 불평하지도 않는다.

수련과 배움을 통하여 흰색 띠에서 검정색 띠로 전환한다. 예전에는 도복 가운데 절대로 세탁하지 않는 유일한 부분이 띠다. 해를 거듭하여 수련하다 보면 띠가 검게 변한다. 진정한 배움의 시작인 길을 열어줌으로써 당신은 지금까지 지도받은 것을 깨우쳤다. 이제부터 당신의 의무는 깨우침에 도전하여 그 이유와 목적을 묻는 것이다. 단순하고 차분한 순수한 석탄 색깔, 그것은 지구에 존재하는 모든 것에서 형성된 바위다. 휘황찬란한 다이아몬드가 되기 위해 수백만 년을 거쳐 자연적으로 형성된 바위다. 길고도 힘든 여정 끝에 중도류 태권도와 합기도 등급을 끝마쳤다. 당신은 색깔 등급에 대한 모든 지식을 획득하고 그것의 정신적, 기술적, 물질적 욕구를 극복했다. 따라서 당신은 중도류 태권도와 합기도에서 새로운 도전을 상징하는 '명예로운 등급'을 받을 수 있다.

동양 문화에서 검정색 띠

검정색은 생명의 원천인 물이란 요소와 일치한다. 역경에서 검정은 하늘의 색깔로 간주되었다. 그러므로 고대 동양에서 검정색은 모든 색 중의 왕으로 여겼다. 태극 심벌에서 음과 양 그리고 하늘의 창조를 상징하기 위해 흰색과 검정을 이용했다.

검정색은 우리에게 '기'라는 정신력을 제공하는 힘의 전달체다. 그것이 없으면 우리는 단지 살과 뼈일 뿐이다. 마음에 품는 순간 그 정신이 여인의 자궁으로 들어가 생명의 불꽃을 잉태한다. 기는 어린이의 몸 속으로 흘러 들어가 신체적 특징, 지적 능력, 동작, 행동 그리고 정신 상태를 결정한다. 이것이 물로 에워싸인 어두운 환경에서 공기처럼 밝은 생활 환경으로 나가려고, 어머니의 자궁 안에서 아기가 형성되는 이유다.

검정은 모든 것의 시작으로 대체로 이것이 상징하는 모든 색깔과 힘의 혼합체다. 색깔에 대한 동양철학에서 검정색은 모든 것에 앞선 일상 순간이며 원천으로의 회귀이고 아주 특별한 순간을 창조하고, 느끼고, 기억하도록 유도한다.

서양 문화에서 검정색

검정색은 눈이 인식하는 8가지 기본 색깔(검정색, 빨간색, 초록색, 노란색, 청색, 자주색, 심홍색, 흰색) 그룹에 속한다. 결국 그것은 광원과 노란색, 청색, 빨간색이라는 3원색 중 어느 것이 부재 상태다. 또한 그것은 빛의 부재 상태를 상징한다. 그것은 검정색 메르세데스 벤츠 승용차와 검정색 턱시도(만찬 예복) 같은 품위, 격조, 능력,

사실감, 힘, 권위, 신비, 특권, 완벽함을 부여하는 긍정적 상징성을 가진다.

검정색 띠의 우화

제자는 공들여 취득하게 될 검정색 띠를 기대하며 스승 앞에서 무릎을 꿇는다. 다년간의 힘든 수련 끝에 제자는 최고 경지의 무예를 터득했다. "이 띠를 전달해주기 전에 너는 또 다른 심사를 거쳐야 한다"는 스승의 말씀에 제자는 "예 준비되었습니다"라고 하며 능력에 대한 최종 증명을 기대하며 응답했다. 그러자 스승은 "너는 중요한 질문에 대답해야 할 것이다. '검정색 띠의 진정한 의미는무엇인가'라고 물었다. 제자는 '길의 끝이며 제가 이룬 모든 것에 상응하는 보상입니다"라고 대답했다. 스승은 머뭇거리며 확실하게 만족하지 않았다. 드디어 스승이 말했다. "아직 이 띠를 받을 준비가 되지 않았으니 일 년 후에 다시 오너라."

그 다음 해에 제자는 다시 스승 앞에 무릎을 꿇고 앉았다. 스승은 다시 검정색 띠의 진정한 의미가 무엇인지 물었다. 제자는 "무도에서 최고의 실현 특성에 대한 상징입니다"라고 대답했다. 스승은 몇 분 동안 침묵하다가 입을 열었다. "여전히 확실하게 만족할 수가 없구나. 아직도 너는 띠를 받을 준비가 되지 않았으니 일 년 후에 다시 오너라." 일 년 후에 제자가 다시 스승 앞에 무릎을 꿇고 앉아 기다리자 "검정색 띠의 진정한 의미가 무엇이냐"라며 똑같은 질문을 반복했다. 그러자 제자는 대답했다. "검정색 띠는 시작으로서 수련, 배움, 수양, 정진이라는 끊임없는 수행의 시작이며 점진적으로 높은 이상을 추구하는 것을 상징합니다." 스승은 만족스러워 하며 말했다. "이제 검정색 띠를 받아 너의 무도 인생에 새로운 도약을 할 준비가 되어 있구나."

중도류 태권도 - 합기도 검정색 띠의 특성: 중도류 검정색 띠는 농부와 같다

많은 사람이 중도류 태권도와 합기도 훈련을 시작하지만 그중 10% 미만이 검정색 띠에 도달한다. 그리고 검정색 띠에 도달한 사람 중 1% 미만이 사범이 되는데 그것은 대체로 중도류 무도인의 가족과 사회의 발전을 위해 봉사해야 하는 아주 중요한 직책이다. 이 모든 줄기는 우리의 아버지 사범 김용석(중도류의 창시자이자 지도자)의 가르침에서 유래한다.

조교: 1 - 2단

색갈띠(유급자)가 이뤄낸 힘든 과정을 극복한 후, 그들은 진정한 중도류 무도인으로 태어난 것이다. 이 검정색 띠(유단자)는 언제나 구체적인 목적 없이 새로운 술기를 배우는 데 관심을 가진다. 그들은 매일 배우는 데 더욱더 관심을 가질 뿐이다. 그들은 자기 소유의 땅을 가진 농부와 같다. 그들은 매우 행복하며 그 지역에서 최고의 수확을 거두기를 꿈꾸지만, 무엇을 어떻게 경 해야 할지 알지도 못하고 단지 성공할 욕심만 지니고 있을 뿐이다. 그러므로 그들을 인도하여 제대로 경작하는 방법을 지도해야 할 필요가 있다. 그들은 중도류 태권도와 합기도의 새로운 순환의 씨앗이기 때문이다. 그들은 힘든 수련과 배움을 위해 겸손과 도제(수련생) 정신을 갖추어야 할 필요가 있는데, 이는 중도류 태권도와 합기도에서 많은 것을 배워야 하기 때문이다.

부사범: 3단

이제 검정색 띠(유단자)는 자신의 기술을, 동료와 중도류 상급자 그리고 다른 무도인의 기술을 비교하고 시연하는 단계에 이르렀다. 다른 무도인들과 겨루기 시작한다. 또한 자신의 기술을 세련되게 발전시키기를 원한다. 그것은 자신의 수확과 다른 이의 수확을 개선시키기 위해, 그 지역에서 그가 지닌 모든 종자의 씨를 뿌리고 경작하려는 농부와 같다. 또한 그것은 시련을 거쳐 오류와 실망이 나타나는 단계이기도 하다. 어린아이의 단계를 멈추고 어른이 되고 싶어 하는 청년과 흡사하다. 여기서 대부분의 사람은 무도인의 길을 지속하느냐 포기하느냐 하는 양면성에 직면한다. 그들은 땅에서 솟아나와 하늘로 향하려 하는 식물과 같다. 즉 그들은 중도류의 진정한 태권도와 합기도를 느끼고 경험할 수 있다. 그들은 중도류 태권도와 합기도를 개선 시키기 위해 노력하는 과정에서 꺾이지 않고 인내하면서 비교하고 시험하며 수련할 필요가 있다.

사범: 4 - 5단

이 검정색 띠는 그들에게 무엇이 최상인지 이미 그들은 알고 있다. 그들은 자신의 수련에 큰 자부심을 가지고 있으며 그것은 그들로 하여금 자신의 기법에 집중하여 통달할 수 있도록 해준다. 중도류 태권도와 합기도를 단련하고 가르치는 중에 얻은 결실은 탁월한 기법과 자신의 우수한 수련생 집단을 수확하는 데 반영되는데, 그 우수한 수련생들은 훌륭한 신체적, 기술적 상태와 무도 정신으로 특징을 보인다. 그들의 대가는 위대한 무도 가족이 된다는 행복감과 자부심이다. 그들의 의무는 수련생들로 하여금 검정색 띠(유단자)와 사범이 되도록 지속적으로 인도하고 지원하는 것이다. 그들의 꿈은 나날이 보다 나은 사람이 되고, 사범으로 거듭나는 것이다. 그들은 마치 농부와 같은데 최고의 과일을 수확하기 위해 무엇을 어떻게 재배할지 알고 있다. 그리하여 모든 후배에게 농업 기술을 가르쳐 미래를 좀 더 안정적이고 행복하도록 보장해준다. 그들은 첫 열매를 주기 시작하는 나무처럼 중도류 가족에게 행복과 자부심을 가져다준다. 그들은 중도류 가족의 훌륭한 대표자가 되기 위해 수련생과 동료, 도장(수련장)과 협력하면서 인내심을 갖고 통달하는 길로 나아가야 한다.

총사범: 6 - 7단

이 검정색 띠(유단자)는 자신과 다른 사람들을 도와주기 위해 태권도와 합기도 (중도류)를 연구하고 수련하면서 강화와 융합을 하는 시기다. 그들은 초석을 담당하여 그들 자신의 교육과 수련 철학을 세우는 것을 책임진다. 그들의 책임은 모든 사람(수련생, 동료, 중도류와 그것을 바라는 무도의 고수)을 이타적으로 돕는 것이다. 그들의 꿈은 중도류의 관장(그랜드마스터)이 되는 것이다. 그들은 마치 농부와 같아서 토지에서 최대의 수확을 거두려고 경작을 하는 데 관심을 가질 뿐만 아니라 토지와 동물, 환경과 이웃의 복지에 대해서도 관심을 가진다. 그리고 그들은 자신의 모든 지식과 생산물을 타인에게 봉사하는 데 바친다. 그들은 원하는 누구에게나 보호와 그늘을 제공하는 거대하게 성장한 나무처럼 중도류 가족에게 번영을 가져다준다. 그들은 그들 나름대로 중도류의 지도 철학을 구축해 중도의 길(중)을 지향하고 불굴의 인내(용)를 지니게 된다.

관장: 8 - 9단

그들은 중도류를 위해 봉사하도록 생활을 정리해야 한다. 그들은 영원히 신체와 기력 그리고 초자연적 존재로 개발해야 한다. 즉 매일 태권도와 합기도(중도류)를 더욱더 순화시키고 개발하기 위하여 중도류의 중용을 기반으로 삼아 삶의 철학을 깊이 연구하고 실천해야 한다. 또 매일 검사를 받아야 하며 무도 인생에 보람 있는 열매를 얻어, 검정색 띠 (농부)의 현재와 미래 세대를 위한 업적과 아주 좋은 품종의 씨앗을 남겨야 한다. 그들은 중도류의 유산을 계속해서 개발하고 향상시켜야 한다. 그들은 아름다운 노목처럼 모든 것을 다 물려준 후에 중도류 가족의 현재와 미래 세대에게 그들의 목재를 넘겨준다.

그들은 중용(중도류)에 기초하여 그들 나름의 생활 철학을 개발하고 중도류의 현재와 미래 세대의 본보기로서 삶의 발자취와 씨앗을 남길 수 있도록 이미 배운 것을 활용해야 한다.

사후에 수여되는 훈장: 10단

10단은 중도류 태권도와 합기도를 위해 평생 헌신한 점을 인정하여 수여하는 것이다. 그것은 중도류 가족과 일반 사회에 봉사하면서 연구, 수련, 교양과 신체적, 열정적, 정신적 변화를 위해 일생을 바친 데 대하여 수여하는 것이다. 그들은 선명, 발광, 완벽 그리고 광채의 상징인 다이아몬드가 된다. 다이아몬드는 성숙해 있지만 석탄은 미성숙 상태다. 그것은 최고봉의 성숙 단계다. 그것은 불변의 상징이며, 불패의 영적인 힘, 보편적 권위, 청렴결백과 절대적 실존의 상징이다. 중도류 태권도와 합기도에서 10단이라는 검정색 띠는 실체가 없는 무형의 단위다. 그것은 우리 삶과 무도를 영원토록 인도하고 정화하는 빛과 같은 존재다. 이 검정색 띠의 순환은 어머니의 자궁 내부로부터 자궁 밖의 좁은 길로 출생한 아기와 같다. 그것이 검정색 색으로 부여되는데 그 이유는 물로 뒤덮인 폐쇄된 어두운 환경으로부터 빛을 찾아 열린 대기 환경으로 나오기 때문이다. 이미 자궁 밖에서 아기는 성장 발달하여 어린이, 청소년, 성인 그리고 노인이 되어 드디어 죽음에 이르러 육신은 흙으로, 영혼은 천국으로 돌아가는 것이다.

검정색 띠의 특징: 중도류 태권도 - 합기도의 검정색 띠는 다음과 같은 특징을 가지고 있다.

길이: 최소한 양쪽 띠의 끝은 매는 사람의 대퇴부 중간에 도달해야 한다. 띠의 넓이: 2인치(5cm) 단 등급의 표시 간격은 양쪽 끝에서 2인치(5cm)부터 시작한다. 줄무늬: 단(품)의 줄무늬는 검정색 띠의 등급을 보여준다. 예를 들어 3개의 줄무늬는 3단(품)의 검정색 띠를 나타낸다. 줄무늬의 폭은 3 / 8인치(1cm)다. 색깔은 노란색(흙)을 사용한다.

별: 1인치(2.5cm)의 크기, 중도류 체계에서 4개의 오각 별은 한 해가 지나가는 사계절을 상징한다. 왼쪽 띠 전면 수평으로 글자를 쓴다. 위쪽: 총관장 김용석, 아래쪽: 중도류 태권도 합기도(단 표시 줄무늬 위쪽에 글자를 쓴다) 검정색 띠의 별 체계는 수련생들의 향상을 추적하여 평가하는 데 쓰인다. 각각의 별은 자연계에서 발견되는 생물 체계와 매우 유사하게, 각각의 검정색 띠 단계를 거친 성장 여정 내의 발달 단계를 상징한다. 각각의 단계는 획득되는 다음 단계의 기초로 작용한다. 일 년 중 각 계절이 다음 계절의 기초 역할을 하는 것과 매우 흡사하다. 그리고 차례로 각각의 해가 다음 해를 위한 기초 역할을 한다. 이런 관점에서 검정색 띠의 별들은 계절을 상징하고, 검정색 띠 등급은 일 년을 상징한다. 각각의 검정색 띠 수련생은 4개의 별을 취득해야 하는데, 무도와 정신 그리고 신체적 기술의 향상 정도를 보여준다. 각각의 별은 그 나름의 함축된 특징을 가진다.

첫 번째 별

이것은 하늘과 생명의 근원을 상징한다. 그것은 동쪽이라는 기본적인 방향과 연관이 있다. 봄이 첫 번째 별로 상징되는 계절인데, 봄은 일 년의 순환에서 식물이 새싹을 틔우고 새로운 생명의 시작을 알리기 때문이다. 이 단계에서 검정색 띠 수련생은 새롭게 취득할 지위를 위해 새로운 술기를 수련한다. 수련생의 훈련이 새롭게 시작되는 것이다. 최초의 별을 딴 수련생의 특징은 순수함과 고결함이다.

두 번째 별

이 별은 불과 태양의 요소를 상징한다. 그것은 남쪽이란 기본 방향과 여름이란 계절과 연관이 깊다. 여름은 자연계에서 식물이 꽃을 피우도록 하고 색깔을 가져다준다. 즉 두 번째 별은 수련생이 꽃을 피워 술기와 기법을 이해함을 보여준다. 그것은 성장 발전 단계로, 대자연이 여름철에 성장하는 시기인 것과 매우 흡사하다. 두 번째 별 수련생의 특성은 고귀함이다.

오른쪽 띠 정면 수평으로 글자를 쓴다. 위쪽: 한글로 새겨진 수련생의 성명, 아래쪽: 단증에 등록 되어 있는 것과 동일한 언어로 된 성명

세 번째 별

이 별은 지구라는 행성뿐만 아니라 지구의 요소를 상징한다. 그것은 서쪽이란 기본 방향과 가을이란 계절과 연관 있다. 가을은 봄에 심겨진 작물의 수확과 이들 작물이 부여하는 혜택을 준다. 이 단계에서 검정색 띠 수련생은 두 번째 별 중에 습득한 술기의 혜택을 거두기 시작한다. 겉껍질에서 밀알을 분리하는 것과 흡사하게, 수련생은 유익한 술기를 분리하여 무도의 능력을 강화할 것이다. 무도에서 최상의 표현법을 성취하기 위한 기술이

단련된다. 세 번째 수련생의 특징은 정의로움이다.

네 번째 별

이 별은 달뿐만 아니라 물이란 요소를 상징한다. 그것은 북쪽이란 기본 방향과 겨울과 연관된다. 겨울은 대자연이 움츠러드는 시기로 열매를 맺기 위하여 뿌리를 준비한다. 사람과 동물은 앞에 놓인 도전을 예측하면서 지난해에 나타난 폭풍으로 움츠러든다. 이 별 기간 동안 검정색 띠 수련생은 마감할 준비를 한다. 수련생은 다음 수준을 준비해야 하기 때문에, 이미 배운 술기를 묵상하고 내면화해야 한다. 수련생은 현재 수준을 완성하기 위한 물리적 술기를 습득했으나 어떻게 이 기술들이 다음의 수준이 될지를 숙지해야 한다. 네 번째 별을 이룬 수련생의 특징은 현명함이다.

검정색 띠 지위의 4가지 구분은 우주 만물의 순환 주기 본질을 상징한다. 이 계절은 서로를 관통하여 순환하며, 각 계절은 출생, 성장, 수확, 저장이란 본질적인 이상형 속에서 서로 연관된다. 이 계절은 지구라는 행성 내에 포함되어 하늘, 태양, 달, 대지로 균형 잡힌 우주적 순환의 일부이기도 하다. 각 계절은 그 나름의 개별적 특성을 지니면서도 여전히 다른 계절과 독립적이다. 검정색 띠 체계의 각각의 별은 수련생의 구체적인 지식 점수일 뿐만 아니라 한 체계의 일부다. 각 별의 술기는 상호 간에 세워져 과거의 배움을 강화하고 미래 개발 단계로 통찰력을 제공한다.

검정색 띠 수련생이 시험을 치러서 별을 취득할 준비를 하기 위해 6개월마다 실시되는 별 심사에 요구되는 술기를 배우려면 매주 두 번, 또는 그 이상을 수업에 참가해야 한다. 첫 번째, 두 번째 그리고 세 번째 별의 획득을 통과하기 위해 검정색 띠 수련생은 각각의 별 심사를 받으려 태권도와 합기도의 품새, 발차기, 무기, 품새, 낙법, 호신술, 겨루기 그리고 격파 기술을 시연해야 한다.

네 번째 별을 위한 심사는 첫째, 둘째, 셋째 별에 관련한 모든 술기에 대한 평가다. 수련생이 4개의 별을 취득하면 다음의 검정색 띠 수준으로 나갈 심사를 준비할 수 있다.

"우리는 하늘로부터 태어나 대지에 뿌리 박은 존재다. 배움과 봉사를 통해 진화할 목적으로 대지에 심겨진 하늘로부터 온 사랑이란 씨앗이다."

6. EL CINTURÓN NEGRO

Todos los colores del espectro están unidos y no son reflejados por ningún objeto, desembocan en la ausencia de color, al cual llamamos Negro. El color negro es creado cuando todos los colores del espectro solar han sido absorbidos en un objeto. Ese objeto ha "tomado control" de todos los colores y los ha retenido.

El Simbolismo: El cinturón negro del Joong Do Ryu Taekwondo - Hapkido representa: Un premio para el Caballero Moderno que ha invertido muchas horas de entrenamiento y disciplina para "esculpir" su mente y su cuerpo. El principio de un nuevo ciclo de maestría. El color de las personas disciplinadas, positivas y perseverantes, que no le huyen al estudio y el entrenamiento.

La Responsabilidad: Ya eres un modelo a seguir por tus compañeros y estudiantes, y te debes destacar por tu nobleza, liderazgo y espíritu de servicio.

El Saber: Ya has demostrado que has aprendido todo lo que te han enseñado y puedes ayudar a los demás a encontrar el sentido del universo (Do). Gran activad mental y física, buen criterio, liderazgo, seguridad, educación y respeto.

La Humildad: No presumir o quejarse del trabajo duro.

La transformación del cinturón blanco al negro, se debe a muchos años de estudio y entrenamiento, donde el cinturón nunca fue lavado. En este punto inicias el camino del verdadero aprendizaje. Hasta ahora has aprendido lo que te enseñan. Y a partir de aquí, tu obligación es cuestionarlo; preguntándote el por qué y el para qué. El color del carbón puro, sencillo y sereno. Una roca que se formó a partir de todo cuanto existe en la Tierra; una roca formada por la naturaleza a través de millones de años hasta convertirse en un esplendoroso diamante. Después de un largo y difícil camino, has dominado los Gup de la J.D.R. "Absorbiendo" todo el conocimiento de los grados de color y superando sus exigencias mentales, técnicas y físicas. Has obtenido este "honroso grado", que representa un nuevo ciclo dentro del J.D.R. Taekwondo y Hapkido.

EL COLOR NEGRO DENTRO DE LA CULTURA ORIENTAL

El color negro corresponde al elemento Agua, la fuente de vida. En el I Ching, el negro fue considerado como el color del Cielo. Por lo tanto, fue considerado como el rey de todos los colores en el antiguo oriente. En el símbolo de Tai Ji se utilizan blanco y negro para representar la unidad del Yin y el Yang, y la Creatividad del Cielo.

El color negro es portador de la fuerza que nos dota de espíritu: El Ki, sin él, sólo seríamos carne y hueso. En el momento de la concepción, el espíritu entra al útero de la mujer dando así la chispa de vida. El Ki fluye del cuerpo del niño determinando las características físicas, la inteligencia, los movimientos, el comportamiento y estado mental. Por eso dentro del útero de su madre, el bebé se forma en un medio acuático y oscuro, para luego salir a un medio aéreo e iluminado.

El negro es el inicio de todo, la mezcla de todos los colores y la fuerza en conjunto que esto representa. Para la psicología del color oriental, el negro es la vuelta al origen, el momento ordinario anterior a todo y el impulso de crear, sentir o recordar un momento extraordinario.

EL COLOR NEGRO DENTRO DE LA CULTURA OCCIDENTAL

El color negro pertenece al grupo de los 8 colores elementales que percibe el ojo (negro, rojo, verde, amarillo, azul, cian, magenta y blanco). A su vez, es la ausencia de luz y de alguno de los 3 colores primarios: amarillo, azul y rojo. También se dice que representa la ausencia de luz. Puede tener un simbolismo positivo que denota elegancia, formalidad, poder, seriedad, fuerza, autoridad, misterio, prestigio y perfección; Mercedes negro, smoking negro. Un color misterioso, asociado con el miedo y lo desconocido; los agujeros negros.

LA PARÁBOLA DEL CINTURÓN NEGRO

El discípulo se arrodilla ante su Maestro, en espera de su bien ganado cinturón negro. Tras años de duro entrenamiento, ha alcanzado la cima en su arte marcial. Antes de entregarte este cinturón, debes someterte a otra prueba, le dice su Maestro. Sí Señor, estoy listo, responde el discípulo, esperando una última prueba de sus capacidades. Debes contestar la pregunta esencial: ¿Cuál es el verdadero significado del cinturón negro? El final del camino, contesta el discípulo. Una bien merecida recompensa por todo lo que he trabajado. El Maestro espera más, evidentemente, no está satisfecho. Al fin habla: "Aún no estás preparado para este grado, vuelve dentro de un año".

Al año siguiente, el discípulo se arrodilla nuevamente ante su Maestro, y éste le pregunta nuevamente: ¿Cuál es el verdadero significado del cinturón negro? Es un símbolo de distinción de la más alta realización en nuestro arte, dice el discípulo. El Maestro guarda unos minutos de silencio, evidentemente, aún no está satisfecho. Y le dice: "Todavía no estás preparado para este grado, regresa dentro de un año". Un año después, el discípulo se encuentra otra vez de rodillas ante su Maestro, el cual le repite la misma pregunta: ¿Cuál es el verdadero significado del cinturón negro? El cinturón negro representa el principio, el comienzo de un viaje interminable de entrenamiento, estudio, disciplina, trabajo y la búsqueda de ideales cada vez más altos, contesta el aspirante. Sí. Ahora sí estás preparado para recibir el cinturón negro y para comenzar esta nueva etapa en tu vida marcial.

CARACTERISTICAS DE LOS CINTURONES NEGROS DEL JOONG DO RYU TAEKWONDO - HAPKIDO: Los cinturones negros de la Joong Do Ryu son como los campesinos

Muchas personas empiezan a entrenar las J.D.R. artes marciales pero menos de un 10% de ellas llegan a cinturón negro. Y de las que llegan a cinturón negro, menos del 1% se convierten en Maestros; un grado muy importante, que debe estar al servicio de los demás, para el mejoramiento de la familia J.D.R. y de la sociedad en general. Como nos lo enseñó nuestro Padre, el Gran Maestro Young Seok Kim (Fundador y Director de la J.D.R.).

PRIMER Y SEGUNDO DAN: INSTRUCTOR

Después de superar el difícil ciclo de los cinturones de color, acaban de nacer al verdadero J.D.R. Taekwondo y Hapkido. Estos cinturones negros siempre están interesados en aprender nuevas técnicas, sin un propósito definido. Solo les interesa aprender cada día más. Son como un campesino que consigue su propio pedazo de tierra. Él se siente muy feliz y sueña tener los mejores cultivos de la región, pero no sabe que cultivar ni como cultivarlo, solo tiene el deseo de superación. Por eso es necesario guiarlo, enseñarle que cultivar y como cultivarlo. Ellos solo son la semilla de este nuevo ciclo del J.D.R. Taekwondo y Hapkido. Tienen que tener humildad y espíritu de aprendizaje, ya que tienen mucho más para aprender y dominar dentro del J.D.R. Taekwondo y Hapkido.

TERCER DAN: ASISTENTE DE MAESTRO

Ahora el cinturón negro está en una etapa en la que compara y demuestra sus técnicas con las de sus compañeros y superiores de la J.D.R. y otras artes marciales. Empieza a copiarles a otros. Quiere pulir sus técnicas; quiere mejorar. Es como el campesino que compara sus cosechas con las de su vecino, y trata de sembrar y cultivar todas aquellas especies que ve en su región, con el fin de mejorar su producción y ganancias. También es una etapa en la que, a través de ensayo y error, puede aparecer la decepción. Similar a un adolescente, que deja de ser niño y quiere ser un adulto. En esta etapa la persona se enfrenta a la dualidad de continuar o abandonar su camino de artes marciales. Son como una planta que ya salió de la tierra y se proyecta al cielo; ya pueden sentir y vivir el verdadero J.D.R. Taekwondo y Hapkido. Necesitan comparar, ensayar y pulir sus técnicas para mejorar su arte marcial; pero con mucha paciencia y perseverancia para no decaer en el esfuerzo.

CUARTO Y QUINTO DAN: MAESTRO

Estos cinturones negros ya saben que es lo mejor para ellos. Tienen gran confianza en su entrenamiento, lo cual les permite concentrarse en sus técnicas, y así poder alcanzar su máximo desarrollo. Sus frutos en el entrenamiento y la enseñanza del J.D.R. Taekwondo y Hapkido se ven reflejados en una excelente técnica y en la cosecha de sus propios grupos de alumnos avanzados, que se caracterizan por su buena condición físico - técnica y espíritu marcial. Su paga es la felicidad y el orgullo de hacer parte de esta gran familia marcial. Su compromiso es continuar guiando y apoyando a sus alumnos para que se conviertan en cinturones negros y Maestros. Su sueño; día a día, ser mejores personas y Maestros. Ellos son como un campesino que ya sabe qué y cómo cultivar, para sacar los mejores frutos de su cosecha. Y amorosamente le está enseñando a toda su descendencia el arte de la agricultura, garantizándoles un futuro más seguro y feliz. Son como un árbol que ya empezó a dar sus primeros frutos, llevándole felicidad y orgullo a la familia J.D.R. Necesitan perseverar en el camino de la maestría, llevando de la mano a todos sus alumnos, compañeros, escuelas y centros de entrenamiento, para llegar a ser dignos representantes de la familia J.D.R.

SEXTO Y SÉPTIMO DAN: MAESTRO SENIOR

Estos cinturones negros están en el tiempo de profundización e interiorización de su estudio y entrenamiento del J.D.R. Taekwondo y Hapkido, con el fin de sustentar mejor su trabajo y poder ayudarse a sí mismos y a otras personas. Son responsables de la construcción de su propia filosofía de entrenamiento y enseñanza, teniendo como base el Joong Do Ryu; El Camino Medio. Su compromiso es ayudar sin interés a todos (sus alumnos, compañeros y superiores de la J.D.R. y otras artes marciales que lo deseen). Su sueño es convertirse en Grandes Maestros de la J.D.R. Ellos son como un campesino que no solo se preocupa por cultivar para sacar el máximo beneficio de la tierra. Se preocupa por el bienestar de la tierra, los animales, el medio ambiente, sus vecinos. Y pone todos sus conocimientos y productos al servicio de los demás. Son como un gran árbol adulto, que le da protección y sombra a todo y todos que lo deseen, llevando prosperidad a la familia J.D.R. Nesecitan construir su propia filosofía de enseñanza de la J.D.R., yendo por el Camino Medio (Joong) y teniendo Perseverancia (Yoong).

OCTAVO Y NOVENO DAN: GRAN MAESTRO

Necesitan ordenar su vida, para ponerla al servicio de la J.D.R. Deben cultivar permanentemente su cuerpo, energía y espíritu. Profundizar en el estudio y práctica de su filosofía de vida teniendo como base el Joong Do Ryu; El Camino Medio. Con el fin de pulir y desarrollar cada día más el J.D.R. Taekwondo y Hapkido. Tienen que ponerse a prueba todos los días, y darle lustre a su vida marcial, obteniendo grandes frutos, dejando huella y muy buenas semillas para las presentes y futuras generaciones de cinturones negros (campesinos), que continuaran cultivando y desarrollando el legado de la J.D.R. Son como un viejo y hermoso árbol, que después de darlo todo de sí, deja su madera a las presentes y futuras generaciones de la familia J.D.R. Necesitan desarrollar su propia filosofía de vida teniendo como base El Camino Medio (Joong Do Ryu). Engrandeciendo lo aprendido, para dejar como ejemplo, su huella de vida y semillas, a las presentes y futuras generaciones de la J.D.R.

DÉCIMO DAN: POSTUMO

Este grado es dado en reconocimiento a toda una vida dedicada al J.D.R. Taekwondo y Hapkido. Una vida de estudio, entrenamiento, cultivo y transformación física, energética, espiritual, puesta al servicio de la familia J.D.R. y de la sociedad en general. Ellos se convierten en Diamantes: símbolos de claridad, radiación, perfección y luminosidad. El diamante está maduro, el carbón está inmaduro. Es la cima de la madurez. El símbolo de lo inalterable, del invencible poder espiritual, de la soberanía universal, de la incorruptibilidad, de la realidad absoluta. Los cinturones negros 10mo Dan de J.D.R. Taekwondo y Hapkido: La Luz que permanentemente guía y clarifica nuestros caminos marciales y de vida. Este ciclo de los cinturones negros equivale a la salida del bebé del útero de su madre. Pasar del medio intrauterino al medio extrauterino. Por eso se le asigna el color negro; porque sale de un medio acuático, oscuro y cerrado a un medio aéreo y abierto, en busca de la luz. Ya en su vida extrauterina el bebé crece y se desarrolla, convirtiéndose en un niño, un adolescente, un adulto, un viejo, hasta llegar a su muerte; un retorno de su cuerpo a la Tierra y su espíritu al Cielo.

CARACTERISTICAS DEL CINTURÓN NEGRO: El Cinturón Negro De Taekwondo - Hapkido Debe Tener Las Siguientes Características

Largo: Como mínimo, debe llegar a la mitad del muslo de su dueño
Ancho: Dos pulgadas (5 cm)

Espacio: Dos pulgadas (5 cm) en cada extremo del cinturón

Rayas: Corresponden al grado de cinturón negro: Dan o Pum. Por ejemplo, tres rayas indica un cinturón negro 3er Dan / Pum. La distancia entre las rayas debe ser de 3 / 8 pulgada (1.0 cm).

Estrellas: De una pulgada de circunferencia (2.5 cm). El sistema de cuatro estrellas de cinco puntas de la J.D.R., representa las 4 estaciones que fluyen a través de todo el año.

LADO IZQUIERDO: Cara Anterior, Horizontalmente

En la parte superior: Grand Master Young Seok Kim

En la parte inferior: J.D.R. Taekwondo - Hapkido

Cara Posterior

El Sistema Estrella de los cinturones negros se diseñó con el fin de seguir y evaluar el progreso de los estudiantes avanzados. Cada estrella representa un estado de desarrollo en el camino de crecimiento marcial de los cinturones negros; al igual que los ciclos de la vida dentro de la naturaleza. Cada estrella es la base para la siguiente. Al igual que cada estación dentro de un año actúa como base para la siguiente estación. Y a su vez, cada año es la base del siguiente año. En este sentido, las estrellas del cinturón negro representan una estación y el cinturón negro representa un año. Cada estudiante debe ganar el cinturón negro con cuatro estrellas, que muestra su avance en las habilidades mentales, físicas y marciales. Cada estrella tiene su propia connotación y características.

La Primera Estrella

Representa el Cielo y los orígenes de la vida. Se asocia con la dirección cardinal Oriente, ya que el sol sale por el Oriente para dar inicio a cada día y la estación primavera. La primavera es la estación representado por esta estrella, al traer el inicio de una nueva vida dentro del año y la floración de las plantas. En esta etapa, el estudiante está aprendiendo nuevas técnicas para su título recién adquirido. Ha comenzado un nuevo ciclo dentro del programa de los estudiantes. La característica de un estudiante con esta estrella es La Virtud.

La Segunda Estrella

Representa el elemento Fuego y al Sol. Se asocia con la dirección cardinal Sur y la estación verano. El verano trae el florecimiento de las plantas y el color dentro de la naturaleza. Esta estrella muestra el florecimiento de los estudiantes y el entendimiento de sus técnicas y habilidades. Es una estación de crecimiento, que al igual que en la naturaleza, crecer en verano; toma tiempo. La característica de un estudiante con esta estrella es La Cortesía.

LADO DERECHO: Cara Anterior, Horizontalmente

En la parte superior: El nombre completo del estudiante en Coreano

En la parte inferior: El nombre completo del estudiante en su lengua oficial, como aparece registrado en su documento de identidad.

Cara Posterior

La Tercera Estrella

Representa el elemento Tierra, así como el planeta Tierra. Se asocia con la dirección cardinal del Oeste y la estación otoño. El otoño trae la cosecha de los cultivos plantados durante la primavera y los beneficios que otorgan estos cultivos. En esta etapa, el estudiante cinturón negro comienza a cosechar los beneficios de las habilidades que ha aprendido durante su segunda estrella. Al igual que separar el grano de la paja, el estudiante es capaz de separar las habilidades que son beneficiosas y nutrir sus conocimientos marciales. Las habilidades se pulen con el fin de lograr la mejor expresión de las artes marciales. La característica de un estudiante con esta estrella es La Justicia.

La Cuarta Estrella

Representa el elemento Agua, así como a la Luna. Se asocia con la dirección cardinal Norte y la estación invierno. El invierno es una época en que la naturaleza se retira y se prepara para la primavera que se aproxima. Las plantas están preparando sus raíces con el fin de florecer y dar fruto. Las personas y los animales se retiran de la tormenta para reflexionar sobre el año pasado, mientras miran hacia delante a los desafíos que estar por venir. Durante esta estrella, el estudiante cinturón negro se prepara para poner fin al ciclo del actual grado; debe contemplar e interiorizar las habilidades que ha aprendido, mientras se prepara para su siguiente grado. El estudiante ha alcanzado las habilidades físicas para completar su actual grado, y debe reflexionar sobre cómo estas habilidades son la base de su siguiente grado. La característica de un estudiante con esta estrella es La Sabiduría.

Estas cuatro divisiones del grado de cinturón negro representan la naturaleza cíclica de todas las cosas en el universo. El ciclo de las estaciones a través de la otra, cada una conectada a la otra, dentro de los patrones intrínsecos de nacimiento, crecimiento, cosecha y almacenamiento. Estas estaciones están contenidas dentro de nuestro planeta tierra y son también parte del ciclo universal que se equilibra con el cielo, el sol, la luna y la tierra. Cada uno tiene sus propias características individuales sin dejar de ser interdependientes en el otro. Cada estrella dentro del sistema de cinturón negro no es sólo un punto específico del conocimiento para el estudiante, sino también parte de un sistema. Las técnicas de cada estrella se construyen una sobre otra, se refuerzan pasado el aprendizaje y proporcionando información sobre futuros caminos de la iluminación.

Para que el estudiante cinturón negro pueda recibir una nueva estrella, tiene que entrenar dos o más clases a la semana para aprender e interiorizar las habilidades necesarias para la evaluación de su respectiva estrella, que se lleva a cabo cada seis meses.

Para presentar y pasar la primera, segunda y tercera estrella, el estudiante cinturón negro debe demostrar diferentes fórmulas de Taekwondo y Hapkido J.D.R., patadas, armas, caídas, defensa personal, combate y técnicas de rompimiento, de la respectiva estrella que está siendo evaluada. La evaluación de la cuarta estrella, es la revisión de todas las habilidades relacionadas con la primera, segunda y tercera estrella.

Cuando el estudiante tiene las cuatro estrellas, ya puede preparar el examen para pasar al próximo grado de cinturón negro.

Somos seres del Cielo con asiento en la Tierra. Semillas celestes de amor, sembradas en la Tierra, con el fin de evolucionar a través del aprendizaje

"The black belt represents the beginning of an unending journey of training, study, discipline, work and search for increasingly higher ideals." / *"검정색 띠 는 시작으로서 수련, 배움, 수양, 정진이라는 끊임없는 수행의 시작이며 점진적으로 높은 이상에 대해 추구하는 것을 상징한다."* / *"El cinturón representa el prin-cipio de un viaje interminable de entrenamiento, estudio, disciplina, trabajo y búsqueda de ideales cada vez más altos."*

BELT REQUIREMENTS OF THE JOONG DO RYU TAEKWONDO – HAPKIDO / 중도류 태권도 - 합기도 띠 필수 조건 / REQUISITOS DE CINTURÓN DEL JOONG DO RYU TAEKWONDO – HAPKIDO

We are a Black Belt School committed to Black Belt excellence
우리는 검정색 띠의 수련장에서 검정색 띠의 우수성을 위해 최선을 다한다.
Somos una Escuela de Cinturones Negros comprometida a la excelencia de nuestros afiliados.

Positive brings positive. Never, never give up!
긍정은 긍적적인 것을 가져온다. 결코 절대로 포기하지 마라!
Positivo trae positivo. Nunca, nunca te rindas!

WHITE BELT / 하얀색 띠 HAYANSAEK TEE / CINTURÓN BLANCO
REQUIREMENTS / 필수 조건 PILSUJOGEON / REQUISITOS

BASIC STANCE / 기본자세 KIBON JASAE / POSTURAS BASICAS
1. Attention / 차렷 Chariot / Atención.
2. Bow / 경례 Kyoungyeh / Saludar-Saludo.
3. Ready / 준비 Choonbi / Alistar-Listo.
4. Finish / 바로 Baro / Finalizar.
5. Relax / 쉬어 Shio / Relajarse.
6. Riding stance middle straight punch / 주춤서기 몸통지르기 Juchumseogi Momtong Jireugi / Postura de jinete con golpe recto al medio.

KICK / 발차기 BAL CHAGI / PATADAS
1. Front straight high kick / 앞차올리기 Apchaoligi / Patada al frente recta y alta.
2. Front kick / 앞차기 Apchagi / Patada al frente.
3. Side kick / 옆차기 Yeopchagi / Patada de lado.
4. Front round house kick / 앞 돌려차기 Ap Dollyeochagi / Patada al frente en espiral.

FORM / 품새 POOM SAE / FÓRMULAS
1. Bacic Form / Kwon Bup 권법 / Formula Básica.

WEAPON / 무기 MOOGI / ARMAS
1. Nunchak (1 - 5 basic) / 이절봉 I Jul Bong / Nunchaku (1 - 5 básicos).
2. Dragon (1 - 4 basic), for children / Dragón (1 - 4 básico), para niños.

FLIP / 낙법 NAKBUP / CAÍDAS
1. Front rolling kneel down / 무릎 세워 앉아서 앞구르기 / Rollo al frente.
2. Front circle flip kneel down / 무릎 세워 앉아서 회전낙법 / Caída circular al frente desde arrodillado.
3. Back circle flip kneel down / 무릎 세워 앉아서 뒤구르기 / Caída circular atrás desde arrodillado.

SELF-DEFENSE TECHNIQUES / 호신술 HOSHINSOOL / TÉCNICAS DE DEFENSA PERSONAL
Defense Against Wrist Grabbing / 손목 잡혔을 때 / Defensa Contra Agarre de Muñeca
1. Strike the neck with arc hand / 아금손 목치기 / Golpe al cuello con el arco de la mano
2. Strike the wrist with the heel of the hand, turn backwards, and back strike with the elbow to the face / 바탕손으로 손목 치고 돌아서며 팔굽으로 얼굴치기 / Golpe a la mano con la palma de la mano, se gira por detrás, y golpe a la cara con el codo.
3. Strike the eyes with the finger tips and side kick to the knee/chest / 손가락으로 눈 때리고 옆차기로 무릎차기 / Golpe a los ojos con los dedos de la mano y patada de lado a la rodilla/pecho.

4. Twist the elbow with your armpit at the same time that you twist the wrist / 겨드랑이에 팔굽 끼워 꺾기 / Palanca al codo al mismo tiempo que le hace llave a la muñeca.

5. Hold the wrist, strike the chest/face with the heel of the hand at the same time that sweep the leg / 손목 감아 잡고 가슴 때리며 발 걸어 던지기 / Golpe al pecho/cara con la base de la mano al tiempo que barre la pierna.

QUESTIONS / 질문 JILMOON / PREGUNTAS

1. What is name of your School? / 도장 이름은 무엇입니까? / ¿Cuál es el nombre de su Escuela?
   Disciple: J.D.R. Taekwondo Hapkido School, Sir! / **수련생:** 중도류 태권도 합기도 도장입니다. / **Discípulo:** ¡La Escuela J.D.R. Taekwondo Hapkido, Señor!

2. What is name of your Master? / 사범님 이름은 무엇입니까? / ¿Cuál es nombre de su Maestro?
   Disciple: Grand Master Young Seok Kim and Instructor name, Sir! / **수련생:** 김용석 관장님과 사범님 이름입니다. / **Discípulo:** ¡El Gran Maestro Young Seok Kim y el nombre de su Instructor, Señor!

3. What type of martial arts do you learn? / 어떤 종류의 무도를 배우고 있습니까? / ¿Qué tipo de artes marciales estás aprendiendo?
   Disciple: J.D.R. Taekwondo and Hapkido, Sir! / **수련생:** 중도류 태권도와 합기도입니다. / **Discípulo:** ¡J.D.R. Taekwondo y Hapkido, Señor!

4. Can you explain the meaning of White Belt? / 하얀색 띠에 대해 설명할 수 있습니까? / ¿Me puede explicar el significado del Cinturón Blanco?
   Disciple: White Belt signifies PURITY. The disciple has no knowledge of J.D.R. Taekwondo and Hapkido, Sir! / **수련생:** 하얀색 띠의 의미는 순수함입니다. 수련생은 중도류 태권도와 합기도의 지식이 없습니다. / **Discípulo:** El Cinturón Blanco significa PUREZA. ¡El discípulo no tiene conocimiento del J.D.R. Taekwondo y Hapkido, Señor!

YELLOW BELT / 노란색 띠 NORANGSAEK TEE / CINTURÓN AMARILLO
REQUIREMENTS / 필수 조건 PILSUJOGEON / REQUISITOS

BASIC STANCE / 기본자세 KIBON JASAE / POSTURAS BASICAS

1. Forward stance low block / 앞서기 아래막기 Apseogi Araemakki / Postura de frente con bloqueo abajo.

2. Forward stance low block and trunk opposite punch / 앞서기 아래막기 하고 몸통반대지르기 Apseogi araemakki hago momtong bandaejireugi / Postura corta de frente, con bloqueo abajo y golpe ipsilateral al medio.

3. Forward stance trunk inner block / 앞서기 몸통안막기 Apseogi Momtong Anmaki / Postura corta de frente, con bloqueo al medio y adentro.

4. Forward stance face block / 앞서기 얼굴막기 Apseogi Olgul / Postura corta de frente, con bloqueo arriba.

5. Forward inflection stance low block and trunk straight punch / 앞굽이 아래막기 하고 몸통 바로지르기 Apkubi Araemakki hago Momtong baro Jireugi / Postura larga de frente, con golpe al medio contralateral.

KICK / 발차기 BALCHAGI / PATADAS

1. Inward downward kick / 안으로 내려차기 Aneuro Naeryo Chagi / Patada abajo interna.
2. Outward downward kick / 밖으로 내려차기 Bakeuro Naeryo Chagi / Patada abajo externa.
3. Low push kick / 안다리 차넣기 Andari Chanutki / Patada empujando abajo.
4. Knee kick / 무릎차기 Mooreup Chagi / Rodillazo.

FORM / 품새 POOMSAE / FÓRMULAS

Taegeuk Il Jang / 태극 1장 / Taegeuk Il Jang.

WEAPON / 무기 MOOGI / ARMAS

1. Nunchak (6-10 basic) / 이절봉 I Jul Bong / Nunchaku (6-10 básicos).
2. Dragon form for children / Dragón, fórmula para niño.

FLIP / 낙법 NAKBUP / CAÍDAS

1. Front circle flip with tiger running / 호랑이같이 뛰면서 앞구르기 / Corriendo como tigre y caída circular al frente.
2. Back circle flip with crab walking / 게같이 걸으면서 뒤로 구르기 / Caminando como cangrejo y caída circular atrás.
3. Back rolling / 뒤로 구르기 / Rollo atrás.

SELF-DEFENSE TECHNIQUES / 호신술 HOSHINSOOL / TÉCNICAS DE DEFENSA PERSONAL

Defense Against Front Grabbing / 앞에서 잡았을때 / Defensa Contra Agarres al Frente

1. When grabbing the middle of your arm: twist the wrist with the elbow / 팔굽 잡았을 때 손목 꺾기 / Cuando le agarren a la mitad del brazo: llave a la muñeca con el codo.
2. When pushing your shoulder: grab the hand and twist the fingers / 어깨를 밀 때, 손가락 잡아 꺾기 / Cuando lo empujen el hombro: agarre la mano y llave a los dedos.
3. When grabbing both of your shoulders: grab one of the hands and twist the wrist with the elbow downwards / 양 어깨를 잡았을 때 손을 잡고 손목꺾기 / Cuando le agarren ambos hombros: agarre una de las manos y llave en la muñeca con el codo hacia abajo.
4. When grabbing the chest: grab the hand and twist the thumb / 가슴을 잡았을 때 엄지손가락 꺾기 / Cuando le agarren el pecho: agarre la mano y llave al dedo pulgar.
5. When grabbing the chest lifting you up: twist head, throwing the opponent / 멱살을 추켜올려 잡았을 때 머리꺾기 / Cuando lo agarran y levantan del pecho: llave a la cabeza, lanzándolo.

QUESTIONS / 질문 JILMOON / PREGUNTAS

1. What is the best self-defense? / 최고의 호신술은 무엇입니까? / ¿Cuál es la mejor defensa personal?
   Disciple: To prevent problems and to be nice to others, Sir! / **수련생:** 문제를 예방하고 다른 사람들에게 친절해야 합니다. / **Discípulo:** ¡Prevenir el problema y ser amable con los demás, Señor!

2. Why do you learn Taekwondo and Hapkido? / 왜 태권도와 합기도를 배웁니까? / ¿Por qué aprendes Taekwondo y Hapkido?

   Disciple: To become a better person both physically and mentally, Sir! / **수련생:** 육체적으로나 정신적으로 더 나은 사람이 되기 위해서입니다. / **Discípulo:** ¡Para ser una mejor persona, física y mentalmente, Señor!

3. What is essential when learning Taekwondo and Hapkido? / 태권도와 합기도를 배울 때 무엇이 필수입니까? / ¿Qué es esencial cuando aprendes Taekwondo y Hapkido?

   Disciple: Discipline, Respect, and Honor, Sir! / **수련생:** 규율, 존중 그리고 명예입니다. / **Discípulo:** ¡Discíplina, Respeto, y Honor, Señor!

4. Can you explain the meaning of the Yellow Belt? / 노란색 띠의 의미에 대해서 설명할 수 있습니까? / ¿Me puedes explicar el significado del Cinturón Amarillo?

   Disciple: Yellow Belt signifies CAUTION. The disciple begins to have knowledge of J.D.R. Taekwondo and Hapkido, Sir! / **수련생:** 노란색 띠는 신중함을 의미합니다. 수련생은 중도류 태권도와 합기도에 대한 지식을 갖기 시작했습니다. / **Discípulo:** El Cinturón Amarillo significa PRECAUCIÓN. ¡El discípulo comienza a tener conocimiento del J.D.R. Taekwondo y Hapkido, Señor!

ORANGE BELT / 주황색 띠 JOOHUANGSAEK TEE / CINTURÓN NARANJA
REQUIREMENTS / 필수 조건 PILSUJOGEON / REQUISITOS

BASIC STANCE / 기본자세 KIBON JASAE / POSTURAS BASICAS
1. Forward inflection stance face straight punch / 앞굽이 얼굴바로지르기 Apkubi Olgul barojireugi / Postura larga de frente y golpe recto a la cara.
2. Front snap kick and forward inflection stance face straight punch / 앞차고 앞굽이 얼굴바로지르기 Apchago Apkubi Olgul barojigeugi / Patada al frente y postura larga de frente con golpe ipsilateral recto a la cara.
3. Front kick and front stance trunk opposite punch / 앞차고 앞서기 몸통반대지르기 Apchago apseogi momtong bandae chireugi / Patada al frente, postura corta al frente y golpe ipsilateral al medio.

KICK / 발차기 BALCHAGI / PATADAS
1. Hook Kick / 낚아차기 Nakka Chagi / Patada en gancho.
2. Back Kick / 뒤차기 Dwi Chagi / Patada trasera.
3. Twist Kick / 비틀어차기 Bitureo Chagi / Patada al giro.
4. Turn back kick / 돌아 뒤차기 Dora Dwichagi / Patada trasera girando.

FORM / 품새 POOMSAE / FÓRMULAS
Taegeuk Ee Jang / 태극 2장 / Taegeuk Ee Jang.

WEAPON / 무기 MOOGI / ARMAS
Nunchak (1/2 form) / 이절봉1단 I JulBong II Dan / Nunchaku (1/2 fórmula).

FLIP / 낙법 NAKBUP / CAÍDAS

1. Front rolling legs open / 다리 벌리고 앞구르기 / Rodar adelante con piernas abiertas.
2. Back rolling legs open / 다리 벌리고 뒤구르기 / Rodar atrás con piernas abiertas.
3. Cart Wheel / 풍차돌기 / Rueda lateral.

SELF-DEFENSE TECHNIQUES / 호신술 HOSHINSOOL / TÉCNICAS DE DEFENSA PERSONAL

Defense Against Punch / 주먹막기 Chumokmaki / Defensa Contra Puño

1. Block and hit with the same side arm, punch with the opposite hand to the trunk, and kick above the knee / 왼손으로 얼굴 때리고 오른 주먹으로 몸통 지르고 안다리 차넣기로 무릎위차넣기 / Bloqueo y golpe con el brazo del mismo lado, golpe al pecho con mano opuesta, y patada arriba de la rodilla.
2. Turn back kick / 돌아 뒤차기 / Patada trasera girando.
3. Crossed block with both arms and back fist to the face, grab arm, bring it down circularly, turn around backwards, sit and twist the wrist / 양손으로 엇걸어막고 등주먹으로 얼굴 때리고 돌아앉아 손목꺾기 / Bloqueo de tijera con ambos brazos y golpe a la cara con el dorso del puño, agarra la mano, llevela hacia abajo y adentro circularmente, se gira por detrás, se sienta y llave a la muñeca.
4. Block with the same side arm and strike the face with the heel of the opposite hand, grab opponent's opposite hand, turn around under the opponent's arm, and twist the wrist / 왼손으로 주먹 막고 오른 바탕손으로 턱 올려 치고 상대 왼손 잡아 팔 밑으로 들어가 돌아서면서 손목 꺾어 제압하기 / Bloqueo con el brazo del mismo lado y golpe a la cara con la base de la mano opuesta, agarra la mano opuesta del oponente, se gira por debajo del brazo y llave a la muñeca.
5. Block with the opposite side arm and front round house kick to the stomach, put his arm under your leg, hold it, and twist the elbow / 오른손으로 주먹을 비켜 올려 막고 앞 돌려차고 다리 밑으로 하여 손을 바꿔 잡고 팔굽 꺾어 내리기 / Bloqueo con el brazo del lado opuesto y patada circular al abdomen, coloque su brazo debajo de su pierna, sosténgalo y llave al codo.

QUESTIONS / 질문 JILMOON / PREGUNTAS

1. What do you bow to when entering the School? / 수련장에 들어설 때 무엇에 인사를 합니까? / ¿A qué o a quién saludas cuando entras en la Escuela?
   Disciple: Bow to the flags and the Instructor, Sir! / **수련생:** 국기와 사범님께 인사를 합니다. / **Discípulo:** ¡Saludo a las banderas y a mi Instructor, Señor!
2. Why do you bow? / 왜 인사를 합니까? / ¿Por qué saludas?
   Disciple: To show respect, Sir! / **수련생:** 존경심을 표하는 것입니다. / **Discípulo:** ¡Mostrar respeto, Señor!
3. What are the five tenets of J.D.R.? / 다섯 가지의 교리는 무엇입니까? / ¿Cuáles son los cinco principios de la J.D.R.?
   Disciple: Courtesy, Integrity, Perseverance, Self Control, and Wisdom, Sir! / **수련생:** 예의, 성실, 인내, 자기 통제 그리고 지혜입니다. / **Discípulo:** ¡Cortesía, Integridad, Perseverancia, Autocontrol y Sabiduría, Señor!
4. Can you explain the meaning of the Orange Belt? / 주황색 띠의 의미를 설명할 수 있습니까? / ¿Me puedes explicar el significado del Cinturón Naranja?

Disciple: Orange Belt signifies AMBITION. The disciple has an enthusiastic desire to learn J.D.R. Taekwondo and Hapkido, Sir! / **수련생:** 주황색 띠는 야망을 의미합니다. 수련생은 중도류 태권도와 합기도를 배우려는 열망을 보여야 합니다. / **Discípulo:** El Cinturón Naranja significa AMBICIÓN. ¡El discípulo tiene entusiasmo por aprender J.D.R. Taekwondo y Hapkido, Señor!

PURPLE BELT / 보라색 띠 BORASAEKTEE / CINTURÓN PÚRPURA
REQUIREMENTS / 필수 조건 PILSUJOGEON / REQUISITOS

BASIC STANCE / 기본자세 KIBON JASAE / POSTURAS BASICAS

1. Front kick and Forward inflection stance trunk double punch / 앞차고 앞굽이 몸통두번지르기 Apchago Apkubi Momtong Dubeon Jireugi / Patada de frente, postura larga de frente, con doble golpe al medio.
2. Backward inflection stance single hand blade block and forward inflection stance trunk straight punch / 뒤굽이 한손날막고 앞굽이 몸통바로지르기 Dwikubi Hansonnal Makko Apkubi Momtong Baro Jireugi / Postura larga atrás, bloqueo con mano de sable, postura larga de frente con golpe al medio contralateral.
3. Front stance hand blade strike to neck / 앞서기 손날목치기 Apseogi Sonnal Mok Chigi / Postura corta de frente con golpe al cuello con mano de sable.
4. Front stance low block and trunk straight punch / 앞서기 아래막고 몸통바로지르기 Apseogi Arae Makko Momtong Baro Jireugi / Postura corta de frente, bloqueo abajo y golpe al medio contralateral.

KICK / 발차기 BALCHAGI / PATADAS

1. Face front round house kick / 얼굴 앞돌려차기 Olgool Ap Dolió Chagi / Patada al frente en espiral a la cara.
2. Pushing kick / 밀어차기 Mil Oh Chagi / Patada empujando.
3. Low curve kick / 발날 차돌리기 Balnal Cha Doligi / Patada curva baja.
4. Turn hook kick / 회전차기 Huejun Chagi / Patada en gancho girando.

FORM / 품새 POOMSAE / FÓRMULAS

Taegeuk Sam Jang / 태극 3장 / Taegeuk Sam Jang.

WEAPON / 무기 MOOGI / ARMAS

Nunchak full form / 이절봉 1단 I Julbong Il Dan / Nunchaku fórmula completa.

FLIP / 낙법 NAKBUP / CAÍDAS

1. Walking Front Rolling / 걸으면서 앞구르기 / Rollo caminando al frente.
2. Walking Front Circle Flip / 걸으면서 회전낙법 / Caída circular al frente caminando.
3. Walking Back Circle Flip / 걸으면서 뒤 회전낙법 / Caída circular atrás caminando.

SELF-DEFENSE TECHNIQUES / 호신술 HOSHINSOOL / TÉCNICAS DE DEFENSA PERSONAL

1. When grabbing the hair in the front: hit down the arm with one arm and uppercut with the opposite / 머리 잡혔을 때, 팔 내려치고 턱올려치기 / Cuando le agarran el cabello por el frente: golpe hacia abajo con un brazo y luego gancho hacia arriba con la mano opuesta.

2. When grabbing the opposite side wrist: turn around backwards, and twist the wrist / 역수로 잡혔을 때 뒤로 돌아 손목꺾기 / Cuando le agarran la muñeca con la mano opuesta: gire por detrás y llave a la muñeca.

3. When grabbing one arm with both hands: grab the opponent's hand with two hands, pass under the arm, turn around, and twist the wrist / 양손으로 오른손을 잡았을 때 왼손과 함께 상대 오른손을 잡고 팔 밑으로 돌아앉으며 손목꺾기 / Cuando le agarran una mano con dos manos: agarre la mano del oponente con las dos manos, pase por debajo del brazo, se gira y llave a la muñeca.

4. When grabbing both arms: lift your arms circularly and bang the opponent's back hands, bring the opponent's arms down, and hit the chest with both heels of the hands / 상대가 양손으로 나의 양손을 잡았을 때, 나의 손바닥을 마주쳐서 상대 손등끼리 부딪치고 양손으로 가슴치기 / Cuando le agarran los dos brazos: levante sus brazos circularmente, golpee la cara posterior de las manos del oponente, bájele los brazos al oponente, y golpee su pecho con los talones de ambas manos.

5. When pushing the chest with both hands: grab the opponent's arms, lay back, and throw the opponent backwards / 양손으로 가슴을 밀 때 뒤로 누우면서 던지기 / Cuando le empujen el pecho con las dos manos: agarre los brazos del oponente, recuéstece hacia atrás y láncelo.

QUESTIONS / 질문 JILMOON / PREGUNTAS

1. What is Taekwondo? / 태권도는 무엇입니까? / ¿Qué es el Taekwondo?

   Disciple: Taekwondo is a Korean hard style art of self-defense, Sir! / **수련생:** 태권도는 한국 강권의 자기방어 기술입니다. / **Discípulo:** El Taekwondo es un arte marcial coreano fuerte de defensa personal.

2. What does Taekwondo mean? / 태권도의 뜻은 무엇입니까? / ¿Qué significa Taekwondo?

   Disciple: Tae means Foot or Kicking, Kwon means Hand or Punching, and Do means Way of life. Therefore, Taekwondo is The Art Of The Foot And Hand self-defense, Sir! / **수련생:** 태는 발이나 발차기를 의미하고, 권은 손이나 주먹지르기를 의미하고, 도는 삶의 길을 의미합니다. 그러므로 태권도는 손과 발을 통한 자기방어 기술입니다. / **Discípulo:** ¡Tae significa pie o patear, Kwon mano o golpear y Do camino de vida. Por lo tanto, el Taekwondo es El Arte De Defensa Personal Con El Pie Y La Mano, Señor!

3. Why do you take a test? / 왜 심사를 봅니까? / ¿Por qué tomas una prueba?

   Disciple: To show improvement. We test to further our knowledge of J.D.R. Taekwondo and Hapkido through test preparation and test experience, to gain confidence by performing under pressure, and to let a qualified judge determine the increase of our knowledge, Sir! / **수련생:** 개선을 보여주는 것입니다. 우리는 심사 준비와 심사 경험을 통해 중도류 태권도와 합기도에 대한 배움을 향상시키고, 압력을 가하여 자신감을 얻고 자격 심사를 통해 기술 발전을 결정하도록 심사를 보는 것입니다 / **Discípulo:** Para mostrar los avances. ¡Nos probamos para avanzar en nuestro conocimiento de J.D.R. Taekwondo y Hapkido, a través de la preparación y la experiencia en la evaluación, ganando confianza al trabajar bajo presión, y dejando que un juez calificado determine la mejoría en nuestro conocimiento, Señor!

4. Can you explain the meaning of the Purple Belt? / 보라색 띠의 의미를 설명해줄수 있습니까? / ¿Me puedes explicar el significado del Cinturón Púrpura?
Disciple: Purple Belt signifies POWER. The disciple has the ability to perform with strength, Sir! / **수련생:** 보라색 띠는 힘을 의미합니다. 학생은 힘을 통해 수련을 해야 합니다. / **Discípulo:** El Cinturón Púrpura significa PODER. ¡El discípulo tiene la habilidad de actuar con fuerza, Señor!

GREEN BELT / 초록색 띠 CHOROKSAEK TEE / CINTURÓN VERDE
REQUIREMENTS / 필수조건 PILSUJOGEON / REQUISITOS

BASIC STANCE / 기본자세 KIBON JASAE / POSTURAS BASICAS

1. Backward inflection stance single hand blade trunk block / 뒷굽이 한손날 몸통막기 Dwitkubi Han Sonnal Momtong Mekhi / Postura larga posterior con bloqueo al medio con mano de sable.
2. Front inflection stance single hand tips stabbing / 앞굽이 한손끝 찌르기 Apkubi Han Son Keut Chireugi / Postura larga de frente con golpe con mano de lanza.
3. Front inflection stance single hand blade face block with hand blade strike to neck / 앞굽이 한손날 얼굴막고 한손날 목치기 Apkubi han don all olgool makgo Han son al mok chigi / Postura larga de frente con bloqueo al medio y adentro con mano de sable y luego golpe afuera al cuello con la misma mano.
4. Front inflection stance strike to face with Back fist / 앞굽이 등주먹 얼굴치기 Apkubi dueng chu mok olgool chigi / Postura larga de frente con golpe con el dorso del puño a la cara.
5. Front inflection stance trunk inner block and double straight punch / 앞굽이 몸통안막고 두번지르기 Apkubi momtong an makgo doobeon chireugi / Postura larga de frente con bloqueo al medio y adentro, y doble golpe al medio.

KICK / 발차기 BALCHAGI / PATADAS

1. Inward kick and Outward Kick / 안차기 하고 바깥차기 Anchagi hago Bakat Chagi / Patada hacia dentro más patada hacia fuera.
2. Inward kick and Side kick / 안차기 하고 옆차기 Anchagi hago Yeop Chagi / Patada hacia dentro más patada de lado.
3. Front kick and Side kick / 앞차기 하고 옆차기 Apchagi hago Yeop Chagi / Patada de frente más patada de lado.
4. Front kick and Back kick / 앞차기 하고 뒤차기 Apchagi hago Dwichagi / Patada de frente más patada atrás.
5. Front kick and face round house kick / 앞차기 하고 얼굴 돌려차기 Apchago Olgool Dolióchagi / Patada de frente más patada circular a la cara.

FORM / 품새 POOMSAE / FÓRMULAS
Taegeuk Sa Jang / 태극 4장 / Taegeuk Sa Jang.

WEAPON / 무기 MOOGI / ARMAS
Long staff (1 - 5 basic) / 장봉 기본수 Jangbong Kibonsoo / Palo largo (1 - 5 básicos).

FLIP / 낙법 NAKBUP / CAÍDAS
1. Front Flip / 전방낙법 / Caída de frente.
2. Side Flip / 측방낙법 / Caída de lado.
3. Front circle flip stay down / 앞 회전낙법 바닥에 있기 / Caída circular de frente quedándose en el puesto.

SELF-DEFENSE TECHNIQUES / 호신술 HOSHINSOOL / TÉCNICAS DE DEFENSA PERSONAL
Defense against Front Kick or Front Spiral Kick / 앞차기나 앞돌려차기 막기 / Defensa Contra Patada De Frente o Patada Frontal en Espiral.
1. Block with the elbow or forearm and punch to the face / 팔굽이나 팔목으로 아래막기 얼굴지르기 / Bloqueo con el codo o antebrazo y golpe a la cara.
2. Block with the opposite arm and back fist to face with the same hand, grab the opponent's leg with the opposite arm, turn backwards, and sweep. / 아래막고 등주먹 얼굴때리고 던지기 / Bloqueo y golpe con dorso del puño a la cara con la mano opuesta, agarre la pierna con el otro brazo, se gira por detrás, y barre.
3. Block with crossed arms, grab the opponent's leg, turn it upside down, and twist the calf down / 양손으로 엇걸어 아래막고 내척대로 장딴지 아래로 눌러내리기 / Bloqueo de tijera con los dos brazos, agarre la pierna del oponente, voltéela hacia abajo, y llave a la pantorrilla hacia abajo.
4. Jump turn back kick / 뛰어 돌아 뒤차기 / Patada trasera girando y saltando.
5. Block with the same side arm and strike the face with the opposite, and step forward lifting the leg throwing / 아래막고 얼굴 때리고 다리걸어 던지기 / Bloqueo con el brazo del mismo lado y golpe la cara con la mano opuesta, y avanza hacia delante levantando la pierna, lanzándolo.

QUESTIONS / 질문 JILMOON / PREGUNTAS
1. What is Hapkido? / 합기도는 무엇입니까? / ¿Qué es el Hapkido?
   Disciple: Hapkido is a korean soft style art of self-defense, Sir! / **수련생:** 합기도는 한국 유권의 자기방어 기술입니다 / **Discípulo:** ¡Hapkido es un arte coreano suave de auto defensa, Señor!
2. What does Hapkido mean? / 합기도의 뜻은 무엇입니까? / Que significa Hapkido?
   Disciple: Hap means Control, Ki means Energy, and Do means Way of life. Therefore, Hapkido is The Art of Energy Control, Sir! / **수련생:** 합은 조절을 의미하고, 기는 에너지를 의미하며 도는 삶의 길을 의미합니다. 그러므로 합기도는 에너지를 조절하는 술기입니다. / **Discípulo:** Hap significa Control, Ki Energía, Do Vida. ¡Por lo tanto, el Hapkido es El Arte del Control de la Energía, Señor!
3. When do we bow? / 언제 인사를 합니까? / ¿Cuándo saludamos?
   Disciple: When entering and leaving the School and when class starts and ends, Sir! / **수련생:** 도장에 들어설 때와 나갈 때 그리고 수련을 시작할 때와 끝날 때 합니다. / **Discípulo:** ¡Al entrar y salir de la Escuela, también cuando la clase comienza y termina, Señor!
4. Can you explain the meaning of the Green Belt? / 초록색 띠의 의미에 대해서 설명할 수 있습니까? / ¿Me puede explicar el significado del Cinturón Verde?
   Disciple: Green Belt signifies Center. The disciple has reached an intermediate level, Sir! /

수련생: 초록색 띠는 중앙을 의미합니다. 학생이 중간 수준에 도달한 것입니다. / **Discípulo:** El Cinturón Verde significa EL CENTRO. ¡El discípulo ha alcanzado un nivel intermedio, Señor!

BLUE BELT / 파란색 띠 PARANSAEKTEE / CINTURÓN AZUL
REQUIREMENTS / 필수 조건 PILSUJOGEON / REQUISITOS

BASIC STANCE / 기본자세 KIBON JASAE / POSTURAS BASICAS

1. Forward inflection stance low block and forward stance hammer fist strike / 앞굽이 아래막고 앞서기 메주먹내려치기 Apkubi Arae Makgo Mejumeok naeryo Chigi / Postura larga de frente, bloqueo abajo y golpe de martillo en postura corta de frente.
2. Forward inflection stance back fist and trunk inner block / 앞굽이 등주먹 치고 몸통안막기 Apkubi Deung Chumeok Chigo Momtong Anmakki / Postura larga de frente con golpe ipsilateral con el dorso del puño y bloqueo contralateral al medio y adentro.
3. Backward inflection stance single hand blade trunk outer block and Forward inflection stance elbow spiral hit / 뒷굽이 한손날 몸통바깥막고 앞굽이 팔굽돌려치기 Dwitkubi Han Sonnal Momtong Bakat Makgo Apkubi Palkup Dolio Chigi / Postura larga atrás con bloqueo contralateral al medio y afuera con una mano de sable.
4. Forward inflection stance face block and side kick, forward inflection stance elbow target hit / 앞굽이 얼굴막고 옆차기 하고, 앞굽이 팔굽표적치기 Apkubi Olgool Makgo Yeopchagi hago, Apkubi Palkoop Pyojeok Chigi / Postura larga de frente con bloqueo arriba y patada de lado con el pie de atrás, cae en postura larga de frente con codazo circular ipsilateral a la palma de la mano contraria (a la altura de la cara).

KICK / 발차기 BALCHAGI / PATADAS

1. Low round house kick and face hook kick / 아래돌려차기 하고 얼굴 낚아차기 Arae Dolióchagi hago Olgool Dwit Dolio Chagi / Patada en espiral abajo más patada en gancho a la cara.
2. Hook kick and Round house kick / 낚아차기 하고 돌려차기 Dwit Doliochagi hago Dolio Chagi / Patada en el cancho más patada en espiral.
3. Downward kick and Push kick / 내려차기 하고 밀어차기 Naeriochagi hago Milo Chagi / Patada hacia abajo más patada empujando.
4. Low side kick and face side kick / 아래 옆차기 하고 얼굴 옆차기 Arae Yeopchagi hago Olgool Yeop Chagi / Patada de lado abajo más patada de lado a la cara.
5. Side kick and straight punch with two hands / 옆차기 하고 양손으로 주먹지르기 Yeopchagi hago Yangsonuro Chumeok Chireugi / Patada de lado y golpe recto con ambas manos.

FORM / 품새 POOMSAE / FÓRMULAS
Taegeuk Oh Jang / 태극 5장 / Taegeuk Oh Jang.

WEAPON / 무기 MOOGI / ARMAS
Long staff (6 - 10 basic) / 장봉 기본수 Jang Bong Kibonsoo / Palo largo (6 - 10 básicos).

FLIP / 낙법 NAKBUP / CAÍDAS

1. Long jump front rolling / 멀리 뛰어 앞구르기 / Rollo largo rodando.
2. Long jump front circle flip / 멀리 뛰어 회전낙법 Meoli / Caída al frente circular; saltando largo.
3. Front rolling lifting back / 앞구르고 허리들기 / Caída al frente rodando y levantando la cadera.

SELF-DEFENSE TECHNIQUES / 호신술 HOSHINSOOL / TÉCNICAS DE DEFENSA PERSONAL

Defense Against Grabbing in the Back / 뒤에서 잡혔을때 / Defensa Contra Agarre Por Detrás.

1. When grabbing the back or hair from behind: turn around and hit the face, step inside and sweep the opponent / 뒤에서 뒷덜미나 머리카락 잡았을 때 뒤로 돌면서 얼굴 때리고 발걸어 던지기 / Cuando le agarren la espalda o el pelo por detrás: gírese y golpee a la cara, de un paso hacia delante y barra.
2. When grabbing both shoulders from behind: turn around and grab one of the opponent's hands, pull it, and twist the wrist / 뒤에서 양 어깨 잡았을 때 손목 틀어빼서 손목꺾기 / Cuando le agarren ambos hombros por detrás: gírese, agárrele la mano al oponente, hálela, y llave a la muñeca.
3. When grabbing both wrists from behind: lift your arms up, grab one of the opponent's wrist, twist the wrist, and sweep the leg / 뒤에서 양 손목 잡았을 때 양손 들어올려 손목꺾고 발걸어 던지기 / Cuando le agarran ambas manos por detrás: levante los brazos, agárrele una de las manos al oponente, llave a la muñeca, y barra la pierna.
4. When grabbing one wrist from behind: turn around, grab the opponent's hand, and twist the wrist forward and down, pulling down the elbow to immobilize it / 뒤에서 왼 손목을 잡았을 때 뒤로 돌면서 손목 감아잡고 반대 손으로도 상대 손등 감아잡아 눌러내려 손목 꺾고 바닥으로 팔굽 눌러내려 제압하기 / Cuando le agarran la mano por detrás: gírese, agárrele la mano al oponente, y llave a la muñeca hacia abajo y adelante, bajándo el codo para inmovilizarlo.
5. When hugging from the side: turn around and hit the face, pass your arm above the opponent's arm, and twist the arm / 옆에서 어깨를 안았을 때 돌아서면서 얼굴때리고 어깨걸어 눌러내리기 / Cuando lo abrazan desde el lado: gírese y golpee la cara, pase su brazo por encima de el del oponente, y llave al brazo.

QUESTIONS / 질문 JILMOON / PREGUNTAS

1. What is Joong Do Ryu? / 중도류는 무엇입니까? / ¿Qué es Joong Do Ryu?
   Disciple: It is a philosophy of our School, Sir! / **제자:** 우리 도장의 철학입니다. / **Discípulo:** ¡Es la filosofía de nuestra Escuela, Señor!
2. What does Joong Do Ryu mean? / 중도류의 의미는 무엇입니까? / ¿Qué significa Joong Do Ryu?
   Disciple: Joong means Harmony, Do means Way of life, and Ryu means Style. Therefore Joong Do Ryu is The Way to Reach Righteousness Through Harmony, Sir! / **제자:** 중의 뜻은 조화를 의미하고, 도의 의미는 삶의 길을 의미하고, 류는 흐름을 의미합니다. 따라서 중도류는 조회를 통해 정의에 도달하는 방법입니다. / **Discípulo:** Joong significa armonía, Do modo de vida y Ryu estilo. Por lo tanto, Joong Do Ryu es El Camino Para Alcanzar La Justicia A Través De La Armonía, Señor!
3. Who is the founder of Joong Do Ryu? / 중도류 창시자는 누구입니까? / ¿Quién es el fundador de la Joong Do Ryu?
   Disciple: Grandmaster Young Seok Kim, Sir! / **제자:** 사범 김용석님입니다. / **Discípulo:** ¡El Gran Maestro Young Seok Kim, Señor!

4. Can you explain the meaning of the Blue Belt? / 파란색 띠의 의미에 대해서 설명할 수 있습니까? / ¿Me puede explicar el significado del Cinturón Azul?
Disciple: Blue Belt signifies MATURITY. The disciple demonstrates knowledge through clear and precise techniques, Sir! / **제자:** 파란색 띠는 성숙을 의미합니다. 학생들은 명확하고 정확한 기술을 통해 배움을 입증해야 합니다. / **Discípulo:** El Cinturón Azul significa MADUREZ. !El discípulo demuestra conocimiento a través de técnicas claras y precisas, Señor!

RED BELT / 빨간색 띠 PALGANGSAEKTEE / CINTURÓN ROJO
REQUIREMENTS / 필수 조건 PILSUJOGEON / REQUISITOS

BASIC STANCE / 기본자세 KIBON JASAE / POSTURAS BASICAS
1. Front inflection stance low block and front kick then back inflection stance outward trunk block / 앞굽이 아래막고 앞차기 하고, 뒷굽이 몸통바깥막기 Apkubi Araemakgo Apchagi hago, Dwitkubi Momtong Bakatmakgi / Postura larga de frente, bloqueo abajo, patada al frente y pasa a postura larga atrás con bloqueo al medio y afuera.
2. Front stance outward block and middle straight punch / 앞굽이 몸통바깥막고 몸통바로지르기 Apkubi Momtong Bakatmakgo Momtong Barochireugi / Postura larga de frente con bloqueo al medio y afuera, y golpe contralateral al medio.
3. Tiger stance palm low block and forward inflection stance middle straight punch / 범서가 바탕손 내려막고 몸통바로지르기 Bumseogi Batangson Naerio Makgo Momtong Baro Chireugi / Postura de tigre, con bloqueo de palma abajo y golpe contralateral al medio.

KICK / 발차기 BALCHAGI / PATADAS
1. Jump front kick / 뛰어 앞차기 Tío Apchagi / Patada de frente saltando.
2. Jump round house kick / 뛰어 돌려차기 Tío Dolió Chagi / Patada en espiral saltando.
3. Jump side kick / 뛰어 옆차기 Tío Yeop Chagi / Patada de lado saltando.
4. Jump hook kick / 뛰어 낚아차기 Tío Nakka Chagi / Patada en gancho saltando.
5. Jump turn outward kick / 뛰어 돌아 밖으로 차기 Tío Dora Bakeuro Chagi / Patada hacia fuera, girando por detrás y saltando.

FORM / 품새 POOMSAE / FÓRMULAS
Taegeuk Yuk Jang / 태극 6장 / Taegeuk Yuk Jang.

WEAPON / 무기 MOOGI / ARMAS
Long staff 1/2 form / 장봉 1단 Jang Bong Il Dan / 1/2 Fórmula de palo largo.

FLIP / 낙법 NAKBUP / CAÍDAS
1. High jump front rolling / 높이 뛰어 앞으로 구르기 / Caída rodando al frente; saltando alto.
2. High jump back flip / 높이 뛰어 후방낙법 Nopitio - Caída atrás; saltando alto.
3. High jump front circle flip / 높이 뛰어 회전낙법 / Caída circular al frente; saltando alto.

SELF-DEFENSE TECHNIQUES / 호신술 HOSHINSOOL / TÉCNICAS DE DEFENSA PERSONAL

Defense Against Side Kick / 옆차기 막기 Yeop Chagi Makgi / Defensa Contra Patada De Lado.

1. Strike the instep of the foot with the elbow or back fist, step inside, and sweep / 팔굽이나 등주먹으로 발등 내려치기 하고 발 걸어 던지기 / Golpe al empeine del pie con el codo o el dorso del puño, de un paso hacia delante, y barra.

2. Crossed block the kick and grab the opponent's leg, front kick to the groin, pass your knee above the opponent's leg, and knee kick the leg down / 엇걸어막고 앞차기로 낭심차기 하고 무릎으로 상대오금 눌러 내리기 / Bloqueo de tijera a la patada y agarre la pierna del oponente, patada de frente a los genitales, pase la rodilla por encima de la pierna del oponente, y patada con la rodilla a la rodilla posterior del oponente hacia abajo.

3. Move to the outside of the kick, block with the two arms and lift the leg, throwing / 왼발 옆으로 빠지며 양손으로 막으면서 들어 올려 던지기 / Muévase hacia fuera de la patada, al tiempo que bloquea con la dos manos, y levante la pierna, lanzándolo.

4. Crossed block the kick, grab the leg, turn it upside down, and press the inside your opponent's leg with the arm that is inside / 엇걸어 내려막고 오른손 내척대로 상대 발 안쪽 눌러 꺾기 / Bloqueo de tijera a la patada, agarre la pierna, voltéela hacia abajo, y presione dentro del pie de su oponente usando la mano que esta por dentro.

5. Move to the outside of the kick, block and wrap your arm around the opponent's leg, hold your opponent's shoulder with your other hand, and front sweep / 왼발 왼쪽으로 빠지며 오른손으로 막아잡고, 왼손으로 오른 어깨 잡고서 왼발로 상대 발 걸어 던지기 / Muévase hacia fuera de la patada, al tiempo que bloquea y enlaza su brazo alrededor de la pierna del oponente, agarre el hombro del oponente con su otra mano y barre por el frente.

QUESTIONS / 질문 JILMOON / PREGUNTAS

1. What are the three principles of Joong Do Ryu? / 중도류의 3가지 원칙은 무엇입니까? / ¿Cuáles son los tres principios de la Joong Do Ryu?
   Disciple: Principle of the Circle, the Way and the Sum, Sir! / **제자:** 원, 선, 점의 원리입니다. / **Discípulo:** ¡El Principio del Círculo, el Camino y la Suma, Señor!

2. Why do you yell when practicing? / 왜 수련 중에 기합을 합니까? / ¿Por qué gritas cuando practicas?
   Disciple: To develop spiritual strength, with concentration, power, and confidence, Sir! / **제자:** 집중력, 힘 그리고 자신감이 있는 영적인 힘을 키우기 위해서입니다. / **Discípulo:** ¡Para desarrollar la fuerza espiritual, la concentración, el poder y la confianza, Señor!

3. How do you yell? / 어떻게 기합을 합니까? / ¿Cómo gritas?
   Disciple: The yell comes from the lower abdomen (Danjeon). The yell must be with spirit, Sir! / **제자:** 기합은 복부의 낮은 부분(단전)에서 나옵니다. 기합은 정신이 깃들어야 합니다 / **Discípulo:** El grito viene del abdomen inferior (Danjeon). ¡El grito debe ser con el espíritu, Señor!

4. Can you explain the meaning of the Red Belt? / 빨간색 띠의 의미에 대해서 설명해 줄 수 있습니까? / ¿Me puede explicar el significado del Cinturón Rojo?
   Disciple: Red Belt signifies DYNAMISM. The disciple exhibits passionate performance, Sir! / **제자:** 빨간색 띠는 역동성을 의미합니다. 학생은 열정적인 시범을 보여야 합니다. / **Discípulo:** El Cinturón Rojo significa DINAMISMO. ¡El discípulo exhibe un desempeño apasionado, Señor!

RED BELT WITH BLACK STRIPE / 빨간색 띠에 검정 줄 PALGANGSAEK TEEEH KUMJUNGJOOL / CINTURÓN ROJO CON RAYA NEGRA
REQUIREMENTS / 필수 조건 PILSUJOGEON / REQUISITOS

BASIC STANCE / 기본자세 KIBON JASAE / POSTURAS BASICAS
1. Backward inflection stance low hand blade block / 뒷굽이 손날 아래막기 Dwitkubi sonnal area makgi / Postura larga posterior con bloqueo abajo con mano de sable.
2. Tiger stance hand press blocking, back fist front hit / 범서기 바탕손 눌러막고 등주먹 앞에치기 Beom Seogi batangson nuleo mamkgo deung chumeok apechigi / Postura de tigre con bloqueo abajo presionando con la base de la palma de la mano y luego, con misma mano, golpe al frente con el dorso del puño.
3. Forward inflection stance scissors blocking / 앞굽이 가위막기 Apkubi kawi makgi / Postura larga de frente con bloqueo de tijera.
4. Rider posture, side punch / 주춤서기 옆지르기 Juchum seogi yeop Jireugi / Postura de jinete con golpe al medio y al lado.

KICK / 발차기 BALCHAGI / PATADAS
1. Front kick and jump front kick / 앞차기 하고 뛰어 앞차기 Apchagi hago tío apchagi / Patada al frente más patada al frente saltando.
2. Front kick and jump side kick / 앞차기 하고 뛰어 옆차기 Apchagi hago tío Yeop chagi / Patada al frente más patada de lado lateral saltando.
3. Front kick and jump back kick / 앞차기 하고 뛰어 뒤차기 Apchagi hago tío dwichagi / Patada al frente más patada atrás saltando.
4. Front round house kick and turn jump front round house kick / 앞돌려차기 하고 돌아 뛰어 앞돌려차기 Apdolio chagi hago Dolan tío Apdoliochagi / Patada circular al frente giró patada circular al frente saltando.
5. Inward kick turn jump inward kick (butterfly) / 안차기 하고 돌아 뛰어 안차기 Anchagi hago dola tío Anchagi / Patada hacia dentro más patada hacia dentro girando y saltando (mariposa).

FORM / 품새 POOMSAE / FÓRMULAS
Taegeuk Chil Jang / 태극 7장 / Taegeuk Chil Jang.

WEAPON / 무기 MOOGI / ARMAS
Long staff: full form / 장봉 1단 Jangbong Il Dan / Palo largo: fórmula completa.

FLIP / 낙법 NAKBUP / CAÍDAS
1. High jump side flip / 높이 뛰어 측방낙법 Nopitio Chukbang Nakbup / Caída de lado; saltando alto.
2. High jump front rolling lifting back / 높이 뛰어 앞으로 굴러 허리들어올리기 Nopitio Apuro Guleo Heriduloh Oligi / Caída de frente; saltando alto y levantando la cadera.
3. High jump front circle flip opposite leg / 높이 뛰어 반대발 회전낙법 Nopitio Bandaebal Huejun Nakbup / Caída de frente circular; saltando alto y cayendo sobre la pierna opuesta.

SELF-DEFENSE TECHNIQUES / 호신술 HOSHINSOOL / TÉCNICAS DE DEFENSA PERSONAL

Against Hugging and Choking / 끌어안거나 목조를때 / Contra Abrazo y Estrangulamiento

1. When hugged from the front: hit the groin, raise both arms up, strike the chest with both heels of your hands, and side kick / 앞에서 양손으로 팔 밖으로 하여 안았을 때 낭심 때리고 양팔 들어 올리고서 양손으로 가슴 치고 옆차기 / Cuando lo abracen por el frente: golpea los genitales, levanta ambos brazos (al frente y afuera), golpea con la base de las palmas de las manos al pecho, y luego patada de lado.

2. When hugged from behind: hit the groin, raise both arms up, hit both sides of the chest with the elbows, back kick and then jump side kick / 뒤에서 양손으로 팔 밖으로 하여 안았을 때 낭심 때리고 양팔 들어 올리고서 팔굽으로 양 옆구리 치고 뒤차기 하고 뛰어 옆차기 / Cuando lo abracen por detrás: Golpea los genitales, levanta ambas brazos hacia arriba, golpea al pecho con los codos, patada trasera y patada de lado saltando.

3. Chocking from behind with one arm: hit the instep of a foot, grab the opponent's arm, and throw forward / 뒤에서 한손으로 목을 감아 조를 때 뒤꿈치로 상대 발등 찍고 상대 팔 잡아 앞으로 던지기 / Estrangulamiento con una mano por atrás: golpea con el talón al empeine, agarra el brazo del oponente, y lanzamiento al frente.

4. Head lock from the side (head under the armpit): hit the groin, pull back the head, lift the opponent's legs and throw backwards / 옆에서 나의 머리를 겨드랑이에 끼워 조를 때 뒷머리를 잡아당기고 다리를 들어 올려 뒤로 던지기 / Enganche de cabeza por el lado (entre el codo y la axila): golpea los genitales, hala la cabeza hacia atrás, al tiempo que levanta las piernas del oponente y lanza hacia atrás.

5. Head lock from the front (head under the armpit): grab the opponent, lie back, and throw backwards the opponent / 앞에서 나의 머리를 겨드랑이에 끼워 조를 때 뒤로 누우면서 상대를 앞으로 고꾸라트리기 / Enganche de cabeza por el frente (entre el codo y la axila): agarre el oponente, recuéstate hacia atrás y lanza hacia atrás al oponente.

QUESTIONS / 질문 JILMOON / PREGUNTAS

1. What is the conduct of Joong Do Ryu? / 중도류의 행은 무엇입니까? / ¿Cuál es la conducta del Joong Do Ryu?
   Disciple: Everything in our lives (martial arts Life) must have order and must be conducted with that order. If everything is conducted with that order, this will enable everything (martial arts) to be achieved, Sir! / **제자:** 모든 것은(무도) 순서가 있어야 하고 그 순서에 따라야 합니다. 행하는 순서가 그릇되지 않으면 모든 것이(무도) 이루어지는 것입니다. / **Discípulo:** Cada cosa en nuestra vida (Vida de artista marcial) tiene un orden y debe ser conducido con ese orden. !Si cada cosa es conducida con ese orden, esto permitirá que todo se logre (artes marciales), Señor!

2. What is the meaning of meditation? / 명상의 의미는 무엇입니까? / ¿Cuál es el significado de la meditación?
   Disciple: Meditation is regulation of the mind to achieve mental concentration, Sir! / **제자:** 명상은 정신 집중을 달성 하기 위한 마음의 조절입니다. / **Discípulo:** ¡La meditación es la regulación de la mente para lograr la concentración mental, Señor!

3. Why do you practice Danjeon breathing? / 왜 단전 호흡 운동을 연습합니까? / ¿Por qué prácticas la respiración Danjeon?

Disciple: To collect power, to preserve health, to develop physical fitness, and to cultivate mental discipline, Sir! / **제자:** 힘을 얻고, 건강을 지키고, 체력을 증진시키고 정신력 훈련을 배양하는 것입니다. / **Discípulo:** ¡Para recoger el poder, preservar la salud, desarrollar la aptitud física y cultivar la disciplina mental, Señor!

4. Can you explain the meaning of the Red Belt with black stripe? / 빨간색 띠 검정 줄의 의미에 대해서 설명할 수 있습니까? / ¿Me puede explicar el significado del Cinturón Rojo con Raya Negra?

Disciple: Red Belt with black stripe signifies PASSION. The disciple shows power with accuracy, Sir! / **제자:** 빨간색 띠 검정 줄은 열정을 의미합니다. 수련생은 힘의 정확성을 보여줘야 합니다. / **Discípulo:** El Cinturón Rojo con Raya Negra significa PASIÓN. ¡El discípulo muestra el poder con precisión, Señor!

BROWN BELT / 갈색 띠 GALSAEKTEE / CINTURÓN MARRÓN
REQUIREMENTS / 필수 조건 PILSUJOGEON / REQUISTOS

BASIC STANCE / 기본자세 KIBON JASAE / POSTURAS BASICAS

1. Backward inflection stance assisted trunk block, forward inflection stance trunk straight punch / 뒷굽이 몸통거들어막고, 앞굽이 몸통바로지르기 Dwitkubi Momtong Geoduromakgo, Apkubi Momtong Baro Jireugi / Postura larga atrás, bloqueo al medio asistido y postura larga de frente con golpe contralateral al medio.

2. Forward inflection stance trunk inner block, trunk double punch / 앞굽이 아래막고 몸통 두번지르기 Apkubi Arae Makgo Momtong Doobeon Jireugi / Postura larga de frente con bloqueo ipsilateral al medio y golpe doble al medio.

3. Forward inflection stance mountain block turn forward inflection stance lifting hit / 앞굽이 산틀막기하고 틀면서 앞굽이 올려치기 Apkubi Santeul Makgi Teulmeonseo Apkubi Oliochigi / Postura larga de frente con bloqueo de montaña, giro al frente y golpeo arriba.

4. Forward inflection stance elbow spiral hit, back fist front hit, trunk opposite punch / 앞굽이 팔굽돌려치고, 등주먹 앞에치고, 몸통반대지르기 Apkubi Palkupchigo, Deung Jumeok Apechigo, Momtong Bandae Jireugi / Postura larga de frente con codazo ipsilateral, circular al frente. Golpe con el dorso del puño (Con misma mano) y finalizo con doble golpe al medio.

KICK / 발차기 BALCHAGI / PATADAS

1. Side kick and jump side kick / 옆차기 하고 뛰어 옆차기 Yeopchagi hago Tío Yeopchagi / Patada de lado más patada de lado saltando.

2. Round house kick and turn jump spiral kick / 돌려차기 하고 돌아서 뛰어 돌려차기 Dolióchagi hago Dolahseo Tío Dolió Chagi / Patada en espiral más patada en espiral saltando.

3. Jump turn back kick / 뛰어 돌아 뒤차기 Tío Dora Dwichagi / Patada de lado; girando por detrás y saltando.

4. Jump turn hook kick / 뛰어 회전차기 Tío Huejunchagi / Patada en gancho; girando por detrás y saltando.

5. Four kicks / 사방차기 Sabang Chagi / Cuatro patadas.

FORM / 품새 POOMSAE / FÓRMULAS
Taegeuk Pal Jang / 태극 8장 / Taegeuk Pal Jang.

WEAPON / 무기 MOOGI / ARMAS
Long staff sparring / 장봉대련 Jang Bong Daerion / Combate con palo largo.

FLIP / 낙법 NAKBUP / CAÍDAS
1. Long or high Jump front rolling with obstacles / 길게 혹은 높게 장애물 뛰어 앞으로 구르기 / Caída al frente rodando; alta o larga y con obstáculos.
2. Long or high jump front circle flip with obstacles / 길게 혹은 높게 장애물 뛰어 회전낙법 / Caída al frente circular súbita; alta o larga y con obstáculos.

SELF-DEFENSE TECHNIQUES / 호신술 HOSHINSOOL / TÉCNICAS DE DEFENSA PERSONAL
First Attack / 선수 Seonsoo / Primer Ataque
1. Hit the eyes with the fingertips, grab the free arm, and twist the wrist by lifting the arm up and behind the back, and turn backwards making the opponent fall / 손가락으로 눈 때리고 왼팔 잡아 등 뒤로 치켜올려꺾기 / Golpea los ojos con la punta de los dedos, agarra el brazo del oponente y hace llave a la muñeca al tiempo que levanta el bazo hacia arriba y atrás de la espalda, y se gira por detrás haciendo caer al oponente.
2. Hit the eyes with the fingertips, grab the hand and twist the wrist upwards, straighten the arm, and then immobilize the oponent / 손가락으로 눈 때리고 왼 손목 꺾어 제압하기 / Golpea los ojos con la punta de los dedos, agarra la mano del oponente y hace llave a la muñeca hacia arriba, le endereza el brazo, y luego lo inmoviliza.
3. Hit the eyes with the fingertips, grab the fingers, and twist them down / 손가락을 잡아 올려 꺾어 내리기 / Golpea los ojos con la punta de los dedos, agarra los dedos, y llave a los dedos hacia abajo.
4. Hit the eyes with the fingertips, pass your arm under the opponent's free arm, turn around, and twist the elbow / 눈 때리고 상대 팔 안으로 하여 치켜올리고 어깨에 상대 팔 올려놓고 내척대로 팔굽 꺾어 내리기 / Golpea los ojos con la punta de los dedos, pase el brazo por debajo del brazo del oponente, se gira, y llave al codo.
5. Hit the eyes with the fingertips, push the shoulder making the opponent turn, choke him, kick him down, and immobilize him / 어깨 밀어 돌려 목조르기 / Golpea los ojos con la punta de los dedos, empuje el hombre haciendo girar al oponente, estrangule, patada a la rodilla posterior haciendo caer e inmobilízelo.

QUESTIONS / 질문 JILMOON / PREGUNTAS
1. What is the teaching of Joong Do Ryu? / 중도류의 가르침은 무엇입니까? / ¿Cuál es la enseñanza del Joong Do Ryu?

   Disciple:
   Learning without thinking will not lead to enlightenment,
   Thinking without effort will not lead to improvement,
   Effort without will will not lead to righteousness,

Will without discipline will not lead to strength,
Discipline without goals will not lead to achievement.

제자:
가르침이 있어도 생각이 약하면 깨닫지 못하고,
생각이 있어도 노력이 약하면 지속하지 못하고,
노력이 있어도 뜻이 약하면 바르지 못하고,
뜻이 있어도 의지가 약하면 강하지 못하고,
의지가 있어도 목적이 약하면 이루지 못한다.

Discípulo:
Aprender sin pensar no conducirá al entendimiento,
Pensar sin esfuerzo no conducirá a la mejoría,
Esfuerzo sin voluntad no conducirá a la rectitud,
Voluntad sin disciplina no conducirá al fortalecimiento,
Disciplina sin metas no conducirá a la realización.

2. What are the fifteen practice principles? / 열다섯 가지 수련 원칙은 무엇입니까? / ¿Cuáles son los quince principios de la práctica?

Disciple:
1. Mental concentration
2. Breathing technique
3. One's eye
4. Correctness of techniques
5. Regulation of distance
6. Speed
7. Principle of the Point, Line, Circle
8. Opportunity
9. Four precautions of the mind: shock, fear, hesitation and vanity
10. Techniques of three skills: position, technique and energy
11. Unity of the mind, internal energy and strength
12. Trust your body
13. Unity of defense and attack
14. Control of mind
15. Harmony with nature

제자:
1. 정신 통일
2. 호흡법
3. 시선
4. 기술의 정확성
5. 거리 조절
6. 속도
7. 점, 선, 원의 원리

8. 기회
9. 충격, 두려움, 망설임 그리고 자만심의 네 가지 주의 사항
10. 자세, 기술 그리고 에너지의 세 가지 술기
11. 마음, 내부 에너지와 힘의 일치
12. 몸의 신뢰
13. 방어와 공격의 일치
14. 마음의 조절
15. 자연과의 조화

Discípulo:
1. Concentración mental
2. Técnica de respiración
3. Control de la mirada
4. Técnicas correctas
5. Regulación de la distancia
6. Velocidad
7. Principios del Punto, Línea, y Círculo
8. Oportunidad
9. Cuatro precauciones de la mente: shock, temor, vacilación y vanidad
10. La técnica de las tres habilidades: posición, técnica y energía
11. Unidad de mente, energía interna y fuerza
12. Confiar en su cuerpo
13. Unidad de defensa y ataque
14. Control de la mente
15. Armonía con la naturaleza

3. Can you explain the meaning of the Brown Belt? 갈색 띠에 대해서 설명할 수 있습니까? ¿Me puede explicar el significado del Cinturón Marrón?
Disciple: Brown Belt signifies NEUTRALITY. The disciple executes techniques combining skill and concentration, Sir! / **제자:** 갈색 띠는 중립성을 의미합니다. 학생은 기술과 집중력을 결합한 술기를 실행합니다. / **Discípulo:** El Cinturón Marrón significa NEUTRALIDAD. ¡El discípulo ejecuta técnicas combinando habilidad y concentración, Señor!

BROWN BELT WITH BLACK STRIPE / 갈색 띠에 검정 줄 KALSAEK TEEEH KUMJUNGJOOL / CINTURÓN MARRÓN CON RAYA NEGRA
REQUIREMENTS / 필수 조건 PILSUJOGEON / REQUISITOS

BASIC STANCE / 기본자세 KIBON JASAE / POSTURAS BASICAS
1. Front Kick and Forward inflection stance trunk outer block, trunk right punch / 앞차기 하고 앞굽이 몸통바깥막고 몸통바로지르기 Apchagi hago Apkubi Momtong Bakatmakgo Momtong Barojireugi / Patada al frente, postura larga de frente con bloqueo al medio y afuera, y golpe contralateral al medio.

2. Forward inflection stance trunk inner block with face block and trunk right punch / 앞굽이 몸통 안막고 얼굴막기 하고 몸통바로지르기 Apkubi Momtong Anmakgo Olgool Makgihago Momtong Barojireugi / Postura larga de frente, con bloqueo al medio y adentro, bloqueo a la cara y golpe contralateral al medio.

3. Riding stance left and right hand blade outer hit / 주춤서기 왼쪽, 오른쪽 손날 바깥치기 Juchumseogi Wenchok, Oreunchok Sonnal Bakatchigi / Postura de jinete con golpes externos; izquierda y derecha, con mano de sable.

KICK / 발차기 BALCHAG / PATADAS
Review all kicks above / 위의 모든 내용 복습 / Revise todo lo anterior.

FORM / 품새 POOMSAE / FÓRMULAS
Joong Do In / 중도인 / Joong Do In.

WEAPON / 무기 MOOGI / ARMAS
1. Review all weapons above / 위의 모든 내용 복습 / Revise todo lo anterior.
2. Short staff basics (1 - 10) / 단봉 기본수 (1 - 10) Danbong kibonsoo / Básicos de palo corto (1 - 10).

SELF-DEFENSE TECHNIQUES / 호신술 HOSHINSOOL / TÉCNICAS DE DEFENSA PERSONAL
Review all above / 위의 모든 내용 복습 / Revise todo lo anterior.

QUESTIONS / 질문 JILMOON / PREGUNTAS
1. What is the theory of Joong Do Ryu? / 중도류의 이론은 무엇입니까? / ¿Cuál es la teoría de la Joong Do Ryu?

Disciple: J.D.R. is a systematic martial art: The internal components consist of the basic principles of martial arts, the development of skills, and the faithfulness to the principle of a healthy life, which is the ultimate goal of martial arts. The belief is not to go against the truth of harmony with nature, but to follow the principles, the way, the circle and the harmony of J.D.R.; that is, to be as soft as the flow of a stream, to be as round as a pearl and to be one with your opponent. J.D.R., as martial arts, is the path based on the truth of nature, that leads to the highest level that can be achieved. J. D.R. was created and founded by Grand Master Young Seok Kim as the culmination of his many years of experience, teaching and training in the martial arts.

제자: 중도류는 체계화된 무도입니다. 안으로는 무도의 기본 원리와 경험의 훈련에 입각하여 몸과 마음의 올바른 자세와 기술의 발전을 통해 반영함으로써 무도의 최종 목표인 건강한 삶의 원리에 충실합니다. 밖으로는 자연을 통한 조화의 진리를 거스르지 아니하고 유, 원, 화의 원리에 따름으로써 흐르는 물과 같이 부드럽게, 구슬과 같이 둥글게, 자연과 화합하는 경지를 터득하는 것입니다. 따라서 자연의 순리에 일치될 수 있는 무도로써 도달할 수 있는 최고의 경지에 이르는 길을 중도류라 합니다. 중도류는 사범 김용석 님이 오랜 세월 동안 무도의 경험과 지도 그리고 수련을 통해 창안한 것입니다.

Discípulo: J.D.R. es un arte marcial sistemático: las fuerzas de sus componentes internos contienen los principios básicos de las artes marciales; el desarrollo de habilidades y el cultivo de la vida sana. No se trata de ir en contra de la verdad de la armonía de la naturaleza, sino seguir sus principios; el camino, el círculo y el equilibrio del J.D.R. Es decir, ser tan suave como el flujo de un arroyo, tan redondo como una perla y Uno con su oponente. El J.D.R., como arte marcial, es el camino basado en la verdad de la naturaleza, que conduce al nivel más alto que puede ser alcanzado. El J.D.R. fue creado y fundado por el Gran Maestro Young Seok Kim como la culminación de muchos años de entrenamiento, enseñanza y experiencia en las artes marciales.

2. Can you say the name of five stances in the Korean language? / 한국어로 다섯 가지 자세의 이름을 말할 수 있습니까? / ¿Me puedes decir en coreano el nombre de cinco posturas?

Disciple, 제자, Discípulo:
Attention stance / 차렷 Chariot / Postura de atención.
Ready stance / 준비 Joonbi / Postura de listo.
Riding stance / 주춤서기 Joochumseogi / Postura de jinete.
Front stance / 앞서기 Apseogi / Postura corta de frente.
Forward inflection stance / 앞굽이 Apkubi / Postura larga de frente.
Sir, 입니다. Señor!

3. Can you explain the meaning of the Brown Belt with Black Stripe? / 갈색 띠에 검정 줄에 대해서 설명해 줄 수 있습니까? / ¿Me puede explicar el significado del Cinturón Marrón con Raya Negra?

Disciple: Brown Belt with Black Stripe signifies HARMONY. The disciple successfully combines a high level of skill, perseverance and self control, Sir!

수련생: 갈색 띠에 검정 줄은 조화를 의미합니다. 학생은 수준 높은 기술, 인내 그리고 자제력을 성공적으로 화합해야 합니다.

Discípulo: El Cinturón Marrón con Raya Negra significa ARMONÍA. ¡El Discípulo combina exitosamente un alto nivel de habilidad, perseverancia y autocontrol, Señor!

YOU ARE READY FOR THE BLACK BELT TEST!
당신은 검정색 띠의 심사 준비가 끝났습니다!
¡YA ESTAS LISTO PARA TU EXAMEN PARA CINTURÓN NEGRO!

JOONG DO RYU HIERARCHY / 중도류 계보 / JERARQUÍA JOONG DO RYU

President and Founder
Grand Master Young S. Kim
9th Degree Black Belt
TKD & HKD

Vice President
Grand Master Mauricio Correa
8th Degree Black Belt
TKD & HKD

Vice President
Grand Master Roberto Hernandez
8th Degree Black Belt
TKD & HKD

**Director
West U.S.A.**
Master
Ivan
Santos
6th Dan Black Belt TKD/HKD

**Director
East U.S.A.**
Master
Candice
Frisard
6th Dan Black Belt TKD/HKD

**Director
Mexico**
Master
Felipe
Arce
6th Dan Black Belt TKD/HKD

**Director
Colombia**
Master
Felipe
Molina
4th Dan Black Belt TKD/HKD

**Director
Panama**
Master
Luisa
Esposíto
6th Dan Black Belt TKD
4th Dan Black Belt Kumdo

Instructor
Master
Ruth
Yufe
4th Dan Black Belt TKD/HKD

Instructor
Master
Mathew
Hinkamp
4th Dan Black Belt TKD/HKD

Instructor
Julio C.
Garcia
3rd Dan Black Belt TKD/HKD

Instructor
Master
Andrés
Montoya
4th Dan Black Belt TKD/HKD

Instructor
Master
Gustavo
Mejía
4th Dan Black Belt TKD
3rd Dan Black Belt Kumdo

Instructor
Master
Wesley
Arguelles
4th Dan Black Belt TKD/HKD

Instructor
Master
Tyler
Hosch
4th Dan Black Belt TKD/HKD

Instructor
Jonathan
Gonzalez
3rd Dan Black Belt TKD/HKD

Instructor
Master
David
Galeano
4rd Dan Black Belt TKD/HKD

Instructor
Jacnel
Graterol
3rd Dan Black Belt TKD
1st Dan Black Belt Kumdo

Instructor
Master
Herbert
Lee
4th Dan Black Belt TKD/HKD

Instructor
Jose Ma.
Orduña
2nd Dan Black Belt TKD/HKD

Instructor
Master
Jenelle
How
4th Dan Black Belt TKD/HKD

SELF DEFENSE PROGRAM FOR COLOR BELTS / 호신술 HOSHINSOOL / PROGRAMA DE DEFENSA PERSONAL PARA CINTURONES DE COLORES

WHITE BELT / 하얀색 띠 HAYANSAEK TEE / CINTURÓN BLANCO
Defense Against Wrist Grabbing / 손목 잡혔을 때 / Defensa Contra Agarre de Muñeca

Skill 1 / 기술 1 / Técnica 1:

Strike the neck with arc hand.

아금손 목치기.

Golpe al cuello con el arco de la mano.

  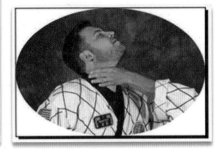

Skill 2 / 기술 2 / Técnica 2:

Strike the wrist with the heel of the hand, turn backwards, and back strike with the elbow to the face / 바탕손으로 손목치고 돌아서며 팔굽으로 얼굴치기 / Golpe a la mano con la palma de la mano, se gira por detrás, y golpe a la cara con el codo.

Skill 3 / 기술 3 / Técnica 3:

Strike the eyes with the finger tips and side kick to knee/chest / 손가락으로 눈 때리고 옆차기로 무릎과 가슴 차기 / Golpe a los ojos con los dedos de la mano y patada de lado a la rodilla/pecho.

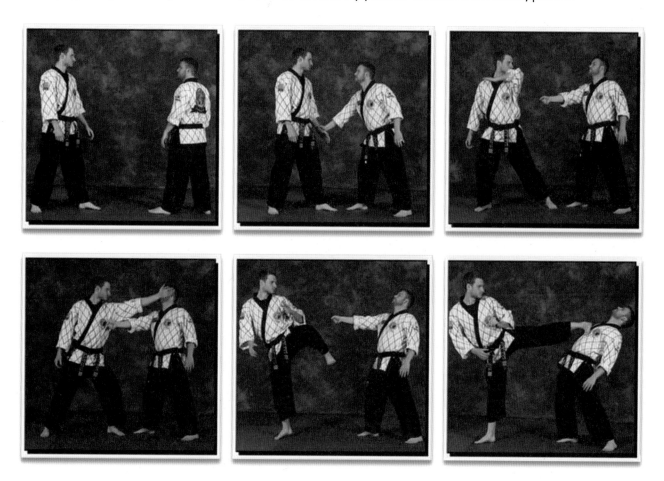

Skill 4 / 기술 4 / Técnica 4:

Twist the elbow with your armpit at the same time that you twist the wrist / 겨드랑이에 팔굽끼워 꺾기 / Palanca al codo al mismo tiempo que le hace llave a la muñeca.

Skill 5 / 기술 5 / Técnica 5:

Hold the wrist, strike the chest/face with the heel of the hand at the same time that sweep the leg.

손목 감아 잡고 가슴 때리며 발 걸어 던지기.

Golpe al pecho/cara con la base de la mano al tiempo que barre la pierna.

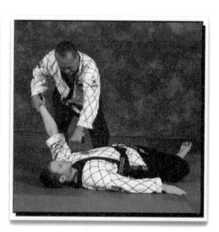

YELLOW BELT / 노란색 띠 NORANGSAEK TEE / CINTURÓN AMARILLO
Defense Against Front Grabbing / 앞에서 잡았을 때 / Defensa Contra Agarres al Frente

Skill 1 / 기술 1 / Técnica 1:

When grabbing the middle of your arm: twist the wrist with the elbow.

팔굽 잡았을 때 손목꺾기.

Cuando le agarren a la mitad del brazo: llave a la muñeca con el codo.

Skill 2 / 기술 2 / Técnica 2:

When pushing your shoulder: grab the hand and twist the fingers.

어깨를 밀 때 손가락 잡아 꺾기.

Cuando le empujen el hombro: agarre la mano y llave a los dedos.

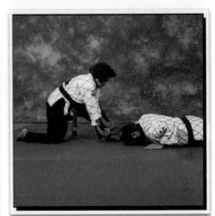

Skill 3 / 기술 3 / Técnica 3:

When grabbing both of your shoulders: grab one of the hands and twist the wrist with the elbow downwards.

양 어깨를 잡았을 때 손을 잡고 손목꺾기.

Cuando le agarren ambos hombros: agarre una de las manos y llave en la muñeca con el codo hacia abajo.

Skill 4 / 기술 4 / Técnica 4:

When grabbing the chest: grab the hand and twist the thumb / 가슴을 잡았을 때 엄지손가락 꺾기 / Cuando le agarren el pecho: agarre la mano y llave al dedo pulgar.

Skill 5 / 기술 5 / Técnica 5:

When grabbing the chest lifting you up: twist head, throwing the opponent / 멱살을 추켜올려 잡았을 때 머리꺾기 / Cuando lo aga-rran y levantan del pecho: gírele la cabeza y lancelo.

ORANGE BELT / 주황색 띠 JOOHUANGSAEK TEE / CINTURÓN NARANJA
Defense Against Punch / 주먹막기 Chumokmaki / Defensa Contra Puño

Skill 1 / 기술 1 / Técnica 1:

Block and hit with the same side hand, punch with the opposite hand to the trunk, and kick above the knee / 왼손으로 얼굴 때리고 오른 주먹으로 몸통지르고 안다리 차넣기로 무릎위차넣기.

Bloqueo y golpe con la mano del mismo lado; golpe al pecho con mano opuesta, y patada arriba de la rodilla.

Skill 2 / 기술 2 / Técnica 2:

Turn back kick.

돌아 뒤차기.

Patada trasera girando.

Skill 3 / 기술 3 / Técnica 3:

Crossed block with both arms and back fist to the face, grab arm, bring it down circularly, turn around backwards, sit and twist the wrist.

양손으로 엇걸어막고 등주먹으로 얼굴 때리고 돌아앉아 손목꺾기.

Bloqueo de tijera con ambos brazos y golpe a la cara con el dorso del puño; agarra la mano, llévela hacia abajo y adentro circularmente, se gira por detrás, se sienta y llave a la muñeca.

Skill 4 / 기술 4 / Técnica 4:

Block with the same side arm and strike the face with the heel of the opposite hand, grab oponent's opposite hand, turn around under the opponent's arm, and twist the wrist / 왼손으로 주먹 막고 오른 바탕손으로 턱 올려 치고 상대 왼손 잡아 팔 밑으로 들어가 돌아서면서 손목 꺾어 제압하기.

Bloqueo con el brazo del mismo lado y golpe a la cara con la base de la mano opuesta; agarra la mano opuesta del oponente, se gira por debajo del brazo y llave a la muñeca.

Skill 5 / 기술 5 / Técnica 5:

Block with the same side arm and front round house kick to the stomach, put his arm under your leg, hold it, and twist the elbow.

오른손으로 주먹을 비켜 올려 막고 앞 돌려차고 다리 밑으로 하여 손을 바꿔 잡고 팔굽 꺾어 내리기.

Bloqueo con el brazo del mismo lado y patada circular al abdomen; coloque su brazo debajo de su pierna, sosténgalo y llave al codo.

PURPLE BELT / 보라색 띠 BORASAEKTEE / CINTURON PÚRPURA

Skill 1 / 기술 1 / Técnica 1:

When grabbing the hair in the front: hit down the arm with one arm and uppercut with the opposite.

머리 잡혔을 때 팔 내려 치고 턱올려치기.

Cuando le agarran el cabello por el frente: golpe hacia abajo con un brazo y luego gancho hacia arriba con la mano opuesta.

Skill 2 / 기술 2 / Técnica 2:

When grabbing the opposite side wrist: turn around backwards, and twist the wrist / 역수로 잡혔을 때 뒤로돌아 손목꺾기 / Cuando le agarran la muñeca con la mano opuesta: gire por detrás y llave a la muñeca.

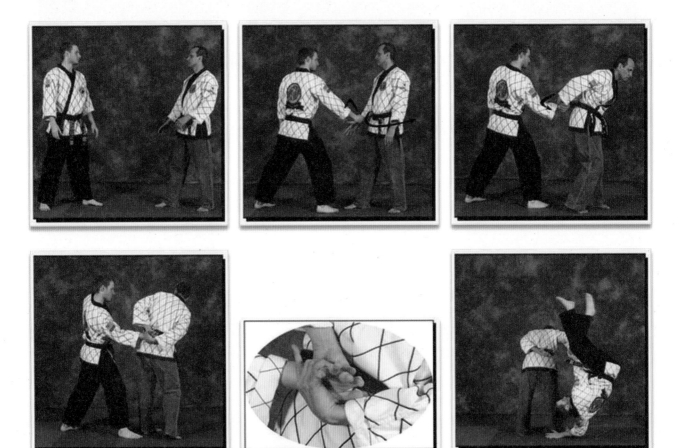

Skill 3 / 기술 3 / Técnica 3:

When grabbing one arm with both hands: grab the oponent's hand with two hands, pass under the arm, turn around, and twist the wrist / 양손으로 오른손을 잡았을 때 왼손과 함께 상대 오른손을 잡고 팔

밑으로 돌아앉으며 손목꺾기 / Cuando le agarran una mano con dos manos: agarre la mano del oponente con las dos manos, pase por debajo del brazo, se gira y llave a la muñeca

Skill 4 / 기술 4 / Técnica 4:

When grabbing both arms: lift your arms circularly and bang the opponent's back hands, bring the opponent's arms down, and hit the chest with both heels of the hands.

상대가 양손으로 나의 양손을 잡았을 때, 나의 손바닥을 마주 쳐서 상대 손등끼리 부딪치고 양손으로 가슴치기.

Cuando le agarran los dos brazos: levante sus brazos circularmente, golpee la cara posterior de las manos del oponente, bajele los brazos al oponente, y golpee su pecho con la base de ambas manos.

Skill 5 / 기술 5 / Técnica 5:

When pushing the chest with both hands: grab the opponent arms, lay back, and throw the opponent backwards.

양손으로 가슴을 밀 때 뒤로 누우면서 던지기.

Cuando le empujen el pecho con las dos manos: agarre los brazos del oponente, recuéstece hacia atrás y lancelo

GREEN BELT / 초록색 띠 CHOROKSAEK TEE / CINTURÓN VERDE

Defense against Front Kick or Front Spiral Kick / 앞차기나 앞돌려차기 막기 / Defensa Contra Patada De Frente o Patada Frontal en Espiral.

Skill 1 / 기술 1 / Técnica 1:

Block with the elbow or forearm of the same side arm and punch the face / 팔굽이나 팔목으로 아래막고 얼굴지르기 / Bloqueo con el codo o antebrazo del mismo lado y golpe a la cara.

Skill 2 / 기술 2 / Técnica 2:

Block with the opposite arm and back fist to face with the same hand, grab the opponent's leg with the opposite arm, turn backwards, and sweep.

아래막고 등주먹 얼굴 때리고 던지기.

Bloqueo y golpe con dorso del puño a la cara con la mano opuesta; agarre la pierna con el otro brazo, se gira por detrás, y barre.

Skill 3 / 기술 3 / Técnica 3:

Block with crossed arms, grab the opponent's leg, turn it upside down, and twist the calf down.

양손으로 엇걸어 아래막고 내척대로 장딴지 아래로 눌러 내리기.

Bloqueo cruzado con los dos brazos, agarre la pierna del oponente, voltéela hacia abajo, y llave a la pantorrilla hacia abajo.

Skill 4 / 기술 4 / Técnica 4:

Jump turn back kick / 뛰어 돌아 뒤차기 / Patada trasera girando y saltando.

Skill 5 / 기술 5 / Técnica 5:

Block with the same side arm and strike the face with the opposite, and step forward lifting the leg throwing

아래막고 얼굴 때리고 다리 들어올려 던지기.

Bloqueo con el brazo del mismo lado y golpe la cara con la mano opuesta, y avanza hacia delante, levantando la pierna, y lanzándolo.

BLUE BELT / 파란색 띠 PARANSAEKTEE / CINTURÓN AZUL
Defense Against Grabbing in the Back / 뒤에서 잡혔을 때 / Defensa Contra Agarre Por Detrás.

Skill 1 / 기술 1 / Técnica 1:

When grabbing the back or hair from behind: turn around and hit the face, step inside and sweep the opponent / 뒤에서 뒷덜미나 머리카락 잡았을 때 뒤로 돌면서 얼굴 때리고 발 걸어 던지기 / Cuando le agarren la espalda o el pelo por detrás: gírese y golpee a la cara, y de un paso hacia delante y barra.

Skill 2 / 기술 2 / Técnica 2:

When grabbing both shoulders from behind: turn around and grab one of the opponent's hands, pull it, and twist the wrist.

뒤에서 양어깨 잡았을 때 손목 틀어 빼서 손목꺾기.

Cuando le agarren ambos hombros por detrás: gírese, agárrele la mano al oponente, hálela y llave a la muñeca.

Skill 3 / 기술 3 / Técnica 3:

When grabbing both wrists from behind: lift your arms up, grab one of the opponent's wrist, twist the wrist, and sweep the leg / 뒤에서 양손목 잡았을 때 양손 들어 올려 손목 꺾고 발걸어 던지기 / Cuando le agarran ambas manos por detrás: levante los brazos, agárrele una de las manos al oponente, llave a la muñeca y barra la pierna.

Skill 4 / 기술 4 / Técnica 4:

When grabbing one wrist from behind: turn around, grab the oponent's hand, and twist the wrist forward and down, pulling down the elbow to immobilize it.

뒤에서 왼손을 잡았을 때 뒤로 돌면서 상대 손목을 감아 잡고, 반대 손으로도 상대 손등을 감아 잡아 눌러 내려 손목 꺾기.

Cuando le agarran la mano por detrás: gírese, agárrele la mano al oponente, y llave a la muñeca hacia abajo y adelante, bajándo el codo para inmovilizarlo.

  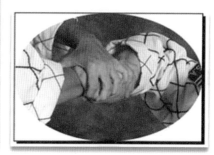

Skill 5 / 기술 5 / Técnica 5:

When hugging from the side: turn around and hit the face, pass your arm above the opponent's arm, and twist the arm.

옆에서 어깨를 안았을 때 돌아서면서 얼굴 때리고 어깨 걸어 눌러 내리기.

Cuando lo abrazan desde el lado: gírese y golpee la cara, pase su brazo por encima de el del oponente y llave al brazo.

RED BELT / 빨간색 띠 PALGANGSAEKTEE / CINTURÓN ROJO
Defense Against Side Kick / 옆차기 막기 Yeop Chagi Makgi / Defensa Contra Patada De Lado

Skill 1 / 기술 1 / Técnica 1:

Strike the instep of the foot with the elbow or back fist, step inside, and sweep / 팔굽이나 등주먹으로 발등 내려치기 하고 발 걸어 던지기 / Golpe al empeine del pie con el codo o el dorso del puño, de un paso hacia delante y barra.

Skill 2 / 기술 2 / Técnica 2:

Crossed block the kick and grab the opponent's leg, front kick to the groin, pass your knee above the opponent's leg, and knee kick the leg down / 엇걸어막고 앞차기로 낭심차기 하고 무릎으로 상대 오금 눌러 내리기 / Bloqueo de tijera a la patada y agarre la pierna del oponente; patada de frente a los genitales, pase ㄱla rodilla por encima de la pierna del oponente, y rodillazo a la rodilla posterior del oponente.

Skill 3 / 기술 3 / Técnica 3:

Move to the outside of the kick, block with the two arms and lift the leg, throwing.

왼발 옆으로 빠지며 양손으로 막으면서 들어 올려 던지기.

Muévase hacia fuera de la patada, al tiempo que bloquea con la dos manos, y levante la pierna, lanzándolo.

Skill 4 / 기술 4 / Técnica 4:

Crossed block the kick, grab the leg, turn it upside down, and press the inside your opponent's leg with the arm that is inside / 엇걸어 내려막고 왼손 내척대로 상대 장딴지를 눌러내려 넘기기 / Bloqueo de tijera a la patada; agarre la pierna, voltéela hacia abajo, y presione dentro del pie de su oponente, con la mano que está por dentro.

Skill 5 / 기술 5 / Técnica 5:

Move to the outside of the kick, block and wrap your arm around the opponent's leg, hold your opponent's shoulder with your other hand, and front sweep.

왼발 왼쪽으로 빠지며 오른손으로 막아 잡고, 왼손으로 오른 어깨 잡고서 왼발로 상대 발 걸어 던지기.

Muévase hacia fuera de la patada, al tiempo que bloquea y enlaza su brazo alrededor de la pierna del oponente; agarre el hombro del oponente con su otra mano y bárralo por el frente.

RED BELT WITH BLACK STRIPE / 빨간색 띠 에 검정줄 PALGANGSAEK TEE EH KUMJUNGJOOL / CINTURÓN ROJO CON RAYA NEGRA
Against Hugging and Choking / 끌어안거나 목조를때 / Contra Abrazo y Ahogamiento

Skill 1 / 기술 1 / Técnica 1:

When hugging you from the front: hit the groin, raised both arms up, strike the chest with both heels of your hands, and side kick / 앞에서 양손으로 팔 밖으로 하여 안았을 때 낭심 때리고 양팔 들어 올리고서 양손으로 가슴 치고 옆차기 / Cuando lo abracen por el frente: golpea los genitales, levanta ambos brazos (al frente y afuera), golpee al pecho con la base de las palmas de las manos y luego patada de lado.

Skill 2 / 기술 2 / Técnica 2:

When hugging you from behind: hit the groin, raised both arms up, hit both side chest with the elbows, back kick and then jump side kick.

뒤에서 양손으로 팔 밖으로 하여 안았을 때 낭심 때리고 양팔 들어 올리고서 팔굽으로 양 옆구리 치고 뒤차기 하고 뛰어 옆차기.

Cuando lo abracen por detrás: Golpee los genitales, levante ambas brazos, codazos al pecho, patada trasera y patada de lado saltando.

Skill 3 / 기술 3 / Técnica 3:

Chocking from behind with one arm: hit the instep of a foot, grab the opponent's arm, and throw forward / 뒤에서 한 손으로 목을 감아 조를 때 뒤꿈치로 상대 발등 찍고 상대 팔 잡아 앞으로 던지기 / Estrangulamiento con una mano por detrás: talonazo al empeine, agarra el brazo del oponente, y lo lanza de frente.

Skill 4 / 기술 4 / Técnica 4:

Head lock from the side (head under the armpit): hit the groin, pull back the head, lift the opponent's legs and throw backwards / 옆에서 나의 머리를 겨드랑이에 끼워 조를 때, 뒷머리를 잡아당기고 다리를 들어 올려 뒤로 던지기.

Enganche de cabeza por el lado (entre el codo y la axila): golpee los genitales, hale la cabeza hacia atrás, al tiempo que levanta las piernas del oponente y lo lanza hacia atrás.

Skill 5 / 기술 5 / Técnica 5:

Head lock from the front (head under the armpit): grab the opponent, lie back, and throw backwards the opponent.

앞에서 나의 머리를 겨드랑이에 끼워 조를 때, 뒤로 누우면서 상대를 앞으로 고꾸라뜨리기.

Enganche de cabeza por el frente (entre el codo y la axila): Agarre el oponente, recuéstece hacia atrás y láncelo hacia atrás.

BROWN BELT / 갈색 띠 GALSAEKTEE / CINTURÓN MARRÓN
First Attack / 선수 Seonsoo / Primer Ataque

Skill 1 / 기술 1 / Técnica 1:

Hit the eyes with the fingertips, grab the free arm arm, and twist the wrist by lifting the arm up and behind the back, and turn backward making the oponent fall.

손가락으로 눈 때리고 왼팔 잡아 등 뒤로 치켜올려 꺾기.

Golpee los ojos con la punta de los dedos, agarre el brazo del oponente y llave a la muñeca, al tiempo que levanta el bazo hacia atrás de la espalda, y se gira por detrás, haciendo caer al oponente.

Skill 2 / 기술 2 / Técnica 2:

Hit the eyes with the fingertips, grab the hand and twist the wrist upwards, straighten the arm, and then immobilize the oponent / 손가락으로 눈 때리고 왼손목 꺾어 제압하기 / Golpee los ojos con la punta de los dedos, agarra la mano del oponente y llave a la muñeca hacia arriba. Le endereza el brazo, y luego lo inmoviliza.

Skill 3 / 기술 3 / Técnica 3:

Hit the eyes with the finger-tips, grab the fingers, and twist them down / 때리고 상대 손을 잡아 올려 손가락 잡아 꺾어 내리기 / Golpee los ojos con la punta de los dedos; agarra los dedos, y llave hacia abajo.

Skill 4 / 기술 4 / Técnica 4:

Hit the eyes with the fingertips, pass your arm under the oponent's free arm, turn around, and twist the elbow.

눈 때리고 상대 팔 안으로 하여 치켜올리고 어깨에 상대 팔 올려놓고 내척대로 팔굽 꺾어 내리기.

Golpea los ojos con la punta de los dedos, pase el brazo por debajo del brazo del oponente, girese, y llave al codo.

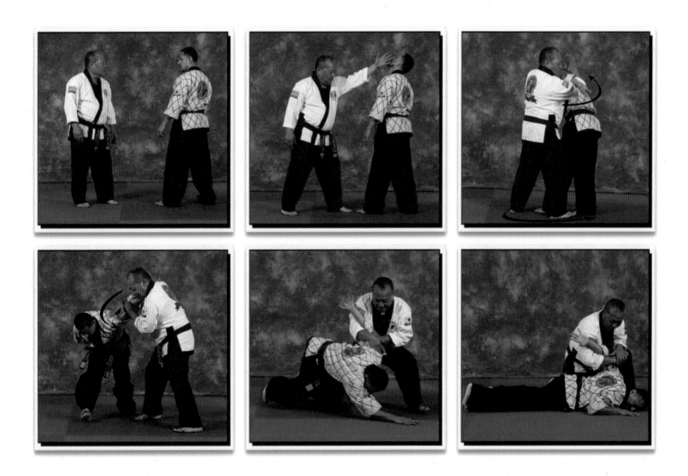

Skill 5 / 기술 5 / Técnica 5:

Hit the eyes with the fingertips, push the shoulder making the opponent turn, choke him, kick him down, and immobize him.

눈 때리고 상대 어깨를 밀어, 돌려 세워서 목 조르기.

Golpee los ojos con la punta de los dedos, empuje el hombro haciendo girar al oponente, estrangule, patada a la cara posterior de la rodilla, haciéndolo caer y luego inmobilízelo.

BROWN BELT WITH BLACK STRIPE / 갈색 띠에 검정 줄 KALSAEK TEEEH KUMJUNGJOOL / CINTURÓN MARRÓN CON RAYA NEGRA
Short Staff Basic Techniques / 단봉 기본술기 / Técnicas Básicas de Palo Corto

Short Staff (you can also use your bare hand, a short umbrella, a magazine, a newspaper, etc.): These techniques can be used when your opponent attack by punching, grabbing, pushing, or hitting you with a pole / 단봉(맨손, 짧은 우산, 잡지, 신문 등으로 사용할 수 있다) : 상대가 주먹 지를 때, 잡을 때, 밀매나 몽둥이로 때릴 때 / Palo corto (también se puede usar la mano desnuda, un paraguas corto, una revista, un periódico, etc.): Estas tecnicas pueden ser usadas cuando el oponente ataqua con puño, agarra, empuja o golpea con un palo.

Ready / 준비 Joonbi / Alistar.

1. High block and strike the head straight down / 올려 막고 머리 내려치기 / Bloqueo arriba y golpe recto descendente a la cabeza.

2. Right side head block and strike the head sideways / 오른쪽 위로 올려 막고 옆머리 치기 / Bloqueo al lado derecho de la cabe- za y golpe horizontal a la cabeza (a la sien ipsilateral).

3. Left side head block and strike the head sideways / 왼쪽 위로 올려 막고 옆머리 치기 / Bloqueo al lado izquierdo de la cabeza y golpe horizontal a la cabeza (a la sien contralateral).

4. Block to the right of the waist and strike the head circularly (outside to inside) / 오른쪽 허리 막고 머리치기 / Bloqueo a la derecha de la cintura y golpe circular descendente a la cabeza o dorso del puño (de afuera hacia dentro).

5. Block to the left of the waist and strike the head circularly (inside to outside) / 허리 막고 머리치기 / Bloqueo a la izqui-erda de la cintura y golpe circular descendente la cabeza o el dorso del puño (de adentro hacia fuera).

6. Right side head block and strike the hand down sideways / 오른쪽 위로 올려 막고 손등 내려치기 / Bloqueo al lado derecho de la cabeza y golpe descendente interno al lado externo de la mano ipsilateral del oponente.

7. Left side head block and strike the hand down sideways / 왼쪽 위로 올려 막고 손등 내려치기 / Bloqueo al lado izquierdo de la cabeza y golpe descendente externo al lado interno de la mano ipsilateral del oponente.

8. Right side head block and stab the neck straight / 오른쪽 위로 비켜 올려 막고 단봉 끝으로 목찌르기 / Bloqueo al lado derecho de la cabeza y estocada al cuello con la punta del palo.

9. High block and stab the neck with the short staff's end (handle) / 위로 비켜 올려막고 단봉 반대쪽 끝으로 옆 얼굴 찍기 / Bloqueo arriba y golpe a la cara lateral del cuello con la base del palo corto.

10. Grab the short staff with both hands, block inward towards you, and strike the neck straight / 양손으로 단봉을 잡고, 안으로 하여 당겨 내리고 목치기 / Agarre los extremos del palo corto con ambas manos, bloquee el puño hacia abajo y adentro, y ataque el cuello hacia arriba y afuera.

BLACK BELT WEAPONS SELF-DEFENSE / 유단자 무기 호신술 / DEFENSA PERSONAL CON ARMAS PARA CINTURÓN NEGRO

Short Staff Defense Against Sword / 단봉으로 검 막기 / Defensa Personal con Palo Corto Contra Sable

The following exercise is a promised sparring routine using a bamboo sword and a wooden short staff in a series of attacks and defenses. The attacks always alternates the head with other areas of the body.

아래 동작들은 검과 단봉을 사용하여 공격과 방어로 연결한 약속 대련이다. 공격은 항상 머리를 공격한 다음 신체의 다른 부위를 공격한다.

El siguiente ejercicio es una rutina de combate prometido usando un sable de bambú y un palo corto de madera en una serie de ataques y defensas. Los ataques siempre alternan la cabeza con otras áreas corporales.

Attention, Bow, Ready / 차렷, 인사, 준비 / Atención, Saludar, Alistar.

1. Attack the head with the sword and high block with the short staff / 검으로 머리를 공격하고 단봉으로 위로 올려막기 / Ataque vertical descendente con el sable a la cabeza y bloqueo horizontal ascendente con el palo corto.

2. Attack the left of the neck with the sword and left side neck block with the short staff / 검으로 왼쪽 목을 공격하고 단봉으로 왼쪽 목 부위 막기 / Ataque diagonal descendente con el sable al lado izquierdo del cuello y bloqueo vertical con el palo corto.

3. Attack the head with the sword and high block with the short staff / 검으로 머리를 공격하고 단봉으로 위로 올려막기 / Ataque vertical descendente con el sable a la cabeza y bloqueo horizontal ascendente con el palo corto.

4. Attack the right of the neck with the sword and right side neck block with the short staff / 검으로 오른쪽 목을 공격하고 단봉으로 오른쪽 목 부위 막기 / Ataque diagonal descendente con el sable al lado derecho del cuello y bloqueo vertical con el palo corto.

5. Attack the head with the sword and high block with the short staff / 검으로 머리를 공격 하고 단봉으로 위로 올려막기 / Ataque vertical descendente con el sable a la cabeza y bloqueo horizontal ascendente con el palo corto.

6. Attack the left of the waist with the sword and block to the left of the waist with the short staff / 검으로 왼쪽 허리를 공격하고 단봉으로 왼쪽 허리 막기 / Ataque horizontal con el sable al flanco izquierdo y bloqueo vertical con el palo corto.

7. Attack the head with the sword and high block with the short staff / 검으로 머리를 공격하고 단봉으로 위로 올려막기 / Ataque vertical descendente con el sable a la cabeza y bloqueo horizontal ascendente con el palo corto.

8. Attack the right of the waist with the sword and block to the right of the waist with the short staff / 검으로 오른쪽 허리를 공격하고 단봉으로 오른쪽 허리막기 / Ataque horizontal con el sable al flanco derecho y bloqueo vertical con el palo corto.

9. Attack the head with the sword and high block with the short staff / 검으로 머리를 공격하고 단봉으로 위로 올려막기 / Ataque vertical descendete con el sable a la cabeza y bloqueo horizontal ascendente con el palo corto.

10. Attack the left knee with the sword and block to the left of the knee with the short staff / 검으로 왼쪽 무릎 공격하고 단봉으로 왼쪽 무릎막기 / Ataque diagonal descendente con el sable a la rodilla izquierda y bloqueo diagonal descendente con el palo corto.

11. Attack the head with the sword and high block with the short staff / 검으로 머리를 공격하고 단봉으로 위로 올려막기 / Ataque vertical descendente con el sable a la cabeza y bloqueo horizontal ascendente con el palo corto.

12. Attack the right knee with the sword and block to the right of the knee with the short staff, lifting your leg / 검으로 오른쪽 무릎 공격하고 단봉으로 오른쪽 다리를 들어올리며 무릎막기 / Ataque diagonal descendente con el sable a la rodilla derecha y bloqueo diagonal descendente con el palo corto, flexionado la rodilla derecha.

13. Attack the head with the sword and high block with the short staff / 검으로 머리를 공격하고 단봉으로 위로 올려막기 / Ataque vertical descendente con el sable a la cabeza y bloqueo horizontal ascendente con el palo corto.

14. Stabs the chest with the sword and block to the chest with the short staff, moving the body to the left side / 검으로 가슴을 찌르고, 몸을 왼쪽으로 빠지며 단봉으로 가슴막기 / Estocada horizontal con el sable a zona epigástrica y bloqueo diagonal horizontal con el palo corto, rotando el cuerpo a la izquierda.

15. Attack to the legs with the sword, turning and kneeling. Block the attack by jumping and falling / 돌아 무릎 꿇고 앉으며 검으로 다리 공격하기. 앞으로 뛰어올라 구르면서 검의 공격 막기 / Ataque diagonal descendente con el sable a las piernas (girando y arrodillándose). Elude el ataque del sable, con caída circular al frente saltando.

Finish, Attention, Bow / 끝내기, 차렷, 인사 / Terminar, Atención, Saludar.

Sword Promised Sparring / 검도 맞추어 겨루기 / Combate Prometido con Sable

Skill 1 / 기술 1 / Técnica 1:

Push the oponent's sword to the left and cut down the opponent's head / 왼쪽으로 제치고 머리베기 / Asciendo atrás mi sable, al tiempo que desvio a su derecha el sable de mi oponente. Desciendo adelante mi sable, al tiempo que le corto la cabeza. Todo en un solo tiempo.

Skill 2 / 기술 2 / Técnica 2:

Move your blade under to the opposite side, push the opponent's sword to the right, and cut down the opponent's wrist / 왼발 왼쪽으로 옮기며 오른쪽으로 제치고 손목베기 / Deslizo mi sable por debaixo del sable de mi oponente quedando a su otro lado; a su derecha (movimiento en U). Asciendo atrás mi sable, luego lo desciendo adelante, al tiempo que le corto la muñeca derecha a mi oponente. Todo en un solo tiempo.

Skill 3 / 기술 3 / Técnica 3:

Push the opponent's sword to the left and stab the neck / 왼쪽으로 제치고 목찌르기 / Desvio a su derecha el sable de mi oponente y luego le doy una estocada vertical al cuello. Todo en un solo tiempo.

Skill 4 / 기술 4 / Técnica 4:

Move your blade under to the opposite side, push the opponent's sword to the right, and cut down towards the opponent's flank / 왼발 왼쪽으로 옮기며 오른쪽으로 제치고 옆구리베기 / Deslizo mi sable por debajo del sable de mi oponente quedando a su otro lado; a su derecha (movimiento en U). Asciendo atrás mi sable, luego lo desciendo oblicuo adelante, al tiempo que corto el flanco derecho de mi oponente. Todo en un solo tiempo.

Sword Counter Attack / 검도 역공 / Contra Ataque con Sable

Skill 1 / 기술 1 / Técnica 1:

Against skill #1: Move to the side, high block with the sword, and cut down towards the opponent's head / 1 번으로 공격해올 때, 왼발 왼쪽으로 옮기며 비켜 올려 막고 머리베기.

Contra técnica #1: Muévase al lado, bloquee a la cabeza con el sable, y córtele la cabeza, deslizando al frente.

Skill 2 / 기술 2 / Técnica 2:

Against skill #2: Move to the side, remove your right hand from the sword, and cut the opponent's side neck.

2번으로 공격해올 때, 오른손 빼고 왼발 왼쪽으로 빠지며 왼손으로 오른쪽 목베기.

Contra técnica #2: Muevo pie izquierdo al frente y afuera, suelto mano derecha, giro el tronco, escondo mano derecha y con mano izquierda corto cara lateral del cuello del oponente.

Skill 3 / 기술 3 / Técnica 3:

Against skill #3: Block the opponent's sword, stab the opponent's neck, and cut down the opponent's head / 3번으로 공격해올 때, 왼쪽으로 막아 치고 목 찌르고 연속으로 머리 베어내리기.

Contra técnica #3: Desvío a su derecha el sable de mi oponente, luego le doy una estocada vertical al cuello y finalizo con un corte oblicuo descendente a la cara lateral del cuello del oponente. Todo en un solo tiempo.

Skill 4 / 기술 4 / Técnica 4:

Against skill #4: Move to the side, high block with the sword, kneel, and cut down towards the opponent's flank / 4번으로 공격해올 때, 왼쪽으로 빠지며 치켜올려 막고 무릎 꿇고 앉아 옆구리베기.

Contra técnica #4: Muévase al lado, bloquee a la cabeza con el sable, arrodíllese, y córtele el flanco (al lado y al medio).

"I will reap what I saw. The fruit of perspiration obtained by effort is reward and honor together. / "뿌린 대로 거둔다고 했다. 노력으로 얻은 땀의 결실은 보람과 명예가 따른다." / Recogeré lo que siembre. El fruto de la transpiración obtenido por el esfuerzo es la recompensa y el honor juntos."

"Learning without thinking will not lead to enlightenment, Thinking without effort will not lead to improvement, Effort without will will not lead to righteousness, Will without discipline will not lead to strength, Discipline without goals will not lead to achievement." / *"가르침이 있어도 생각이 약하면 깨닫지 못하고, 생각이 있어도 노력이 약하면 지속하지 못하고, 노력이 있어도 뜻이 약하면 바르지 못하고, 뜻이 있어도 의지가 약하면 강하지 못하고, 의지가 있어도 목적이 약하면 이루지 못한다."* / *"Aprender sin pensar, no conducirá al entendimiento, Pensar sin esfuerzo, no conducirá a la mejoría, Esfuerzo sin voluntad, no conducirá a la rectitud, Voluntad sin disciplina, no conducirá al fortalecimiento, Disciplina sin metas, no conducirá a la realización."*

태권도-합기도 TAEKWONDO-HAPKIDO

지은이 | 김용석

초판발행 | 2019년 3월 25일
초판 1쇄 | 2019년 3월 25일

펴낸이 | 정광성
펴낸곳 | 알파미디어
주소 | 05380 서울특별시 강동구 천호대로 1078,
　　　208호(성내동, CJ나인파크)
전화 | 02-487-2041
팩스 | 02-488-2040

등록번호 | 제2018-000063호
ISBN 979-11-963968-3-1 13690